UMA ÁRVORE DA MÚSICA BRASILEIRA

SERVIÇO SOCIAL DO COMÉRCIO
Administração Regional no Estado de São Paulo

Presidente do Conselho Regional
Abram Szajman
Diretor Regional
Danilo Santos de Miranda

Conselho Editorial
Áurea Leszczynski Vieira Gonçalves
Rosana Paulo da Cunha
Marta Raquel Colabone
Jackson Andrade de Matos

Edições Sesc São Paulo
Gerente Iã Paulo Ribeiro
Gerente Adjunta Isabel M. M. Alexandre
Coordenação Editorial Cristianne Lameirinha, Clívia Ramiro, Francis Manzoni, Jefferson Alves de Lima
Produção Editorial Bruno Salerno Rodrigues, Thiago Lins, Rafael Fernandes Cação
Coordenação Gráfica Katia Verissimo
Produção Gráfica Fabio Pinotti, Ricardo Kawazu
Coordenação de Comunicação Bruna Zarnoviec Daniel

UMA ÁRVORE DA MÚSICA BRASILEIRA

Organização: Elisa Mori e Guga Stroeter

© Elisa Mori e Guga Stroeter, 2020
© Edições Sesc São Paulo, 2020
1ª reimpressão, 2023
Todos os direitos reservados

Preparação Luiz Guasco
Revisão Fátima Couto, Luciana Moreira
Projeto gráfico e diagramação Negrito Produção Editorial
Capa e encarte Eder Redder
Assessoria de produção Lúcia Rodrigues

Todos os esforços foram feitos para localizar os detentores dos direitos autorais de poemas e letras de música citados neste livro, a fim de obter a permissão de uso. Caso recebamos informações complementares, elas serão devidamente creditadas na próxima edição.

Dados Internacionais de Catalogação na Publicação (CIP)

Ar89   Uma árvore da música brasileira / Organização: Elisa Mori e Guga Stroeter. – São Paulo: Edições Sesc São Paulo, 2020.
388 p. il.: pautas.

ISBN 978-85-9493-201-3
Encartado pôster com árvore da música.

1. Música. 2. Música brasileira. 3. História. 4. Tipologia. 5. Genealogia da música brasileira. 6. Árvore da música brasileira. I. Título. II. Mori, Elisa. III. Stroeter, Guga. IV. Gustavo Cerqueira Stroeter. V. Stroeter, Gustavo Cerqueira.

CDD 780.981

Ficha elaborada por Maria Delcina Feitosa crb/8-6187

Edições Sesc São Paulo
Rua Serra da Bocaina, 570 – 11º andar
03174-000 – São Paulo SP Brasil
Tel. 55 11 2607-9400
edicoes@edicoes.sescsp.org.br
sescsp.org.br/edicoes
 /edicoessescsp

Este livro é dedicado a Fernando Faro.

E as risadas feriam o ar, os gritos, o coco pegara logo animadíssimo, aquela gente dançava, sapateava na dança, alegríssima, o coro ganhava amplidão no entusiasmo, as estrelas rutilavam quase sonoras, o ar morno era quase sensual, tecido de cheiros profundos. E era estranhíssimo. Tudo cantava, [...] se namorava, se ria, se dançava, a noite boa, o tempo farto, [...] vibrava uma alegria enorme, uma alegria sonora, mas em que havia um quê de extremamente triste.

MÁRIO DE ANDRADE

Apresentação

DANILO SANTOS DE MIRANDA
Diretor do Sesc São Paulo

Os afluxos de imaginários que permeiam a musicalidade brasileira a tornam singular e, ao mesmo tempo, universal. Mergulhar nessa expressão, que transborda de norte a sul do país, é descobrir e reconhecer as distintas paisagens sonoras e suas particularidades, tão diversificadas quanto a própria constituição de nosso povo.

Em tal imersão, de modo atemporal, ecoam as palavras de Mário de Andrade: "Nossa gente em numerosos gêneros e formas de sua música principalmente rural, cocos, sambas, modas, cururus, etc. busca a embriaguez sonora"[1]. Desse estado inebriante, com corpo e alma embevecidos por sons, ritmos, contrapontos e batuques, é possível alargar a percepção acerca dessa manifestação, construída, principalmente, a partir de elementos indígenas, africanos e europeus. Como linguagem que atravessa o tempo e se expande de modo impreciso, a música agrega influências e características identitárias, assumindo papel essencial na experiência de formação sociocultural.

Assim, em um tecido permeável e poroso, com estruturas complexas advindas de diversas etnias, a música brasileira foi sendo forjada e, de forma engenhosa, continua a tecer suas tramas, que seguem dilatadas, tanto pelas invocações às tradições quanto pelos experimentalismos contemporâneos.

Nessa cadência, *Uma árvore da música brasileira*, organizada pelo músico Guga Stroeter e pela pesquisadora Elisa Mori, compõe um registro histórico com testemunhos e reflexões de artistas, pesquisadores e produtores musicais, a partir de suas vivências e experiências. Essas memórias perpassam diferentes manifestações nacionais: modinha, lundu, choro, samba, baião,

---

[1] Mário de Andrade, *Música de feitiçaria no Brasil*, organização, introdução e notas de Oneyda Alvarenga (São Paulo: Martins Fontes, 1963), pp 44-5.

bossa nova, jovem guarda, tropicália, Clube da Esquina, mangue beat, caipira e sertanejo, dentre outras.

A árvore simbólica que colabora para visualizar as múltiplas ramificações musicais consagradas pelo tempo, como também as produzidas num passado recente, está materializada num pôster que acompanha o livro. O caldo cultural brasileiro, comumente adensado, configura-se como raiz e caule dessa estrutura, sendo ramos e folhas concebidos pelas conexões de artistas contemporâneos, que envolvem as camadas das reações naturais de plantio, frutificação e coleta.

A música flerta com nossa memória afetiva, trazendo tempos de encantamento e descobertas, matizando nossa biografia. Também marca datas expressivas, situando fatos coletivos e momentos de transformação política e social.

Nesse ensejo, em confluência com as demandas de preservação da memória cultural do país, associadas às realizações do Sesc no campo musical, é com prazer que apresentamos ao público este livro.

Sumário

Introdução • Guga Stroeter • 13
Prólogo • Fernando Faro • 19

1. A cultura popular, seus mestres e as inspirações criativas • Ari Colares • 25
2. Música de concerto • Edmundo Villani-Côrtes • 43
3. A modinha e o lundu nos séculos XVIII e XIX • Paulo Castagna • 51
4. Choro • Izaias Bueno de Almeida • 87
5. O amplo e diversificado universo do samba • Nei Lopes • 91
6. Marchinha carnavalesca hoje • Suzana Salles • 109
7. Caipira e sertanejo • Paulo Freire • 115
8. Forró e baião, por Oswaldinho do Acordeon • Liliane Braga • 137
9. Bossa nova • Caetano Zamma • 151
10. Música instrumental • Nelson Ayres • 167
11. Jovem guarda • Netinho • 185
12. Samba-rock • Marco Mattoli • 193
13. Os festivais e a MPB • Solano Ribeiro • 205
14. A tropicália e os loucos anos 1960 • Júlio Medaglia • 213
15. Bituca e o Clube da Esquina • Liliane Braga • 219
16. Black music • Jorge Lampa • 235
17. Rock • Marcelo Nova e Fernando Guimarães • 249
18. A música pelo Brasil no fim do século • Chico César • 263
19. Hip-hop • Xis • 289
20. Música baiana • Bolão • 305
21. Música pernambucana • Eder "O" Rocha • 329
22. Manguebeat • Junio Barreto • 343
23. Música eletrônica • Kassin • 359

Glossário: os gêneros e movimentos musicais brasileiros • 365
Agradecimentos • 377
Sobre os autores • 379
Sobre a linha do tempo e a árvore da música • 387

Introdução

Uma árvore da música brasileira

GUGA STROETER

A ideia de criar uma árvore da música brasileira surgiu em São Paulo, no ano de 1991. Iniciei minha vida profissional em 1983, tocando vibrafone e bateria – portanto, já estava na estrada havia, aproximadamente, sete anos.

Naquele momento, existia uma poderosa indústria ligada ao mercado fonográfico. Era um *cluster* de negócios de alta lucratividade, pois estava em curso uma agressiva transição de mídias: ainda se lançavam muitos LPs (discos de vinil), e algumas obras já estreavam na forma de CDs. Outros tantos títulos eram lançados nos dois formatos.

Vivíamos um período crítico da política e da economia nacional, chafurdando na ressaca que se seguiu ao confisco bancário do Plano Collor. Apesar disso, a vida cultural paulistana não arrefeceu. Tanto eu quanto meus colegas músicos saíamos para tocar ou ouvir música praticamente todos os dias. Shows, forrós, rodas de samba e choro, orquestras de baile, bares com voz e violão, bares com música instrumental, festas populares. Também gostávamos de algumas expressões da música estrangeira. No meu círculo mais íntimo, tínhamos uma predileção pelo jazz. Mas isso não interferia na certeza de que éramos brasileiros, provavelmente viveríamos no Brasil e pretendíamos contribuir para a evolução das manifestações nacionais, assim como desejávamos usufruir delas.

Por outro lado, sabíamos que o nacionalismo exacerbado sempre fora uma energia frequentemente manipulada por poderosos para, em benefício próprio, construir monstruosidades como ditaduras e fascismos. Sabíamos também da incrível capacidade de assimilação e transformação da cultura brasileira. Já havíamos sido inoculados pelo ideário antropofágico dos modernistas de 1922. Acreditávamos – e prosseguimos acreditando – que, quanto mais ingredientes díspares fossem despejados dentro do nosso caldeirão cultural, mais saboroso se tornaria o resultado de nossa mistura. Não enxergávamos a presença do rock, do reggae, do jazz, da música eletrônica, do hip-hop e dos ritmos latinos como meras imposições impuras do imperialismo e do capitalismo selvagem. Essas influências sempre foram avaliadas por nós como centelhas de transmutação que contribuem para a evolução criativa da música brasileira.

Algumas vezes, em companhia de amigos, consegui participar de verdadeiras expedições musicais. Comprávamos passagens aéreas baratas e alugávamos, por alguns dias, apartamentos simples em bairros alternativos de Nova York ou de cidades europeias. Nessas viagens, percorríamos lojas de discos durante o dia e, de noite, tentávamos assistir a mais de um show. Passávamos o restante do tempo ao lado do toca-discos do apartamento. Cada um de nós tinha o direito de ouvir um lado de um álbum, num revezamento que buscava garantir que apreciássemos boa parte das aquisições do dia. Havia também um rodízio para buscar o vinho ou o uísque que regaria nossas audições e conversas.

Numa dessas viagens de gula musical, entrei em uma loja de discos em Amsterdã e lá encontrei à venda um pôster denominado *The Jazz Tree* (A árvore do jazz), medindo 0,70 x 1,00 m, com 170 fotos de 920 artistas catalogados. Comprei, emoldurei e pendurei na parede da sala de estar da minha casa em São Paulo. Logo notei que diversos amigos, mesmo os que não eram aficionados pelo jazz, aproximavam os olhos desse pôster e, com auxílio do dedo indicador, navegavam pelas linhas repletas de nomes e fotos. A partir do reconhecimento da atratividade que o pôster exercia sobre os meus colegas, pensei em trabalhar numa publicação similar, porém voltada para a história da música brasileira.

Lembrei-me imediatamente da minha amiga Elisa Mori. Ela morava num bairro paulistano muito distante de mim: eu estava em Perdizes, e Elisa, no Jardim Aricanduva. Entretanto, já fazia anos que nos conhecíamos e colaborávamos um com o outro, trocando opiniões e textos sobre música. Então, reservamos várias tardes de segunda-feira para trabalhar na futura "Árvore genealógica da música popular brasileira".

Não havia *internet* no começo dos anos 1990 e nem sequer sonhávamos com algo semelhante. Os procedimentos investigativos eram de outra natureza. Já havia alguns dicionários enciclopédicos voltados para a música brasileira, como a *Enciclopédia da música brasileira* e o *Dicionário Cravo Albin*. Em busca de conteúdo, frequentávamos livrarias e dedicávamos especial atenção aos sebos. Também buscávamos contato com colecionadores de discos excêntricos. Muitas vezes, o atalho era pegar o telefone e ligar para músicos conhecidos e jornalistas. Alguns deles eram os próprios protagonistas dessas narrativas; outros nos ajudavam indicando personagens desse intrincado enredo.

O próximo passo foi uma visita à papelaria do bairro. Adquirimos chapas de isopor, bloquinhos de *post-it*, alfinetes coloridos e barbante. No fundo de casa, havia uma sala com instrumentos musicais e uma parede desocupada. Lá, fixamos as chapas de isopor, formando um grande painel. Começamos a preencher etiquetas com os nomes dos artistas, suas respectivas datas e locais de nascimento e morte e, por fim, abreviações de suas atividades musicais (cantor, compositor, maestro, letrista, que instrumentos tocavam). Fomos agrupando-os lado a lado, classificando-os por estilo, tendo como modelo o pôster *The Jazz Tree*. As etiquetas eram alfinetadas no isopor, e as conexões entre os artistas, feitas com barbante, que ligava os adesivos. Paralelamente à montagem do "diagrama alfinetado", Elisa anotava as informações em uma planilha. Passamos alguns anos nos dedicando a esse *hobby*. Quando nos demos conta, nosso projeto de árvore contava mais de 3 mil nomes catalogados.

Além dessa coleção de informações, passamos a lidar com interrogações que brotavam sucessivamente como urgências intrínsecas ao processo. O primeiro questionamento dizia respeito aos critérios de seleção que orientariam o trabalho.

Qualquer pessoa ligada à teoria da comunicação ou à produção de conteúdo sabe que, independentemente de nossa vontade, não existe nada que se pareça com a tão almejada "neutralidade científica". Conscientes desse pressuposto irrefutável, conduzimos nossa pesquisa com as limitações circunstanciais.

Nossa primeira preocupação foi ampliar a abrangência das escolhas para fronteiras além de nossos gostos pessoais. Adotamos um conceito próximo de um pensamento que batizamos internamente de "critério antropológico". Assim, buscamos não entrar na polêmica do que é "legitimamente brasileiro" ou não. Ficou valendo a máxima: "Aconteceu em território brasileiro e contou com a participação de artistas brasileiros, então a música é brasileira". Por isso, na nossa árvore há galhos dedicados à cultura popular, ao samba e ao choro, da mesma forma que existem ramificações para o punk-rock, o hip-hop e a música eletrônica.

Por outro lado, e de maneira proposital, nossa compilação buscou trazer à tona personagens que não necessariamente tiveram maior visibilidade na mídia ou na literatura. Uma parcela significativa dos músicos que selecionamos contribuíram para as cenas do final do século XIX, adentrando as três primeiras décadas do século XX.

Logo surgiu nossa segunda dúvida basilar: sabemos que não é possível ter uma árvore contemplando todas as pessoas que contribuíram para a evolução da história da música brasileira. Inevitavelmente, alguns nomes estarão no pôster e outros não. Como solucionar esse embate? Eis um dilema que afeta a nós, pesquisadores autônomos e alternativos, da mesma forma que preocupa aos grandes enciclopedistas e dicionaristas. Disse um autor que "um dicionário é um livro que já nasce morto". Esse pensamento faz todo o sentido. Por mais volumosa que seja a obra, no período entre sua compilação e sua publicação a comunidade já terá criado novas palavras e aposentado outras tantas; nem por isso um dicionário deixa de ter valor. O mesmo vale para a nossa árvore da música – que é, aliás, uma árvore entre tantas possíveis, por isso ganhou o artigo indefinido "uma" no título.

Mais tarde, decidimos que deveríamos suprimir o conceito de "genealogia" no nosso diagrama. Usar o termo "genealogia" para o universo da produção cultural é um erro, porque embute a ideia de filiação linear, em que um gênero necessariamente se origina de outro ou dá origem a outro. No entanto, a porosidade do fazer artístico não é linear.

Alguns filósofos gostam de postular que a ordem não está no mundo, mas é uma necessidade humana. O cérebro não se cansa de catalogar eventos, relacionar causas, agrupar coisas e colocá-las em caixinhas rotuláveis. Nossa árvore responde a esse anseio cartesiano, organizando personagens da música brasileira numa visualização panorâmica, bidimensional e simplificada.

Com o intuito de suprimir a divisão entre popular e erudito, optamos por excluir o termo "popular" do título. Para aperfeiçoar essa ideia, criamos dois galhos, que, estrategicamente, passaram a ocupar as laterais do pôster: um dedicado à cultura popular e outro, à música de concerto. Essa modificação foi relevante e deu o contorno inclusivo de que necessitávamos, pois são dois braços opostos que, na sua distância estrutural, emolduram o prisma da diversidade dos modos de fazer música.

Os mestres de cultura popular normalmente não escreveram ou leram partituras. Muitos não são compositores, nem sequer os intérpretes mais técnicos daquela tradição. Poucos foram registrados em gravações. No entanto, desempenharam o papel fundamental de arquivar, mediar e transmitir a cultura oral e musical das expressões rurais, urbanas, religiosas e profanas. Foram – e continuam sendo – capoeiras, reis de congo, instrumentistas de cavalos-marinhos, ogãs de terreiros, cirandeiros etc.

Em contraposição a esse mundo oral, temos uma linhagem de músicos que dedicaram a vida a trabalhar com orquestras e partituras. Sua contribuição pessoal foi o abrasileiramento do pensamento sinfônico e camerístico. Alguns deles alimentaram-se de temas e sonoridades tradicionais brasileiras, outros buscaram abstrações supranacionais; mas, de uma maneira ou de outra, traçaram caminhos criativos engenhosos para a formação da nossa música de concerto.

Há outra confusão que a palavra "popular" traz consigo. Para a expressão "música popular brasileira", criou-se a sigla MPB. Hoje, fazer MPB engloba diversos estilos, mas é importante saber que essa abreviação foi criada nos anos 1960, em referência à geração de compositores celebrizados nos festivais da Canção e nos festivais de Música Popular Brasileira. Não eram bossa-novistas, não eram sambistas do morro, tampouco eram roqueiros da jovem guarda. Eram em sua maioria jovens de classe média, inconformados com a ditadura militar estabelecida em 1964, que usavam instrumentação acústica e ingredientes da música regional brasileira – o baião e o samba, sobretudo – para produzir canções com letras de cunho social e político. Por esse motivo, também preferimos retirar a palavra "popular" do título, pois não nos limitamos aos artistas da sigla MPB sessentista e suas descendências.

Com o passar dos anos, o protótipo de árvore da música, que estava fixada na parede de isopor com os incontáveis alfinetes coloridos, passou a ser organizado no papel. Norteamos nosso trabalho para que tivesse um alto grau de condensação de informações, mas sempre privilegiando sua função decorativa. Por isso, em 1998, uniram-se a essa empreitada os artistas plásticos Rodrigo Andrade, Maria Andrade e Gisela Moreau. Colaboraram na pesquisa iconográfica (pesquisando, escolhendo e liberando os direitos de fotos e imagens para o pôster) Mônica Vendramini Reis e Lilian Aydar.

Assim como eu, muitos músicos gostam de escrever. Por isso, em vez de buscar professores ou jornalistas, decidimos convidar prioritariamente músicos com disposição para escrever sobre suas vivências. Nossa compilação não tem rigor acadêmico, pois nos interessam mais os textos em primeira pessoa, relatando experiências e opiniões.

Com o auxílio dos parceiros Jussara Salles, Lilian Aydar, Ligia Fernandes, Regina Porto, Fernando Guimarães, Wladimir Mattos, Rosângela Matua e Liliane Braga, contatamos os diversos artistas, solicitando-lhes que escrevessem, sem imposição de número específico de laudas nem cerceamento do que deveria ou não constar de suas reflexões. Além de criar os textos, esses colaboradores foram entrevistados por nós para que, pessoalmente, revisassem os galhos do pôster da árvore. Precisávamos garantir que a seleção de artistas fosse acertada e justa.

O livro é, portanto, um verdadeiro caleidoscópio de diferentes cores, reflexos e visões de mundo. É também o mapeamento de uma época (todos os autores viveram a passagem do século XX para o XXI) e um panorama cartográfico – entre os autores, figuram fluminenses, paulistas, mineiros, baianos, sergipanos, alagoanos, pernambucanos, paraibanos etc.

Com a inestimável participação da produtora cultural Lúcia Rodrigues e o talento do infografista Éder Reder, aprimoramos nosso produto e, finalmente, em 2016, nos associamos à editora do Sesc São Paulo para lançar a obra que o leitor tem em mãos.

A árvore nasce pelo esforço de pessoas que comungam a convicção de que é urgente investir em procedimentos de memória e registro. Acreditamos que é preciso criar novos agentes para trabalhar na preservação desse patrimônio imaterial, pois a música brasileira é especialmente diversa e rica – uma constatação que pouco ou nada tem de ufanismo patriótico.

É que o país tem uma dimensão continental e uma pluralidade de ecossistemas em que se desenvolveram as mais diversas formas de relações de trabalho e produção cultural. Além disso, a baixa taxa de alfabetização nos séculos passados contribuiu para tornar a oralidade e a música elementos ainda mais fundamentais na comunicação e na manifestação de anseios coletivos.

Toda música é uma caixa que contém em seu interior informações que nos fazem viajar no tempo e no espaço, sempre revivendo a dramaticidade da experiência humana. O fazer musical combina sons e gramáticas pré-existentes com a ousadia de propor caminhos inusitados. Cito como exemplo o livro *The World in Six Songs*, em que o neurocientista norte-americano Daniel J. Levitin elege ao menos seis tipos de funções primordiais da música na civilização humana. São elas: amizade, alegria, conforto, conhecimento, religião e amor.

A música permite que o conhecimento se transmita de geração para geração, além de sincronizar o movimento dos corpos – seja para desfilar numa escola de samba, seja para apavorar o inimigo no campo de batalha. Reafirmamos nossas territorialidades primitivas ao cantar os hinos nacionais, celebramos nossa alegria ao som de música eufórica, mitigamos nosso luto ao som de canções fúnebres. Na música triste encontramos alegria, pois ali percebemos que não somos os únicos a chafurdar naquele mesmo pântano aparentemente solitário e instransponível. E não existe religião no mundo que não utilize a música como instrumento de conexão com a espiritualidade. Isso sem falar das canções de amor.

Não fazemos música por mera diversão ou casualidade. Certamente, somos descendentes de outros seres humanos que gostavam de música e a praticavam. O que aconteceu às ramificações da espécie que não cultivavam a prática da musicalidade? Provavelmente, extinguiram-se. Como diz o provérbio capiau coletado por Guimarães Rosa: "O sapo não pula por boniteza, mas porém, por precisão!".

Prólogo

MPB: lembranças da melhor música do mundo

FERNANDO FARO

A música popular brasileira é, talvez, a mais rica do mundo no gênero, se não uma das mais ricas. A gente ouve deslumbrada uma grande variedade de ritmos: certas modas nordestinas, desde o aboio até as danças populares, como reisados e bumba meu boi. E há, também, as canções de marinheiros. No meu tempo de menino, havia um cortejo em que as pessoas cantavam:

> Chega na janela,
> Chega na janela,
> Venha ver marujo, meu bem
> Que ele vai pra guerra...

Essa era uma canção de chegança. Certa vez a cantei para Baden Powell, e ele a adorou. Teve vontade de compor uma segunda parte para ela, e pediu que eu repetisse seus versos. Mas não cantei. Aquela canção não precisava de segunda parte.

Durante minha infância, vivida na cidade sergipana de Laranjeiras, conheci a negra Bilina. Era a responsável pelas taieiras, o reisado das mulheres. Era mãe de santo também. O pessoal do sobrado onde eu morava não me deixava ir à casa da Bilina, justificando: "Lá só tem negros...". Mas eu ia assim mesmo, escondido, por causa das cantorias que aconteciam ali, seduzido por seus ritmos e enredos.

Um evento fantástico era a Procissão dos Passos. Contava a via-crúcis de Jesus Cristo. Percorria a cidade, enquanto os devotos entoavam aquelas ladainhas bonitas:

Louvando a Maria,
O povo fiel
A voz repetia
De São Gabriel.

Ave, ave, ave Maria
Ave, ave, ave Maria.

No interior de Sergipe, a música chegava pelo rádio. Ouviam-se os programas da Rádio Nacional, do Rio de Janeiro, em que se executava muita música de Carnaval e, principalmente, onde Francisco Alves se apresentava. Chico era o ídolo absoluto, perfeito. Um pouco depois vieram Orlando Silva, Sílvio Caldas e tantos outros – vozes que expressavam a sensibilidade de uma época, traduzindo-a em timbres marcantes.

Em frente à minha casa, em Laranjeiras, vivia uma mulata fantástica. Não dava bola para ninguém. Um dia, apareceu por lá um sujeito de Aracaju e saiu com ela. Lembro-me deles, mais tarde, na janela do sobrado, e o rapaz cantarolando: "Quem é você que não sabe o que diz...", verso da famosa composição "Palpite infeliz", de Noel Rosa. E eu, mordido de inveja, pensando comigo: "Filho da puta!".

Na TV Tupi paulistana, Abelardo Figueiredo fazia o programa *Spot Light*, apresentado por Hélio Souto. Convidaram João Gilberto para participar. Foi quando o conheci pessoalmente. Nesse dia, João contou uma história da época em que vivia em Salvador. Ele morava na Barra e costumava ir até Amaralina a pé ou de bicicleta. Um dia, passando em frente a uma casa em construção, encontrou um menino trabalhando como pedreiro. "Qual é a sua idade?", João perguntou. "Tenho 11 anos", disse o menino. Em seguida, quis saber o nome do moleque, que timidamente respondeu: "Vasconcelos". João ficou com vontade de chorar, porque, segundo ele, meninos de 11 anos têm de se chamar, na realidade, Toninho, Zezinho – e jamais se apresentar como um adulto...

A bossa nova chegou de mansinho. Em 1961, eu fazia um programa na Tupi de São Paulo. Compareciam a ele, como convidados, João Gilberto, Norma Bengell, Geraldo Vandré, Alaíde Costa, Pery Ribeiro e Marisa Gata Mansa. Chamava-se *Hora de Bossa*. Gerava telefonemas à beça. Os telespectadores diziam assim: "Isso não é música! Tirem esse pessoal daí e chamem Orlando Silva e Sílvio Caldas".

Não houve momento em que a música popular brasileira não tenha sido boa. Sempre foi maravilhosa. Até mesmo naquela época em que sofreu influência de tangos, boleros ou música americana.

Sempre surgia gente interessante. Na Tupi, sugeri ao Cassiano Gabus Mendes: "Vamos contratar o Chico Buarque". Ele me respondeu com uma pergunta: "Para fazer o quê?" Eu também não sabia, mas o Chico tinha que ser contratado. Tempos depois, voltei a falar com o Cassiano: "E o baianos, vamos contratá-los?". Ele achou que a ideia era boa, e fizemos o programa *Divino Maravilhoso*, com Caetano Veloso e Gilberto Gil. O elenco contava, entre outros, com Jorge Ben e o Trio Mocotó. Um dia convidamos o Orlando Silva para participar. No meio de uma interpretação dele, um *hippie* que estava assistindo à gravação gritou: "Chega!". Caetano, que adorava Orlando Silva, ficou muito bravo com o rapaz. "Seguranças, levem esse cara daqui!", bradou.

Dos discos que produzi, tenho muito orgulho do LP *Mestre Marçal interpreta Bide e Marçal*. A gravação contou com arranjos de Nelsinho do Trombone e base executada pelo Regional do Canhoto. Além de todos os grandes percussionistas que se possa imaginar. Como o Marçal trabalhava com os maiores artistas da época, convidamos essa turma para participar. O coro do disco é formado por Chico Buarque, Clara Nunes, Cristina Buarque, dona Ivone Lara, Elton Medeiros, Gonzaguinha, João Nogueira, Martinho da Vila, Milton Nascimento, Miúcha, Paulinho da Viola e Roberto Ribeiro. Certa vez cheguei à casa do Paulinho, e ele estava com esse LP na vitrola.

"Conheço esse disco", brinquei. "É o maior disco de música popular", ele respondeu.

A música brasileira não tem fim.

UMA ÁRVORE DA MÚSICA BRASILEIRA

A cultura popular, seus mestres e as inspirações criativas

ARI COLARES

Primeiramente, gostaria de agradecer a Guga pelo convite para escrever algo sobre a música popular brasileira, tema fundamental na minha vida como músico e educador, e que nutre as raízes desta árvore que Guga e Elisa organizaram.

Conforme a solicitação, neste capítulo procuro compartilhar vivências que tive e tenho nesse âmbito. Inicio contando como e quando a cultura popular entrou na minha vida.

Em 1981, quando tinha acabado de completar 17 anos de idade, enquanto nossa música popular gestava uma década voltada especialmente para o rock, entrei num grupo teatral da cidade de São Paulo que se dedicava ao teatro popular e à prática de danças e folguedos do folclore brasileiro.

Era um grupo de *performances* e estudos, estabelecido como Abaçaí Cultura e Arte, até hoje liderado por Toninho Macedo, um estudioso da cultura, educador, cantor, dançarino e diretor teatral. Toninho era ligado ao Museu e Escola de Folclore, que ficava na oca do Parque do Ibirapuera. Lá, frequentávamos as aulas de Rossini Tavares de Lima, Julieta de Andrade e muitos outros folcloristas que utilizavam aquele espaço para compartilhar seus estudos de cultura popular brasileira. Para lá também convergiam grupos folclóricos de vários lugares do país, tanto os grupos "autênticos", ligados a contextos rituais, quanto os de recriação dos elementos tradicionais, que eram entendidos por aqueles folcloristas como de "projeção estética do folclore".

Nas leituras que fazíamos, conheci os textos de Mário de Andrade e, rapidamente, me identifiquei com suas ideias em relação à importância da musicalidade do folclore brasileiro como inspiração para as criações artísticas.

Tínhamos o hábito de viajar para o interior do país para vivenciar, *in loco*, manifestações culturais populares. Estudávamos, também, áudios e vídeos que nos chegavam a partir dos contatos que Toninho mantinha com folcloristas de várias partes do Brasil.

Em minha primeira viagem, aos 18 anos de idade, para o interior do Rio de Janeiro e sua fronteira com Minas Gerais, especificamente para acompanhar as folias de reis da região, adquiri uma paixão definitiva pelas músicas e danças tradicionais brasileiras. Foi grande a emoção de seguir grupos em sua peregrinação e de vivenciar essas expressões populares nos seus contextos rituais, com um sentido da *performance* musical e corporal imersas na cultura e na religiosidade espontâneas, gerando uma arte sofisticada, embora executada por pessoas que nunca frequentaram escolas de música ou dança e, muitas vezes, nem mesmo escolas de ensino regular. Era sempre um povo repleto de sabedoria, conduzindo verdadeiras óperas populares. Foi uma viagem de apenas quinze dias, mas que marcou minha vida.

Todo o material que estudávamos alimentava nossas vivências e criações artísticas, desde as peças de teatro que montávamos até os espetáculos de música e dança.

Tínhamos o hábito de ir para a rua nos três principais ciclos festivos – Carnaval, São João e Natal –, para fazer representações de danças brasileiras. No Carnaval, saíamos com um cordão que, além de procurar resgatar características dos antigos cordões, incluía personagens que interagiam entre si e com o público em determinados pontos onde o cortejo parava. Na época de São João, ensaiávamos uma quadrilha e íamos para a praça da Sé, dançar para o povo e com o povo, quando abríamos espaço para a interação com quem estivesse por lá – adultos, crianças em situação de rua, prostitutas e transeuntes em geral. Na época do Natal saíamos em cortejo, cantando e dançando músicas de pastoris, reisados e folias de reis. Era uma delícia percorrer as ruas do centro de São Paulo tocando, cantando e dançando esse repertório – algo muito gratificante, especialmente quando migrantes do interior do Sudeste e do Nordeste, presentes entre o público, interagiam, reconhecendo cantigas de suas cidades de origem.

Com o tempo, acumulamos um grande repertório de danças folclóricas brasileiras, o que originou uma demanda por espetáculos de danças. Nesse momento, criamos um grupo especializado, o Abaçaí Balé Folclórico de São Paulo.

Para desenvolvermos uma espécie de fidelidade às expressões musicais tradicionais, que podemos chamar de "originais", praticávamos bastante. Aos poucos, ia me dando conta de ritmos que fazem parte da mesma família, têm musicalidade semelhante e, no entanto, são diferentes. Toninho, aliás, era bastante rigoroso ao delimitar essas diferenças. Quando não éramos precisos, ele dizia que estávamos "pasteurizando" os ritmos. Era um exercício bastante interessante dominar essas diferenças. Por exemplo: se não prestássemos a devida atenção, facilmente uma batida de moçambique, do

Vale do Paraíba, por exemplo, virava baião, ritmo mais incorporado pelos músicos graças à maior expansão e difusão que obteve.

Durante os primeiros dez anos de participação nesse grupo, eu atuava em todas as funções: cantava, dançava, tocava percussão e interpretava papéis como ator. E, do mesmo modo que aprendi com os que estavam no grupo havia mais tempo, aos poucos me tornei também um veículo de transmissão dos conhecimentos para os mais novos, experiência que propiciou uma atividade fora do grupo, como educador musical, ao mesmo tempo que passei a estudar música formalmente e a tocar em grupos fora do Abaçaí. Nesse momento, fui me especializando mais e, a partir de 1991, quando passei a viver de música, assumi a direção musical do grupo. Assim me mantive até 2003, quando aos poucos precisei me afastar, uma vez que não conseguia conciliar o trabalho do grupo com as outras demandas profissionais. Portanto, foram 22 anos de atividade ininterrupta no Abaçaí.

Como músico profissional, os trabalhos com os quais me envolvi foram, primeiramente, relacionados a grupos de música regional, com maior identificação com o universo rural. Depois, comecei a tocar em grupos de MPB e, por último, de música instrumental brasileira, mais abertos a influências universais. Para esses outros gêneros, sempre procurei trazer os elementos que tão intensamente vivenciei das musicalidades tradicionais brasileiras, tanto como músico quanto como educador. Sempre estimulei a expansão dos ritmos tradicionais para outros contextos, fora dos ambientes rituais.

A transculturação dos ritmos

Vivenciar as musicalidades brasileiras em seus contextos rituais, "originais", e também fora deles, nos ambientes urbanos, me propiciou supor como ocorrem essas transculturações, a expansão dos ritmos de um âmbito a outro; me fez perceber, ainda, que o senso estético não é exclusivo do segundo. No ambiente folclórico, também existe a busca pelo belo, com extrema sofisticação. Porém, essa estética existe geralmente com uma funcionalidade ritual, diferente daquela que move um artista profissional. Outra questão importante é que nem tudo é domínio público, no âmbito da música folclórica. Existem os criadores, os compositores.

Como músico profissional e adepto incondicional das musicalidades brasileiras, tenho um conceito que adoto como motivação para o ensino, o aprendizado e o gradual domínio de diferentes ritmos, que é encará-los como idiomas musicais. Nas comunidades tradicionais, os ritmos se consolidam como idiomas – dentro da grande linguagem musical – baseados na tradição oral e na capacidade de seus mestres, guardiões das expressões culturais e musicais, de transmiti-los de geração a geração, até que encontrem outra forma de difusão em ambientes alheios aos rituais, para servirem puramente à fruição estética, ou seja, não mais vinculados a sua função ritual.

Da grande diversidade de ritmos brasileiros, somente alguns fizeram esse percurso de expansão, de transculturação para outros ambientes que não os rituais, onde também se mantêm. Destaco, a seguir, os principais desses ritmos.

São ritmos razoavelmente difundidos, como o samba, com suas variantes; o baião; o xote; as marchas (como o arrasta-pé, as marchinhas e o frevo); e o ijexá (também conhecido como afoxé). O maracatu vem sendo crescentemente praticado. Na música caipira – aquela cujos representantes máximos foram figuras como Tonico e Tinoco, Pena Branca e Xavantinho, Tião Carreiro e Pardinho, entre outros –, são muito comuns dois ritmos encontrados nas folias de reis, nas catiras, nos cururus, nos moçambiques do Vale do Paraíba e em outras manifestações do contexto caipira. Um deles costuma ser sintetizado, entre os violeiros, numa batida de viola chamada cururu, que está na base do acompanhamento de músicas como "O menino da porteira", de Teddy Viera, "Rio de lágrimas", letra de Lourival dos Santos e melodia de Tião Carreiro e Piraci, assim como "Cálix bento" e "Peixinhos do mar", adaptados do folclore mineiro por Tavinho Moura. Outro ritmo caipira que também fez seu percurso de transculturação para a música, digamos, "profissional" é a toada, ritmo ainda hoje presente em muitas folias de reis e que tocou muito nos programas de rádio especializados em músicas caipiras, como foi o caso de "Chico Mineiro", primeiro sucesso da dupla Tonico e Tinoco, em 1946; "Cuitelinho", de autor desconhecido e vinda a público por Paulo Vanzolini; "A saudade mata a gente", de João de Barro e Antônio Almeida; "Você", de Hekel Tavares e Nair Mesquita, dentre muitas outras.

Na década de 1990, toquei por um tempo com Pena Branca e Xavantinho. Eles dominavam muito bem esses dois ritmos caipiras; eram um exemplo bastante importante de dupla que, no começo de sua vida musical, tocou em folias de reis e depois se profissionalizou na música.

A MPB também produziu lindas toadas, como "Desenredo", de Dori Caymmi e Paulo César Pinheiro; "Toada", de Zé Renato, Claudio Nucci e Juca Filho, grande sucesso do Boca Livre; "Morro velho", de Milton Nascimento; "Espere por mim, morena", de Gonzaguinha; "Lambada de serpente", de Djavan e Cacaso; e muitas outras.

Desses dois ritmos do universo caipira, podemos ver que o cururu se expandiu da música folclórica para a caipira de consumo, e daí não passou. Já a toada deu dois passos: foi sucesso nas rodas de amantes de Tonico e Tinoco e, também, entre os clássicos compositores da MPB. Hoje em dia, é muito raro encontrarmos esses dois ritmos fora dos contextos originais. Pena…

Falando um pouco mais dos ritmos que se disseminaram e da sua presença em contextos folclóricos, o samba é um dos principais no candomblé angola, no candomblé de caboclo e na umbanda, em que é conhecido principalmente pelos nomes de cabula ou cabila, e é tocado normalmente em atabaques e agogô ou gã (espécie de agogô com somente uma campânula). Nos candomblés angola, esse ritmo embala pontos cantados ainda com resquícios de idiomas bantos.

O baião, nem sempre com esse nome, tem sua estrutura rítmica muito difundida em todo o Nordeste, em manifestações como os reisados, os guerreiros e principalmente o coco – tanto o coco de roda quanto o coco de embolada. É também denominado "baiano" nas bandas de pífanos (que, dependendo da região, também são conhecidas pelos nomes de banda cabaçal, terno de pífanos, terno de zabumba, dentre outros). O termo baião, que se popularizou a partir de Luiz Gonzaga, pode ter derivado de "baiano", mas também suspeito que tenha relação com a palavra "baiar", que no Maranhão é comumente utilizada com o significado de dançar. Inclusive, naquele estado há uma manifestação ligada aos terreiros de tambor de mina, denominada baião de princesas, que, para quem olha de fora, dá a impressão de que está ocorrendo um baile, com as "princesas" – mulheres que incorporam princesas e outras entidades femininas – lindamente trajadas. O baião de princesas, diga-se de passagem, não utiliza tambores, diferentemente de outras manifestações dos cultos afro-brasileiros, e, por isso, dizem que sofreu menos repressão nos tempos em que esses cultos eram muito perseguidos pela polícia, no Maranhão.

As marchas são tocadas em folguedos populares dos três principais ciclos festivos: Carnaval, São João e Natal. São muito comuns no Carnaval, quando, desde a marcha rancho (mais lenta) até o frevo (mais acelerada), têm basicamente a mesma estrutura rítmica. No ciclo de São João, o arrasta-pé é o principal ritmo das quadrilhas. Há também marchas populares desse ciclo, como "Sonho de papel", também conhecida como "O balão vai subindo", de Alberto Ribeiro, sucesso na voz de Carmen Miranda em 1935 e até hoje presente nas festas juninas que reverenciam esse repertório. Há outras marchinhas que contemplam esse ciclo, tais como "Chegou a hora da fogueira", de Lamartine Babo, e "Pedro, Antônio e João", de Benedito Lacerda e Oswaldo Santiago, dentre outras.

No ciclo de Natal as marchas são muito comuns nos pastoris, nos reisados e guerreiros nordestinos, e também já embalaram os natais pelas ondas do rádio com músicas como "Boas festas" (cujo verso mais conhecido é "Eu pensei que todo mundo fosse filho de Papai Noel"), de Assis Valente.

O ijexá é também um ritmo muito importante nos candomblés. Tem sua difusão para fora dos terreiros com o surgimento dos blocos de afoxé, a partir dos quais caiu no gosto do povo. Gilberto Gil, desde a década de 1970, é figura importante dentro do maior afoxé do Brasil, os Filhos de Gandhy. Daí, dominando o vocabulário do ritmo, Gil compôs muitos ijexás, como "Filhos de Gandhi" (sic), "Afoxé é" e muitas outras, além de ter gravado "Yá Olokun", de Fred Vieira e Mônica Millet. Caetano Veloso também compôs lindos ijexás, como "Queixa", "Beleza pura" e "Oração ao tempo", entre outras. Gerônimo Santana compôs também ijexás muito bonitos, como "Abecedário", em que usa o jeito nordestino de se pronunciar o alfabeto. É dele também a belíssima "Dandá". Com Vevé Calasans compôs ainda "É d'Oxum" e "Agradecer e abraçar", entre muitas outras. O ijexá inspirou vários compositores e é um vocabulário relativamente difundido entre os músicos urbanos, que o conhecem também como afoxé. O etnomusicólogo brasileiro Alberto Ikeda escreveu importante ensaio a respeito do ijexá em edição da *Revista USP* inteiramente dedicada à música popular – uma leitura indicada para quem quiser saber mais sobre a transculturalidade dos ritmos populares.[1]

O maracatu ocorre no Nordeste, em diferentes estilos. Em Pernambuco, há o "de baque solto" e o "de baque virado"; em Sergipe e no Ceará, existem também folguedos com o mesmo nome, mas com características musicais diferentes. O pernambucano maracatu de baque virado, pela sua potência sonora e exuberância, é o que mais atrai seguidores, sendo praticado em muitos lugares fora de Pernambuco. Em quase todas as capitais do país e em muitas cidades do interior, existem grupos que se reúnem para praticar sua batucada e sua dança, assim como em outros países do mundo. Em Colônia, na Alemanha, por exemplo, aconteceram muitas edições do Encontro Europeu de Maracatu, que contaram com a presença de grupos de todo o continente, sempre levando mestres e brincantes de diferentes grupos pernambucanos para darem oficinas. Mesmo com toda essa difusão, o ritmo ainda não ganhou lugar de destaque entre os compositores profissionais. Penso que ainda vai ocupar essa posição, mediante o trabalho de compositores de canções. Porém, elementos da estrutura de sua batucada – especialmente um toque de agogô, sozinho ou acompanhado por um toque básico de alfaia (principal termo que denomina seus bombos) – inspiraram e continuam inspirando compositores e arranjadores da música instrumental, sendo utilizados como elementos de arranjo ou composições. Gostaria de destacar, a propósito, "Maracatu", que Egberto Gismonti gravou em seu álbum *Alma*, de 1986. Egberto tomou como mote inicial um toque de agogô desse ritmo e voou na criação. Destaco também a versão de

---

[1] Ikeda, Alberto T., "O ijexá no Brasil: rítmica dos deuses nos terreiros, nas ruas e palcos da música popular", *Revista USP*, São Paulo: 2016, n. 111, pp. 21-36. Disponível em: <http://www.revistas.usp.br/revusp/article/view/127596/124647>. Acesso em: 3 jan. 2018.

"Blackbird" que a Orquestra Popular de Câmara fez em seu álbum *Danças, jogos e canções*, de 2003, na qual, durante todo o tema de Paul McCartney, o toque básico da alfaia do maracatu de baque virado é utilizado como base do acompanhamento rítmico.

Nessa difusão planetária das batucadas brasileiras, a batucada de samba está em primeiro lugar, presente em todos os cantos do mundo. Em segundo lugar, o samba-reggae, especialmente depois de ser popularizado por Paul Simon, que incluiu participação do Olodum na gravação de seu álbum *Rhythm of the Saints*, de 1990, destacando o bloco baiano na faixa "The Obvious Child" e, com isso, tornando-o mundialmente conhecido – ele foi, aliás, também reverenciado por Michel Jackson, posteriormente, na faixa e *clip* "They don't Care about Us", lançados em 1995. E agora também segue crescente o interesse mundial pela batucada do maracatu de baque virado pernambucano.

Certamente há outros ritmos regionais que, de alguma forma, fizeram o movimento de transculturação. Os que aqui citei são os que, na minha leitura, se destacaram nesse percurso. E existem ainda muitos ritmos regionais ocultos, desconhecidos fora das comunidades.

Quando comecei essa viagem pelos ritmos brasileiros, se alguém desejava aprender qualquer ritmo que fosse, era necessário ir às comunidades, esperar oportunidades para ver algum grupo folclórico que vinha a São Paulo ou ainda estudar vídeos e áudios de registros. Nos últimos vinte anos, porém, é crescente o número de produções fonográficas com grupos de cultura popular. E, com o advento da internet, há muito material no YouTube. Tornou-se fácil pesquisar! Mas, como em qualquer outro tipo de pesquisa na rede virtual, é fundamental que se confrontem muitas e diferentes fontes para se ter uma ideia mais precisa daquilo que se está pesquisando e, sempre que possível, vivenciar *in loco* essas expressões populares. Nada substitui a experiência presencial!

Qualquer ritmo, depois de difundido, pode ter seguidores alheios aos ambientes tradicionais, que adquirem esse idioma perfeitamente. O violonista, compositor e produtor musical Eduardo Gudin, com dezenas de sambas gravados por importantes intérpretes brasileiros, numa entrevista ao jornalista Carlos Bozzo Junior[2], na ocasião do lançamento de seu 11º álbum, *Notícias dum Brasil II: pra tirar o chapéu*, afirmou: "Sou praticamente um sambista de vitrola, porque descobri o samba pelo meu toca-discos. Eu não tive a vivência de encontros de morro ou escolas de samba". Uma prova de que é possível mergulhar nos diferentes idiomas musicais e incluí-los em seu

---

[2] Carlos Bozzo Junior, "Eduardo Gudin tira chapéu para o samba", *Folha de S.Paulo*, São Paulo, 7 set. 1998. Disponível em: <https://www1.folha.uol.com.br/fsp/ilustrad/fq0709981l.htm>. Acesso em: 10 nov. 2018.

vocabulário musical a partir de gravações. Outra forma de apropriação, sem que se faça parte de uma tradição, é vivenciar *performances* ao vivo. Quem segue um bloco de afoxé, por exemplo, rapidamente aprende os passos básicos e assimila o ritmo pela melhor via: a da memória corporal. Aprende as cantigas e leva essa cultura para casa. Encontra outras funções para as cantigas rituais. Se é músico, vai tentar transpor a batida para seu instrumento, vai botar uma harmonia. Se for compositor, vai compor nesse ritmo.

O vocabulário do samba é diferente daquele do maracatu, que é diferente daquele do baião, que é diferente daquele do ijexá. Dominando-os, há momentos em que se pode "ligar a chave" de um só ritmo. Contudo, em outros momentos, esse conhecimento diverso poderá servir para fundamentar a *performance* em sua brasilidade híbrida, quando se torna possível abrir todas as "chaves" – incluindo "idiomas" de outros países – e, assim, ir em busca do que Hermeto Pascoal chama de música universal.

Os mestres

A permanência das tradições populares depende da memória de pessoas capazes de reter, recriar e passar adiante as expressões e os saberes de seus antepassados e/ou de sua comunidade. Em geral, esses detentores do saber e do fazer popular fazem uso de sua sabedoria para uma prática cotidiana, quer seja ligada a uma celebração da religiosidade popular, quer seja a uma forma de expressão praticada por meio da música, da dança ou do teatro. Esses líderes são cidadãos comuns que costumam se destacar pela destreza com que lidam com suas expressões culturais e que desempenham naturalmente um papel de destaque. Eles exercem liderança em seu grupo comunitário, e não necessariamente são denominados mestres pelos seus pares. Na região Sudeste, numa folia de reis, o líder pode também ser denominado "embaixador"; numa comunidade de congado mineiro, a figura que exerce a liderança pode ser chamada de "capitão regente". Mas o termo "mestre" é bastante comum e passou também a ser um termo genérico utilizado pelas pessoas que admiram as expressões do nosso patrimônio imaterial, reconhecendo a importância desses guardiões para a sua sobrevivência.

A Unesco, em 1994, visando lançar um olhar para as pessoas responsáveis pela memória da cultura popular, criou o programa Tesouros Humanos Vivos, que fundamentou ações em diversos países atentos à necessidade de preservação de sua identidade cultural.

Em nosso país, o Instituto do Patrimônio Histórico e Artístico Nacional (Iphan), ligado ao infelizmente extinto Ministério da Cultura, promove ações nesse sentido, amparado, segundo texto em seu *site*, por nossa Carta Magna.

A Constituição Federal de 1988, nos artigos 215 e 216, ampliou a noção de patrimônio cultural ao reconhecer a existência de bens culturais de natureza material e imaterial. Nesses artigos da Constituição, reconhece-se a inclusão, no patrimônio a ser preservado pelo Estado em parceria com a sociedade, dos bens culturais que sejam referências dos diferentes grupos formadores da sociedade brasileira. O patrimônio imaterial é transmitido de geração a geração, constantemente recriado pelas comunidades e grupos em função de seu ambiente, de sua interação com a natureza e de sua história, gerando um sentimento de identidade e continuidade, contribuindo para promover o respeito à diversidade cultural e à criatividade humana.[3]

Antes desse reconhecimento, as ações de salvaguarda eram feitas somente visando o patrimônio material; a partir dele, surgiram iniciativas para promover a conceituação, a valorização, o reconhecimento e a salvaguarda do patrimônio imaterial do Brasil.

Muitas expressões, celebrações e saberes populares receberam do Iphan a chancela de patrimônio imaterial do Brasil, precedida de um estudo aprofundado, que gerou documentação que fundamenta e justifica o reconhecimento de cada bem. Esses documentos estão disponíveis no *site* do Iphan e representam bibliografia fundamental para o estudo dos bens imateriais do Brasil.

Ainda segundo texto presente no *site* do instituto, "os bens culturais imateriais passíveis de registro pelo Iphan são aqueles que detêm continuidade histórica, possuem relevância para a memória nacional e fazem parte das referências culturais de grupos formadores da sociedade brasileira"[4].

Desses bens, as expressões populares ou celebrações que fazem uso da música e da dança de forma destacada e foram reconhecidas até 2019 pelo Iphan são as seguintes:

- 2004 – samba de roda do Recôncavo Baiano (BA);
- 2005 – jongo do Sudeste (SP, RJ, ES, MG);
- 2007 – frevo (PE);
- 2007 – tambor de crioula (MA);
- 2007 – matrizes do samba (RJ) – partido-alto, samba de terreiro e samba-enredo;
- 2008 – roda de capoeira (todo o país);
- 2009 – toque dos sinos (MG);
- 2011 – complexo cultural do bumba meu boi (MA);

---

[3] "Patrimônio imaterial". Cf. <http://portal.iphan.gov.br/pagina/detalhes/234>. Acesso em: 10 nov. 2018.
[4] "Reconhecimento de bens culturais". Cf. <http://portal.iphan.gov.br/pagina/detalhes/606>. Acesso em: 10 nov. 2018.

- 2012 – fandango caiçara (PR e SP);
- 2014 – carimbó (PA);
- 2014 – maracatu nação (PE);
- 2014 – maracatu de baque solto (PE);
- 2014 – cavalo-marinho (PE);
- 2016 – caboclinho (PE).

Considerando que os mestres são os principais detentores e difusores dessas e de outras expressões populares, o registro delas no Iphan estimulou a criação de políticas públicas que visam apoiar mestres e grupos.

No plano federal, existe o projeto de lei (PL) da chamada Lei dos Mestres, que ainda tramita na Câmara dos Deputados e tem gerado diálogos entre membros do Poder Legislativo sensíveis a esse tema, técnicos do Iphan e sociedade civil organizada, no intuito de aprimorar o PL para que se possa torná-lo realmente viável.

No âmbito estadual, há iniciativas com essa finalidade que têm frutificado. As mais antigas foram criadas em Pernambuco, Ceará e Alagoas, destacadas na monografia *Patrimônio vivo: o impacto das políticas de patrimonialização de pessoas e grupos culturais na transmissão de saberes populares e tradicionais: estudo comparativo das experiências de registro de Pernambuco, Ceará e Alagoas*, realizada em 2009 pela antropóloga, dançarina e professora da Universidade Federal de Pernambuco Maria Acselrad:

> A Lei do Patrimônio Vivo de Pernambuco[5] surge, em 2002, como uma tentativa pioneira de instituir, no âmbito da administração pública estadual, o instrumento do registro, procurando apoiar diretamente as atividades dos mestres e grupos da cultura popular e tradicional. Seguindo o mesmo princípio, a Lei dos Tesouros Vivos do Ceará[6], em 2003, reformulada em 2006, e a Lei do Patrimônio Vivo de Alagoas[7], em 2004, têm como objetivo reconhecer e valorizar as manifestações populares e tradicionais, contemplando mestres, grupos e coletividades, no caso do Ceará, ou apenas mestres, no caso de Alagoas, através da concessão de bolsas e outras ações complementares.

Os mestres da cultura popular têm seus conhecimentos acumulados pela prática das expressões culturais populares, religiosas ou não, não institucionalizadas, e transmitidas por meio da oralidade – os fazeres e saberes da chamada tradição oral.

---

[5] Lei 12.196, de 2 maio 2002, *apud* Maria Laura Viveiros de Castro e Maria Cecília Londres Fonseca, *Patrimônio imaterial no Brasil: legislação e políticas estaduais*, Brasília: Unesco; Educarte, 2008.
[6] Lei 13.842, de 27 nov. 2006, *ibidem*.
[7] Lei 6.513, de 22 set. 2004, *ibidem*.

No contato que mantive e mantenho com diversos mestres, percebo que eles (e elas) são pessoas que lutam com muito gosto pela sua identidade e que têm orgulho de suas expressões culturais e de suas características, bem como do que as distingue de outras semelhantes. É muito comum defenderem suas expressões como verdades absolutas. Costumam dizer, por exemplo: "O meu toque é o verdadeiro, puro, sem misturas! Tem muitos grupos por aí que inventam coisas. O meu é o original, tal como aprendi com meu pai, que aprendeu com meu avô". Falas semelhantes ouvi de diversos mestres, nesses meus mais de trinta anos de contato com a cultura popular. Em contexto, isso é bom. Todos estão certos! São memórias diversas, que geram variedade de versões de determinadas expressões. E diversidade cultural resulta em riqueza cultural!

A cultura é viva, dinâmica. Permite diferenças entre expressões culturais semelhantes. Permite que seus detentores acrescentem sua participação como intérpretes da memória coletiva e que acrescentem sua versão dessa memória. Afinal, como diz o ditado, "quem conta um conto aumenta um ponto".

Muitos mestres me inspiraram. Vou aqui compartilhar minha vivência com três deles: Zé Mira, Tomás Francisco de Aquino (ambos já falecidos) e José Sapopemba. Gostaria ainda de destacar os dois últimos, entendendo-os não como o senso comum costuma entender um mestre – um brincante popular com um grupo ativo sob seu comando. Mestre Tomás e mestre Sapopemba migraram do Nordeste para São Paulo e encontraram alternativas para manter vivas as suas memórias culturais, continuando a alimentá-las e a difundi-las.

Vou contar minhas vivências com ambos cronologicamente.

O primeiro mestre com que tive um contato mais próximo foi Tomás Francisco de Aquino. Eu o conheci logo nos meus primeiros meses de Abaçaí, em 1981: ele era pai de uma amiga participante do grupo, Helena d'Aquino, que me contou sua história.

Tomás nasceu em 1908, no município de Esplanada, no norte da Bahia, onde morou até os 14 anos de idade. Nessa localidade, participava de um grupo de reisado local, de nome Reis de Jardilina, atuando como palhaço. No início da adolescência, migrou para o sul do estado, para Una, Canavieira e Ilhéus, onde se casou com Dionísia Francisca dos Santos, com quem teve doze filhos. Na região, desenvolveu-se profissionalmente como mestre de obras e carpinteiro. Ele trabalhava nas fazendas de cacau, construindo casas e também as "barcaças de cacau" (estruturas para secagem da semente do cacau, com trilhos que abrem e fecham o telhado, de modo a expor o cacau ao sol ou a protegê-lo, quando o sol está a pino).

Como brincante, no sul da Bahia desenvolveu o hábito de juntar a comunidade para tocar, cantar e dançar nos fins de semana. Dessa forma, aprendeu sozinho a tocar concertina (sanfona de oito baixos), pífanos, violão e pandeiro. Na época do Natal, ensaiava com a comunidade o Reis de Jardilina de sua infância e saía para tocar nas fazendas de cacau e comunidades da vizinhança.

Em 1965, veio para São Paulo com a família (na época, tinha oito filhos; depois, mais quatro nasceram nesta cidade), para trabalhar na construção civil.

A vivência na cultura popular do interior da Bahia marcou tão fortemente sua vida que, mesmo depois de ter migrado para São Paulo, ele costumava reunir a família e os amigos para rodas de cantorias e danças. Assim, conseguiu manter viva sua memória cultural e passá-la adiante.

Em 1981, Helena nos propôs levá-lo ao Abaçaí para que nos ensinasse o Reis de Jardilina, brinquedo da infância e princípio da adolescência que se destacava nas práticas da família em torno do pai. Na ocasião, Tomás d'Aquino tinha 73 anos, e era impressionante o entusiasmo com que ele nos ensinava as cantigas, as danças, os personagens. O brilho nos olhos dele nos encantava! O amor que nutria pelas suas expressões culturais o enchia de energia para conduzir os ensaios. Sua paixão nos contaminava!

A partir daquele momento, o Reis de Jardilina passou a fazer parte das nossas performances de danças brasileiras por muitos anos, e o contato com Tomás me deixou completamente estimulado a conhecer outras maravilhas da cultura brasileira e seus mestres.

Tomás morreu aos 88 anos, em 1995. Cantou e dançou com a família até seus últimos dias. Hoje, na Zona Leste de São Paulo, apesar de sua ausência, os filhos, netos, bisnetos e trinetos continuam mantendo o hábito das rodas de cantoria a partir do que os mais velhos aprenderam com ele.

Outro mestre com quem tive um contato duradouro e muito inspirador, desde meados da década de 1980, foi Zé Mira. Ele era mestre no moçambique de bastões, na folia de reis e na folia do divino; além disso, fazia muito bem o trânsito entre o contexto ritual e o das *performances* artísticas – compunha, tocava viola na Orquestra de Viola de São José dos Campos e animava bailes caipiras. Nasceu em 1925, em Cristina (MG), e na década de 1940 foi morar em Jambeiro, no Vale do Paraíba, onde era um dos últimos representantes do tropeirismo. Trabalhou ainda como agricultor, serrador, carpinteiro e pedreiro. E, quanto à sua arte, ele dizia: "Trabaio no braço da inxada durante a semana e discanso o braço na viola no fim de semana". Eu o conheci em São José dos Campos. Ele fazia parte do Piracuara, um grupo de danças tradicionais também criado e dirigido, por muitos anos, pelo diretor do Abaçaí, Toninho Macedo.

A última vez em que nos encontramos foi em 2004, em sua casa, em Jambeiro. Eu estava com Renata Mattar quando, na ocasião, fazíamos uma pesquisa sobre cantos de trabalho no contexto da agricultura familiar. Depois de um tempo delicioso de causos e cantorias conduzidos pelo Zé Mira, comemos uma inesquecível salada de couve (crua e cortada bem fininha), que compunha, com destaque, um saboroso prato de arroz, feijão e galinha caipira ensopada, preparado por sua esposa, Nair Toledo de Mira. Como sobremesa, ela nos serviu uma goiabada cascão recém-preparada. Quando estávamos de saída, Nair retirou de cima do armário da cozinha, ao lado do fogão a lenha, uma grande gaveta forrada com um plástico grosso que servia de fôrma para aquela goiabada, e recortou um "tijolo" dessa guloseima, para que levássemos para casa. Delícia...

Nessa ocasião, Zé Mira estava inaugurando, em São José dos Campos, a Casa de Cultura Zé Mira, ponto de encontro de violeiros e interessados pela cultura popular da região.

Quem quiser saber mais sobre esse grande mestre, além de visitar a Casa de Cultura Zé Mira, pode procurar por duas publicações: os livros *Nas trilhas do Zé Mira: um caipira mira o Vale do Paraíba*[8], da jornalista e pesquisadora Lídia Bernardes, e *Contos e causos do Zé Mirinha*[9], escrito por Itamara Moura a partir das memórias da infância do Zé Mira.

O mestre que destaco a seguir é aquele com quem mantive mais proximidade, e com quem tenho tido ótimas experiências, desde há muito tempo: Sapopemba.

Conheci-o em 1990. Ele mesmo, nas nossas inúmeras e longas conversas destes 29 anos de amizade, me narrou sua história, da infância à mudança para São Paulo, e suas vivências nessa cidade antes de nos conhecermos.

Seu nome é José Silva dos Santos. Nasceu em 1947, na cidade alagoana de Penedo, na beira do rio São Francisco, divisa com Sergipe. Veio com a família para São Paulo em 1960, aos 14 anos; foi morar primeiro no bairro do Brás, em seguida mudou-se para a Mooca e mais adiante estabeleceu-se, por muitos anos (1962 a 1982), no bairro Jardim Sapopemba. Por isso passou a ser conhecido como Zé de Sapopemba e, depois, somente como Sapopemba.

Quando pequeno, o menino José foi gajeiro na chegança do mestre Zé Fausto, e convivia com outras expressões da cultura local. Segundo ele,

> com minha mãe, eu cantava coco de roda e serestas; além disso, acompanhava as outras brincadeiras de Penedo. Tinha o pastoril do seu Luiz Freire e dona Antônia, tinha um bloco carnavalesco conhecido como Os Milionários, tinha o Zé Pereira do Vá e tinha o xambá (culto afro local) de Pedro Tamanquinho, que permitia que crianças curiosas como eu o frequentassem. Tinha outro culto

---

[8] Lídia Bernardes, *Nas trilhas do Zé Mira: um caipira mira o Vale do Paraíba*, São Paulo: Escrituras, 1998.
[9] Itamara Moura, *Contos e causos do Zé Mirinha*, Curitiba: JFP, 2014.

afro em Penedo, o Xangô do Anísio, que era mais fechado, o que aguçava mais a minha curiosidade...

O pai, Vicente Farias dos Santos, era pescador e lavrador. A mãe, Sizina Silva dos Santos, era dona de casa, tecelã, e também se juntava ao marido na lida com a pesca e a lavoura. Sapopemba contou que, "quando o rio São Francisco alagava suas várzeas da região, as águas eram represadas e formavam-se lagoas onde se criava peixe e se plantava o arroz. No entorno dessas lagoas, a terra era muito fértil e facilitava para outras roças. A comunidade se reunia em 'batalhões' (mutirões), cujo cansaço do trabalho era amenizado pelas cantorias". E lá estava o menino José, acompanhando seus pais nessa vivência toda.

Essa riqueza cultural em torno dos alagados sofreu grande golpe quando começaram a surgir as usinas hidrelétricas no rio São Francisco. Segundo Sapobemba, "a formação das barragens de Paulo Afonso e Três Marias acabou com as várzeas, diminuindo bastante as chances de subsistência com a pesca e a agricultura. Ribeirinhos tiveram que migrar para procurar outras oportunidades, o que provocou a nossa mudança para São Paulo, em 1960".

Além da riqueza musical local, o menino José, seguindo hábito da mãe, que era ouvinte da programação musical do rádio, escutava com muita atenção a Rádio Liberdade, de Sergipe, e a Rádio Clube, de Pernambuco, cujas transmissões chegavam a Penedo. Com isso, ele acumulou em sua memória também muitas músicas vindas pelas ondas do rádio.

Já em São Paulo, Sapopemba e sua família mantiveram hábitos musicais em casa, especialmente por iniciativa de sua mãe, dona Sizina, que sempre conduzia rodas de cantoria nas quais relembrava não só o repertório das tradições populares de Alagoas, mas também o do rádio de outrora. Assim o fez até sua morte, em 2015, aos 97 anos.

Em São Paulo, explorando a cidade, a começar pela vizinhança na Zona Leste, Sapopemba se enturmou com uma comunidade de nordestinos. Aos 17 anos tocou zabumba, por um ano, no trio de forró Ciço do Norte e Seus Cabras, de um sanfoneiro chamado Ciço, que morava no bairro de São Mateus, com o qual atuou no programa do Capitão Furtado, na Rádio Bandeirantes. Segundo ele, "foi a primeira vez que vi um microfone na minha frente".

Depois, enturmou-se com outros migrantes de distintas regiões do país que, fixados em novas cidades, cultuavam diferentes vertentes da religiosidade afro-brasileira.

Em São Mateus, frequentei a umbanda da Josefina; também ia num culto de umbanda mesclada com mesa de Jurema, a casa de dona Ana e seu Zé Pilintra;

frequentei também, no mesmo bairro, o [terreiro de] xambá de seu Zé Maciel, que veio de Itabuna, na Bahia, e se estabeleceu no bairro de São Mateus, e depois mudou-se para Santo André. Ainda em São Mateus, frequentei três casas de nação angola – a da Senza Luange, a do Mero Luango e a de Kelezu. Também do candomblé de nação angola, frequentei a casa de dona Dahora, em Guarulhos, e a casa do Samuel Ribeiro, em Santos. Acompanhando os lendários ogã Antônio Baiano e ogã Getúlio, fui muitas vezes na primeira casa de nação queto aberta em São Paulo, no Tucuruvi, do babalorixá Alvinho de Omolu. Frequentei muito também a casa do Tata Pérsio [queto], hoje Axé Batistini, em São Bernardo do Campo. Ia muitas vezes para o Rio de Janeiro, onde ia na casa de Oiá Bojelé [angola, ligado ao Terreiro Bate Folha de Salvador], em Nilópolis. Em Londrina, frequentava a casa do Meluango [angola, ligada ao Terreiro Viva Deus, de Salvador]. Em Santos, a casa do João D'Oxum [queto] e a do Samuel Ribeiro [angola]. Na divisa entre Santos e São Vicente, bairro da Areia Branca, a casa de Tolokê [angola, filha de santo do Joãozinho da Gomeia]; isso pra citar os que estão mais vivos na minha memória. Porque rodei muitos candomblés. Mas a casa onde vim a me fixar foi o Ilê Alafin Ixê, na cidade de Taboão da Serra.

Nesses cultos, atuou como ogã, destacando-se pela potência, afinação e pela beleza do timbre da sua voz, por sua capacidade como tocador de atabaques e sobretudo pela prodigiosa memória, que o transformou em figura de destaque em todas as comunidades de candomblé com as quais se envolveu.

Toda essa vivência com a cultura e religiosidade afro, associada a uma memória privilegiada, levou a que Sapopemba acumulasse milhares de cantigas das nações xambá, queto, angola, candomblé de caboclo, toré, mesa de Jurema, catimbó e samba de roda.

Além disso, pela profissão que escolheu, motorista de caminhão, cruzando o Brasil de norte a sul, de leste a oeste, pôde vivenciar a diversidade cultural de nosso país continental.

Eu o conheci em 1990, quando o Abaçaí esteve sediado em Santo André, contratado pela prefeitura local, atuando como balé folclórico da cidade, onde realizava apresentações e oficinas de música e dança nas periferias da cidade. Sapopemba era motorista da prefeitura. Em muitas ocasiões nos transportava e ficava assistindo às nossas apresentações. Esse contato foi se estreitando até que, um dia, ele perguntou a Toninho Macedo: "Como eu faço pra cantar com vocês?" Toninho prontamente respondeu: "É só subir no palco!". Daí, ele passou a integrar o grupo, a compartilhar conosco sua infinita memória musical e, ao mesmo tempo, a aprender repertórios de outras regiões do país a partir dos estudos, vivências e *performances* que o Abaçaí realizava.

Em 1998, eu fazia parte do grupo Heartbreakers, dirigido por Guga Stroeter, que promovia bailes com repertório de salsa e gafieira no extinto

Bar Avenida, na rua Pedroso de Moraes, no bairro paulistano de Pinheiros. Esses bailes tinham como animadores da pista o grupo de dançarinos A Tribo – então liderado pelo bailarino Irineu Nogueira –, que tinha bastante desenvoltura em danças afro. Vendo aquele universo afro que permeava o grupo em evoluções na pista, me lembrei do Sapopemba, falei sobre ele com o Guga e sugeri levá-lo algum dia para conduzir um samba de roda no meio de uma de nossas apresentações. Guga aceitou. Já em sua primeira participação, todos ficaram encantados com a musicalidade e a energia de Sapopemba. A partir daí, sempre o chamávamos para cantar sambas de roda e também afoxé.

Em 2002, Guga propôs que fizéssemos um CD reunindo repertório afro-brasileiro e afro-cubano. Propôs também, juntamente com Gisela Moreau, sua companheira no selo musical Sambatá, que Dino Barioni e eu cuidássemos da produção do álbum, e que fôssemos a Cuba gravá-lo, reunindo-nos lá tanto com músicos de jazz e salsa quanto com os ligados à *santería* e a outras vertentes da religiosidade afro-cubana.

Encarreguei-me da curadoria do repertório e dividi com Dino Barioni a produção, a direção musical e os arranjos. Fizemos sessões de gravação caseira com o Sapopemba a selecionar o repertório. A partir de centenas de cantigas, determinei quais integrariam o álbum. O mesmo fiz em Cuba, com os músicos de lá.

Esse foi o primeiro CD que Sapopemba gravou. Nesse trabalho, contamos com a participação, nos vocais, de quatro cantoras que faziam parte do núcleo musical do Abaçaí: Neusa de Souza, Mazé Cintra, Verlúcia Nogueira e Cris Glória.

Naquela ocasião, o mesmo núcleo do Abaçaí, do qual Sapopemba e eu fazíamos parte, se uniu ao pianista Benjamim Taubkin e ao baixista João Taubkin para um trabalho também sobre repertório de cultura popular, que resultou no álbum *Cantos do nosso chão*, composto por cantigas das nossas vivências no Balé Folclórico Abaçaí. Com esse trabalho, rodamos várias partes do Brasil e da Europa.

No início de 2020, com um show eletrizante no Sesc 24 de Maio, lançamos o primeiro álbum solo de Sapopemba (*Gbó*, Selo Sesc), que teve produção musical de André Magalhães.

Até hoje, após trinta anos de convivência, ainda me surpreendo com a vivacidade da memória desse mestre, com sua capacidade de aprender novas músicas, com sua ânsia por compartilhar. Sapopemba é um exemplo de mestre que contribui para a diversidade cultural. No caso, não um mestre ligado a uma manifestação específica, mas a todas com as quais ele conviveu e convive.

Mestres caboclos

Além dos mestres, por seu papel de preservadores das expressões da cultura popular, gostaria de homenagear neste texto, pela forte referência musical que constituem, as entidades denominadas caboclos, cultuadas em candomblés angola, em candomblés de caboclo e também na umbanda.

Eles são verdadeiros mestres da cultura musical e corporal afro-brasileira, além de dominarem o conhecimento das folhas e seus poderes curativos. Trazem consigo uma memória que vai muito além do nosso tempo. Contam histórias de muitas encarnações. Muitas vezes, nas festas dedicadas a eles, mesmo iniciados antigos costumam se surpreender com cantigas que nunca ouviram. A potência criativa dessas entidades pode ser constatada ao se observar o gosto especial que costumam ter pelos versos de improviso, numa referência muito direta ao samba de partido-alto. Eles se desafiam entre si e, também, aos ogãs.

Tenho especial proximidade com dois caboclos, em relação aos quais aproveito para manifestar, ao final deste capítulo, meu profundo respeito: Pai Marujo e Pai Arariboia, do terreiro de nação angola Lunzo Redandá, da cidade de Embu-Guaçu (SP). Nesse verdadeiro quilombo, como eles gostam de dizer, o axé, a musicalidade e a corporalidade dos caboclos são de grande beleza e inspiração.

Música de concerto

EDMUNDO VILLANI-CÔRTES

Nasci no ano de 1930, em Juiz de Fora, cidade do interior de Minas Gerais, no seio de uma família musical. Naqueles tempos, o rádio era muito importante na difusão da música. Mas, antes dessa expansão, a música era feita em família. Ou as pessoas tocavam ou não havia música na vida delas. E lá em casa todos tocavam.

Meu pai era flautista. Trabalhava como músico de cinema, mas tocar o instrumento não era sua profissão principal. Além de meu pai, eu convivia com meu irmão mais velho, dotado de um talento musical fora do comum. Ele tinha uma facilidade natural e era um músico versátil, que gostava de cantar, assobiar melodias e tocar todos os instrumentos.

Quando eu tinha 8 ou 9 anos de idade, disse ao meu pai que também queria tocar um instrumento, e ele me presenteou com um cavaquinho de brinquedo, pois meus dedos ainda eram muito pequenos. Meu cavaquinho era afinado como as quatro cordas mais agudas do violão, pois assim, quando eu me aproximava das rodas de música dos adultos, podia imitá-los fazendo as posições dos acordes de maneira reduzida. Esses encontros aconteciam na minha casa, e meu pai batizou esse conjunto informal de A Turma do Além.

Um desses encontros tornou-se inesquecível para nossa família. Na época, o grande flautista Benedito Lacerda veio fazer um show em nossa cidade. Lacerda era uma celebridade: liderava o conjunto regional que acompanhava todos os artistas que tocavam ao vivo na Rádio Nacional do Rio de Janeiro – emissora extremamente poderosa, uma vez que irradiava sua programação para os quatro cantos do Brasil. Após o show, Benedito Lacerda foi para minha casa, e eu, menino, tive o prazer e a honra de tocar pandeiro nesse encontro.

Posso afirmar que, na nossa época, o aprendizado se dava pela via audiovisual. Não tínhamos noção do que era um dó, um ré ou um mi. O nome das notas era abstrato demais, pois, basicamente, tocávamos olhando as mãos dos outros instrumentistas. Foi assim que tanto eu quanto meu irmão aprendemos a tocar "Abismo de rosas"[1] e "Sons de carrilhões"[2].

Ainda na infância, ganhei o meu primeiro método de cavaquinho, escrito pelo grande músico de cordas Aníbal Augusto Sardinha[3], conhecido como Garoto. Seguindo os desenhos do caderno, aprendi a fazer a primeira, a segunda e a terceira posições. E fui conhecendo os nomes dos graus.

Aos 10 anos, em 1940, participei de um concurso em Juiz de Fora, entre os associados do clube do Banco do Brasil. Toquei um chorinho bem simples, mas tive que ir embora antes da apuração do resultado, pois era esperado numa festa de aniversário que acontecia na casa da minha tia. Quando anunciaram que eu tinha ganhado o festival, já não estava mais lá, mas, de qualquer forma, fiquei muito contente. Foi o primeiro prêmio que recebi na vida: um cinzeiro.

O meu contato com a música sempre foi informal, guiado pelo fascínio e pela curiosidade. Para mim, fazer música era algo muito semelhante a conhecer uma pessoa: você conversa com ela um dia, prossegue falando no outro, depois a reencontra e compartilha coisas. Não era um assunto cheio de teorias, mas algo que você aprendia na prática, na vivência. Costumo dizer que não tive formação musical, e sim informação musical.

Boa parte da música que me seduziu desde jovem, eu a ouvi no rádio ou no cinema. A programação musical das rádios era bem diversa, e vários radialistas tinham a intenção de divulgar a cultura e a boa música. O cinema de Hollywood tinha sempre música e orquestrações grandiosas, de altíssima qualidade. Mesmo a radionovela que minha mãe, dona Cornélia, ouvia trazia muita informação para nós, jovens músicos curiosos, já que, como fundo musical, os produtores usavam Ravel, Stravinski etc.

Em 1944, meu irmão entrou para a Aeronáutica para se tornar aviador de caça. Nesse momento, a América do Norte recebia pessoas do Brasil, da Argentina, do México e do Canadá para treinamento, com o objetivo de participar da Segunda Guerra Mundial. Ele viajou para os Estados Unidos e deixou um de seus violões em casa. Foi aí que comecei a tocar violão e a aumentar meu repertório em torno de todas as músicas que interpretávamos nos encontros da família e dos amigos.

---

1 Composição de Américo Jacomino (1889-1928), violonista brasileiro conhecido pelo apelido de Canhoto, por dedilhar o instrumento com a mão esquerda, sem necessitar inverter a ordem do encordoamento. [N.E.]

2 Composição de João Teixeira Guimarães (1883-1947), mais conhecido como João Pernambuco, músico, compositor e violonista brasileiro. [N.E.]

3 Aníbal Augusto Sardinha (1915-55), compositor e violonista brasileiro. [N.E.]

Meu pai era um fanático admirador das valsas de Chopin. Por isso, tentei tocá-las ao violão. Mas, para mim, era muito difícil. Minhas unhas não eram iguais às dos violonistas profissionais, que mais pareciam garras e tinham a força necessária para tirar uma bonita sonoridade do violão. Foi então que percebi que, ao piano, era muito mais fácil tocar essas valsas; bastava manter o ritmo na mão esquerda e tocar a melodia na mão direita.

Já no violão, tocar os acordes e as melodias é algo muito complexo. Como não tínhamos piano em casa, eu não tinha onde estudar. Então, arrumei uma professora e comecei a ir à casa da minha tia uma vez por semana, pois lá havia um piano de armário.

Tocar o piano só aguçou minha curiosidade. Ficava cismando em uma coisa: como era possível criar uma música de longa duração? Nas canções populares, a fórmula sempre continha a primeira parte, depois a segunda e o retorno à primeira. É o que chamamos de fórmula ABA. Já no repertório de choro, era comum haver a primeira, a segunda, o retorno à primeira, depois uma terceira e, por fim, novamente o retorno à primeira parte, que é o formato ABACA.

Eu ouvia as sinfonias de Beethoven e ficava intrigado, pois queria entender como ele fazia para escrever uma música tão grande. Com uns 15 anos de idade, já tinha alguma prática de piano e me arriscava a tocar as sinfonias, sempre com a intenção de entender a forma. Com o tempo, fui identificando esses caminhos e descobria que, por vezes, Beethoven criava uma melodia e depois outra; no trecho seguinte, ele ligava essas duas melodias e fazia uma variação, e daí por diante. No meu entendimento, Beethoven criava essas músicas para serem eternas. Sempre fui apaixonado pelas coisas eternas, como as pirâmides do Egito e os grandes monumentos. Meu desejo sempre foi criar coisas eternas.

Por isso, quando comecei a compor minhas primeiras coisas, eu já as concebia pensando nessas grandes estruturas. Entendi que a sinfonia nada mais é do que uma sonata ampliada para orquestra. Foi assim que compus minha primeira sonata para violoncelo, sempre buscando as sonoridades que eu tinha na cabeça, sem jamais me preocupar se a música resultante seria classificada como moderna, antiga ou o que quer que fosse.

Inclusive porque, na minha cabeça e na minha vida, a música popular e a música de concerto sempre conviveram. Em 1952, eu já trabalhava como pianista nas casas noturnas do Rio de Janeiro, tocava na orquestra do maestro Orlando Costa e, ao mesmo tempo, estudava piano no Conservatório Brasileiro de Música, onde me formei em 1954. Naquele tempo, não havia computadores e sintetizadores, e os recursos tecnológicos eram poucos. Talvez por isso trabalhávamos muito, pois onde não havia músico não existia música.

Procurei aprofundar meus estudos com foco nas diferentes possibilidades de estruturas musicais. Fui ter aulas com Camargo Guarnieri[4], que logo me passou uma série de exercícios, os ponteios. Guarnieri mostrava um trecho de melodia, e minha tarefa consistia em desenvolver um ponteio a partir daquele motivo. Os ponteios de Guarnieri constituem uma importante obra pianística da música brasileira. Nesse caso, o compositor adotou o nome "ponteio" para aproximar a forma do prelúdio de uma linguagem mais brasileira. Na música tradicional de cultura popular, os ponteios eram caracterizados por pontilhados da viola caipira de dez cordas, algo típico da linguagem cabocla. Por ser um compositor nacionalista, discípulo direto da filosofia do grande Mário de Andrade, Guarnieri rebatizou as peças de curta duração para piano solo com uma analogia, pois o devaneio musical do violeiro na viola assemelha-se muito ao enlevo e à liberdade de que o compositor tradicional desfruta ao escrever um prelúdio.

Aprofundei-me tanto na técnica que fui convidado a dar aulas de contraponto na Unesp. Aceitei o desafio, mas tinha muitas dúvidas para decidir qual linha de contraponto eu seguiria. Já havia aprendido contraponto com Guarnieri e também estudado o mesmo assunto com Koellreutter[5], que pensava de forma completamente diferente do primeiro, mas ensinava um sistema igualmente cheio de regras. No meu íntimo, acreditava que o contraponto, na música brasileira, teria de evoluir para outro sentido. Não tinha como pegar uma melodia colhida por Mário de Andrade, em suas viagens pelo Norte, e aplicar sobre ela as regras do contraponto tradicional europeu.

Essa transposição metodológica direta não funcionava, pois as escalas utilizadas por Bach, Mozart e Beethoven constroem-se sobre uma sequência de notas específica, enquanto a música nordestina obedece a outros critérios – possui forte influência ibérica, mediterrânea, mourisca, e por isso suas escalas apresentam sonoridades típicas da música árabe.

Descobri que o contraponto rigoroso, codificado no famoso livro de Johann Fux[6] *Gradus ad Parnassum*, é maravilhoso para fazer música de ascendência europeia. Entretanto, se você vai desenvolver um motivo coletado no interior de Pernambuco, aquelas regras não vão funcionar. Por isso,

---

4 Mozart Camargo Guarnieri (1907-93), compositor, professor e regente brasileiro. Entre outras atividades, trabalhou no recém-criado Departamento de Cultura do município de São Paulo, dirigido por Mário de Andrade, tornando-se regente da Orquestra Sinfônica Municipal de São Paulo; foi assessor artístico-musical do Ministério da Educação, durante o governo de Juscelino Kubitscheck; e, até o fim de sua vida, foi regente da Orquestra Sinfônica da Universidade de São Paulo. Entre suas criações estão obras para piano e composições sinfônicas. [N.E.]

5 Hans-Joachim Koellreutter (1915-2005), compositor, professor e musicólogo brasileiro de origem alemã de amplo espectro de atuação no país; participou da fundação da Orquestra Sinfônica Brasileira e de escolas de música, notabilizando-se, sobretudo, como professor de numerosos músicos, compositores e educadores. [N.E.]

6 Johann Joseph Fux (1660-1741), compositor, teórico da música e pedagogo. A edição de *Gradus ad Parnassum* consultada pelo autor, em inglês, foi publicada com o título *The Study of Counterpoint*. [N.E.]

decidi partir para a pesquisa pessoal, buscando soluções bonitas, com sonoridades que me satisfizessem dentro deste meu universo musical brasileiro.

Embora tenha sido aluno de Camargo Guarnieri e, por vezes, tenha criado música a partir de motivos brasileiros, jamais me senti ligado à corrente nacionalista. Na verdade, nunca estudei nada do folclore. Se, eventualmente, os recursos que utilizo coincidem com a orientação dessa escola, é algo puramente casual, intuitivo. Como disse, também fui aluno de Koellreutter, que era ligado à escola dodecafônica[7]. Nessa época, havia um debate intenso e polarizado entre nacionalistas e dodecafônicos, mas não me liguei exclusivamente a nenhum dos movimentos, pois nunca fiz música com o intuito de pertencer a um grupo ou de ser renovador. Mostrava minhas peças para o pessoal da música popular, e esse grupo achava que eram muito eruditas; já a turma da música erudita (ou de concerto) dizia que eram composições interessantes, mas que tinham um caráter excessivamente popular.

Fui descobrindo as coisas intuitivamente, e percebi que Frédéric Chopin usava o mesmo método. Por isso, considero Chopin um divisor de águas. Com certeza, ele ouvia muitas coisas com grande atenção e se dedicava a escutar as notas de orelha em pé, procurando minúcias nas sonoridades. Penso que ele revolucionou a música, pois foi capaz de distinguir notas distantes da série harmônica[8], que até então eram consideradas dissonantes, mas que de fato não eram. Se essas notas são colocadas bruscamente, "a seco", sobre a fundamental, são mesmo dissonantes. Mas, se

---

[7] A escola dodecafônica, criada no começo do século XX, propunha um sistema bastante intrincado, que resultava em sonoridades angulosas e dissonantes. Não é muito fácil explicar em poucas palavras o que é a dodecafonia, mas podemos fazer um paralelo aproximado. Se observarmos um piano, verificaremos que, entre uma nota dó e essa mesma nota dó uma oitava acima, existem doze semitons, cada um caracterizado por uma tecla do piano: dó, dó sustenido, ré, ré sustenido, mi, fá, fá sustenido, sol, sol sustenido, lá, lá sustenido e si. Por usar todos os doze tons, o estilo de música ganhou o nome "dodecafonia" (doze sons). Numa analogia com a linguagem escrita, quando falamos ou escrevemos, usamos diversos vocábulos que são compostos por letras variadas do alfabeto. Assim também acontece na música não dodecafônica, em que usamos as notas musicais na sequência que bem quisermos, na gramática que preferirmos escolher. Já na música dodecafônica, existe uma regra: se você usa uma nota (por exemplo, um dó), deve usar as outras onze notas da escala antes de soar novamente a nota inicial dó. Assim, se aplicássemos regra semelhante ao alfabeto, se começássemos uma frase pela letra jota, só usaríamos a letra jota novamente após utilizarmos todas as outras letras do alfabeto.

[8] A série harmônica tem a ver com a natureza consonante da frequência da vibração das ondas sonoras, o que é mais fácil de demonstrar se estivermos junto a um piano acústico. Tocaremos uma nota dó e deixaremos que ela soe livremente por um bom tempo. Se prestarmos uma atenção auditiva bem dirigida, notaremos que, além dessa nota, outras cordas vão vibrar automaticamente. Vibrarão as cordas de nota mi, as cordas sol e as outras cordas dó. Essas são as notas mais próximas da série harmônica. Se eu as tocar ao mesmo tempo, teremos um acorde maior de dó, que ressoa cheio e confortável aos nosso ouvidos ocidentais. Se eu pesquisar mais a fundo, entretanto, verificarei que outras notas também vibrarão – com menos intensidade – e que é preciso muito mais atenção para percebê-las auditivamente. Lá no fundo, sutilmente ouviremos um si bemol e um ré. Aí reside um dos aspectos da genialidade de Chopin. Ele intuiu a presença dessas outras notas menos óbvias da série harmônica, e fez soar de maneira bonita e orgânica algo que historicamente seria considerado dissonante. A partir de então, essa consonância ampliada passou a fazer parte do vocabulário da música ocidental.

você prepara a introdução delas na música com um belo arpejo, ou seja, tocando uma nota por vez numa sequência cumulativa, essas notas distantes soam lindamente! Quando compreendi esse pensamento intuitivo de Chopin, comecei a pensar o impensável: que Chopin estava certo, e que Bach, Beethoven e Mozart estavam errados. Pois esses outros grandes mestres da música limitaram-se a uma série harmônica reduzida. Essa série faz muito sentido, mas não abarca as consonâncias sutis presentes na natureza, nas cordas que vibram, na metade das cordas que vibram e na metade da metade das cordas que vibram.

Muitas coisas descobri estudando Chopin, coisas que nunca encontrei em livro algum. Ele tinha uma capacidade fabulosa para tocar. Ao sentar-se ao piano, já fluíam de seus dedos as notas improvisadas, mas que formavam peças de estrutura perfeita. Apesar dessa facilidade natural, quando se propunha a escrever ele experimentava cada ideia milhares de vezes, e frequentemente se via obrigado a começar tudo de novo. Por vezes, acabava a peça mas, ao ouvi-la, sentia insatisfação. Isso o desesperava, mas ele não desistia, e passava dias e dias em cima de uma única página, para, depois de tanto esforço, reconhecer que a melhor solução era aceitar aquilo que havia criado lá no princípio.

Sempre comentei com os meus alunos que se Chopin, que era um gênio musical, tinha tamanho rigor com suas escolhas, então nós, ínfimos mortais, teríamos que trabalhar de maneira semelhante. Nosso dever é pesquisar, procurar tudo, até descobrir o ideal. Ver e rever. Isso não é fácil, pois, quanto mais ferramentas adquirimos nos nossos estudos, mais difícil se torna optar e tomar decisões.

Nos meus estudos musicais, também mergulhei nas linguagens contemporâneas. Pratiquei bastante sobre livros de serialismo integral (um parente próximo do decafonismo) e compreendi que, na verdade, essas técnicas se assemelhavam muito ao rigor dos contrapontos tradicionais; só que, em vez de buscar as notas próximas harmonicamente, o método propunha um caminho direto para intervalos chocantes.

Acumulei algum conhecimento nestes setenta anos de carreira. E me sinto muito à vontade para usar livremente todas as linguagens – às vezes, uso diferentes sistemas na mesma composição. Pensando assim, de maneira livre, sem me preocupar em me encaixar em um estilo definido ou em qualquer modismo, compus mais de trezentas obras. São peças para instrumentos solistas, canto solo, conjuntos de câmara, banda sinfônica, óperas e sinfonias.

Por isso, sou um compositor difícil de se classificar. Uso procedimentos de todos os estilos que estudei, mas, para mim, o que importa é que eu consiga colocar na partitura o que me vem à cabeça, o que considero bonito, sem qualquer rótulo.

O meu jeito de compor está ligado à minha vida, pois descobri que muitas coisas que tinha vontade de dizer eu ia conseguir expressar por meio da música.

Minha obra fica ainda mais difícil de definir por conta de meu trabalho ininterrupto no âmbito da música popular brasileira. Acompanhei a cantora Maysa, o cantor Altemar Dutra, fui pianista do programa televisivo *Jô Soares Onze e Meia* e, na década de 1970, fui arranjador e maestro da extinta TV Tupi. Creio ter escrito mais de mil arranjos de música popular, e é evidente que toda essa bagagem está presente nas minhas composições para salas de concerto. Também fui sempre muito ligado ao jazz, mas considero tudo o que faço como contribuições à música brasileira.

Características e desafios da música de concerto no Brasil

Reconheço, na música brasileira de concerto, a presença de um sincopado característico de nossas raízes, com a presença afro sempre muito forte. Mas esse ritmo não foi muito bem visto em períodos anteriores da história brasileira. Chiquinha Gonzaga sofreu preconceito; o baiano Ruy Barbosa até escreveu um artigo contra ela, dizendo que sua música era impura e vulgar. Mas aquela era uma tendência sem retorno, e os músicos urbanos do fim do século XIX e do começo do século XX se atiraram nessa direção. Ernesto Nazareth é um dos mais brilhantes de sua geração. Mas não foi fácil vencer as barreiras. Até mesmo Mignone[9] e o próprio Radamés Gnatalli[10] escreveram peças populares; entretanto, para se preservarem da crítica furiosa, lançaram mão de pseudônimos.

Para a riqueza da música de concerto brasileira também contribuíram as serestas, a música portuguesa e inúmeras influências europeias. Tenho a impressão de que a grande mistura que existe no país de heranças, raças e origens é o nosso mais rico diferencial. Mesmo quando não identificamos a síncope, intuitivamente percebemos algo sutil que denuncia o caráter brasileiro da melodia ou da harmonia.

Acredito que a expressão dessa brasilidade surge, em grande parte, de acordo com a fluência de nosso idioma. Pois no fundo todo instrumento, de forma mais ou menos reconhecível, imita o canto de um povo. E o canto desse povo é uma sequência natural de sua maneira de falar.

Não acredito em fronteiras rígidas e não sei definir muito bem a diferença entre a música popular e a música de concerto. Para mim, todas essas composições são música brasileira. Por vezes nos preocupamos em encaixar a música em rótulos, colocá-la em caixinhas separadas. Mas, na verdade, a

---

9   Francisco Mignone (1897-1986), pianista, regente e compositor erudito brasileiro. [N.E.]
10 Radamés Gnattali (1906-88), arranjador, compositor e pianista brasileiro. [N.E.]

música é exatamente o oposto dessa categorização. A música é uma experiência de liberdade. Por isso, ela tem que ser solta e graciosa.

Todos nós, profissionais da música popular e da música de concerto, temos um desafio grande a enfrentar, quando tratamos da divulgação desse material para que ele chegue ao público em geral e se torne familiar, compreendido e desejado. Precisamos vencer preconceitos, inclusive os institucionais.

Na direção artística das grandes orquestras do Brasil, esse dilema sempre aparece. Pensando em garantir credibilidade e atrair o público médio que frequenta as salas de concerto, os maestros temem dar prioridade para a escolha de compositores brasileiros. Eles sabem muito bem que, se colocarem como parte principal do concerto obras de Bach, Beethoven e Mozart, terão a garantia de satisfazer a maior parte do público. Por isso, em geral o repertório dos compositores brasileiros fica relegado a um plano meramente complementar. Devemos trabalhar para que isso se transforme e que todos os autores sejam colocados no mesmo patamar, pois não falta qualidade aos compositores brasileiros das diversas épocas.

Nós, músicos brasileiros que trabalhamos cada qual com a sua convicção, sabemos que a porta de entrada para a grande mídia está na mão de pouquíssimas pessoas e instituições, que muitas vezes exercem esse controle visando o lucro pessoal em detrimento da qualidade e da riqueza da boa produção criativa. E quem vive no meio sabe que a produção de material excelente não cessa jamais. O problema é que, ao oferecer ao grande público o simples e repetitivo, o retorno financeiro é rápido. Mas nem por isso devemos desanimar ou desistir. A música brasileira é um universo maravilhoso, e é sempre um prazer contribuir para sua evolução.

A modinha e o lundu nos séculos XVIII e XIX[1]

PAULO CASTAGNA

Introdução

Apesar do interesse crescente em torno da modinha e do lundu – os mais antigos gêneros de canção e dança compostos no Brasil dos quais existem fontes musicais –, ainda não foi suficientemente investigada sua origem e seu desenvolvimento. Inicialmente, esse estudo foi uma preocupação maior de autores brasileiros, mas na década de 1990 a tendência se modificou, sendo impressas importantes contribuições em Portugal.

Um dos primeiros trabalhos sobre o assunto foi publicado por Sílvio Romero[2], mas foram propriamente os estudos de Mário de Andrade[3] que se tornaram o ponto de partida para a compreensão das principais características da modinha e do lundu. João Baptista Siqueira[4] e Eunice Evarina Pereira Mendes[5] possuem trabalhos importantes sobre as antigas canções brasileiras, seguidos de Mozart de Araújo[6], o primeiro pesquisador que se dedicou à investigação das origens históricas da modinha e do lundu. Essa tendência aparece também em Gerard Béhague[7] e Bruno Kiefer[8], sendo

---

1 A seção referente ao lundu deste texto já foi publicada em: Paulo Castagna, "Herança ibérica e africana no lundu brasileiro dos séculos XVIII e XIX", em: VI Encuentro Simposio Internacional de Musicología; VI Festival Internacional de Música Renacentista y Barroca Americana "Misiones de Chiquitos", Santa Cruz de la Sierra, *Actas*, Santa Cruz de la Sierra: Asociación Pro Arte y Cultura, 2006, pp. 21-48.
2 Sílvio Romero, "A modinha", *Revista Brasileira*, Rio de Janeiro: abr./jun. 1881, vol. 2, nº 8, pp. 519-21.
3 Mário de Andrade, *Modinhas imperiais*, São Paulo: Casa Chiarato, 1930; e "Cândido Inácio da Silva e o lundu", *Revista Brasileira de Música*, Rio de Janeiro: 1944, n. 17-39.
4 João Baptista Siqueira, *Modinhas do passado: investigações folclóricas e artísticas*, Rio de Janeiro: Jornal do Brasil, 1956.
5 Eunice Evarina Pereira Mendes, "Contribuição para o estudo da modinha", *Revista do Arquivo Municipal*, São Paulo: jul.-set. 1959, v. 27, n. 164, pp. 121-53.
6 Mozart de Araújo, *A modinha e o lundu no século XVIII: uma pesquisa histórica e bibliográfica*, São Paulo: Ricordi, 1963.
7 Gérard Béhague, "Biblioteca da Ajuda (Lisboa) MSS 1595/1596; Two Eighteenth-Century Anonymous Collections of Modinhas", *Yearbook Inter-American Institute for Musical Research (Anuário Interamericano de Pesquisa Musical)*, New Orleans: Universidade Tulane, 1968, v. 4, pp. 44-81.
8 Bruno Kiefer, *A modinha e o lundu; duas raízes da música popular brasileira*, Porto Alegre: Movimento; UFRS, 1977.

os trabalhos mais recentes nessa linha os de Manuel Morais[9], incluindo, no primeiro deles, o estudo de Ruy Vieira Nery, sob a forma de prefácio. Importantes coletâneas com estudos introdutórios também devem ser mencionadas, como a *Música escolhida da Viola de Lereno*, de Domingos Caldas Barbosa[10], publicada por Manuel Morais, as *Cifras de música para saltério*, de Antonio Vieira dos Santos[11], publicadas por Rogério Budasz, e *As modinhas do Brasil*, publicadas por Edilson de Lima[12], além das coletâneas impressas por Gerhard Doderer[13] e Antônio Alexandre Bispo[14] e pelo Instituto da Biblioteca Nacional e do Livro[15].

A modinha

Na segunda metade do século XVIII desenvolveu-se, inicialmente em Portugal e posteriormente no Brasil, um estilo peculiar de canção camerística, que acabou sendo denominado modinha. A origem dessa designação está ligada à moda, que foi, em todo o século XVIII, palavra portuguesa para qualquer tipo de canção camerística a uma ou mais vozes, acompanhada por instrumentos.

A moda em Portugal, no século XVIII, foi um tipo genérico de canção séria de salão, que incluía cantigas, romances e outras formas poéticas, compostas por músicos de alta posição profissional. As modas foram tão comuns em Portugal no reinado de dona Maria I que se popularizou o dito de que na corte dessa rainha "era moda cantar a moda"[16].

A origem da modinha está relacionada a um fenômeno europeu – e não apenas português – da segunda metade do século XVIII. Com a progressiva ascensão da burguesia e, consequentemente, com a mudança de hábitos da nobreza, surgiu uma prática musical doméstica ou de salão destinada a um entretenimento mais leve e menos erudito que aquele proporcionado pela ópera e pela música religiosa. Assim, a música doméstica urbana, praticada por amigos e familiares em festas ou momentos de lazer, privilegiou

---

9 Manuel Morais, *Modinhas, lunduns e cançonetas com acompanhamento de viola e guitarra inglesa (séculos XVIII-XIX)*, Lisboa: Imprensa Nacional; Casa da Moeda, 2000.
10 Domingos Caldas Barbosa, *Música escolhida da Viola de Lereno (1799)*, Lisboa: Estar, 2003.
11 Antônio Vieira dos Santos, *Cifras de música para saltério: música de salão em Paranaguá e Morretes no início do século XIX*, Curitiba: Editora UFPR, 2002, pp. 46-50.
12 Edilson de Lima, *As modinhas do Brasil*, São Paulo: Edusp, 2001.
13 *Modinhas luso-brasileiras*, Lisboa: Fundação Calouste Gulbenkian, 1984.
14 Antônio Alexandre Bispo, "Um manuscrito de modinhas da Biblioteca Estatal Bávara de Munique", *Boletim da Sociedade Brasileira de Musicologia*, São Paulo: 1987, nº 3, pp. 133-53.
15 Cf. *Jornal de modinhas*, Lisboa: Instituto da Biblioteca Nacional e do Livro, 1996, ano 1.
16 Cf. Marcos Antônio Marcondes (org.), *Enciclopédia da música brasileira: erudita, folclórica, popular*, São Paulo: Art, 1977.

formas de pequeno número de intérpretes, de fácil execução técnica e de restrito apelo intelectual.

Nessa fase desempenharam especial função na música de salão as canções acompanhadas, que, além dos requisitos acima, uniam a música à poesia, outra arte que conquistou os saraus domésticos setecentistas. Surgiam então canções a uma ou mais vozes, em idiomas locais e acompanhadas de instrumento harmônico. Na Itália apareceu a *canzonetta*, na Espanha a *seguidilla*, na França a *ariette*, na Áustria e na Alemanha o *Lied*, e em Portugal a modinha.

Todos esses gêneros de canções foram derivados de algum tipo de canto teatral. No caso português, existem razões suficientes para crer que a estrutura melódica das modinhas foi uma derivação das melodias operísticas, apenas adaptadas ao idioma local e às particularidades da prática doméstica. Assim, estão presentes nas modinhas, como nas óperas daquele período, os duos em terças ou sextas paralelas, a ornamentação das linhas vocais e as melodias ricas em notas diminuídas ou passagens ágeis. Observem-se tais particularidades no exemplo 1, o dueto "Entre a selva de Diana", de autor não indicado, impresso em 1792[17].

EXEMPLO 1.
Anônimo.
"Entre a selva de Diana" (dueto), compassos 1-7.

Não foi sem razão que vários autores portugueses de modinhas foram também compositores de óperas, como João de Sousa Carvalho (1745-1798),

17   Cf. *Jornal de modinhas*, op. cit., p. 15.

Marcos Antônio Portugal (1762-1830) e Antônio Leal Moreira (1758-1819), enquanto outros foram compositores de música religiosa – naquele tempo já fortemente influenciada pela ópera –, como José Maurício, mestre da capela da catedral de Coimbra, Antônio da Silva Leite, mestre da capela da catedral do Porto, Antônio Galassi, mestre da capela da catedral de Braga, e Luís Antônio Barbosa, mestre da capela da catedral de Braga.

Mas a evolução da moda em Portugal recebeu importante contribuição do escritor afro-brasileiro Domingos Caldas Barbosa (Rio de Janeiro, c. 1740-Lisboa, 1800), residente em Portugal a partir de 1770 e introdutor, nos salões lisboetas, de um gênero particular de canção: a "moda brasileira". Caldas Barbosa desfrutou de considerável ascensão social no Reino: recebeu ordens menores, tornou-se conhecido na Corte e tomou parte na nova Arcádia de Lisboa, sob o pseudônimo de Lereno Selinuntino. Dividiu opiniões em Lisboa, depois da difusão das modas brasileiras, tendo a seu favor os marqueses de Castelo Melhor, mas como opositores Filinto Elísio, Antônio Ribeiro dos Santos e o conhecido Bocage.

Foi somente a partir de 1775 que Caldas Barbosa começou a praticar seu novo estilo poético, cujos textos foram preferentemente denominados cantigas e publicados somente em 1798 (Lisboa), com o título *Viola de Lereno*, enquanto um segundo volume surgiu em 1826, 26 anos após sua morte. A denominação modinha, entretanto, foi criação do próprio Caldas Barbosa, registrada por cronistas portugueses pouco tempo após seu surgimento, como ocorreu com o poeta português Nicolau Tolentino de Almeida em 1779[18]:

> Cantada a vulgar modinha,
> que é a dominante agora,
> Sai a moça da cozinha,
> e diante da senhora
> vem desdobrar a banquinha.
>
> [...]
>
> Já dentre as verdes murteiras,
> em suavíssimos acentos
> com segundas e primeiras,
> sobem nas asas dos ventos
> as modinhas brasileiras.

Outro caso digno de nota é uma carta do escritor português Antônio Ribeiro dos Santos a um amigo (Lisboa, final do século XVIII), referindo-se

---

18 Mozart de Araújo, *A modinha e o lundu no século XVIII: uma pesquisa histórica e bibliográfica*, op. cit., p. 38.

a um sarau a que assistiu a contragosto. O texto, de grande valor informativo, tornou-se a mais precisa exposição do significado das modinhas nos saraus lisboetas do século XVIII[19]:

> Meu amigo. Tive finalmente de assistir à assembleia de F... [dona Leonor de Almeida, marquesa de Alorna] para que tantas vezes tinha sido convidado; que desatino não vi? Mas não direi tudo quanto vi; direi somente que cantavam mancebos e donzelas cantigas de amor tão descompostas, que corei de pejo como se me achasse de repente em bordéis, ou com mulheres de má fazenda. Antigamente ouviam e cantavam os meninos cantilenas guerreiras, que inspiravam ânimo e valor [...] Hoje, pelo contrário, só se ouvem cantigas amorosas de suspiros, de requebros, de namoros refinados, de garridices. Isto é o com que embalam as crianças; o que ensinam aos meninos; o que cantam os moços, e o que trazem na boca donas e donzelas. Que grandes máximas de modéstia, de temperança e de virtude se aprendem nestas canções! Esta praga é hoje geral depois que o Caldas começou de pôr em uso os seus rimances, e de versejar para as mulheres. Eu não conheço um poeta mais prejudicial à educação particular e pública do que este trovador de Vênus e de Cupido; a tafularia do amor, a meiguice do Brasil e, em geral, a moleza americana que em seus cantares somente respiram as imprudências e liberdades do amor, e os ares voluptuosos de Paphos e de Cythera, e encantam com venenosos filtros a fantasia dos moços e o coração das damas. Eu admiro a facilidade da sua veia, a riqueza das suas invenções, a variedade dos motivos que toma para seus cantos, e o pico e graça dos estribilhos e retornelos com que os remata; mas detesto os seus assuntos e, mais ainda, a maneira com que os trata e com que os canta.

O texto de Ribeiro dos Santos, especialmente em seu final, informa com precisão qual era a novidade, nas modas brasileiras, em relação às portuguesas: os assuntos amorosos, tratados com ousadia e permissividade. No aspecto melódico, entretanto, pouco deveriam diferir das modas em uso, mantendo as melodias derivadas das árias e duetos operísticos. Por isso, Ribeiro dos Santos admira "a facilidade da sua veia, a riqueza das suas invenções, a variedade dos motivos que toma para seus cantos, e o pico e graça dos estribilhos e retornelos com que os remata".

O musicólogo português Manuel Morais[20] questiona a versão corrente de que Caldas Barbosa seria compositor e tocador de viola, acreditando que sua participação na história da modinha teria sido principalmente a de letrista.

---

19 Idem, pp. 39-40.
20 Manuel Morais, "Domingos Caldas Barbosa (fl. 1757-1800): compositor e tangedor de viola?", em: Rui Vieira Nery (org.), *A música no Brasil colonial: colóquio internacional*, Lisboa: Fundação Calouste Gulbenkian, 2001, pp. 305-29.

De fato, não são conhecidas melodias seguramente compostas pelo autor carioca, mas tão somente letras de modinhas. Assim, o adjetivo "brasileira" pode ser principalmente entendido, neste caso, como uma peculiaridade do texto e não exatamente das melodias, ainda que isso demandasse gestos e maneiras próprias de interpretação das canções. Exemplo típico de uma moda brasileira é a canção "Se tem outra a quem adora", de José Palomino, publicada em Lisboa em 1792[21]:

> Se tem outra a quem adora,
> regale-se, meu senhor,
> escusa fazer-me agora
> ouvidos de mercador
>
> E não se envergonha.
> Ora, não me segue.
> Cuida que sou bruxa.
> Eu não sou pamonha.
> Sou pé de moleque.
> Sou cocada puxa-puxa,
> pois fui a primeira
> em ser seu baju,
> serei catimpoeira,
> serei seu caju
>
> Faça embora o que quiser,
> maltrate-me com rigor;
> achará muita mulher,
> mas não acha tanto amor
>
> E não se envergonha, etc.
>
> Depois que o meu triste peito
> estalasse em viva dor,
> diga, ingrato, a que respeito
> você quis ser-me traidor
>
> E não se envergonha, etc.

---

[21] *Jornal de modinhas, op. cit.*, pp.10-2.

Desde o estudo de Mozart de Araújo[22], acreditou-se que as modinhas brasileiras possuíssem esse nome por serem canções compostas no Brasil e posteriormente difundidas em Portugal. Embora ainda haja muito a ser estudado sobre essa questão, tudo indica que o centro geográfico onde surgiram as modinhas foi mesmo Lisboa, centro esse que atraiu contribuições originárias da França, da Itália, do Brasil e de outras regiões com as quais Portugal mantinha contato.

Coletâneas de modinhas, com texto e música, surgiram somente a partir da última década do século XVIII. Entre 1792 e 1796 foi publicado o *Jornal de Modinhas*, periódico quinzenal editado em Lisboa pelos franceses Francisco Domingos Milcent e Pedro Anselmo Marchal. Nos dias 1º e 15 de cada mês, o periódico apresentava uma nova canção, sendo numeradas de 1 a 24 as canções impressas em cada ano de edição (julho a junho). O *Jornal de Modinhas* chegou ao quinto ano, no qual foram anunciados apenas oito números, tendo sido impresso um total de 104 canções, das quais poucas dezenas foram reeditadas. Todos os números recebiam a mesma página de rosto, com as seguintes informações[23]:

Jornal
DE
MODINHAS
Com acompanhamento de cravo
PELOS MELHORES AUTORES
DEDICADO
A Sua Alteza Real
Princesa do Brazil
Por P.A. Marchal Milcent.
No primeiro dia e no quinze de cada mês, sairá
uma modinha nova.
Preço 200. R.ˢ
LISBOA
Na Real Fábrica e Armazem de Música no largo de Jesus,
onde se poderá abonar para a coleção de cada ano pela quantia de 2880.
Na mesma Real Fábrica se acha toda qualidade de música.

Afora quatro obras perdidas e dezesseis sem indicação de autoria, dezoito compositores são referidos como autores das canções. Em geral, eles já eram consagrados no meio musical lisboeta, e seus nomes conferiam destaque às canções:

---

22 Mozart de Araújo, A *modinha e o lundu no século XVIII: uma pesquisa histórica e bibliográfica*, op. cit.
23 *Jornal de modinhas*, op. cit., p. 1.

- Antônio Bernardo da Silva
- Antônio da Silva Leite
- Antônio Galassi
- Antônio José da Silva
- Antônio José do Rêgo
- Antônio Leal Moreira
- Antonio Puzzi
- Corricelli
- Francisco Xavier Batista
- João de Sousa Carvalho
- José Caetano Cabral de Mendonça
- José de Mesquita
- José Maurício
- José Palomino
- José Rodrigues de Jesus
- Josino
- Luís Antônio Barbosa
- Marcos Antônio [Portugal]

Observando-se os termos que designam as canções no *Jornal de Modinhas*, pode-se perceber, em primeiro lugar, que a palavra "modinha" era raramente utilizada, apesar de figurar no nome do periódico. Sua diversidade, entretanto, demonstra que a designação "modinha" abarcava vários tipos musicais e poéticos:

- *a voce sola*
- *canzoncina*
- chula carioca
- diálogo entre dois amantes
- diálogo jocossério
- dueto
- *duetto*
- *duetto* italiano
- *duetto* novo
- *duetto* novo ao som do zabumba
- *duetto* novo por modo de lundu
- duo
- duo novo
- improviso
- moda a duo
- moda a solo

- moda brasileira
- moda da copa das caldas
- moda do lundu
- moda do zabumba
- moda nova
- moda nova a solo do saboeiro
- moda nova brasileira
- moda original
- modinha a solo
- modinha do zabumba
- modinha nova
- rondó pastoral
- *tercetto*
- *tercetto* noturno
- *tercetto* novo

A maioria das canções impressas no *Jornal de Modinhas* está destinada a dois cantores com acompanhamento instrumental, sendo bem menos frequentes aquelas para uma ou três vozes. Quanto ao acompanhamento, é majoritariamente de cravo, e, pelo que se deduz de algumas informações impressas nas partituras, boa parte dele foi escrita pelo próprio Marchal. Em casos mais raros aparecem acompanhamentos para os seguintes instrumentos: viola; violino; guitarra (portuguesa); duas guitarras; duas guitarras e viola; duas guitarras, viola e baixo; cravo e dois bandolins; dois bandolins e baixo.

Outras coleções foram impressas em Portugal a partir do início do século XIX, como o *Jornal de Modinhas Novas Dedicadas às Senhoras*, de João Batista Waltmann, e *Divertimento Musical ou Coleção de Modinhas*, de Luís José de Carvalho, ambas lançadas em 1801[24]. Após seu surgimento na capital portuguesa, com a colaboração da "meiguice do Brasil" e da "moleza americana", esse tipo de canção começou a se difundir pela colônia, provavelmente já na década de 1790.

A existência, na Biblioteca da Ajuda, em Lisboa, de um manuscrito intitulado *Modinhas do Brasil*, com trinta canções a duas vozes, acompanhadas de viola ou cravo[25], levanta a possibilidade de ser essa uma coletânea de obras compostas no Brasil na última década do século XVIII. Por outro lado,

---

24 Cf. *Jornal de Modinhas*, op. cit., p. x; e Ruy Vieira Nery, "Introdução", em Manuel Morais, *Modinhas, lunduns e cançonetas com acompanhamento de viola e guitarra inglesa (séculos XVIII-XIX)*, op. cit., p. 15.
25 Gérard Béhague, "Biblioteca da Ajuda (Lisboa) MSS 1595/1596: Two Eighteenth-Century Anonymous Collections of Modinhas", op. cit.

a inexistência de outros documentos referentes à prática de modinhas no Brasil, em período anterior ao século XVIII, pode indicar que o manuscrito *Modinhas do Brasil* contenha obras escritas em Portugal, mas com a utilização de elementos de origem brasileira, especialmente no texto. Alguns dos textos das canções desse manuscrito são de autoria de Domingos Caldas Barbosa, o que levou Béhague[26] a supor que o poeta poderia ter sido o autor das obras, hipótese já enfraquecida à luz das informações ora disponíveis[27].

Seja como for, a designação "modinha brasileira" continuou a ser utilizada no século XIX, mesmo em canções compostas e impressas no Brasil, o que faz supor que esse, como o *tango brasileiro* e a *valsa brasileira*, designem mais um gênero musical que a procedência geográfica das composições. A transição do século XVIII para o XIX fez surgir um novo tipo de canção, obviamente derivada das modinhas setecentistas, que privilegiou o canto a uma voz. Suas características, de acordo com Doderer[28], foram as seguintes:

> Pelos finais do século [XVIII] surge em primeiro plano um novo tipo de modinhas. Decisivamente cunhada pela cultura musical da alta burguesia, a modinha transforma-se agora numa canção de sala a uma voz com acompanhamento de piano. A linha melódica do canto torna-se mais diferenciada melódica e ritmicamente e leva pela sua constante alteração de tempos fortes a uma característica oscilação de acentos. Mantêm-se os textos literários cheios de sentimentalismo e de penas de amor que encontram a sua contraparte numa delineação melódica considerada pelos ouvintes de então como "doce e deliciosa". A par do uso frequente dos contrastes maior-menor, a subdominante sobrepõe-se na constelação tonal. Numa linguagem musical cheia de suspiros e de ais, é a personagem do homem que quase sempre se dirige à "dona do seu coração". A loucura da ópera reflete-se no repertório das modinhas; árias ou motivos de óperas especialmente queridas – aos quais se adaptou um texto português – encontram imediatamente como novas modinhas acolhimento entusiástico.

Foi esse tipo de modinhas que se estabeleceu no Brasil e iniciou um grande desenvolvimento no século XIX, sendo representante a canção "Minha Marília não vive"[29], do compositor carioca Cândido Inácio da Silva (exemplo 2). É essa modinha da primeira metade do século XIX

---

26 *Ibidem*.
27 Manuel Morais, "Domingos Caldas Barbosa (fl. 1757-1800): compositor e tangedor de viola?", *op. cit.*
28 Cf. *Modinhas luso-brasileiras*, Lisboa: Fundação Calouste Gulbenkian, Serviço de Música, 1984, p. viii.
29 *Ibidem*, pp. 5-26.

referida por Ernesto Vieira[30], em descrição que concorda com as ideias acima apresentadas:

> *Modinha*. Ária, espécie de romança portuguesa muito em voga durante os fins do século passado [XVIII] e primeira metade do atual [XIX]. A modinha era uma melodia triste, sentimental, frequentemente no modo menor, com letra amorosa. Muitas modinhas eram também extraídas das óperas italianas que mais agradavam.
>
> A modinha passou de Portugal para o Brasil e ainda ali não foi de todo abandonada, tornando-se também mais característica pelos requebros lânguidos com que as brasileiras a cantam.

EXEMPLO 2.
Cândido Inácio da Silva. "Minha Marília não vive" (modinha), c.1-8.

Deve-se, entretanto, a Georg Heinrich von Langsdorff (1774-1852), cônsul da Rússia no Brasil, o primeiro registro musical de uma modinha seguramente cantada em solo brasileiro (exemplo 3), mais especificamente na Vila de Nossa Senhora do Desterro da Ilha de Santa Catarina (atual Florianópolis) em 1806[31], sob a designação *ária brasileira* (*Brasiliaansche Aria* em holandês e *Brasilische Arie* em alemão). O viajante fez acompanhar o exemplo da seguinte observação, que também parece ter sido a primeira referente às modinhas no Brasil[32]:

> À noite as pessoas se encontram em pequenos grupos de familiares, onde se dança, brinca, ri, canta-se e contam-se anedotas, conforme a tradição portuguesa. Os instrumentos musicais mais usados são a viola e o chocalho. A música é cheia de expressão, terna e sentimental. As canções são de conteúdo modesto,

---

30 Ernesto Vieira, *Dicionário musical*, 2. ed., Lisboa: Typ. Lallemant, 1899, p. 350.
31 G. H. Langsdorff, *Reis rondom de Wereld, in de Jaren 1803 tot 1807*, Amsterdã: J. G. Visser, 1818., 2f., xviii, entre pp. 54-55; idem, *27 Kupfer zu G. H. v. Langsdorffs Bemerkungen auf einer Reise um die Welt Erster Theil nebst ausführlicher Erklärung*, s.l., s.ed., s.d. [séc. XIX].
32 Idem, *Reis rondom de Wereld, in de Jaren 1803 tot 1807, op. cit.*, p. 54.

frequentemente reiterando temas como amor por mulheres, corações sangrentos e feridos, desejos e saudades.

EXEMPLO 3.
Anônimo (registrado por G. H. Langsdorff em 1806). "Quando o mal se acaba" (ária brasileira), c. 1-16.

Mas a primeira coletânea de modinhas praticadas no Brasil foi publicada pelos pesquisadores austríacos Johann Baptist von Spix (1781-1826) e Carl Friedrich Philipp von Martius (1794-1868), enviados pelo rei da Baviera para realizar um levantamento botânico, zoológico, mineralógico e etnológico nas províncias de São Paulo, Minas Gerais, Bahia, Pernambuco, Piauí, Maranhão e Amazonas. Além de seu monumental levantamento botânico e mineralógico, importante até hoje nos meios científicos, Spix e Martius publicaram em Munique, entre 1823-1831, três volumes intitulados *Reise in Brasilien* (Viagem pelo Brasil), nos quais relataram suas aventuras e apresentaram importantes aspectos da história, geografia e cultura brasileira.

Martius, responsável pela redação da *Viagem pelo Brasil*, também era conhecedor de música e, para enriquecer a publicação, elaborou um anexo musical intitulado *Brasilianische Volkslieder und Indianische Melodien* (Canções populares brasileiras e melodias indígenas), com quatro canções recolhidas em São Paulo, uma em Minas Gerais, uma na Bahia, uma com a indicação "de Minas e Bahia" e outra com a indicação "de Minas e Goiás", além de um lundu instrumental (sem indicação de localidade) e catorze melodias indígenas.

Embora Martius tenha observado, ao passar pela cidade de São Paulo em 1818, que, além da viola, "nenhum outro instrumento é estudado"[33], o autor apresentou suas transcrições dos *Volkslieder* em versões para canto e piano. Ainda não se realizaram pesquisas para determinar com precisão que instrumentos de cordas eram utilizados no Brasil para acompanhar o canto nesse período, e se estes possuíam cordas simples ou duplas (na única gravura de seu livro na qual aparece um instrumento como esse, ele foi representado com seis cordas simples): o autor austríaco sempre utiliza o termo alemão (e bastante genérico) *Gitarre*, e apenas uma vez informa que, entre nós, era denominado "viola". Quando esteve no Rio de Janeiro, em 1817, Martius afirmou textualmente[34]:

> O brasileiro tem, tal como o português, uma boa sensibilidade para modulações agradáveis e sequências regulares, dando assim ao seu canto um maior apoio graças ao acompanhamento simples da viola. A viola é aqui, como no sul da Europa, o instrumento preferido, ao passo que o piano é uma muito rara peça mobiliária que se encontra apenas nas casas ricas.

Presume-se, portanto, que Martius elaborou um acompanhamento para piano destinado aos seus leitores austríacos e não, exatamente, por tê-lo observado no Brasil. Além disso, as canções brasileiras registradas pelo escritor austríaco receberam a designação "populares", mas não com o mesmo significado que o termo possui atualmente. Tal expressão, para Martius, designaria um aspecto não erudito, distante da corte, do teatro ou da igreja e mais ligado aos costumes domésticos e familiares, relativos, porém, à elite e não

---

33 Johann Baptist von Spix e Carl Friedrich Philipp von Martius, *Viagem pelo Brasil 1817-1820*, Belo Horizonte: Itatiaia; São Paulo: Edusp, 1981, vol. 1, p. 141.
34 Cf. *Modinhas luso-brasileiras, op. cit.*, p. ix.

às classes baixas. É isso o que se deduz da observação que o autor austríaco fez dessas canções, quando esteve no Rio de Janeiro em 1817[35]:

> As canções populares são acompanhadas pela viola e têm a sua origem tanto em Portugal como no próprio país. É pelo canto e pelos sons do instrumento que o brasileiro é facilmente levado a dançar, dando expressão à sua boa disposição através de contradanças sutis, no ambiente das camadas sociais eruditas, e através de movimentos e posições mímico-sensuais parecidos com os dos pretos, no ambiente das camadas baixas.

Some-se a essas observações o fato de que as modinhas portuguesas e brasileiras do Antigo Regime, apesar de alegres e ousadas, baseadas principalmente em temas amorosos e repletas de termos de origem popular, eram divulgadas em refinadas partituras ou manuscritos, obviamente destinados a frequentadores dos círculos cultos. É somente na transição do século XIX para o XX que a modinha atingirá uma difusão social que admitirá a designação popular.

As observações de Martius são ricas para se compreender o significado que tiveram as canções que ele ouviu no Brasil, no final do reinado de dom João VI. Denominando-as modinhas e informando que aqui se ouviam tanto as compostas no país quanto as trazidas de Portugal, foi capaz de estabelecer a diferença entre as canções locais e as de origem lusitana. Seu relato mais importante em relação a esse aspecto foi escrito no Rio de Janeiro, em 1817[36]:

> As canções populares são de origem portuguesa ou brasileira. As últimas sobrepõem-se no que diz respeito à naturalidade do texto e da melodia; mantêm-se dentro do gosto do povo e demonstram, às vezes, um verdadeiro ímpeto lírico dos autores, na maior parte anônimos. Amor desprezado, tormentos de ciúme e penas de despedidas são os objetos da sua "musa", e uma inspirada referência à natureza oferece a estes poemas um ambiente próprio e sereno. Esta atmosfera criada parece a uma pessoa europeia tanto mais deliciosa e suave quanto se sente em disposição idílica provocada pela riqueza e pelo tranquilo prazer que toda a natureza em volta respira. As canções que juntamos no *Atlas* servirão, certamente, para provar a verdade das nossas palavras.

---

35 *Ibidem*, p. ix.
36 *Ibidem*, p. x.

Em 1826, o escritor francês Ferdinand Denis[37] publicava um relato não menos interessante sobre o canto das modinhas no Brasil, no qual informou que, apesar da flagrante simplicidade técnica dessas canções, sua atratividade era tão irresistível que contaminava até mesmo os europeus recém-chegados ao país:

> Ao mesmo tempo que a música de Rossini é admirada nos salões, porque é cantada com uma expressão que nem sempre se encontra na Europa, os simples artesãos percorrem ao serão as ruas cantando essas encantadoras modinhas, que é impossível ouvir sem com elas ficar vivamente comovido; quase sempre servem para pintar os devaneios do amor, as suas penas ou a sua esperança; as palavras são simples, os acordes repetem-se de uma forma bastante monótona; mas têm, por vezes, um tal encanto na melodia, e por vezes uma tal originalidade, que o europeu acabado de chegar não pode cansar-se de as ouvir e compreende a indolência melancólica desses bons cidadãos que ouvem durante horas seguidas as mesmas canções.

Na primeira metade do século XIX, o principal centro de difusão das modinhas, no Brasil, foi o Rio de Janeiro. As primeiras canções desse gênero começaram a ser impressas na década de 1830, e centenas foram publicadas até o final do século, por autores brasileiros ou radicados no Brasil, como os abaixo indicados:

- Antônio Carlos Gomes (1836-1896)
- Antonio Tornaghi (século XIX)
- Cândido Inácio da Silva (c. 1800-1838)
- Francisco da Luz Pinto (?-1865)
- Francisco Joaquim de Santana Matos (século XIX)
- Francisco Manuel da Silva (1795-1865)
- Gabriel Fernandes da Trindade (c. 1790-1854)
- João Mazziotti (?-1850)
- José Joaquim Lodi (?-1856)
- José Maria da Silva Rodrigues (século XIX)
- Joseph Fachinetti (século XIX)
- Padre Telles (século XIX)
- Rafael Coelho Machado (1814-1887)

---

37 Ferdinand Denis, *Résumé de l'histoire littéraire du Portugal, suivi du résumé de l'histoire littéraire du Brésil*, Paris: Lecointe & Durey, 1826, pp. 581-2, *apud* Ruy Vieira Nery, "Algumas considerações sobre as origens e o desenvolvimento da modinha luso-brasileira", em Manuel Morais, *Modinhas, lunduns e cançonetas com acompanhamento de viola e guitarra inglesa (séculos XVIII-XIX)*, op. cit.

A partir da segunda metade do século XIX foram impressas várias coletâneas de textos de modinhas, como o *Trovador*[38] e *A cantora brasileira*[39], fenômeno semelhante ao que ocorrera com as modinhas de Domingos Caldas Barbosa[40] no século XVIII. Coletâneas com texto e música são mais comuns a partir do início do século XX, como é o caso das *Canções populares do Brasil*, de Julia Brito Mendes[41], cujo título já indica uma terceira fase evolutiva das modinhas, embora a publicação contenha obras compostas desde o início do século XIX.

O lundu instrumental

Em meados do século XVIII estabeleceu-se no Brasil uma modalidade de dança que seria conhecida, já no início do século seguinte, como dança nacional. Denominado *lundu*, *londu*, *landu*, *landum*, *londum* ou *lundum*, esse tipo de música parece ter acompanhado o mais antigo tipo de dança brasileira da qual conhecemos exemplos musicais, embora ainda seja necessário esclarecer em que medida o lundu foi exatamente brasileiro e determinar qual foi a contribuição ibérica e africana para o gênero.

Se não existiu qualquer documento português ou brasileiro anterior a 1770 com a denominação modinha, o mesmo ocorreu em relação ao lundu. Apesar de ter sido comum no Brasil, durante o século XVIII, um ritual africano denominado *calundu*, difundido também em Portugal já no século XVII, parece não haver relação direta entre a música que teria sido utilizada no calundu e a música do lundu nos séculos XVIII e XIX. Por outro lado, não existe dúvida de que o nome dessa dança seja de origem africana, como informa Ernesto Vieira[42]:

> *Lundum* ou *Landum*. Dança chula africana, usada também no Brasil. O dicionário da língua bunda por Conecatim tem *landú*, todavia a forma geralmente seguida é *lundum*.

A partir da década de 1770, entretanto, o lundu começou a ser mencionado e descrito em fontes textuais, tanto no Brasil quanto em Portugal. Manuel Morais, o autor do estudo mais completo até agora publicado sobre o gênero,

---

38 Cf. *Trovador: coleção de modinhas, recitativos, árias, lundus*, Rio de Janeiro: Livraria Popular, 1876.
39 Cf. *A cantora brasileira; recitativos; nova coleção de recitativos tanto amorosos como sentimentais precedidos de algumas reflexões sobre a música no Brasil*, Rio de Janeiro: B. L. Garnier, 1878.
40 Domingos Caldas Barbosa, *Viola de Lereno*, Rio de Janeiro: INL; MEC, 1944.
41 Julia de Brito Mendes, *Canções populares do Brasil; coleção escolhida das mais conhecidas modinhas brasileiras, acompanhadas das respectivas músicas, a maior parte das quais trasladada da tradição oral pela distinta pianista d. Julia de Brito Mendes*, Rio de Janeiro: J. Ribeiro dos Santos, 1911.
42 Ernesto Vieira, *Dicionário musical*, op. cit., p. 319.

informa que a mais antiga menção a essa dança em Portugal aparece num poema intitulado *A função (sátira)*, de Nicolau Tolentino de Almeida, escrito na década de 1770[43]:

> Em bandolim marchetado,
> Os ligeiros dedos prontos,
> Loiro Paralta adamado,
> Foi depois tocar por pontos
> O doce *londum* chorado:
>
> Se Márcia se bamboleia
> Neste inocente exercício,
> Se os quadris saracoteia,
> Quem sabe se traz cilício,
> E por virtude os meneia?

Também conhecida é a referência ao lundu feita na mesma época que o exemplo anterior por Domingos Caldas Barbosa em suas quadras. O autor informa que a "chulice" do lundu, ou seja, seu caráter popular, atraiu as atenções que anteriormente eram voltadas ao fandango e à giga, danças praticadas pela elite portuguesa no século XVIII:

> Eu vi correndo hoje o Tejo,
> vinha soberbo e vaidoso;
> só por ter nas suas margens
> o meigo lundum gostoso.
>
> Que lindas voltas que fez;
> estendido pela praia,
> queria beijar-lhe os pés
>
> Se o lundum bem conhecera,
> quem o havia cá dançar;
> de gosto mesmo morrera,
> sem poder nunca chegar.
>
> Ai, rum, rum,
> vence fandangos e gigas
> a chulice do lundum.

---

43 Domingos Caldas Barbosa, *Música escolhida da Viola de Lereno* (1799), *op. cit.*, pp. 90-101.

Tudo indica que o lundu tenha realmente surgido no Brasil, mesmo sendo o resultado da mescla de elementos musicais e coreográficos de origens diversas. A dança nacional portuguesa na segunda metade do século XVIII era a *fofa*, dançada aos pares, ao som de violas e guitarras (portuguesas); parece não ter sido praticada no Brasil, já que não é citada em documentos brasileiros. No Brasil setecentista, ao contrário, foram predominantemente citadas duas danças: o lundu e o *batuque*.

O batuque, a julgar pelas descrições e ilustrações disponíveis (as principais foram publicadas por Carl Friedrich von Martius e por Johann Moritz Rugendas), foi uma denominação portuguesa genérica para todo tipo de dança de negros, praticada em fazendas durante o dia e ao ar livre, nos fins de semana ou dias de festa. O batuque era acompanhado pela percussão de instrumentos idiófonos ou membranófonos, ou mais comumente pela batida das próprias mãos, empregando-se também a umbigada, recurso coreográfico que se difundiu por todo o país em gêneros que ainda são observados entre populações de origem afro-brasileira.

Já o lundu parece ter sido uma dança mais difundida socialmente, praticada entre negros, brancos e seus descendentes. Carl Friedrich von Martius, que esteve em Belém em 1819, associou o lundu aos "mulatos" da cidade, com a seguinte observação: "Para o jogo, a música e a dança, está o mulato sempre disposto, e movimenta-se insaciável, nos prazeres, com a mesma agilidade dos seus congêneres do sul, aos sons monótonos, sussurrantes do violão, no lascivo lundu ou no desenfreado batuque"[44]. Johann Moritz Rugendas (1802-1858), que acompanhou Langsdorff em uma expedição pelo Brasil entre 1821-1829, confirma a diferença social que existiu entre o batuque e o lundu no *Malerische Reise in Brasilien* (Viagem pitoresca pelo Brasil), publicado em 1835[45]:

> A dança habitual do negro é o "batuque". Apenas se reúnem alguns negros e logo se ouve a batida cadenciada das mãos; é o sinal de chamada e de provocação à dança. O batuque é dirigido por um figurante; consiste em certos movimentos do corpo que talvez pareçam demasiado expressivos; são principalmente as ancas que se agitam; enquanto o dançarino faz estalar a língua e os dedos, acompanhando um canto monótono, os outros fazem círculo em volta dele e repetem o refrão.
>
> Outra dança negra muito conhecida é o "lundu", também dançada pelos portugueses, ao som do violão, por um ou mais pares. Talvez o "fandango", ou o "bolero" dos espanhóis, não passem de uma imitação aperfeiçoada dessa dança.
>
> Acontece muitas vezes que os negros dançam sem parar noites inteiras, escolhendo, por isso, de preferência, os sábados e as vésperas dos dias santos.

---

[44] Johann Baptist von Spix e Carl Friedrich Philipp von Martius, *Viagem pelo Brasil 1817-1820, op. cit.*, vol. 3, p. 29.
[45] Johann Moritz Rugendas, *Viagem pitoresca pelo Brasil*, Belo Horizonte: Itatiaia; São Paulo: Edusp, 1989, pp. 157-8.

Rugendas também produziu duas gravuras com o título *Danse landu*, nas quais foram retratadas duas situações sociais distintas, em torno da mesma dança. Na primeira delas[46], representou uma cena noturna ao ar livre, ao lado de uma casa grande e em frente a uma fogueira, envolvendo um casal de dançarinos, um tocador de viola e dezenove espectadores, constituídos de negros e brancos, entre os últimos um clérigo e um homem armado com espada, ao lado de sua companheira. O dançarino, vestido à portuguesa, com sapatilhas e meias, mantém os dois braços levantados, com castanholas nas duas mãos, enquanto a dançarina se movimenta com as mãos na cintura.

Na segunda gravura[47] existe uma cena semelhante, porém ao cair da tarde e junto a um casebre, na qual se observa um casal de dançarinos afro-descendentes, ambos descalços, mas realizando os mesmos movimentos da gravura anterior: o homem com os braços erguidos, aparentemente estalando os dedos, e a mulher com as mãos na cintura. Treze pessoas afro-descendentes presenciam a dança, uma delas a cavalo. Além da difusão social, Rugendas também atesta uma ligação direta entre o lundu e certas danças ibéricas (portuguesas ou espanholas) como o fandango e o bolero, nas quais eram utilizadas as castanholas, os estalos dos dedos e o acompanhamento das violas, chegando até a afirmar que as versões ibéricas seriam derivadas do lundu.

Outra importante gravura na qual se pode observar a dança do lundu foi impressa em 1826 com o título *Begging for the Festival of N. S. d'Atalaia*, por um autor inglês cujas iniciais eram A. P. D. G., no livro *Sketches of Portuguese Life*. De acordo com Manuel Morais[48], nessa gravura observamos, em uma rua do Rio de Janeiro, "um par de dançarinos negros [...] bailando o lundum que é tocado por um duo da mesma raça, formado por um violino e um bombo conhecido nesta época por zabumba". Ainda de acordo com Manuel Morais, o enigmático A. P. D. G. apresenta uma descrição dessa cena, segundo a qual o lundu era uma dança normalmente cultivada pela população afro-brasileira, porém apreciada pelos portugueses, que a contemplavam como um espetáculo de origem popular, como observamos na segunda gravura de Rugendas:

> O tambor grande e a rabeca atraem a atenção dos moradores da casa, que correm às varandas e janelas para se regalarem com a vista do lascivo e até frenético landum, dançado por um negro e uma negra cujos próprios gestos e olhares serviriam apenas para pessoas de maior delicadeza, para criar as mais extremas sensações de repulsa. Mas os portugueses gostam tanto desta dança, desde que

---

46 *Ibidem*, 3ª div., pl. 18.
47 *Ibidem*, 4ª div., pl. 17.
48 Domingos Caldas Barbosa, *Música escolhida da Viola de Lereno* (1799), *op. cit.*, pp. 92-3.

submetida a algumas modificações decentes, que nunca deixam de a contemplar com prazer, mesmo quando levada a extremos pelos seus inventores originais[49].

A. P. D. G., provavelmente o autor das mais extensas considerações sobre o lundu na primeira metade do século XIX, apresenta importantes informações sobre esse gênero musical, que já teria sido dançado em círculos aristocráticos portugueses nas últimas décadas do século XVIII. Por volta de 1820, entretanto, não era mais tão comum na elite, sendo então praticado apenas por suas senhoras, uma delas representando o parceiro masculino. Após uma longa descrição coreográfica do lundu bailado pelos portugueses, A. P. D. G. afirma: "O que acabo de tentar descrever é o landum das classes mais elevadas, mas, quando é dançado pela canalha, este está longe de ser quer gracioso quer decente", de acordo com a tradução de Manuel Morais[50].

Assim como no caso das modinhas, é bem possível que o lundu tenha passado por transformações na transição do século XVIII para o XIX, seja em sua versão popular, seja em sua adaptação portuguesa. Por outro lado, as informações conhecidas da segunda metade do século XVIII concordam com aquelas apresentadas por A. P. D. G., Martius e Rugendas. O próprio Domingos Caldas Barbosa relaciona o lundu ao fandango ibérico[51].

Outra informação importante do final do século XVIII pode ser encontrada em uma carta de 1780 do ex-governador de Pernambuco, dom José da Cunha Grã Athayde e Mello, segundo a qual, além da relação com as danças ibéricas, o lundu era comum entre brancos e negros[52]:

> Os pretos, divididos em nações e com instrumentos próprios de cada uma, dançam e fazem voltas como arlequins, e outros dançam com diversos movimentos do corpo, que, ainda que não sejam os mais indecentes, são como os fandangos em Castella e fofas de Portugal, o lundum dos brancos e pardos daquele país.

Uma interessante descrição da coreografia do lundu foi-nos deixada nas *Cartas chilenas* (1787), de Tomás Antônio Gonzaga. Nesse texto, além de uma vez mais ser informada a tendência de expansão social do lundu, o poeta indica a presença da viola e dos estalos dos dedos, mas acusa o uso da umbigada, elemento coreográfico originário do batuque[53]:

> Fingindo a moça que levanta a saia
> e voando na ponta dos dedinhos,

---

49 *Idem*, p. 92.
50 *Idem*, p. 93.
51 Cf. Mozart de Araújo, *A modinha e o lundu no século XVIII: uma pesquisa histórica e bibliográfica*, op. cit., pp. 22-3.
52 *Idem*, p. 55.
53 *Idem*, p. 22.

prega no machacaz, de quem mais gosta,
a lasciva umbigada, abrindo os braços.
Então o machacaz, mexendo a bunda,
pondo uma mão na testa, outra na ilharga,
ou dando alguns estalos com os dedos,
seguindo das violas o compasso,
lhe diz – "eu pago, eu pago" – e, de repente,
sobre a torpe michela atira o salto.
Ó dança venturosa! Tu entravas
nas humildes choupanas, onde as negras,
aonde as vis mulatas, apertando
por baixo do bandulho a larga cinta,
te honravam cos marotos e brejeiros,
batendo sobre o chão o pé descalço.
Agora já consegues ter entrada
nas casas mais honestas e palácios!

Manuel Raimundo Querino[54] confirma a presença dos traços ibéricos no lundu oitocentista, apresentando a seguinte descrição da coreografia de uma variante do lundu denominada *lundu de marruá*: "Duas pessoas na posição de dançarem a valsa davam começo ao lundu. Depois, apertavam as mãos; levantavam os braços em posição graciosa, a tocar castanholas, continuando a dança desligadas".

Outro autor, Araripe Junior[55], mantém a crença segundo a qual houve relação direta entre o lundu e certas danças ibéricas, apresentando outra descrição de sua coreografia:

> O lundu, que é tudo o que pode haver de mais dengoso em matéria de canto e coreografia, excede à seguidilha espanhola, com a qual guarda parentesco, e à dança voluptuária do ventre, das orientais. Não é tão ideal como a primeira, nem tão brutalmente carnal como a segunda: é, porém, mais quente do que ambas, sem desabrochar na lubricidade descabelada das falotomias antigas. No lundu há uma leveza de pisar, um airoso de porte e uma meiguice de voz, que não se encontra em nenhuma das manifestações similares de outros povos mestiçados; e a sua maior originalidade consiste no ritmo resultante da luta entre o compasso quaternário rudemente sincopado dos africanos e a amplificação da serranilha portuguesa. Essa fusão de ritmos na península deu cabimento à *caninha verde* e à *chula*, cuja grosseria diariamente observamos. A mulata, entretanto, vibrátil, ciosa, por vezes lânguida, pondo os incitamentos desses dois ritmos nos quadris,

---

54 Manuel Raimundo Querino, *A Bahia de outrora*, [Salvador], s. ed., 1922, p. 293, *apud* Mário de Andrade, *Dicionário musical brasileiro*, Belo Horizonte: Itatiaia; [Brasília:] Ministério da Cultura; São Paulo: IEB-USP; Edusp, 1989.
55 T. A. de Araripe Junior, *Gregório de Mattos*, 2. ed. Paris: Garnier, 1910, *apud* Mozart de Araújo, *A modinha e o lundu no século XVIII: uma pesquisa histórica e bibliográfica*, op. cit., pp. 169-70.

como expressão da sexualidade, subordinados ao canto apaixonado, estuoso e ao mesmo tempo grácil, começou a sincopá-lo a capricho, produzindo flexuosidades quase inexprimíveis e de um erotismo refinado.

Como já referido anteriormente, o nome lundu indica a existência de alguma relação entre essa dança e a cultura africana que até o momento não foi totalmente apurada. Por outro lado, os mais antigos exemplos musicais conhecidos de lundu corroboram sua possível origem ibérica. Uma das peças do anexo musical *Brasilianische Volkslieder und Indianische Melodien* (nº 9) é o "Landum, Brasilianische Volktanz" (lundu, dança popular brasileira), a única obra instrumental da coletânea (exemplo 4) e, ao mesmo tempo, o mais antigo registro musical que se conhece desse tipo de dança no Brasil[56]. Martius, que além de naturalista era um musicista amador, provavelmente transcreveu esse lundu com adaptações ao gosto europeu, não informando com que tipo de instrumentação havia ouvido a peça.

EXEMPLO 4.
Anônimo (registrado por C. P. F. Martius). "Landum" (instrumental), c. 1-25.

56 Cf. Johann Baptist von Spix e Carl Friedrich Philipp von Martius, *Viagem pelo Brasil 1817-1820*, op. cit., vol. 2, p. 301.

No lundu recolhido por Martius observa-se a variação contínua de um motivo de quatro compassos, no qual o terceiro e quarto compassos são uma repetição do primeiro e do segundo, estrutura que concorda com a descrição de A. P. D. G, segundo o qual, por volta de 1820, o lundu era constituído de "compassos que são geralmente os mesmos de uma ponta a outra"[57]. Além disso, o motivo alterna um compasso na tônica e um na dominante da tonalidade utilizada, no caso lá maior. O exemplo apresenta 23 variações (há uma repetição errônea dos dois primeiros compassos da vigésima primeira variação, logo após o c. 92), seguidas de seis compassos finais que não participam do processo de variação, especificamente destinados ao encerramento da peça (ver a edição integral da peça no anexo deste capítulo, com a correção dos erros de cópia da publicação original). À exceção da sétima variação, que possui oito compassos (os quatro primeiros iguais aos quatro seguintes), as demais possuem sempre quatro compassos repetidos de dois em dois, estando os compassos ímpares na tônica e os pares na dominante. É possível que o número de variações executadas em um lundu fosse de várias dezenas, mas Martius teria transcrito apenas 23 para obter um registro representativo, porém conciso.

Ora, o esquema acima descrito é nitidamente aparentado às *diferencias* instrumentais, compostas pelos *vihuelistas* espanhóis do século XVI, como Luys de Narváez, Alonso Mudarra, Enríquez de Valderrábano e outros. Esse tipo de música, entretanto, estava destinado a um ambiente cortesão e explorava tanto a diversidade musical quanto a destreza manual do executante, parecendo, em geral, mais exuberante que o exemplo registrado por Martius. A prática das variações na península Ibérica ilustrada pelas *diferencias* foi transferida para danças espanholas e portuguesas já no século XVII, como as *folías, canarios, chaconas* e outras, chegando até o fandango do século XVIII.

Nesse aspecto, portanto, não há dúvidas de que o lundu representou a recepção, no Brasil, de um gênero de dança ibérica que, embora transformada, manteve características suficientes para que se reconheça sua origem. Essa ideia contradiz a maior parte das opiniões correntes sobre o lundu, que a dão como dança de origem exclusivamente africana, problema que decorre principalmente da escassez de exemplos musicais cuja análise permita conclusões mais abrangentes.

Felizmente, outros exemplos de lundu do início do século XIX foram recentemente apresentados pelo musicólogo paranaense Rogério Budasz[58],

---

[57] Domingos Caldas Barbosa, *Música escolhida da Viola de Lereno (1799), op. cit.*, p. 93.
[58] Cf. Antonio Vieira dos Santos, *Cifras de música para saltério, op. cit.*, pp. 313-7.

procedentes de um manuscrito de música para saltério copiado em Paranaguá (PR) nas primeiras décadas do século XIX, por Antônio Vieira dos Santos (1784-1854). Esse documento contém seis danças denominadas lundu, lundu da Bahia, lundu do Rio e lundu de marruá[59]. Duas delas, sob o título "Primeiro lundu da Bahia" e "Segundo lundu da Bahia"[60] podem ser parcialmente observadas nos exemplos 5 e 6.

EXEMPLO 5.
Anônimo (registrado por Antônio Vieira dos Santos). "Primeiro lundu da Bahia" (instrumental), c. 1-28.

No "Segundo lundu da Bahia" (exemplo 6), tal como no lundu registrado por Martius, ocorre a alternância de compassos na tônica e na dominante, também de lá maior. Um motivo de dois compassos, com retornelo, inicia a dança, sendo repetido depois de cada variação. Esse motivo contém a mesma repetição interna observada no lundu impresso por Martius, mas, diferentemente deste, as variações possuem apenas dois compassos, sem a referida repetição. Observe-se, entretanto, que na terceira variação (c. 11-14) a repetição está presente, fazendo supor que, embora nem sempre indicada, a repetição poderia estar subentendida.

59 *Idem*, p. 21.
60 *Idem*, pp. 57-62.

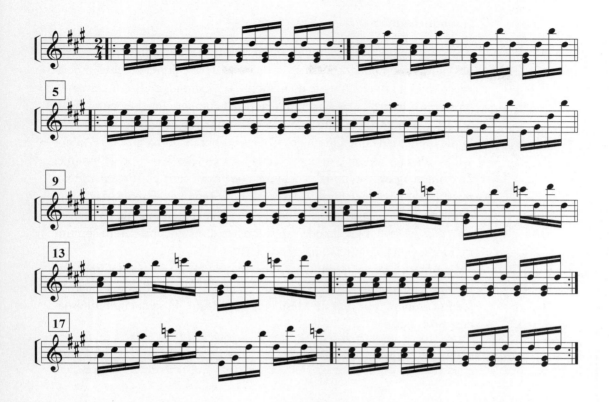

No "Primeiro lundu da Bahia" (exemplo 5), o esquema formal é próximo ao exemplo anteriormente analisado, sendo visível apenas um procedimento particular a partir do c. 17, com a fusão do motivo inicial às variações, fazendo com que aquele tenha um compasso a menos e estas um compasso a mais, porém sempre mantendo a alternância dos compassos na tônica e na dominante.

Apesar das diferenças entre os lundus registrados por Antônio Vieira dos Santos e aquele impresso por Carl Friedrich von Martius, é grande sua semelhança no que se refere ao princípio formal, subsidiando a hipótese de que o tipo de variação que exibem seria a principal característica melódica dessa dança, ao menos na transição do século XVIII para o XIX. Mais difícil, entretanto, é a tentativa de localizar elementos de origem africana no som dessa dança, que terá de aguardar novos estudos para seu esclarecimento. Ao que tudo indica, entretanto, algum tipo de sincopação era presente, talvez executada nos instrumentos de percussão, como possível contribuição africana ao lundu.

EXEMPLO 6.
Anônimo (registrado por Antônio Vieira dos Santos). "Segundo lundu da Bahia" (instrumental), c. 1-20.

O lundu-canção

Embora nem todos os exemplos musicais conhecidos indiquem o gênero das canções compiladas, a estrutura de várias delas é perfeitamente associável ao lundu, principalmente no manuscrito *Modinhas do Brasil*, tornando possível o estudo de suas características já nas composições do século XVIII.

Até o momento, os autores que se dedicaram ao estudo do lundu aceitam a hipótese de que Domingos Caldas Barbosa o tenha introduzido nos salões lisboetas, já como uma modalidade de canção. Esse tipo de lundu é, de certa maneira, um tipo de modinha que possui características particulares. A possibilidade de ter sido dançado, no entanto, o diferenciaria da modinha, em termos funcionais, uma vez que esta aparentemente não envolvia a dança. Isso também pode explicar o fato de as síncopas serem comuns no lundu-canção, mas não nas modinhas.

Um dos primeiros exemplos conhecidos de lundu-canção foi impresso no *Jornal de Modinhas* em 1º de maio de 1793[61]. Trata-se de uma *moda do londu* composta por José de Mesquita, sob o texto "Já se quebraram os laços" (exemplo 7).

EXEMPLO 7.
José de Mesquita. "Já se quebraram os laços" (lundu-canção), c. 1-32.

---

61 Cf. *Jornal de Modinhas*, op. cit., pp. 52-3; e Mozart de Araújo, *A modinha e o lundu no século XVIII: uma pesquisa histórica e bibliográfica*, op. cit., pp. 79-80.

Modinha e lundu

A *moda do londu* de José de Mesquita possui um motivo inicial de quatro compassos no cravo, reapresentado nos c. 17-20, o qual manifesta o mesmo tipo de repetição interna dos lundus instrumentais anteriormente analisados. A diversidade de acordes, entretanto, é um pouco maior, mas é evidente uma certa tendência de alternar compassos na tônica e na dominante (de fá maior). Paralelamente, a peça está inteiramente dividida em células de oito compassos, que receberam barras duplas no exemplo 7 somente para facilitar a visualização.

Embora não possam ser caracterizadas como variações, tais células exibem entre si contrastes na figuração, ao mesmo tempo que procuram repetir certos padrões melódicos, como ocorre entre as células dos c. 9-12 e 29-32. Observe-se finalmente que, nas citadas células, o terceiro e quarto compassos são uma repetição (com pequenas modificações) do primeiro e do segundo, tal como referido no caso do lundu instrumental.

Tais características em princípio corroboram a hipótese corrente de que o lundu-canção teria se originado do lundu instrumental. A diferença, entretanto, não seria apenas musical, mas também social: inicialmente, o lundu-canção fora praticado como música de salão em meio à elite lisboeta, como uma espécie de imitação do lundu instrumental dançado por brancos e negros brasileiros, e, por essa razão, teria mantido algumas de suas características sonoras. Mas é preciso considerar que o lundu, como prática popular brasileira do século XVIII, já pudesse ter sido também cantado desde suas primeiras manifestações, e que as versões portuguesas destinadas à elite branca eram apenas uma estilização desse tipo de música observado na população afro-descendente da colônia.

Como já mencionado anteriormente, há uma importante particularidade verificada na maioria dos lundus setecentistas que permaneceu em seus congêneres do século XIX: o caráter sincopado das melodias vocais. Tal efeito pode ser observado no exemplo 8, "Eu nasci sem coração", sexta canção do manuscrito *Modinhas do Brasil*, cuja letra é do próprio Domingos Caldas Barbosa[62].

---

62 Cf. Gerard Béhague, "Biblioteca da Ajuda (Lisboa) MSS 1595/1596; Two Eighteenth-Century Anonymous Collections of Modinhas", *op. cit.*, pp. 44-61; Manuel Morais, *Modinhas, lunduns e cançonetas com acompanhamento de viola e guitarra inglesa (séculos XVIII-XIX)*, *op. cit.*, pp. 71-5; Edilson de Lima, *As modinhas do Brasil*, *op. cit.*, p. 224.

EXEMPLO 8. Anônimo. "Eu nasci sem coração" (provável lundu-canção), c.1-15.

Modinha e lundu

Em toda a peça "Eu nasci sem coração" alternam-se compassos na tônica e na dominante, observando-se a herança do princípio da variação entre os c. 3-7 e 9-13, o que caracteriza essa peça como um lundu, apesar de essa designação não ter sido especificada no manuscrito. Mas a característica mais evidente nesse exemplo é a forte sincopação das melodias destinadas ao canto, fenômeno associável à contribuição africana já na versão popular e brasileira dessa dança. É possível que a presença de heranças africanas (ainda que não totalmente identificadas) no lundu instrumental tenha feito com que alguns deles fossem transpostos para o lundu-canção, estando entre eles o uso constante da síncopa.

Além disso, o lundu *Eu nasci sem coração*, como vários outros de fins do século XVIII e inícios do XIX, utilizam um acompanhamento musical muito semelhante aos exemplos conhecidos de lundus instrumentais do mesmo período, principalmente aqueles registrados por Antônio Vieira dos Santos. Isso permite supor que os lundus dessa fase poderiam ou não ser cantados, desde que fossem mantidas na execução suas características básicas, como as variações, o esquema harmônico e a sincopação (mesmo que apenas nos instrumentos de percussão).

Seja como for, o lundu-canção, tal como a modinha, começou a ser composto no Brasil a partir do princípio do século XIX, normalmente mantendo a utilização da síncopa, mas com o passar do tempo o emprego das variações e do esquema harmônico observado nos exemplos 1 a 3 foi diminuindo. Inicialmente, a temática amorosa continuou em uso, assim como nas modinhas setecentistas. No decorrer do século XIX, contudo, o lundu-canção foi abandonando a temática amorosa e recebendo um caráter satírico, como se observa nas composições de Cândido Inácio da Silva, Gabriel Fernandes da Trindade, padre Telles, Francisco Manuel da Silva e outros. Um dos primeiros exemplos publicados no Rio de Janeiro foi o lundu "Graças aos céus", de Gabriel Fernandes da Trindade[63], cujo texto satiriza – do ponto de vista da elite – a mendicância e a vadiagem nas ruas cariocas:

> Graças aos céus, de vadios
> as ruas limpas estão;
> deles a casa está cheia,
> a Casa da Correção
>
> Já foi-se o tempo de mendigar,
> fora, vadios, vão trabalhar!
>
> Senhor chefe da polícia,
> eis nossa gratidão
> por mandares os vadios
> à Casa da Correção.
>
> Já foi-se o tempo de mendigar, etc.
>
> Sede exato, pois, senhor,
> em tal deliberação,
> que muita gente merece
> a Casa da Correção
>
> Já foi-se o tempo de mendigar, etc.

Na primeira metade do século XIX, o lundu-canção continuou a ser comum no Brasil, sem deixar de ser praticado em Portugal. Por outro lado, tanto a modinha quanto os dois tipos de lundu sofreram fortes transformações a partir do final do século XIX, especialmente relacionadas ao seu desnivelamento social. Já fazendo parte da prática musical popular, a modinha e o lundu chegaram ao século XX reconhecidos como gêneros tipicamente brasileiros e populares, apesar de sua origem em um costume que circulou na elite luso-brasileira a partir de padrões musicais ibéricos e africanos.

Referências bibliográficas

A CANTORA brasileira; recitativos; nova coleção de recitativos tanto amorosos como sentimentais precedidos de algumas reflexões sobre a música no Brasil. Rio de Janeiro: B. L. Garnier, 1878.

---

63 Cf. *Modinhas luso-brasileiras, op. cit.*, pp. 17-9.

ANDRADE, Mário de. *Modinhas imperiais*: ramilhete de 15 preciosas modinhas de salão brasileiras, do tempo do Império, para canto e piano, seguidas por um delicado lundu para pianoforte, cuidadosamente escolhidas, prefaciadas, anotadas e dedicadas ao seu ilustre e genial amigo, o maestro Heitor Villa--Lobos. São Paulo: Casa Chiarato, 1930.

_____. "Cândido Inácio da Silva e o lundu". *Revista Brasileira de Música*, Rio de Janeiro: 1944, n. 17-39.

ARARIPE JUNIOR, T. A. de. *Gregório de Mattos*. 2. ed. Paris: Garnier, 1910. Apud ARAÚJO, Mozart de. *A modinha e o lundu no século XVIII: uma pesquisa histórica e bibliográfica*. São Paulo: Ricordi, 1963.

ARAÚJO, Mozart de. *A modinha e o lundu no século XVIII: uma pesquisa histórica e bibliográfica*. São Paulo: Ricordi, 1963.

BARBOSA, Domingos Caldas. *Música escolhida da Viola de Lereno (1799)*; estudo introdutório e revisão de Manuel Morais. Lisboa: Estar, 2003.

_____. *Viola de Lereno*. Rio de Janeiro: Instituto Nacional do Livro; Ministério da Educação e Cultura, 1944. 2v.

BÉHAGUE, Gérard. "Biblioteca da Ajuda (Lisboa) MSS 1595/1596; Two Eighteenth-Century Anonymous Collections of Modinhas". *Yearbook Inter--American Institute for Musical Research (Anuário Interamericano de Pesquisa Musical)*, New Orleans: Universidade Tulane, 1968, v. 4, pp. 44-81.

BISPO, Antônio Alexandre. Um manuscrito de modinhas da Biblioteca Estatal Bávara de Munique. *Boletim da Sociedade Brasileira de Musicologia*, São Paulo: nº 3, p. 133-53, 1987.

BUDASZ, Rogério. "Uma tablatura para saltério do século XIX". Em: X ENCONTRO ANUAL DA ANPPOM, 1996, Rio de Janeiro, 5 a 9 ago. 1996. *Anais*. Rio de Janeiro, 1996, p. 313-7.

DENIS, Ferdinand. *Résumé de l'histoire littéraire du Portugal, suivi du résumé de l'histoire littéraire du Brésil*. Paris: Lecointe & Durey, 1826, p. 581-2. Apud NERY, Ruy Vieira. "Algumas considerações sobre as origens e o desenvolvimento da modinha luso-brasileira". Em: MORAIS, Manuel. *Modinhas, lunduns e cançonetas com acompanhamento de viola e guitarra inglesa (séculos XVIII-XIX)*; prefácio de Ruy Vieira Nery. Lisboa: Imprensa Nacional; Casa da Moeda, 2000, p. 12.

JORNAL de Modinhas. Introdução de Maria João Durães Albuquerque; edição fac-similada. Lisboa: Instituto da Biblioteca Nacional e do Livro, 1996, ano 1. (Fundos da Biblioteca Nacional. Música, v. 1.)

KIEFER, Bruno. *A modinha e o lundu: duas raízes da música popular brasileira*. Porto Alegre: Movimento; UFRS, 1977.

LANGSDORFF, G. H. *27 Kupfer zu G. H. v. Langsdorffs Bemerkungen auf einer Reise um die Welt Erster Theil nebst ausführlicher Erklärung*. s.l., s.ed., s.d. [séc. XIX]. [27 pranchas, por G. H. von Langsdorff, do Atlas de anotações de uma viagem em torno do mundo. Primeira parte, acompanhada de descrição explanatória.]

_____. *Reis rondom de Wereld, in de Jaren 1803 tot 1807. Door G. H. van Langsdorff. Eerste Deel. met platen. Nieuwe uitgave*. A. L. Zeclander, s.c. Te

Amsterdam, By J. C. van Kesteren. MDCCCXVIII [1818]. Amsterdã: J. G. Visser, s.c. 2f.. [Viagem em torno do mundo, nos anos 1803 até 1807, por G. H. von Langsdorff. Primeira parte, com pranchas. Nova edição. Trad. de A. L. Zeclander, ilustrações de J. C. van Kesteren, edição de J. G. Visser.]

LIMA, Edilson de. *As modinhas do Brasil*. São Paulo: Edusp, 2001.

MARCONDES, Marcos Antônio (org.). *Enciclopédia da música brasileira: erudita, folclórica, popular*. São Paulo: Art, 1977. 2 v.

MENDES, Eunice Evarina Pereira. "Contribuição para o estudo da modinha". *Revista do Arquivo Municipal*, São Paulo: jul.-set. 1959, v. 27, nº 164, pp. 121-53.

MENDES, Julia de Brito. *Canções populares do Brasil: coleção escolhida das mais conhecidas modinhas brasileiras, acompanhadas das respectivas músicas, a maior parte das quais trasladada da tradição oral pela distinta pianista d. Julia de Brito Mendes*. Rio de Janeiro: J. Ribeiro dos Santos, 1911.

MODINHAS luso-brasileiras; transcrição e estudo de Gerhard Doderer. Lisboa: Fundação Calouste Gulbenkian, Serviço de Música, 1984. (Portugaliæ Musicæ, Série B, v. 44)

MORAIS, Manuel. "Domingos Caldas Barbosa (fl.1757-1800): compositor e tangedor de viola?". Em: NERY, Rui Vieira (org.). *A música no Brasil colonial: colóquio internacional*. Lisboa: Fundação Calouste Gulbenkian, 2001, pp. 305-329.

_____. *Modinhas, lunduns e cançonetas com acompanhamento de viola e guitarra inglesa (séculos XVIII-XIX)*. Prefácio de Ruy Vieira Nery. Lisboa: Imprensa Nacional; Casa da Moeda, 2000.

QUERINO, Manuel Raimundo. *A Bahia de outrora*. [Salvador], s. ed., 1922. Apud ANDRADE, Mário de. *Dicionário musical brasileiro*. Coordenação Oneyda Alvarenga, 1982-4, Flávia Camargo Toni, 1984-9. Belo Horizonte: Itatiaia; [Brasília:] Ministério da Cultura; São Paulo: Instituto de Estudos Brasileiros da Universidade de São Paulo; Edusp, 1989. (Coleção Reconquista do Brasil, 2ª série, v. 162.)

ROMERO, Sílvio. "A modinha". *Revista Brasileira*, Rio de Janeiro, v. 2, nº 8, pp. 519-21, abr.-jun. 1881.

RUGENDAS, Johann Moritz. *Viagem pitoresca através do Brasil*. Belo Horizonte: Itatiaia; São Paulo: Edusp, 1989.

SANTOS, Antonio Vieira dos. *Cifras de música para saltério*. Estudo e transcrições musicais por Rogério Budasz. Curitiba: Editora UFPR, 2002.

SIQUEIRA, João Baptista. *Modinhas do passado: investigações folclóricas e artísticas*. Rio de Janeiro: Jornal do Brasil, 1956.

SPIX, Johann Baptist von; MARTIUS, Carl Friedrich Philipp von. *Viagem pelo Brasil 1817-1820*. Belo Horizonte: Itatiaia; São Paulo: Edusp, 1981.

TROVADOR: coleção de modinhas, recitativos, árias, lundus. Rio de Janeiro: Livraria Popular, 1876.

VIEIRA, Ernesto. *Dicionário musical; contendo Todos os termos técnicos, com a etimologia da maior parte deles, grande cópia de vocábulos e locuções italianas, francesas, alemãs, latinas e gregas relativas à arte musical; notícias técnicas e históricas sobre o cantochão e sobre a arte antiga; nomenclatura de todos os instrumentos antigos e modernos, com a descrição desenvolvida dos mais notáveis e em especial daqueles que são atualmente empregados pela arte europeia; referências frequentes, críticas e históricas, ao emprego do vocábulo musical da língua portuguesa; ornado com gravuras e exemplos de música por Ernesto Vieira*. 2. ed. Lisboa: Typ. Lallemant, 1899.

Anexo. *Landum*, recolhido no Brasil por C. F. P. von Martius, entre 1817 e 1820

LANDUM

(Dança brasileira)

Recolhido por: C.F.P. von Martius (1817-1820)
Edição: Paulo Castagna

ANÔNIMO (final do séc. XVIII)
(*Reise in Brasilien*, 1823-1831)

- 1 -

ANÔNIMO - Landum (Rec.: Martius, 1817-1820)

Choro

IZAIAS BUENO DE ALMEIDA

Posso dizer que o bandolim me encontrou. Como meu pai foi "soprista", embora amador – tocava ora clarinete, ora saxofone, ora flauta –, tentei fazer o mesmo, porém sem resultado, concluindo que não conseguiria tocar nenhum desses instrumentos.

Nesse ínterim, meu avô materno me presenteou com um cavaquinho bem barato, com cravelhas de pau – como se dizia. Parece-me que foi o mais certo. Mesmo sem conhecer sua afinação, passei a tirar certas melodias que ouvia.

Meu pai, percebendo o interesse que o cavaquinho me proporcionava e o bom ouvido que possuía, passou a me dar aulas de teoria e solfejo, e eu sem saber para que servia tudo aquilo. A orientação que me dava era a de que, se tivesse uma boa leitura musical, poderia estudar qualquer instrumento que quisesse. Passei uma temporada "sofrendo" com o indefectível *Paschoal Bona: método completo de solfejo* e as *Lições elementares de teoria musical*, do mestre Samuel Arcanjo.

Ele tinha a melhor das intenções, e ainda um sonho: queria me preparar para ser um instrumentista apto a fazer um concurso numa orquestra sinfônica, pois assim teria como viver da música e mais tarde obter uma aposentaria digna. Para tanto, conseguiu um violino emprestado de um amigo e um método – me lembro bem: *O estudo do violino elementar e progressivo*, de Bernardo Ferrara, editado pela Ricordi.

Fui criado no bairro do Parque Peruche, na época um subdistrito de Casa Verde, reduto de chorões da melhor estirpe. Era o paraíso dos tocadores de instrumentos de corda. Tocavam nas ruas, nos botequins e até em feiras livres. Eu achava aquilo tudo muito bonito, música livre e alegre. O ano era 1948. Arranjei um novo mestre, o carteiro Cassiano do Amaral, apelidado de Pombo-Correio, pelo seu ofício, naturalmente. Foi um grande violonista, equivalente aos melhores profissionais que conheci. Ele logo me orientou que era possível afinar o cavaquinho como o violino, e que teria muito mais facilidade com a palheta do que com o arco. Sem ainda conhecer o violão de sete cordas, ele abaixava a sexta corda para ré (muito usual até hoje, principalmente para solistas), ou mesmo dó (novidade para a época).

Naquele ano, ou no seguinte, apareceu Jacob Bittencourt[1] tocando o célebre choro "Flamengo", de Bonfiglio de Oliveira. Foi a gota de água. Aprendi rapidamente o choro, e já me dispunha a tocá-lo com aqueles bambas da época. Começaram a sobrar orientadores para o meu aprendizado: Toninho Preto (cavaquinho, bandolim e violão), Cabo Neto (violão), Ditinho Bom Cabelo (bandolim), que era pedreiro, Sílico (violão e cavaquinho) e Marronzinho (cavaquinho, ritmista e cantor), entre tantos outros. Vale lembrar, particularmente, José Narciso de Nazaré (ou Zezinho da Casa Verde), que chegou a se profissionalizar. Pertenceu ao conjunto Águias da Meia-Noite, tocava violão tenor, ou viola americana, como se chamava na época, e compôs muitos choros, além de músicas de outros gêneros. Casa Verde e Parque Peruche foram o celeiro de grandes músicos de instrumentos de cordas, com os quais aprendi muito. Saudades.

Eu era insaciável, aprendia todos os choros da época nesse velho cavaquinho. Até que meu pai me disse, sem esconder a tristeza em sua face estampada: "Pois é, meu filho, você tem muita musicalidade, porém seu destino é ser chorão. Jamais será um músico como eu gostaria que viesse a ser". Dali a alguns dias, para minha alegria, me presenteava com um bandolim.

Popularmente chamado de chorinho, o choro é um gênero de música popular que já conta aproximadamente com 150 anos de vida. Apesar do nome "choro", ele em geral possui um ritmo agitado, caracterizado por improvisos, variações e virtuosismo de seus participantes. Por outras vezes, transmite também uma sensação de nostalgia, melancolia e tristeza, daí a razão do nome. Em sua essência, é um gênero puramente instrumental; as poucas letras de choro foram feitas muito depois de terem sido compostas as melodias. O poeta Catulo da Paixão Cearense foi o grande pioneiro em compor versos para os choros.

Um conjunto de choro é tradicionalmente composto por dois violões, um cavaquinho e um pandeiro. Os solistas podem variar, ora uma flauta, ora um bandolim, ou qualquer outro instrumento que se proponha a fazer as melodias. Os violões fazem a parte harmônica, sendo que um deles (modernamente um violão de sete cordas) trabalha na linha das chamadas "baixarias" (sons graves), e o outro o auxilia nas harmonias. O cavaquinho

---

[1] Mais conhecido como Jacob do Bandolim (1918-69).

tem dupla função: além de trabalhar nas harmonias, auxilia na parte rítmica, juntamente com o pandeiro.

Historicamente, o choro começa a nascer na cidade do Rio de Janeiro, no início do século XIX. Com a chega da família real, e graças às transformações urbanas e culturais, houve o ingresso de músicos, instrumentos, partituras e de uma variedade de ritmos europeus, que são aceitos imediatamente pela sociedade. O choro é o resultado da exposição do músico brasileiro aos estilos musicais europeus, essencialmente a polca, num ambiente já fortemente influenciado pelos ritmos africanos, sobretudo o lundu.

Ao se espalhar pelo Brasil, o choro se regionalizou. Na cidade natal, tem seu sotaque carioca bem característico, vibrátil, brejeiro. São Paulo já possui uma linguagem mais sentimental, talvez pela sua colonização italiana – da mesma forma, outros estados também têm o seu sotaque. O Nordeste, por exemplo, nos apresenta um choro bem mais vivo, talvez por influência do frevo.

Quando comecei a tocar, o lugar forte do choro sem dúvida era o Rio de Janeiro. Muitos músicos paulistas e de outros estados migraram para o Rio em busca de oportunidade melhor, caso de Aníbal Augusto Sardinha, o Garoto.

Nessa época, "seguraram a barra" do choro em São Paulo Antonio Rago (o introdutor do violão elétrico em conjuntos regionais), Orlando Silveira (acordeonista, que também se mudaria para o Rio, a convite de Luiz Gonzaga), o notável bandolinista Amador Pinho (com quem obtive as melhores dicas sobre bandolim), Antonio D'Auria, violonista (grande mestre e incentivador), Armandinho Neves, João Dias Carrasqueira, Petit e Aymoré, entre outros.

O choro não é simplesmente um gênero; é uma forma de se executar uma determinada melodia. Costumo dizer, quando ouço uma música muito bonita, seja ela clássica, seja popular: "Puxa, que melodia linda, parece até um choro!". Mesmo as estrangeiras, pois música boa não tem pátria – é perpétua. Há muitos exemplos de chorões sem saberem que o são: Duke Ellington, Cole Porter, Piazzola, Chopin e dezenas de compositores. Não há dúvidas de que o gênero apresenta uma grande aproximação com a música de concerto.

De seus intérpretes, exige muito estudo, dedicação e talento. Radamés Gnattali já dizia que o choro é uma música completa. Mas ele próprio, sem alterar a sensibilidade e a linguagem do choro, deu-lhe nova vida com algumas das harmonizações mais brilhantes, enriquecendo ainda mais essa nossa música urbana, assim como também fez Garoto.

O choro é nobre, uma forma de tocar e se expressar, e quero acreditar que outros compositores virão. Desde Henrique Alves de Mesquita, Joaquim Callado, Chiquinha Gonzaga e Pixinguinha, o choro perdura. Jovens instrumentistas estão surgindo, garantindo um futuro, se não brilhante, pelo menos imorredouro.

O amplo e diversificado universo do samba

NEI LOPES

A primeira e grande dificuldade que se apresenta a quem queira se informar sobre o samba é perceber a diversidade de formas e estilos em que o gênero se desdobrou, as diversas definições que o termo acolheu e mesmo as diversas funções sociais que esse importante fenômeno desempenha: música, dança, festejo, comportamento, espetáculo etc.

Para encaminhar essa percepção, vejamos, primeiro, que o samba urbano das cidades, descendente direto das reuniões socializadoras do samba rural, floresceu também ao ar livre, nos terreiros das comunidades negras e nas ruas. Nesses ambientes, foi absorvido e transformado pela indústria, para se tornar objeto de exploração econômica e chegar às casas de espetáculo e às residências, por meio do rádio e do disco. Entretanto, ao se apropriar do samba como matéria-prima, a indústria tomou para si apenas o aspecto de composição musical para ser cantada ou tocada (e, consequentemente, vendida), deixando a dança de lado.

O samba da cidade

No Brasil colonial, assim como em outras regiões das Américas, o momento inicial utilizado pelos negros para saírem às ruas com seus cânticos e danças foi o das celebrações católicas, inclusive as procissões. Nesses momentos, eles reivindicavam sua inserção na sociedade pelo ato simbólico de sua participação nas festas populares. Daí ver-se, outrora, em toda a América católica, o ciclo do Natal e, especialmente, a data de 6 de janeiro, o Dia de Reis, como o tempo principal das festas públicas do povo negro – as quais, entretanto, aos poucos foram sendo deslocadas, certamente por influência direta da própria Igreja católica, para o período do Carnaval.

Aproveitando-se do gosto africano pelas celebrações espetaculares, as autoridades coloniais incentivaram a carnavalização das festas negras, para, aos poucos, as desvincularem daquelas do calendário católico. Foi assim, no

Rio de Janeiro, com o folguedo de coroação dos reis congos, deslocado das cerimônias festivas em honra de Nossa Senhora do Rosário e transformado em "cucumbi" (folguedo banto), e com os ranchos de reis, originários da Bahia, transformados em ranchos carnavalescos.

Nas origens do Carnaval carioca, a primeira manifestação negra digna de nota dá-se por meio dos mencionados cucumbis, espécie de dança teatralizada de origem banta, a cuja presença no Rio de Janeiro imperial Mello Moraes Filho, no livro *Festas e tradições populares do Brasil*[1], dedica todo um capítulo. Segundo Moraes, o nome cucumbis era a denominação dada, na Bahia, às "hordas de negros de várias tribos" que se organizavam em "ranchos" de canto e dança, principalmente por ocasião do entrudo e do Natal – e que, nas demais províncias, recebiam o nome de "congos". Desses cucumbis nasceram os "cordões", grupamentos já menos presos às tradições africanas e apresentando componentes de brasilidade, como a presença de negros fantasiados de índios.

Na capital baiana, já no século XIX, o povo negro, expressivamente oeste-africano em suas origens, organizava cortejos festivos durante o Carnaval. E isso, certamente, por influência dos festivais periódicos da África ocidental, como o Damurixá iorubano e o Odwira dos axântis, celebrações que antecedem períodos de recolhimento espiritual – e por isso associadas, nas Américas, ao Carnaval e à Quaresma. Ambos, pela presença de cortejos reais, pálios, estandartes etc., parece terem também contribuído, de alguma forma, para a posterior formatação de diversas expressões carnavalescas da diáspora africana.

Foi possivelmente assim que surgiram no Rio de Janeiro, no final do século XIX, os ranchos de reis, por influência principalmente de Hilário Jovino, um pernambucano criado na Bahia. Mais tarde transformados em "ranchos carnavalescos", eles sobreviveram no Carnaval carioca, em gradativo processo de decadência, até os anos de 1970.

Uma forma evoluída dos ranchos carnavalescos, o Ameno Resedá destacou-se, já na década de 1920, como uma das mais importantes agremiações do Carnaval carioca. Intitulando-se "rancho-escola", forneceu o modelo no qual se inspiraram as primitivas escolas de samba, as quais, no seu rastro, foram surgindo em alguns morros e subúrbios cariocas.

As condições técnicas de apresentação dessas primeiras escolas eram as mais precárias. Entretanto, seu caráter familiar e comunitário era o que dava a tônica, com os enredos sendo elaborados por artistas do próprio grupo, assim como a produção e a execução de alegorias, adereços, figurinos,

---

1 Mello Moraes Filho, *Festas e tradições populares do Brasil*, Belo Horizonte: Itatiaia, 1999.

canções e até mesmo instrumentos, sem falar na interpretação do samba, em seu canto e em sua dança característica.

Note-se que, no período histórico que vai de 1930 a 1945, o governo brasileiro utiliza esse novo e importante meio de comunicação popular em sua ação política. Observe-se também que, nesse período, a educação se "militariza", com o ensino de história destacando, principalmente, feitos guerreiros, numa potencialização do que já ocorria desde o fim da Guerra do Paraguai.

É assim, então, que as escolas de samba trocam seus conjuntos musicais tradicionais (com cavaquinhos, violões, pandeiros, cuícas e tamborins) por grupamentos de percussão marcadamente marciais. E isso, certamente por influência da banda de música do Corpo de Fuzileiros Navais, a qual, por essa época, passa a constituir uma companhia, com trezentos músicos. Por imitação, certamente, os bombos, taróis e caixas surdas de sua percussão começaram a ser incorporados pelas baterias das escolas de samba.

Nas décadas seguintes, o surgimento de novas escolas e a reorganização de outras, inclusive com a polêmica contratação de cenógrafos e figurinistas profissionais – a exemplo dos ranchos –, viriam dar nova dinâmica e despertar maior interesse pelos desfiles, os quais, nos anos de 1960, constituiriam o principal evento do Carnaval carioca.

O samba da indústria

Iniciado na década de 1910, o processo de industrialização e comercialização do samba, em discos e outros suportes, bem como sua difusão pelos meios de comunicação, fez que o gênero fosse se transformando e diversificando. Essas transformações, ao longo do século, deram margem ao surgimento de subgêneros e estilos, como os seguintes: samba de Carnaval e samba de meio de ano; samba sincopado e samba de breque; samba-choro e samba-canção; bossa nova, sambalanço e samba-jazz; samba de terreiro, samba-enredo e partido-alto; samba-reggae e samba-rock etc.

O registro autoral do samba "Pelo telefone" impulsionou a popularização dos sambas de tipo maxixe de compositores como Sinhô e Caninha, entre outros, na década seguinte. Então nascem, no período de 1928 a 1931, os "sambas do Estácio", gênese do samba urbano, conjunto em que se pode incluir parte da obra de Noel Rosa. Na sequência, surgem o samba-choro sincopado, o samba-exaltação e o samba de breque.

A década seguinte vê nascerem a mescla de samba e boogie-woogie (um estilo de interpretação do jazz, nascido no ambiente do blues); o samba-enredo, no modelo consolidado com "Exaltação a Tiradentes" (1949), do Império Serrano; e o samba-canção. Depois, consagram-se os sambas da bossa nova e o samba-jazz, sua expressão instrumental; os sambas "esquema novo" do então Jorge Ben; o sambalanço, feito para dançar no universo dançante das casas noturnas etc. Mais tarde, aparece o estilo romântico ironicamente rotulado como "sambão-joia", então abominado pelos críticos, mas hoje reconsiderado; e, na década seguinte, o importante subgênero batizado como "pagode", que adiante examinaremos.

Dito isso, podemos estabelecer uma linha cronológica das transformações e recriações do samba. Mas sempre afirmando a diferenciação entre o samba "da rua" e o "de casa", este último considerado o que se ouve e se aprecia (se consome, enfim) no ambiente doméstico ou das casas de espetáculo.

O samba no tempo

Estabelecendo uma cronologia dos acontecimentos que balizaram as transformações vividas pelo universo do samba do século XIX até nossos dias, observaremos o seguinte:

Entre 1870 e 1890, a expressiva comunidade baiana da antiga Capital Federal participa das festas populares, como a tradicional Festa da Penha e o Carnaval, incorporando a elas costumes da terra de origem, como ranchos, cordões, sambas e batuques, muitas vezes reprimidos. Logo a seguir é fundada a Casa Edison, primeira empresa de gravações musicais no Brasil.

Mal iniciado o novo século, surge, no Rio, em 1907, o rancho Ameno Resedá, que começa a servir de padrão para as outras apresentações carnavalescas em cortejo. A Casa Edison lança a gravação do lundu baiano "Isto é bom", ainda em 1902, uma espécie de antecipação do samba que está por nascer. Por esse tempo, a casa da legendária baiana Tia Ciata começa a ganhar visibilidade e prestígio; a partir dela, surge "Pelo telefone", supostamente criado em 1916, lançado em 1917 e cuja autoria é objeto de registro público, em nome de Donga e Mauro de Almeida, e pioneiramente tipificada como samba.

Na década de 1920, é fundado o rancho carnavalesco Deixa Falar, que acaba por passar à posteridade como a primeira escola de samba do país, numa hegemonia às vezes contestada por Portela e Estação Primeira de Mangueira, cujos núcleos fundadores remontam a essa mesma década. Inauguram-se, no Brasil, as transmissões de rádio, e lançam-se as primeiras gravações feitas pelo sistema elétrico. O samba chega ao teatro musicado, e começa também a fazer sucesso no Carnaval. Os sambas do pianista Sinhô (ainda do tipo maxixe) caem no gosto popular, na Festa da Penha e no Carnaval. Em 1929, com "Na Pavuna", composição de Almirante, pela primeira vez a percussão do samba (surdo, pandeiro, tamborim, cuíca etc.) é gravada em estúdio e lançada em disco.

Já na década de 1930, realiza-se o primeiro desfile competitivo entre escolas, numa iniciativa jornalística logo capitalizada pelo poder público.

Fundam-se as primeiras entidades gestoras do samba, com muitas divergências de opiniões e dissidências. Surge a primeira sociedade brasileira arrecadadora e distribuidora de direitos autorais musicais; autores "do asfalto" começam a comprar sambas de compositores "do morro". Paulo da Portela destaca-se como sambista e líder comunitário. Inicia-se a era de ouro do rádio. Noel Rosa destaca-se como grande compositor de sambas, seguindo o estilo criado por Ismael Silva, Nilton Bastos e os "bambas" do Estácio, fundadores do bloco Deixa Falar. O compositor J. Cascata – Álvaro Nunes – antecipa o estilo samba de breque. Ari Barroso lança "No tabuleiro da baiana" (1936), divulgado como "samba-batuque", e mais tarde "Aquarela do Brasil" (1939), protótipo do samba-exaltação. O "samba-choro" "Carinhoso", lançado por Pixinguinha duas décadas antes, torna-se sucesso na voz de Orlando Silva em 1937. Começa o sucesso de Carmen Miranda, primeira voz divulgadora do samba em âmbito internacional.

Chegados os anos 1940, o cantor Moreira da Silva consolida o estilo samba de breque. Geraldo Pereira, oriundo do morro de Mangueira, destaca-se como compositor de rádio. No pós-guerra surgem sambas de saboroso e crítico estilo americanizado. Esboçam-se os primeiros sucessos no estilo samba-canção. O cavaquinista Waldir Azevedo populariza o "chorinho", uma espécie de samba instrumental, de andamento rápido. Em 1949 morre Paulo da Portela. Outros sambistas fundadores, como Cartola, Ismael Silva etc. caem no ostracismo, desaparecendo da cena musical.

Na década seguinte, consolidando uma tendência anterior, os shows de boate incluem números com ritmistas e passistas do samba, o que ocorre também no cinema. Surge o compositor Monsueto, sambista oriundo de comunidade favelada da Zona Sul carioca. O cantor Jorge Veiga faz sucesso com sambas satíricos e de breque. A partir de São Paulo, começam a destacar-se os sambas humorísticos de Adoniran Barbosa. "Exaltação a Tiradentes" (1949), da escola de samba Império Serrano, torna-se o primeiro samba-enredo a ultrapassar os limites do desfile das escolas; e "Exaltação à Mangueira" (1955) torna-se o primeiro samba de terreiro a ganhar destaque fora de seu ambiente. Da mesma forma, "A voz do morro", de Zé Kéti, lançado na escola de samba União de Vaz Lobo, é incluído na trilha sonora do célebre filme *Rio 40 graus*, ambos – música e filme – lançados em 1955. As composições de Nelson Cavaquinho surgem para o grande público; ocorre a "ressurreição" de Cartola e de Ismael Silva. Surge a bossa nova, modalidade de samba de concerto, não dançante, comparável ao jazz de estilo cool, frio.

A década de 1960 vê o samba "para dançar", das boates, chegar ao disco. Consolida-se a bossa nova, estilo de composição e interpretação que, tendo o então chamado "samba moderno" como âncora, introduz importantes modificações na estética do velho gênero. Nesse contexto, Jorge Ben (depois Benjor) lança a variante estilística denominada "samba esquema novo". Em outra vertente, surge a cantora Clementina de Jesus, com repertório marcadamente voltado para as matrizes africanas do universo do samba. Ocorre nessa época, também, o sucesso do bar Zicartola, especializado em samba "de morro". Na mesma década, a escola de samba Acadêmicos do Salgueiro reforça sua posição pioneira na apresentação de temas afro, e o bloco carnavalesco Bafo da Onça leva multidões às ruas, chegando também ao disco, no momento em que a cantora Elizeth Cardoso grava o LP *Elizeth sobe o morro*. No âmbito dos festivais da canção, trava-se a batalha ideológica entre o violão brasileiro e as guitarras da música internacionalizada. Na contramão da estética dos festivais, acontece a Primeira Bienal do Samba. Surge Martinho da Vila, também na contramão, ao cantar um samba em estilo partido-alto, "Menina moça", no terceiro Festival de Música Popular Brasileira, promovido pela TV Record em 1967.

Durante a década de 1970, revitaliza-se, a partir das gafieiras, a dança performática do "samba de salão". Em alguns clubes, a partir do Rio de Janeiro, estabelece-se a onda das "rodas de samba", com palco e microfones. Paulinho da Viola consolida seu prestígio com o samba "Foi um rio que passou na minha vida" (1970) e lança, para o grande público, o conjunto da Velha Guarda da Portela. Em 1975, após dirigir duras críticas à Portela, jamais levadas em consideração pela escola de samba, o compositor Candeia funda o Grêmio Recreativo de Arte Negra e Escola de Samba Quilombo, núcleo de resistência do samba e da arte negra em geral, mas falece três anos depois. Ivan Lins lança um estilo próprio de samba, acompanhado ao piano, com ecos do soul americano. De 1971, o samba-enredo "Festa para um rei negro" ("Pega no ganzê"), dos Acadêmicos do Salgueiro, faz sucesso e torna-se conhecido mundialmente; a mesma coisa, e no mesmo ano, acontece com o samba "Você abusou", da dupla baiana Antonio Carlos e Jocafi. Com o sucesso da cantora Beth Carvalho, começam a ganhar visibilidade os chamados "pagodes de fundo de quintal". No Carnaval de 1976, a vitória da escola de samba Beija-Flor de Nilópolis muda o rumo do principal desfile carioca. Três anos depois, a Mocidade Independente torna-se, também pela primeira vez, campeã.

Na década de 1980, apesar do sucesso popular de cantores como Clara Nunes, Beth Carvalho, João Nogueira, Roberto Ribeiro etc., o samba não chega aos primeiros lugares das paradas de sucesso. No Carnaval de 1981, a escola de samba Imperatriz Leopoldinense sagra-se campeã pela primeira vez. Inaugura-se, em 1984, o Sambódromo do Rio de Janeiro. No mesmo ano, é fundada a Liga Independente das Escolas de Samba, que mais tarde, inclusive por meio de sua gravadora e sua editora musical, passa a administrar empresarialmente o Carnaval das principais escolas cariocas. Em 1988, ano do centenário da Abolição da escravatura, a escola de samba Unidos de Vila Isabel ganha o Carnaval com um enredo puramente africano, sem brilhos, apoiada por um grande samba-enredo.

Nos anos 1990, a partir de algumas casas noturnas do tradicional bairro boêmio carioca, nasce a onda do "samba da Lapa", privilegiando o chamado "samba de raiz". No final de 1996, um grande show, patrocinado por empresas multinacionais, provoca polêmica por suposta discriminação havida na remuneração, muito menor, de um grande artista do samba em relação aos outros participantes do segmento conhecido como MPB. Institucionaliza-se, no dia de 2 de dezembro, a celebração do Dia Nacional do Samba, na qual o Pagode do Trem, no Rio de Janeiro, é um dos principais eventos.

Iniciado o século XXI, o estilo de samba massificado pela indústria é o "pagode romântico", tentativa de inserção do pagode dos anos 1980 (que analisaremos adiante) no âmbito do pop globalizado. No sentido inverso, o do apoio à tradição, no ano 2005 o samba do Recôncavo Baiano é reconhecido, pela Unesco, como obra-prima do patrimônio cultural da humanidade. Em 2007, Maria Rita, filha da falecida cantora Elis Regina, grava um CD com quatorze sambas, sendo seis de autoria do compositor Arlindo Cruz. No mesmo ano, a cantora Fernanda Takai, do universo pop rock, lança CD com o histórico repertório de Nara Leão, transformando conhecidos sambas em baladas. Realiza-se, no Paço Imperial, no Rio de Janeiro, a exposição A *imagem do som do samba*, na qual oitenta artistas visuais exibem obras inspiradas em sambas consagrados. Diogo Nogueira, filho de João Nogueira, estreia como cantor e compositor, gravando também CDs e um DVD. Na mesma década, o pianista Sérgio Mendes grava nos EUA, com o grupo Black Eyed Peas, uma versão de "Mas que nada", de Jorge Ben Jor, em que funde, com agradável resultado, samba e rap. Realiza-se em 2008, na carioca Fundição Progresso, o show de lançamento do CD e DVD *Samba Social Clube*, homônimo de um exitoso programa da Rádio MPB FM, reunindo mais de quarenta artistas e cerca de 10 mil espectadores.

A virada para a década de 2010 é marcada pela denúncia dos "escritórios de samba-enredo", em que compositores, intérpretes e financiadores se associariam para gravar temas para diversas escolas ao mesmo tempo. Nesses grupos, o emprego de compositores "laranja" possibilitaria contornar a regra que então impedia que o mesmo autor compusesse para escolas concorrentes.

O samba nas escolas

As escolas de samba floresceram a partir do Rio de Janeiro, entre as décadas de 1920 e 1930, ainda observando um propósito de recreação e sociabilidade, e foram incentivadas a competir entre si. As primeiras delas, integradas basicamente por negros, descem dos morros próximos ao centro do Rio de

Janeiro e dos subúrbios para a Praça Onze. Em 1932 acontecia, nessa parte da cidade, o que se considera o primeiro desfile "oficial", incentivado e orientado pelo governo da República. Assim instituíram-se os "enredos", baseados em temas de exaltação aos heróis consagrados pela classe dirigente e de motivação ligada ao ufanismo nacional.

A partir da experiência carioca, o fenômeno escola de samba disseminou-se pelo Brasil. Então, algumas modalidades de folguedos em cortejo, já praticadas em outras cidades, passaram a receber a denominação consagrada na capital federal.

Em Minas Gerais, já em 1937 a capital, Belo Horizonte, teria visto nascer a escola de samba Pedreira Unida. Mas, três anos antes, segundo alguns registros, já havia sido criada na cidade de Juiz de Fora, mais próxima do Rio de Janeiro, a Turunas do Riachuelo.

Na cidade de São Paulo, na década de 1940, no tradicional bairro do Bixiga, o antigo cordão Vai-Vai transformava-se em escola de samba. Logo depois, o mesmo ocorria com a Nenê da Vila Matilde e a Lavapés, na Baixada do Glicério. Além da capital, o estado de São Paulo viu nascerem escolas de samba nas cidades de Santos, Bauru, Ribeirão Preto, Piracicaba, Guaratinguetá, São Bernardo do Campo, Diadema, Jacareí, Tietê, Sorocaba e Jundiaí, entre outras.

Em Porto Alegre, já em 1940 nascia a Bambas da Orgia. Em Florianópolis, importantes agremiações do samba são as escolas Os Protegidos da Princesa, fundada em 1948, a Embaixada Copa Lord e a Unidos da Coloninha. Na Copa Lord, destacou-se Juventino João dos Santos Machado, exímio cuiqueiro cujo apelido, Nego Querido, mais tarde batizou a passarela de desfiles de samba na capital catarinense. Em Curitiba, a primazia fica com a escola de samba Colorado, fundada em 1946.

Em São Luís do Maranhão, uma das mais antigas escolas é a Favela do Samba, fundada em 1950. A ela vieram somar-se, entre outras: Acadêmicos do Túnel do Sacavém, Marambaia, Mocidade Independente de Fátima e Turma da Mangueira. Em Belém do Pará, foi fundada em 1951 a Maracatu do Subúrbio, à qual vieram juntar-se a Quem São Eles, campeã em 1952, e a Boêmios da Campina, vencedora em 1953 e, a partir daí, grande campeã nas décadas de 1950 e 1960.

Em Salvador brilharam, na década de 1960, entre outras escolas, a Diplomatas de Amaralina e a Juventude do Garcia, mais tarde absorvidas pelos blocos de índios, antecessores dos atuais blocos afros. Em Recife, as escolas de samba do grupo principal desfilam na segunda-feira, na avenida Dantas Barreto.

Em Belém, nos anos de 1980, mais de 25 escolas de samba se apresentavam na Passarela de Doca, na avenida Souza Franco. E em Macapá, depois da Boêmios do Laguinho, fundada em 1954, surgiram Maracatu da Favela, Piratas da Batucada, Emissário da Cegonha, Jardim Felicidade, Império do Samba Solidariedade.

Em Corumbá, no Mato Grosso do Sul, entre outras forças do samba estão, na atualidade, Império do Morro, Mocidade Independente de Nova Corumbá, A Pesada e Unidos da Vila Mamona.

Finalmente, em Brasília, no Carnaval de 2011, entre as principais escolas estavam a Associação Recreativa Unidos do Cruzeiro (Aruc), a Acadêmicos da Asa Norte, a Acadêmicos do Riacho Fundo II, a Gigantes da Colina e outras.

É importante ressaltar que, em todas as cidades e localidades mencionadas, seja no âmbito das escolas, seja em redutos independentes, a cultura do samba se faz sempre presente, em forma de pagodes, rodas de samba e outras modalidades e expressões de arte e socialização.

No Rio de Janeiro, por volta da década de 1970, as escolas começaram a perder o caráter de arte negra para se transformarem em expressão artística mais descompromissada, eclética e universal, na qual apenas alguns poucos elementos remetem ao seu significado original.

Antes disso, em 1968 era colocado no mercado o primeiro disco anual de sambas-enredo, *Festival de samba*, registrado ao vivo pela gravadora Relevo. Nesse disco, focalizando as então sete principais escolas do grupo de elite (Salgueiro, Unidos de Lucas, Mocidade Independente, Império Serrano, Portela, Mangueira e Vila Isabel), inseriram-se, como complemento, faixas com o ritmo de cada uma das baterias. Magnificamente gravadas ao vivo, nos terreiros das escolas, e com excelente qualidade para os padrões da época, essas gravações são, hoje, peças de alto valor. Por meio delas, o ouvinte poderá perceber, com nitidez, as enormes diferenças entre andamentos, cadências, levadas, timbres, afinações de cada uma das escolas e suas baterias. E eram essas diferenças que faziam "a diferença" – a ponto de qualquer apreciador só um pouquinho informado poder adivinhar, de olhos fechados, de que escola se tratava.

Com o tempo, essa identidade também foi se perdendo, restando poucas distinções entre cada um dos grupamentos. Até que, no Carnaval de 1997, Mestre Jorjão, egresso da histórica bateria da Mocidade Independente, celebrizada pelo legendário Mestre André, na regência da bem ensaiada bateria da escola de samba Unidos do Viradouro, introduziu variações percussivas em ritmo de funk, em diversos momentos do desfile. Essa surpresa causou grande repercussão na imprensa, motivando inclusive o título de um livro: *Do samba ao funk do Jorjão*[2], escrito pelo músico e pesquisador Spirito Santo

---

2 Spirito Santo, *Do samba ao funk do Jorjão*, Petrópolis: KBR Editora Digital, 2012.

(Antônio José do Espírito Santo), no qual, além de historiar esse episódio exemplar, o autor – presente ao desfile na condição de jurado – denuncia a tentativa de se criar, nas escolas de samba, o que denominou "uma cultura negra sem negros", para exportação.

Efetivamente, a incorporação do desfile das escolas ao universo do show business, a partir de meados da década de 1970, correspondeu, em certa medida, ao anseio de aceitação abrangente do samba pela sociedade, manifestado pelos sambistas desde os primeiros tempos. Entretanto, essa inclusão apenas carnavalesca levou o samba das escolas a se distanciar de seus fundamentos.

Até os primeiros anos da década de 1960 – quando a bossa nova ainda era chamada pelos pesquisadores de "samba moderno", e a sigla MPB ainda não tinha sido inventada –, o chamado "samba de morro" (depois dito "samba de raiz") ainda expressava uma "cultura", ou seja, comportava um conjunto de traços distintivos, herdados da tradição. O sambista, em geral, tinha vestuário, fala, gestual, comportamento e hábitos bem característicos. E o samba era expressão artística no sentido mais amplo, envolvendo criação e *performance*, inclusive coreográfica.

Tudo isso foi se enfraquecendo à medida que os núcleos e redutos do samba se modificavam, com o distanciamento das escolas de samba de suas comunidades, com a opção pelo espetáculo em prejuízo do espírito associativo. E, aí, até mesmo a dança foi esquecida.

Na história das escolas de samba cariocas, o período que vai de 1956 até o final da década seguinte marca o apogeu do samba-enredo por meio, principalmente, da figura emblemática e mítica do compositor Silas de Oliveira, do Império Serrano. E, com efeito, a morte de Silas, em 1972, após uma fragorosa derrota na disputa pelo samba-enredo em sua escola, marca, de forma simbólica, o fim de uma era.

Pois esse foi o fato que deu margem a quase todas as grandes modificações subsequentes – a disputa interna pelo samba-enredo passou a ganhar dimensões bem maiores e diferentes: à glória de ser campeão, que se restringia ao âmbito das escolas, somavam-se agora as possibilidades de sucesso comercial. E isso porque os sambas-enredo já eram majoritariamente executados na programação das estações de rádio e cantados também nos salões, durante o Carnaval, reduzindo ao mínimo a execução das marchinhas e sambas de compositores do meio radiofônico.

O samba em descompasso

Como já vimos, a produção industrial e a comercialização do samba iniciaram-se na década de 1910. Mas a rigor, em termos gerais, a exploração econômica da música já existia desde a criação, no país, das primeiras empresas "impressoras de música", denominação que definia então o que hoje se conhece como editoras musicais. Antes do disco, do rádio e da televisão, era assim, efetivamente, que acontecia o consumo da criação musical: o autor criava uma obra e o público tinha acesso a ela por meio de partituras, impressas e vendidas pela editora. Essas partituras, então, ganhavam vida, no âmbito doméstico (toda residência de classe remediada ou alta tinha um piano) ou em locais públicos.

Com o advento do disco, a democratização dos aparelhos de reprodução sonora e seu aprimoramento, tudo foi mudando. As grandes editoras foram deixando de ser meras publicadoras e vendedoras de partituras impressas para atuarem não só como procuradoras e intermediárias dos autores, mas também como legítimas titulares dos direitos cedidos por eles, mediante contratos. Nessa prática, bastante lucrativa, se encerra uma das grandes questões do direito autoral nos dias de hoje, em todo o mundo. Inclusive, é claro, no mundo do samba.

Segundo os relatórios produzidos pelo sistema autoral musical brasileiro contemporâneo, o samba é, hoje, um dos gêneros ou estilos de música menos aquinhoados. Tomando por base o ano de 2010, no *ranking* de arrecadação de compositores, o mais bem colocado do segmento samba ocupa apenas o 170º lugar, seguido por outro na 182ª posição e outro mais, na 208ª. Na frente deles, vêm principalmente compositores do amplo espectro da música *pop* (música de consumo de massa, de base anglo-saxônica, difundida em escala global), que engloba, na atualidade, até mesmo os estilos rotulados no Brasil como sertanejo, *gospel* e forró.

Para entender esse descompasso, é preciso saber que a infraestrutura mercadológica de nossa música popular se assenta em grandes conglomerados de mídia, que controlam ou procuram controlar toda a cadeia de produção, da criação ao consumo. Nessa cadeia incluem-se desde gravadoras, editoras musicais e provedores de internet até redes nacionais de TV aberta e por assinatura, emissoras de rádio, jornais, revistas etc. Aí, como resultante dessas gigantescas estruturas, vamos encontrar cada segmento do mercado musical brasileiro associado a um estilo de vida e de consumo. E o povo do samba, majoritariamente afrodescendente, é quase sempre desqualificado como consumidor, numa visão amplamente desmentida pelo *Relatório Anual das Desigualdades Raciais no Brasil (2009-2010)*, publicado pelo Instituto de Economia da Universidade Federal do Rio de Janeiro (IE-UFRJ).

Em outra linha de raciocínio, vamos ver que a década de 1970 marcou o efetivo ingresso do Brasil no universo da indústria cultural globalizada – e a música que por aqui se fez, nesse tempo, foi sintomática. Vivia-se o ufanismo insuflado pela ditadura militar, consolidava-se o poder da televisão e afirmava-se a chamada "música universitária", que acabaria por gerar a sigla MPB. A partir daí, várias tendências e movimentos completam o alinhamento da música popular brasileira com a música pop internacional, ensaiado na década anterior.

Por essa época, começam a ser produzidos, no Brasil, discos com trilhas sonoras de telenovelas. Data daí a tentativa de se criar uma sonoridade brasileira "para exportação" – só que, estranhamente, inspirada em estilos já internacionalmente consagrados a partir de um padrão norte-americano. Data daí, também, a busca do que se chamou uma "atitude" musical caracterizada pela "transgressão" e pela "rebeldia contra os modelos estabelecidos".

Essa busca, entretanto, tinha como meta apenas o consumo, num contexto em que a propaganda já não mais apenas anunciava os produtos que vendia como também os mitificava. Dessa forma, o público jovem era induzido a uma suposta atitude de rebeldia e protesto que, na verdade, como acentuou o pensador francês René Dumont, era somente imitação de atitudes consumistas (na moda, no dia a dia e na música) emanadas dos grandes centros produtores multinacionais[3]. Nesse cenário, no Brasil, começa-se também a divulgar o reggae jamaicano, surge o chamado rock rural e nascem as baladas de feitio místico, sonorizando, inclusive, os protestos contra a ditadura militar.

Por volta de 1974, algumas vozes influentes da indústria fonográfica anteveem que o estilo rock será o grande vendedor dos anos 1980, e recomendam investimento nele, dando como exemplo a eclosão da música "universal" na década de 1960, em contraposição à música "regional", âmbito no qual incluíam principalmente o samba.

E a profecia se confirma: o estilo rock começa a predominar também nos *jingles* (mensagens publicitárias tecnicamente criadas para serem fáceis de aprender, cantarolar e recordar), ficando os estilos efetivamente definidores de uma identidade musical brasileira reservados à propaganda daqueles produtos destinados às classes menos favorecidas, como é o eloquente caso das campanhas eleitorais, ou ao chamado "varejão", propaganda popularesca e menos elaborada, destinada a atingir o chamado "povão".

Outro fenômeno digno de nota, ocorrido na década de 1970, foi o do surgimento de intérpretes brasileiros de nomes ou pseudônimos anglo-americanos, cantando baladas em inglês. Também por essa época, em crítica aos novos discos de três dos principais cantores da cena musical brasileira do momento, publicada no *Jornal do Brasil*, o jornalista e escritor José Ramos Tinhorão chamava atenção para a "tendência de renúncia a peculiaridades e constâncias musicais brasileiras, em favor da integração nos tais padrões tornados universais pela força da imposição mercadológica do produto cultural

---

3 René Dumont, *A sociedade de consumo*, Rio de Janeiro: Salvat, 1979.

vestido sob a forma de um produto industrial, o disco"[4]. E em meados do ano seguinte outro jornalista, Roberto M. Moura[5], fazia a seguinte denúncia, ainda mais contundente, sobre a desnacionalização da música brasileira:

> Proliferam, ainda, os "críticos" especializados na música internacional, e considerável crédito lhes é dado para divulgar, quase sempre com irritante superficialismo, o que a "moda" nos recomenda. O prejuízo indireto dessa postura ideológica subserviente, no entanto, transcende aos números de venda, ao dinheiro e aos direitos autorais que saem do país. Além disso, tendo as suas "verdades" consubstanciadas pelos *mass media*, ela provoca o nascimento de nefastos e indesejáveis macaquismos nacionais.

Mas, apesar dos "anos de chumbo", ainda eram possíveis surtos de esperança e otimismo. Tal foi o caso de Marcus Pereira, publicitário que, acreditando em uma abertura, na década, para o mercado da música regional no Brasil, deixava de lado seus negócios na propaganda para comandar uma gravadora voltada para a produção e a difusão da música regional brasileira, inclusive o samba tradicional carioca.

A Discos Marcus Pereira foi a primeira gravadora no Brasil a implementar uma linha de produção alternativa, sem contar com nenhum tipo de apoio estatal. Foi assim que relançou Cartola, recuperou "vissungos" (cantos de trabalho) mineiros em *O canto dos escravos*, e mapeou, por regiões, a música popular (não a de massa) do Brasil, lançando-a numa portentosa coleção. A partir de 1979, entretanto, sob uma economia altamente recessiva, o sonho de Marcus Pereira foi desmoronando. Até que, premido por insuportáveis dificuldades financeiras, ele acabou por se suicidar, em 1981.

A festa do samba guerrilheiro

Originalmente designando divertimento, patuscada, festa, o termo "pagode" ganhou, no Rio de Janeiro, a acepção de "reunião de sambistas" e, a partir da década de 1980, passou a denominar um estilo de interpretação do samba, gênero de canção popular.

Na acepção de festa do samba, desde os primeiros anos da República tem-se notícia de inúmeros pagodes realizados em casas de família cariocas, assim como nos terreiros das escolas de samba e em festas públicas, como a da Penha e a da Glória. Dessas festas saíram, até mesmo para o mundo

---

4 José Ramos Tinhorão, "Universal é o regional de um imposto para todo o mundo", *Jornal do Brasil*, Rio de Janeiro: 21 dez. 1977, p. 2.
5 Roberto M. Moura, "A invasão estrangeira", jornal *Artefato*, Brasília: Universidade Católica de Brasília, ano I, nº 3, jul. 1978.

do rádio e do disco, inspirados "pagodes" (obras musicais), porque essa é, há muito tempo, a forma mais intimista e popular de os sambistas cariocas se referirem às canções produzidas em seu meio. Mas parece que o pagode (a festa), na forma modernamente popularizada e também conhecida como "pagode de mesa", ganhou força no Rio de Janeiro da década de 1970. A partir dessa época, a forma de reunião musical em torno de uma grande mesa, num "fundo de quintal" (símbolo de informalidade, em oposição ao "salão") muitas vezes residencial, na qual o dono da casa "se defendia", vendendo as bebidas e os tira-gostos, se difundiu.

Para essa difusão, contribuíram decisivamente as reuniões realizadas na sede do bloco carnavalesco Cacique de Ramos, na zona suburbana da Leopoldina. A experiência foi repetida, com igual sucesso, na primeira sede do Clube do Samba – a antiga residência do cantor João Nogueira, no bairro do Méier, no final da década. E, no início dos anos 1980, surgiram o Terreirão da Tia Doca, no subúrbio de Oswaldo Cruz, com os ensaios da Velha Guarda da Portela, e o Pagode do Arlindinho (Arlindo Cruz, compositor e instrumentista), em Cascadura. A partir de então, o formato se alastrou.

Sobre a difusão desse importante estilo, lembremos que ele começou a ser fixado nas primeiras gravações do grupo Fundo de Quintal – oriundo do Cacique de Ramos, de fortes raízes comunitárias –, nas quais harmonias ousadas e melodias rebuscadas, apropriadas para o canto coletivo, somam-se a uma percussão inovadora.

Em 1985, a vertente se consolida a partir do lançamento do LP *Raça brasileira*, em que surge para o grande público, entre outros, o cantor e compositor Zeca Pagodinho. Fincado na tradição do partido-alto, o estilo pagode colocou em destaque refinados compositores, como Almir Guineto, Arlindo Cruz, Sombrinha, Jorge Aragão e Luiz Carlos da Vila.

Na década seguinte, a indústria fonográfica e do entretenimento apropriou-se da denominação "pagode", aplicando o rótulo a outra vertente do samba, mais afinada com o mercado globalizado e com o figurino pop em vigor. Mesmo assim, o estilo rotulado dessa forma pela indústria fonográfica, com as inevitáveis diluições que trouxe, colocou em evidência e tornou bem remunerados alguns artistas das periferias de São Paulo, Rio de Janeiro e Minas Gerais, principalmente.

Vale salientar que, assim como nos Estados Unidos o primitivo rock'n'roll foi uma repaginação do rhythm & blues – que, por sua vez, é o velho blues em andamento acelerado –, a forma "pagode fundo de quintal" de fazer samba, apesar das profundas inovações que trouxe, não configurou um novo gênero musical, e sim uma variante da corrente principal. Entretanto, ressaltamos, é uma variante responsável por uma transformação estrutural, tanto nas concepções melódicas e harmônicas quanto na sua dinâmica rítmica, bem como na revitalização que trouxe ao partido-alto, forma tão tradicional quanto difícil de criação e interpretação do samba.

Além disso, muito mais que simples locais de divertimento, os fundos de quintal desvendados ao grande público na década de 1980 foram centros irradiadores de uma nova linguagem musical, que se expressou num samba com novo estilo interpretativo e totalmente revigorado. Afastado das escolas, cujas sedes já não preenchiam mais as finalidades dos antigos terreiros, o samba foi se firmar em outras bases, a partir das quais retomou sua linha de evolução. Autêntico contramovimento, o pagode dos anos 1980 operou na mesma direção do pensamento do compositor Candeia, quando liderou, em 1975, a criação do Grêmio Recreativo de Arte Negra e Escola de Samba Quilombo.

Observe-se finalmente que na década de 2010, com músicos que retomam, em novas bases, o "esquema novo" e o sambalanço da década de 1960, entre outras reinvenções, o samba consegue efetivamente prosseguir em sua linha evolutiva e criativa.

A dança do samba urbano

A coreografia do samba urbano, desenvolvida e difundida a partir do Rio de Janeiro, compreende, na atualidade, as seguintes modalidades básicas:

- samba de salão, com o par enlaçado, surgido da dança do maxixe (gênero musical bastante popular no início do século XX), que incorporou, ao longo do tempo, figurações do tango argentino e de outras danças internacionais;
- samba de rua, dançado em cortejo, de início com os braços flexionados e em movimento alternado (com as mãos fechadas) na altura do peito, à moda africana: é a "evolução" das antigas escolas de samba, na qual as mulheres caminhavam rodopiando;
- o bailado de mestre-sala e porta-bandeira, remotamente originário de danças da aristocracia europeia, com rodopios, enlaçamentos e ocasionais sapateados do cavalheiro;
- a *performance* livre dos passistas solistas, desenvolvida a partir da dança do samba de roda baiano.

No livro *Dança do samba, exercício do prazer*[6], o jornalista José Carlos Rego deixou listados e descritos nada menos que 165 passos da coreografia sambística, em depoimentos de cerca de uma centena de passistas das

---

6 José Carlos Rego, *Dança do samba, exercício do prazer*, Rio de Janeiro: Aldeia, 1996.

escolas cariocas. Além disso, o livro registra um dado histórico fundamental, que é a origem da *performance* coreográfica masculina, nos terreiros e nos desfiles.

Segundo Rego, o nascimento da figura do passista de samba remonta à década de 1940, quando o compositor Herivelto Martins resolveu criar no palco o que chamava de "miniescola de samba", conjunto formado por um coro feminino e um pequeno grupo de percussionistas. Mas a ideia de incluir a dança nos números do conjunto não foi pacificamente aceita pelos homens. Até então, o samba dançado em solo, no meio da roda, era "coisa de mulher" ou então de sapateadores exímios, como foi o legendário Claudionor Marcelino dos Santos, companheiro de Paulo da Portela.

Como contou Herivelto, a ideia foi muito mal recebida entre seus sambistas.

> Claudionor da Portela se aborreceu, parou de bater o pandeiro e se afastou do ensaio; Bucy Moreira, de muita liderança no grupo, ficou pensativo, mas não disse nada. Mas no terceiro espetáculo veio a surpresa: o ritmista Tibelo, no meio da apresentação, deixou o tambor e arriscou umas invenções com os pés. O público, apanhado de surpresa, primeiro começou a rir, mas aos pouquinhos soltou os aplausos. Incentivado, Tibelo ampliou a variedade de passos, e o público veio abaixo.[7]

Na década seguinte, três jovens sambistas da Portela, os compositores Candeia e Waldir de Souza – conhecido como Waldir 59 –, mais o sambista Mazinho Nascimento, filho do célebre Natal, foram um dia convocados pelo empresário e diretor Carlos Machado para o show *The million dollar baby*, no palco da boate Night and Day. Mas os passos de Mazinho eram convencionais e comportados. Então, da mesma Portela, Waldir levou um sambista tão inventivo que era tido como "maluco" – o legendário Tijolo, de nome civil Alexandre de Jesus. E foi a partir do sucesso e da criatividade de Tijolo no palco que a figura do passista foi institucionalizada, descendo do *music hall* para a avenida, num inusitado percurso, como também mostra o livro de José Carlos Rego.

Depois de Tijolo, brilharam, pela criatividade de seus passos, Vitamina do Salgueiro, Gargalhada da Mangueira e diversos outros, cada com um com seu estilo, muitas vezes acrobático. Entre as mulheres, depois da pioneira Paula do Salgueiro, tantas foram as solistas que a arte da dança feminina do samba acabou por gerar a figura da "mulata show", ancestral das modernas "rainhas de bateria". Entretanto, os passos do samba de roda, associados ao

7   *Ibidem.*

elegante sapateado masculino, permanecem vivos nas apresentações dos sambistas das velhas guardas.

Conclusão: a *Carta do samba*

Em 1962, era dado a público o documento intitulado *Carta do samba*. Redigido pelo escritor Édison Carneiro, respeitado intelectual afrodescendente, por determinação do I Congresso do Samba, então reunido no Rio de Janeiro, o documento expressava "um esforço por coordenar medidas práticas e de fácil execução para preservar as características tradicionais do samba sem, entretanto, lhe negar ou tirar espontaneidade e perspectivas de progresso".

Definindo as características do samba (coreografia e música), o texto afirmava que "o samba caracteriza-se pelo constante emprego da síncopa" – deslocamento agradável da acentuação rítmica, induzindo ao bamboleio e ao requebrado. E, por isso, recomendava:

> Preservar as características tradicionais do samba significa, portanto, em resumo, valorizar a síncopa. Mas a alteração desta regra, para aproximar o samba de outras formas de música popular vigentes no país ou fora dele [...] é sem dúvida legítima e aceitável, pelos dois motivos já indicados.

Os motivos eram a "evolução", pela qual o gênero ainda passava, e a formação, então, de "uma clientela cada vez maior, cada vez mais diferente da original".

Apesar de hoje defasada em muitos pontos – quanto ao papel das escolas de samba, da Ordem dos Músicos do Brasil e das entidades de direito autoral, por exemplo –, a *Carta*, entretanto, ainda é um documento acerca do qual se deve refletir. Principalmente quando estabelece a necessidade de "preservação das características do samba" em uma "perspectiva de progresso que não entre em choque com a tradição que consideramos de nosso dever proteger".

Meio século após a *Carta do samba*, num contexto em que a música popular brasileira, refletindo um dilema universal, sucumbe ante a globalização desnacionalizadora, e no qual o samba, principalmente por seus conteúdos afro-originados, demonstra vigor e criatividade admiráveis, destacando-se como o vetor principal da resistência à colonização – nesse contexto, dizíamos, as escolas, segundo algumas vozes autorizadas, carecem revitalizar sua essência, sob pena de se distanciarem cada vez mais de suas origens e propósitos iniciais. E isso para que o samba afirme, de todas as formas, sua condição de componente fundamental da identidade brasileira.

Marchinha carnavalesca hoje: a tradição no universo da canção popular e a reinvenção de um lugar

SUZANA SALLES

Em 1990, fui convidada para ser jurada do Festival de Marchinhas Carnavalescas em São Luiz do Paraitinga. Até então, nunca tinha tomado contato de forma, digamos, consistente com o lugar. Sabia que o Grupo Paranga era de lá, pois tinha visto um memorável show dele no Teatro Lira Paulistana, nos anos 1980; mas a vida de cantora, com Arrigo Barnabé e Itamar Assumpção, havia me carregado para outros ares e lugares, e com isso o perdi de vista. Nos anos de 1988 e 1989 fui jurada em diversos festivais pelo interior de São Paulo, sempre por meio da Secretaria de Estado da Cultura; gostava imensamente de viajar e conhecer novos músicos e compositores. O convite para esse festival, no entanto, veio diretamente do município – quem conversou comigo, por telefone, foi o diretor de cultura da cidade, Galvão Frade. "Você conhece São Luiz?", perguntou ele. Conhecer, conhecer... "Não muito bem, só como paradinha a caminho de Ubatuba. Lembro do Grupo Paranga; eles são daí, né?" "Eu faço parte do Grupo Paranga, Suzana. Você foi jurada em Taubaté, e a música do Pio Santos e minha pegou primeiro lugar, lembra?" "Ah! Uma música bem alegre, com solo de trombone?" "Isso mesmo." "Ok, Galvão, quais são as condições?" – eufemismo que a gente usa para perguntar quanto vai ganhar. "Damos transporte, pouso e alimentação, mas, infelizmente, não temos cachê." Não tinha cachê? Não gostei; aliás, me admirei: "Não tem cachê!?" "É um festival da cidade, mesmo; não dispomos de verba... A cidade tem uma tradição musical grande; temos algumas bandas, compositores..." E eu ouvindo. Não sei se foi pelo tom de voz calmo, o jeito amigável... enfim, eu disse "sim".

Pausa. Há vezes, muitas vezes, em que me pergunto: por que é que aceitei esse trabalho? E se tivesse respondido "não"? De quanta vida, alegria, aprendizado teria me privado? Dá até um frio na barriga imaginar que teria perdido tantas cores, sons e compreensão da alma caipira festiva brasileira, um jeito de celebrar a vida que não teria sido possível imaginar nem entender.

As coisas, no entanto, são como são, e depois do "sim" lá fui eu com amigos de Brasília – não da capital federal, mas no carro Brasília, mesmo.

É bom avisar a vocês que o meu conhecimento de marchinhas carnavalescas, à época, era bastante limitado, apesar de ouvir muito as tias cantando alegremente nos almoços animados na casa dos avós.

O V Festival de Marchinhas de São Luiz do Paraitinga aconteceu dentro de um ginásio, um salão alto, ideal para os sons reverberarem e os harmônicos brigarem entre si a partir de um equipamento que inventava sons nunca dantes imaginados, numa variável que ia de um abafado ribombar até o grito estridente de alguma ave de rapina intergaláctica. Lembro-me de ficar desorientada e de me atracar com as letras para chegar a um nível razoável de compreensão. Era um entra e sai do palco, público ruidoso e conversador: a impressão é que eu tinha embarcado numa excursão sem destino conhecido, uma *magical mystery tour*. Se estava difícil compreender as canções, mais difícil ainda era entender o porquê de tanta animação. Estava claro que todos se divertiam muito – que, na verdade, ali havia uma celebração qualquer da qual eu simplesmente não fazia parte.

Comecei então a olhar em volta. Reparei que havia gente de todas as idades, de todos os tipos. O ginásio lotado de gentes diferentes, cujo fator comum era a alegria. Na verdade, aquilo era uma festa; e o motivo para ela acontecer seria qualquer um? A paulistana olhava, olhava, tentava compreender. Eu ria porque não estava entendendo nada, olhava para a parceira de júri que tinha topado vir comigo (a Brasília velha era dela) e ela também ria, conformada com a adversidade do som. Perdidinhas da silva.

No intervalo, fui conversar com o Galvão Frade, que descobri ser também o idealizador do festival e músico da banda que acompanhava a maioria dos concorrentes. Qual é o número de habitantes da cidade? Dez mil, só? Então, seria possível que 20 por cento da população estivesse ali, no salão? Nessa hora, levei o primeiro susto. Se, por exemplo, 20 por cento de uma cidade qualquer fosse capaz de se reunir daquela maneira, festando... uma cidade de 100 mil habitantes? A proporção era muito alta! Nossa, seria possível essa mobilização toda só para... só para fazer festa? Fiquei sem saber responder. E o festival continuava a mil, independentemente de meus pensamentos.

Subia um homem de óculos vestido de fada, subiam uns de *shorts*, outros de calças quadriculadas, feitas de retalhos, muitas roupas de chita, umas moças de peruca metálica: eram cores e cores, e ainda mais cores. A bateria castigava nos pratos, o que aumentava mais a família dos ruídos. Muitos sopros. O teto arredondado do ginásio criava um universo inimaginável de barulhos ensurdecedores, e o público se animava cada vez mais: eram torcidas, faixas, e, mais adiante, quando houve outro intervalo e a banda subiu para cantar uma série de marchinhas que eu não conhecia, ninguém segurava a cantoria, nem o som, nem os harmônicos que berravam impropérios.

O júri ficava posicionado entre o palco e o público, em carteiras escolares. Às vezes, eu arriscava olhar para trás, atônita. Uma multidão cantando tantas marchinhas... "Como tem marchinha que não conheço", eu pensava inocentemente, sem enxergar que eram dali mesmo.

Nunca mais vou me esquecer da filha daquele moço vestido de fada, uma criança pequena, que entrou junto com o pai quando anunciaram o primeiro lugar. Ela subiu com uma varinha de condão e a agitava veementemente durante toda a apresentação, o retrato da felicidade. Achei o máximo ela ver o pai vestido de fada madrinha e se empolgar junto, balbuciando o refrão a plenos pulmões. A essa altura do campeonato, já estava me divertindo junto, ainda que observando. Lembro que fui dormir bem tarde, e os sons continuavam na minha cabeça, ecoando pelo teto alto do hotel, um casarão antigo em estilo colonial, localizado na praça central.

No dia seguinte, São Luiz do Paraitinga era a placidez mais plácida das plácidas, a praça ensolarada, o coretinho pintado, um ou outro morador nos bancos. Estava prestes a viajar de volta a São Paulo, me despedindo do Galvão, quando vi um senhor elegante, de terno impecável, passeando pela calçada. "Ué, mas parece que eu conheço..." Pois, de repente, lembrei: era a tal fada madrinha da véspera. Puxa!

"Galvão, esse senhor... esse do primeiro lugar... quem é ele?"

"É chefe de gabinete do prefeito."

Foi como se um raio tivesse caído sobre a minha cabeça.

"E o segundo lugar?"

"O dono da farmácia."

Calei-me. Estava estarrecida. Quer dizer que eram pessoas de várias profissões – não eram compositores, nem exatamente músicos?

Galvão parecia ter ouvido minha mudez.

"Tem sorveteiro, taxista, padeiro, advogado..."

Voltei para casa com as cores e ruídos e algaravias, tudo meio borrado; era muita informação de uma vez só. Foi a partir daí, desse encontrão com a cidade, que comecei a me questionar sobre cultura popular, criação, vivência, sobrevivência cultural... Com o passar do tempo, pude presenciar o corpo coletivo criativo da pequena cidade, a maneira como inventavam um Carnaval único, caipira, anárquico, malasarteano, traquinas, respeitando as lendas e tradições locais, celebrando personagens dali mesmo. Como num Brasil condensado, um universo único, de repertório próprio, São Luiz do Paraitinga se reinventa a cada Carnaval, tornando-se um exemplo no Vale do Paraíba. Assim, com eles, aprendi um pouco mais sobre a história e, principalmente, sobre o espírito festivo – às vezes debochado, histriônico, outras mais reminiscente, reflexivo – que move as marchinhas carnavalescas, um dos maiores patrimônios imateriais da música popular brasileira.

———

As marchinhas integram um imaginário vivo e de referência afetivo-familiar tão presente em nossa vida que é muito difícil, ou impossível, existir um Brasil sem "Mamãe eu quero" ou "As pastorinhas". Aliás, essas duas canções exemplificam bem os opostos complementares do grande arco de repertório de marchinhas de Carnaval. Por um lado, "Mamãe eu quero", de Vicente Paiva e Jararaca (1937): aqui, o que se configura imediatamente é a alegria dos versos simples, o refrão de vogais abertas – uma grande brincadeira coletiva, ainda com a prerrogativa do "mã-mã-mã" anasalado, tão comumente usado na língua pátria. Versos simples, chistosos, de assimilação fácil, feitos para contagiar numa tacada. Em canções de Carnaval como essa, o tom reside, na maioria das vezes, na parte A, e, cá entre nós, quem se lembra daquele outro verso da parte B, quase submerso, que termina com "e o marido é um boçal"? Mesmo em *sites* de letras, tal verso já sumiu. Ele permanece, no entanto, na memória de alguns, e vez ou outra emerge em rodinhas de amigos, para espanto de admiradores. Bem dentro dessa linha temos a "Marchinha do grande galo", do genial Lamartine Babo (1936): "Có, có, có, có, có, có, ró/ Có, có, có, có, có, có, ró/ O galo tem saudade/ Da galinha carijó!". Outros exemplos: "Alá-lá-ô", de Haroldo Lobo e Nássara (1941); "Aurora", de Mário Lago e Roberto Riberti (1941), esta com a vantagem de a segunda parte ser bastante celebrada; "A.e.i.o.u", de Noel Rosa e Lamartine Babo (1932), "Touradas em Madri", de João de Barro (Braguinha) e Alberto Ribeiro (1938) – "parará tim bum, bum, bum" –, e por aí vai.

Por outro lado, temos aquelas marchinhas, como "As pastorinhas", de Braguinha e Noel Rosa (1937), em que, aos primeiros versos, sentimos a nostalgia, a saudade: a memória é estimulada, nos lembramos de momentos, de pessoas queridas, e todos as entoamos juntos. Sem querer fazer generalizações, e por isso mesmo as fazendo, são na maioria em tom menor e mais lentas, como marchas-rancho. "Bandeira branca", de Max Nunes e Laércio Alves (1922); "Taí", de Joubert de Carvalho (1930); e "Anda, Luzia", de Braguinha (1947) são bons exemplos desse outro extremo do arco. Na exceção que confirma a regra, "Máscara negra", de Zé Kéti (1967), corre por fora, em tom maior.

Dentro desse arco tão rico e vasto, a canção popular brasileira se apresenta em plenitude: na maior festa nacional, nas ruas, no coração, na mente e na boca do povo. As marchinhas são entoadas em grupo, em coro, às vezes gritadas enquanto se pula, às vezes com vozeirão e braços abertos, com os indicadores para cima ou as mãos espalmadas para o infinito… O gesto corporal, a atitude, o sorriso, tudo vem num conjunto já vivido – reiniciado e revivido a cada Carnaval. Mesmo quando cantada em casa, ao redor de uma mesa, ou num quintal, ou numa laje com churrasco, o ritmo contagiante é celebrado como um estopim de alegria, nem que seja apenas um refrão relembrado – e que, quase sempre, resulta numa pequena sucessão animada de outros refrões. Já vi muito encontro familiar mudar de tom, da atmosfera cotidiana normal para a genial, com uma simples frase chistosa, tipo "Maria Candelária/ É alta funcionária/ Saltou de paraquedas/ Caiu na letra ó, ó, ó, ó, ó". E essa marchinha, composta por Klécius Caldas e Armando Cavalcanti (1952), ainda termina em coro animado: "Que grande vigarista que ela é!". Os ingredientes estão todos ali: brincadeira, crítica social, gozação, as vogais abertas, um convite a engrossar o coro ao primeiro "ó". Esse corpo coletivo cantante/movente é constitutivo de nossa identidade, e merece ser reverenciado e celebrado na vida de todo brasileiro.

Tive a sorte de poder viver na pele o exemplo revelador do significado dessa força da memória e da resiliência cultural das marchinhas, numa época tardia para a canção popular como um todo, mas que ali, em São Luiz do Paraitinga, começou na década de 1980. Alguns moradores, cansados de descer para Ubatuba e ficar ouvindo som mecânico à beira-mar, durante os festejos momescos, resolveram compor marchinhas e sair desfilando pelas ruas. Até então, os poucos desfiles eram calcados em sambas, sempre tendo como modelo o Carnaval do Rio de Janeiro. O Festival de Marchinhas Carnavalescas de São Luiz do Paraitinga foi a maneira pela qual a cidade começou a inventar a tradição. Em 1990, quando a conheci, a festa me pareceu grande, mas a alegria foi a prova dos noves, e tudo foi multiplicado e reverberado, como tudo floresce e acontece em cultura. A linguagem local das marchinhas se desenvolveu exponencialmente, e hoje o festival virou uma instituição luizense, com toda uma geração nascida e criada dentro desse universo único momesco. A invenção desse Carnaval é tão forte que São Luiz do Paraitinga é modelo e referência no Vale do Paraíba, "exportando" seus blocos e marchinhas para outras cidades. Um míni-Brasil utópico e festivo.

Carnaval de repertório próprio, com acervo crescente de milhares (sim, milhares!) de marchinhas, renovadas a cada ano com inéditas canções, que podem ou não cair na boca do povo. Armadas com chitas, flores, cores, tiaras e chapéus, as pessoas gritam a plenos pulmões marchinhas compostas e celebradas ali, naquele miraculoso cinturão de preservação de cultura própria. E foi esse patrimônio imaterial que as sustentou quando houve a devastadora enchente de 2010. Apesar da destruição física notória e desoladora, cada luizense tinha dentro de si uma cidade muito bem formada, uma identidade sólida, invisível, mas de muita fibra. E que fibra resistente é a cultura! São Luiz do Paraitinga nos lembra que o Carnaval somos nós, nas ruas, cantando e nos divertindo, e essa força da alegria reside no coração e na mente de quem o faz. Viva o Carnaval brasileiro, vivam as marchinhas carnavalescas!

Caipira e sertanejo

PAULO FREIRE

Nossa conversa carece de tempo. Se abanque, dona, vai ouvindo, moço... Tanto o caipira quanto o sertanejo vieram da roça, mas em um ponto da história foi cada um para o seu lado. Pode parecer estranho, porém acabaram virando dois gêneros diferentes.

Fiquei feliz com esta possibilidade de dar uma visão livre e pessoal desse assunto[1]. Como a prosa às vezes pode ser meio espinhuda, já vou logo dizendo que citarei alguns artistas de que conheço melhor a obra, e que são representativos do movimento caipira-sertanejo. Se sobrou gente de fora, não é para ficar danado comigo. Mudo de um gênero para outro um pouco bruscamente; assim, deixo de citar muitos nomes importantes.

A questão musical e artística deve ficar acima de tudo; vou procurar fazer um apanhado da música que veio da roça, e de suas transformações.

Guio-me a partir de quatro vivências distintas que tive:

- a experiência no sertão do Urucuia, noroeste de Minas Gerais, onde aprendi a tocar viola e convivi com o sertanejo (a palavra "sertanejo", nesse caso, deve ser entendida como relativa ao sertão);
- o tempo durante o qual trabalhei no jornal *Notícias Populares*, de São Paulo, em que pude entrevistar diversas duplas e artistas caipiras-sertanejos, como Tinoco, Chitãozinho e Xororó, Donizete, Barrerito – do Trio Parada Dura –, João Mineiro e Marciano, Dalvan, entre outros;
- as pesquisas que realizei para escrever o livro *Eu nasci naquela serra*[2], publicado, em 1996, pela editora Pauliceia, em que apresento uma biografia dos artistas da música caipira Angelino de Oliveira, Raul Torres

---

[1] Este texto foi escrito em 2002. Relendo-o em 2016, é necessário dizer que desde então surgiram algumas ramificações desses gêneros musicais, como, por exemplo, o sertanejo universitário. O próprio texto dá algumas indicações para esses caminhos, mas os novos artistas não são aqui citados.
[2] Paulo de Oliveira Freire, *Eu nasci naquela serra*, São Paulo: Pauliceia, 1996.

e Serrinha, autores dos clássicos "Tristezas do Jeca", "Cabocla Teresa", "Saudades de Matão", "Chitãozinho e Xororó", "Encruzilhada", "Do mundo nada se leva", "Pingo d'água" e muitos mais;
- e, finalmente, minha própria experiência de violeiro.

A roça

Moço, dona, tudo começou na roça. É importante dizer que a música do interior do Brasil veio se desenvolvendo durante séculos com pouca influência externa. O interior tem seu ritmo próprio, e a distância das grandes capitais levou a que criasse um desenvolvimento específico para suas manifestações culturais.

Pude conhecer um pouco dessa cultura e da forma como ela é transmitida, de pai para filho, no ritmo do rio correndo, da lavoura, das Folias de Reis, do tempo no sertão.

Antes de me aprofundar na cultura do sertão do Urucuia, que, creio, pode dar uma pequena dimensão de como é a formação da música caipira, vou recorrer às considerações do violeiro e pesquisador Roberto Corrêa. No livro *A arte de pontear viola*[3], ele nos dá um panorama das manifestações artísticas da roça.

> O imaginário religioso, somado às crenças, à linguagem, aos mitos, aos sentimentos, às labutas do campo, à lida com a terra, com a vida e com a morte, compõem o universo do homem rural, definindo seu espaço cultural: uma dimensão peculiar, própria deste homem, de sua comunidade. A música tradicional é a expressão musical desta "dimensão cultural". Acredito que só se compreende música tradicional considerando a "dimensão cultural" de sua origem; e que só faz música tradicional quem habita, de uma forma ou outra, esta "dimensão".
>
> No sertão, a religiosidade e a fé são fundamentais na continuidade de manifestações como a Folia de Reis, Folia do Divino, Folia de São Sebastião, Dança de São Gonçalo, entre outras. A maioria destas funções sobreviveu devido à devoção dos seus guias e ao pagamento de promessas dos devotos. São, muitas vezes, práticas oriundas da Igreja Católica que, apropriadas pelo povo, dela se destacaram, constituindo novo ritual. São funções que ganharam nova dimensão por meio da diversidade e da riqueza cultural de seus praticantes. Também as ladainhas, os terços cantados, os benditos e outros cantos de origem católica foram e são elementos importantes na formação musical interiorana.
>
> Compõem ainda o universo musical caipira os cantos de trabalho e as brincadeiras. As festas religiosas, os mutirões, enfim, as ocasiões que reúnem pessoas

---

[3] Roberto Corrêa, *A arte de pontear a viola*, Brasília: Viola Correa, 2000.

são o contexto para as manifestações musicais lúdicas. Após a obrigação – um canto devocional ou uma empreitada no campo – vem a distração: cantorias, bailes, curraleiras, catiras, siriris, fandangos, brincadeiras de roda, entre outras.

Urucuia

Em 1977, viajei pelo interior do Brasil com dois companheiros, para aprofundar-me nos costumes e na música de nosso país. Depois de alguns volteios, nos fixamos na região do rio Urucuia. Esse rio nasce em Goiás e desemboca no rio São Francisco, perto da cidade de São Francisco, em Minas Gerais. Fomos até lá guiados por um mapa, feito por Poty, que havia na orelha das primeiras edições do romance *Grande sertão: veredas*, de João Guimarães Rosa. Apaixonados pelo romance, acreditamos que, para que fosse atingida tamanha musicalidade narrativa, devia haver uma música incrível na região em que é ambientada a história.

Fomos parar em um povoado chamado Porto de Manga, à beira do rio Urucuia. Não tinha telefone, nem luz elétrica. O único contato com o exterior era um ônibus que fazia a linha São Francisco-Brasília e que passava no povoado uma vez por semana (quando a estrada ajudava). Esse tipo de isolamento evidencia uma concentração e a evolução da cultura local, sem influências externas.

Tive minha formação de violeiro nas jornadas de Folias de Reis. As Folias retratam a viagem dos Reis Magos, que saíram do Oriente para adorar Jesus. No norte de Minas Gerais, um Imperador de Folia – que é aquele que faz promessa para o santo – chama os foliões, e estes caminham para cantar de casa em casa, anunciando o nascimento do menino Deus. Os foliões sertanejos, em número de oito, dez, às vezes até mais, tocam seus instrumentos: viola, violão, rabeca, percussão. A Folia só anda à noite, pois, assim como os Reis Magos, ela se orienta pela estrela guia. Conforme a promessa do Imperador, esse giro pode ter uma, duas ou dez noites. Deve ser feito entre o dia 25 de dezembro, data do nascimento de Jesus, e o dia 6 de janeiro, dia da adoração dos Reis Magos. Nesse dia, o Imperador promove uma grande festa para os Santos Reis.

No Urucuia, tive oportunidade de assistir a diversas Folias e de participar delas (como folião). É uma experiência incrível. Vai ouvindo... Andando no sertão, à noite, vamos nos aproximando de uma casinha em que o morador, sabendo que alguma Folia pode passar por ali, deixa a porta entreaberta e uma vela acesa. Então afinamos os instrumentos e entramos tocando. Posicionados na sala, o folião de guia canta os versos do nascimento, com as respostas do contraguia. Os moradores, que estavam dormindo, quando ouvem a música da Folia, vão entrando na sala, de mansinho. A dona da casa, o marido, os filhos, alumiados pela vela, mostram sua devoção... Isso é bonito demais!

> Porta aberta e luz acesa
> Recebei com alegria
> A visita dos Reis Magos
> Com sua nobre Folia
>
> Lá vai a garça voando
> Lá no céu batendo as asas
> Vai voando e vai dizendo
> Viva o dono desta casa
>
> Entra, entra, minha bandeira
> Por essa porta adentro
> Vai fazer sua visita
> À senhora lá de dentro

Depois de cantar anunciando o nascimento, começam as brincadeiras: lundu, dança do quatro, os ponteados de viola. Quando amanhece, a Folia para. E aí, enquanto se descansa para continuar a jornada e se espera o anoitecer, a camaradagem vai crescendo: contam-se causos, novas músicas são criadas a partir de algum acontecimento, surgem os desafios de viola. E, numa voz mais baixa, são comentados os pactos dos violeiros com o capeta.

Essas músicas não têm o padrão de uma canção feita para um disco. O canto de Reis pode ter meia hora; um lundu, dependendo da improvisação, pode ter quinze minutos. A música tem outra função, nesses encontros. Mas está tudo ali: as vozes duetadas, o assunto da roça, o jeito caipira de ver as coisas, os ritmos e formas musicais que resultaram na música caipira, que desembocou no sertanejo, e que já vai indo para outras paragens.

Lagartixa e calango

Participei de Folia montado a cavalo; de outras, a pé, ou em boleia de caminhão; andei embaixo de chuva, sem enxergar um palmo à minha frente, guiado pela sabedoria dos sertanejos em escutar o mundo à sua volta. Cantei em acampamento de cigano, em fazenda, casebre, igreja e cemitério. Vi violeiro sapatear na parede, rabequeiro mudar a chuva de lugar, mulher bater em homem, rodeei (só rodeei!) o pacto com o tinhoso.

Essas manifestações populares trazem dentro de si a profundeza do sertão, a vida da criação, o tempo de seca, o tempo das águas, os bichos, os mistérios da viola e dos violeiros – tudo está presente nas harmonias, melodias, ritmos e entoações dos cantadores. É por isso que a música caipira-sertaneja retrata tão fielmente a alma brasileira.

Para finalizar este tópico, cito a letra de uma canção do Urucuia, que era cantada por seu Juquinha, vaqueiro e tocador de caixa nas Folias de Reis.

> Tava passando na estrada
> Lagartixa tava sentada
> Perguntei pra lagartixa
> Se ela era casada
> Lagartixa respondeu
> "sou casada, sim, senhor,
> com idade de doze anos
> foi que meu pai me casou"
>
> Eu encontrei o calango
> Na baixa da queimadinha
> trinta quartas de arroz
> vinte e cinco quartas de farinha
> ô minha gente venha ver
> como é que o calango é vinha
> ô bicho, ô bicho
> esse bicho é da cara fechada

Caipira

Agora que passamos pelo mundo da roça, vamos partir para a questão do caipira-sertanejo.

Mais uma vez, vou pedir socorro a Roberto Corrêa e sua fundamental obra A *arte de pontear viola*[4], pois ele conseguiu captar com muita felicidade o que é a música caipira. Com a palavra, o mestre violeiro:

> Defino como "música caipira" a música produzida na região Centro-Sul do país e que preserva a essência do meio rural. É música que, de algum modo, tem sua origem nas manifestações tradicionais típicas do povo desta região. Assim, música caipira compreende desde a música das famosas duplas, com seus ritmos característicos, até músicas modernas e complexas, desde que essa essência ali esteja preservada.

---

4   *Ibidem.*

O que chamo de "essência da música caipira" é algo extremamente sutil; é um elo com a tradição, com o meio rural e seus códigos subjetivos. As duplas caipiras, a partir deste elo, desenvolveram um estilo, com estruturas e ritmos bem definidos. Porém, este elo permite também uma composição livre, desvinculada do estilo das duplas e mesmo assim caipira, pois a criação não se prende a formas: é um estado d'alma. Esta essência, presente nas manifestações tradicionais, envolve amor e reverência à alma do sertão.

Cornélio Pires

Pois bem, em 1929, o jornalista, humorista, escritor e poeta Cornélio Pires, que vinha conquistando o público das grandes cidades com suas apresentações, em que mostrava com humor o dia a dia do homem do interior, lança uma série de discos de música caipira. Eram discos independentes, produzidos e distribuídos pelo próprio Cornélio Pires, que, dessa forma, funda o primeiro selo de música caipira.

Apesar de ser uma empreitada arriscada, Pires sabia do sucesso que poderia alcançar, baseando-se na excelente receptividade que tinha com suas conferências e encenações de aspectos pitorescos da vida no campo. Chegou a encenar um velório tipicamente caipira no Colégio Mackenzie, da elite paulistana, com as situações de brincadeiras e de cantorias para passar o tempo dentro do velório.

Nesta viola eu canto e gemo de verdade

Um dos primeiros grandes sucessos da música caipira foi "Tristezas do Jeca", de Angelino de Oliveira. Para escrever o livro *Eu nasci naquela serra*[5], entrevistei muitas pessoas, com o objetivo de situar a vida dos artistas em sua época. Dessa forma, transcrevo aqui alguns trechos do capítulo que trata da vida de Angelino e suas "Tristezas do Jeca".

> Angelino de Oliveira nasceu em Itaporanga, São Paulo, no dia 17 de junho de 1889. Aos 6 anos de idade, vai, com a família, morar em Botucatu – e seus pais não sairiam mais dessa cidade.
>
> O Clube 24 de Maio, um dos mais tradicionais de Botucatu, costumava promover festas, bailes e jogos de cartas. Em 1918, Nestor Seabra, presidente da nova diretoria, chama Angelino, que já era conhecido por suas composições, e pede a ele que crie uma música para a solenidade de posse. E lhe diz: "Preciso de uma música especial, com uma letra bela, mas diferente do que cantam por aí. Quero fazer uma festa que fique para a história do 24 de Maio!"

---

5 Paulo de Oliveira Freire, *Eu nasci naquela serra*, op. cit.

Angelino saiu do encontro com aquilo na cabeça. Senta-se num bar, pega um papel e começa a rabiscar. Atento ao que acontecia à sua volta, resolve fazer uma música sobre a realidade do caboclo – o cantar para se aliviar, a lua que entra pelo buraco do ranchinho, o *baruião* da passarada. É o apego do Jeca à terra em que nasceu.

Pega seu violão, começa a descobrir uma melodia triste e passa a trabalhar a harmonia com a letra. Angelino age como um pintor. Seus versos formam para o ouvinte um quadro único e claro. Moço, dona, é para ler os versos cantando a música. Vai ouvindo...

Nestes versos tão singelos
minha bela, meu amô
Pra mecê quero contá
o meu sofrê, a minha dô
Eu sou como o sabiá
que quando canta é só tristeza
desde o gaio onde ele está

Nesta viola
eu canto e gemo de verdade
cada toada representa uma saudade

Eu nasci naquela serra
num ranchinho à beira-chão
todo cheio de buraco
onde a lua faz clarão
e quando chega a madrugada
lá na mata a passarada
principia o baruião

Lá no mato tudo é triste
desde o jeito de falá
quando riscam na viola
dá vontade de chorá
num tem um que cante alegre
todos vivem padecendo
cantando pra se aliviá

Vô pará co'a minha viola
já num posso mais cantá
pois o jeca quando canta
tem vontade de chorá
e o choro que vai saindo
devagá vai se sumindo
como as água vão pro mar

"Tristezas do Jeca" começou a se tornar conhecida com a gravação de Paraguaçu, em 1937, pela Gravadora Colúmbia. O paulista Roque Ricciardi – o seresteiro Paraguaçu – era um dos cantores mais populares do Brasil. Quando foi apresentado a "Tristezas", quis gravá-la em seguida. A música deu o que falar, pois até então a realidade do caipira não era tema das canções de sucesso.

Essa canção simboliza a situação do homem do campo, sua realidade de vida e, apesar de todas as "tristezas", a saudade de sua terra, que sentia com a migração para os grandes centros. Suas imagens simples e fortes espelham o sentimento do caboclo.

Tonico e Tinoco

Anos depois, em 1941, os jovens Tonico e Tinoco ganharam um concurso na rádio Difusora, em São Paulo, cujo prêmio era a gravação de um disco. Entretanto, como estavam em início de carreira, tiveram problema para constituir seu repertório. Capitão Furtado, que além de sobrinho de Cornélio Pires era um dos maiores incentivadores da música caipira, homem de rádio e de discos, poeta e contador de causos, sugeriu à dupla que incluísse "Tristezas do Jeca" em seu disco. Foi um sucesso.

Tonico e Tinoco, com suas vozes cantando agudas em dueto, fizeram escola, e pode-se dizer que formaram a dupla mais imitada em toda a história da música sertaneja.

"Tristezas do Jeca" teve dezenas de gravações, no Brasil e no exterior. Foi prefixo de muitos programas de rádio, inclusive da BBC de Londres, quando iniciava as transmissões sobre o Brasil. Foi também tema de um filme homônimo de Mazzaropi.

Por causa do sucesso da canção, principalmente na interpretação de Tonico e Tinoco, os que não conhecem a obra de Angelino de Oliveira tendem a classificá-lo como um autor sertanejo, ou caipira. Mas não é bem assim. Angelino pode ser considerado um seresteiro. Sua temática era geralmente a natureza, mas a música que fazia não seguia os moldes caipiras e sertanejos. O próprio Angelino não gostou muito da versão de Tonico e Tinoco para sua música; achava que a gravação de Paraguaçu era mais fiel ao que havia concebido.

Com o passar do tempo, Angelino começou a implicar com os rumos que a música caipira foi tomando, principalmente quando explorava temas dramáticos, que tanto sucesso faziam. E dizia:

Gozada a moda desses caipiras; só fala em desgraça. O pequenininho tá chorando, a mãe vem e derrama um caldeirão de água quente na criança, aí o marido chega em casa, mata tudo e depois se suicida... desgraça multiplicada por dez! Ah, larga a mão, parece que a música, pra ser boa, tem que ter desgraça dobrada!?

Devolva meus passos

Realmente, houve uma época em que esses temas viraram mania.

A esse respeito, podemos lembrar, por exemplo, o drama vivido por Barrerito, integrante do Trio Parada Dura, que tive a oportunidade de entrevistar, em 1986, quando trabalhei no jornal *Notícias Populares*.

No ano de 1982, o avião em que viajava o Trio sofreu um acidente. Todos se machucaram, mas quem levou a pior foi Barrerito, que ficou paraplégico.

Obrigado, a partir de então, a se locomover utilizando uma cadeira de rodas, decidiu, segundo afirmou, deixar o grupo, ao constatar que os demais integrantes se sentiam embaraçados ao trabalhar com ele no estado em que se encontrava. Quando o entrevistei, estava lançando um disco solo, no qual ele mesmo fazia as duas vozes, sobrepondo uma à outra no estúdio. A canção de trabalho "Devolva meus passos", de Gianetto e Barrerito, dizia assim:

> O povo me leva nos braços
> porque os meus passos fugiram de mim
> eu sei que não sou objeto
> porém acho certo o que fazem por mim
>
> Agradeço ao Senhor Jesus Cristo
> Poder do infinito, luz do meu caminho
> O povo me aplaude e me abraça
> Me leva nas praças com todo o carinho

Barrerito foi um grande cantor que, a seu modo, expressava seus sentimentos.

No dia em que o jornal publicou a entrevista, estava em um táxi, saindo para fazer outra matéria, e vi o *Notícias* aberto na página com a foto do Barrerito. Perguntei ao taxista se ele havia lido a matéria. Ele respondeu que sim, pois era fã do Parada Dura, e acrescentou que havia chorado com o drama do cantor e com a letra da música.

Para mim, essa situação foi muito reveladora. Percebi que, quando se faz uma matéria como aquela, deve-se ter muita responsabilidade, pois o que está em questão é a vida das pessoas. Devemos omitir qualquer julgamento ou opinião, e procurar mostrar o artista tal como ele se sente no mundo. E mais: ver aquela reação foi para mim um grande elogio, porque se um fã do Parada Dura havia se emocionado lendo sobre o Barrerito, é que a matéria cumprira sua finalidade.

Raul Torres

Ao montar este painel da música caipira-sertaneja, não poderia deixar de falar de outro grande nome desse gênero musical: Raul Torres.

Raul Montes Torres nasceu em Botucatu, no dia 11 de julho de 1906. Foi um dos pioneiros do rádio no Brasil, e está entre os artistas mais importantes da música sertaneja; durante décadas, seus programas de rádio e diversas apresentações constituíram um sucesso permanente.

Como diria Attilio Giacomelli na contracapa do LP *Cavalo zaino*, de Torres e Florêncio, "a vida de Raul Torres está tão intimamente ligada à história da música sertaneja que jamais seria possível dissociar o desenvolvimento e a difusão desta na cidade, no disco e particularmente no rádio, da carreira artística daquele".

Raul Torres tinha um forte espírito de liderança e grande determinação: sabia muito bem o que queria e não media esforços para alcançar seus objetivos. Curioso e atento a várias possibilidades de expressão musical, passeou por diversos estilos. Além de música caipira, fez marchas de Carnaval, emboladas e canções juninas.

Em 1942, surgiria uma nova dupla, que marcaria época na história da música sertaneja: Torres e Florêncio.

Segundo o advogado Brás Bacarin, diretor artístico por muitos anos da Chantecler e depois da Continental, gravadoras responsáveis pelo mundo caipira-sertanejo, Torres e Florêncio, com suas vozes médias, formam a primeira grande escola da música sertaneja. Depois deles, todos os outros grupos ou bem os imitavam ou receberam a sua influência. A duração dessa escola vai até o surgimento dos grandes sucessos de Tonico e Tinoco, que também mudariam o panorama da música sertaneja.

Junto com o acordeonista Rieli, Torres e Florêncio passam a apresentar na Rádio Record, a partir da década de 1940, o programa *Os Três Batutas do Sertão*, que ficaria no ar durante quase trinta anos.

Rádio

Na primeira metade do século XX, era mais importante, para o músico que cultivava o gênero caipira-sertanejo, ter o seu próprio programa na rádio do que gravar discos. Por meio do programa podia divulgar seu trabalho e anunciar suas apresentações, principalmente nos circos espalhados pelo interior: "dia tal vamos estar em Bragança Paulista, no dia seguinte em Amparo".

E para lá corriam seus fãs. Como não existia televisão, os shows nos circos e teatros eram a grande oportunidade para o público ver de perto seus artistas preferidos.

O rádio contava com dois atrativos para conquistar o grande público: o futebol e a música popular, verdadeiras paixões nacionais. A radiodifusão crescia e se expandia por todo o país. Não eram todos que possuíam o aparelho, grande e caro, muito diferente dos portáteis de hoje em dia. Assim, era normal que as pessoas se juntassem para ouvir jogos ou programas nas casas de quem tivesse um desses aparelhos, ou em lojas e bares que oferecessem essa atração.

Os homens do campo que migravam para as grandes cidades sentiam falta do clima de sua terra, do modo de falar, de suas músicas e costumes. Para satisfazer o gosto desse público, começaram a ser produzidos os programas sertanejos, que acabavam atingindo tanto os interioranos que haviam se deslocado para os grandes centros urbanos como aqueles que continuavam morando na roça. Sempre nos horários certos – de manhã bem cedo, antes de o ouvinte sair para trabalhar, ou no fim da tarde, quando estivesse chegando em casa.

Os trabalhadores que acordavam cedo tomavam café ao som da viola; e, nas pequenas fábricas em que havia expediente depois das 6 horas da tarde, o rádio sempre ficava ligado nos programas sertanejos. Os programas se multiplicavam, com apresentações de diferentes duplas, umas com mais sucesso, outras com carreira relâmpago. Era uma verdadeira febre. O caipira se transformava em sucesso nacional.

E Raul Torres, sempre atento a tudo o que acontecia, escolhendo cuidadosamente os parceiros com quem trabalhar, ficou mais de quarenta anos (da década de 1930 à de 1970) à frente de um microfone, mantendo um público fiel que esperava avidamente por suas composições e apresentações, e que corria para comprar seus discos.

João Pacífico

O grande parceiro de Raul Torres em suas composições foi João Pacífico. Natural de Cordeirópolis – SP, Pacífico se tornaria um dos maiores poetas da música brasileira. "Cabocla Tereza", "Chico Mulato" e "Pingo d'água" são algumas das parcerias Torres-Pacífico até hoje gravadas por diversos artistas. Um filme sobre a vida e a obra de João Pacífico, com direção de Paulo Weidebach, acaba de ser finalizado.

Gostaria de comentar uma de suas letras mais famosas. Para isso, vou recorrer mais uma vez a um trecho de meu livro *Eu nasci naquela serra*, em que descrevo a motivação para a criação de seus versos.

Em 1944, o interior de São Paulo vivia uma seca tremenda. Viajando para se apresentar em Barretos, numa exposição de gado, João Pacífico vê uma procissão passando. As pessoas rezavam e faziam promessa para que chovesse. Aquilo tomou toda a atenção do poeta. Ao se dirigir à pensão onde se hospedaria, vê passar uma nova procissão. Em meio à poeira que se levantava da rua, as mulheres rezavam alto pela chuva. "Fiquei tocado", conta Pacífico. "Escrevi uns versos ali mesmo, na pensão. Voltei pra São Paulo e mostrei pro Torres. A música veio rapidamente."

No dia seguinte, Raul Torres recebe um telegrama da RCA: "estúdio à disposição de Vossa Excelência para gravação". Torres não vacila. Chama Florêncio, ensaia a música, e partem para o Rio de Janeiro.

No estúdio, os dois músicos se emocionam durante a gravação de "Pingo d'água". Por causa de suas origens e das diversas viagens pelo interior do país, sabiam que o trabalho do homem do campo dependia da ajuda da natureza. Só cantando junto:

Eu fiz promessa pra que Deus mandasse chuva
pra crescê a minha roça e vingá as criação
pois veio a seca e matô meu cafezá
matô todo o meu arrois e secô todo argodão

Nessa coiêta meu carro ficô parado
minha boiada carrera quase morre sem pastá
eu fiz promessa que o primero pingo d'água
eu moiava as frô da Santa que tava em frente do artá

Eu esperei uma sumana o meis intero
a roça tava tão seca dava pena inté de vê
oiava o céu cada nuvem que passava
eu da Santa me alembrava pra promessa não esquecê

Em pouco tempo a roça ficô viçosa
as criação já pastava, floresceu meu cafezá
fui na capela e levei três pingo d'água
um foi o pingo da chuva, dois caiu do meu oiá!

Dizem que, quando a música foi lançada, voltou a chover...

É fundamental lembrar também a importância de Inezita Barroso no mundo caipira e sertanejo. Inezita é nossa maior referência. É necessário que se faça uma biografia da rainha da música caipira. Profunda pesquisadora e conhecedora das manifestações culturais brasileiras, com sua experiência no rádio, na televisão e no cinema, sempre à frente de importantes programas, fez grandes viagens pelo país pesquisando a nossa música. Inezita

Barroso, com sua sensibilidade, história, conhecimento e integridade, pôde nos proporcionar um quadro completo do caipira brasileiro.

A indústria da música

Moço, dona... continuando o causo: o mundo do rádio fervia. Os artistas, com seus programas e shows pelo Brasil, conquistavam mais e mais o carinho da multidão. Eles agora eram vistos pelos empresários da indústria fonográfica como uma fonte de altos lucros. Uma máquina fantástica funcionava por trás de cada dupla, de cada cantador. A revista *Manchete*, na edição de 8 de junho de 1969, faz uma reportagem sobre isso, contando como era o processo:

> A moça caminha despreocupadamente pela rua quando a música chama a sua atenção. É o alto-falante de uma loja de discos, difundindo o sucesso do momento do seu cantor predileto. Quase sem sentir, entra e finge que não está escutando nada, apenas dando uma espiada. Toma o *long-play* ou o compacto nas mãos e verifica as faixas que contém – a maioria já ouviu no rádio e na TV. Se tem dinheiro na bolsa, não resiste: compra... Por trás do prazer simples que já agora carrega consigo, embrulhado, funciona uma complexa engrenagem para agradá-la. São centenas de pessoas trabalhando em cada etapa de um longo caminho. É a grande máquina dos bastidores do disco.

A transformação

A música era vista como mercadoria. Os anunciantes investiam no produto e queriam seu retorno. Quanto maior o prestígio do artista, maior era o lucro. Em sua época, Raul Torres teve todas as glórias que um artista popular poderia desejar. Pertenceu ao quadro das gravadoras mais importantes: Parlophon, Columbia, RCA-Victor, Odeon, Caboclo, Chantecler e Continental. Seus programas de rádio obtinham seguidos recordes de audiência. Recebeu o Troféu Roquette Pinto, junto com Florêncio, como melhor conjunto sertanejo, nos anos de 1954 e 1961. Deixou gravadas 456 músicas, entre compactos e LPs.

Uma das razões do enorme sucesso de sua carreira está neste comentário do próprio Torres, que me foi mostrado por sua viúva, Adelina Torres, em uma entrevista para o livro *Eu nasci naquela serra*:

> Nunca tive professor de canto ou música. Entendo mesmo que a sincera e fiel interpretação das nossas canções, sambas, cateretês etc. só pode existir na alma espontânea dos nossos sertanejos, e para eles, quase sempre, é inacessível o estudo. Mas é só com eles que se encontra a expressão do nosso clima, das nossas

belezas naturais, que, com tanta nitidez sentimental, eles sabem traduzir na simplicidade poética de seus violões e violas.

"Agora, tudo é sertanejo!"

Vamos agora tentar esclarecer a questão da transformação da música caipira na música sertaneja.

Em suas viagens, Raul Torres trouxe alguns ritmos que influenciariam a música sertaneja. Tinha muita amizade com Nhô Pai, o autor de "Beijinho doce", que havia servido o exército no Mato Grosso, fronteira com o Paraguai.

Os dois, quando se encontravam, trocavam informações sobre o que tinham visto naquele país. Por exemplo, os músicos paraguaios, ao tocarem as suas guarânias e polcas, usavam a seguinte expressão: "Rasqueia aí!". Tratava-se de um modo de ferir as cordas do violão com as costas da mão. Torres e Nhô Pai perceberam a nova possibilidade que esse modo de tocar podia agregar à música que faziam, e ambos, cada um com seu conjunto, lançaram a nova invenção: o "rasqueado".

Na trilha dessa novidade, que pegou rapidamente, apareceria a "moda campeira". Brás Bacarin conta que esse ritmo foi criado por Diogo Muleiro, o Palmeira, da dupla Palmeira e Biá. O nome campeira deve-se ao fato de que Palmeira sempre abordava, em suas letras, algum motivo relacionado ao campo. Quando entrevistei Bacarin para o livro *Eu nasci naquela serra*, ele disse o seguinte sobre a moda campeira:

> Na verdade, o Palmeira não conseguia acompanhar o rasqueado no violão; era difícil o toque da mão direita, ele não acertava de jeito nenhum. Como via que o negócio não andava, resolveu chamar de campeira o que ele estava fazendo. Então eu costumo dizer que a moda campeira... não passa de um rasqueado mal tocado.

Novos ritmos surgiram e misturaram-se à música caipira. Criou-se uma confusão em torno do que significava ser caipira; discutia-se quem, na realidade, eram os verdadeiros artistas no gênero. Foi na Chantecler que o Palmeira, então diretor artístico da gravadora, virou-se para Brás Bacarin, que trabalhava na divulgação, escrevendo sobre os trabalhos a serem lançados, e disse: "Brás, esqueça a música caipira, agora é só música sertaneja! As duplas estão gravando canções rancheiras; estão gravando boleros, tangos. Isso não é mais caipira. Agora tudo é sertanejo!".

Outra mudança, que chocaria profundamente os caipiras mais antigos, viria nas letras das músicas. Até a década de 1950, quase todas as duplas vinham do interior; lá eram nascidas e criadas. Sabiam o que era um carro de boi, o nome de cada passarinho etc. Tudo servia de motivo para criar as letras. Com a transferência dos novos artistas para as grandes cidades, eles acabaram ficando fora da realidade da roça. Dessa forma, já não assimilavam o novo vocabulário que se formava na região, passando a empregar mais o que estavam vivendo, ou seja, a temática da cidade. O que mais incomoda os caipiras antigos, nesse tipo de produção, são os temas envolvendo relacionamentos amorosos picantes.

Bolero, guarânia, polca e chamamé

Vou recorrer a outro trecho do trabalho de Roberto Corrêa, no livro A *arte de pontear viola*. Aqui vai um trecho do capítulo "Música caipira – do estilo das duplas e dos criadores".

> Desde o início das gravações de 78 rpm, intérpretes da música caipira foram incorporando ao "estilo", ritmos de outras regiões do Brasil: cocos, emboladas, baiões, sambas. Ritmos estrangeiros também foram logo assimilados, como boleros e guarânias. Em abril de 1941, pela gravadora Odeon, Nhá Zefa e Nhô Pai gravaram a guarânia "Morena murtinhense", de autoria de Nhô Pai. Raul Torres e Serrinha, em agosto de 1942, gravaram, também pela Odeon, o bolero "Carmita boca de rosa", de autoria de ambos.
>
> Na década de 1950, alcançaram enorme sucesso as versões de duas guarânias paraguaias cantadas por Cascatinha e Inhana: "Índia", de M. O. Guerrero e J. A. Flores (versão de José Fortuna); e "Meu primeiro amor", de H. Gimenez (versão de José Fortuna e Pinheirinho Jr.). Neste contexto, transformações relevantes foram ocorrendo, principalmente em iniciativas visando à ampliação de mercado e ao sucesso. Muitas duplas buscaram inovações ao seu estilo na interpretação de gêneros estrangeiros e na utilização de outras instrumentações.
>
> Ganharam força os ritmos provindos do Paraguai – guarânia, polca e chamamé; e os do México – corrido, canção rancheira e huapango. Passaram a fazer parte dos acompanhamentos instrumentos difundidos na música desses países – principalmente harpas, trompetes e violinos.
>
> Esse modismo resultou no abandono, por parte de várias duplas, da viola como instrumento principal. Mesmo duplas que inicialmente se apresentavam acompanhadas por viola e violão passaram a adotar novas instrumentações e gêneros em suas gravações. No início da década de 1970, Milionário e José Rico consolidaram, com seu estilo marcante, essa tendência. Excepcionais cantores e intérpretes, alcançaram grande sucesso e influenciaram muitas duplas a seguirem esse mesmo caminho, que acabaria evoluindo para a "música romântica" de algumas duplas, no final do século XX[6].

---

6   Roberto Corrêa, *A arte de pontear viola, op. cit.*

Para notar bem essa mudança, Roberto Corrêa recomenda conhecer os primeiros cinco LPs de Milionário e Zé Rico, saídos entre 1973 e 1977: *Milionário e José Rico*; *Ilusão perdida*; *Volume 3*; *Volume 4*; e *Estrada da Vida*, pela Chantecler – Continental.

Sertanejo

Costuma-se dizer que o Brasil não conhece o Brasil. Na minha opinião, a elite do Brasil é que não conhece o Brasil. Quando a música caipira-sertaneja "estourou" no mercado, com duplas como Chitãozinho e Xororó, Leandro e Leonardo, Zezé di Camargo e Luciano, esses artistas foram vistos como "armação da indústria da mídia", pois era inconcebível que aqueles cantores de rádio AM invadissem as FMs, os canais de televisão. De onde vinha aquele povo que se dizia caipira e não tocava viola? Eram *countries* ou não? O que é o sertanejo, afinal?

Da mesma forma como me baseei em Raul Torres para falar do começo da música caipira e do momento de sua transformação em música sertaneja, vou ater-me, neste tópico, a uma dupla que representa muito bem essa nova corrente: Chitãozinho e Xororó.

Os irmãos José Lima Sobrinho – Chitãozinho – e Durval de Lima – Xororó – são de Astorga, no Paraná. Cantavam desde meninos, apresentando-se em shows, circos, rádio e TV. Interpretando um repertório tanto da música tradicional caipira como da nova sertaneja, foram conquistando um público cada vez maior. Podemos dizer que a música que os alçou ao estrelato foi "Fio de cabelo" – composição de Marciano e Darci, do LP *Somos apaixonados*, de 1982. A canção, muito conhecida, começa assim: "Quando a gente ama, qualquer coisa serve para relembrar...".

Era a canção de amor de um Brasil rural que havia chegado à capital e estava se modernizando até nos costumes – e isso é importante dizer. Acho essa música incrível, assim como a interpretação da dupla. Com "Fio de cabelo" eles atingiam o Brasil inteiro, de todas as camadas sociais. Chitãozinho e Xororó davam um novo colorido às suas canções, com novas instrumentações. Adotaram um visual mais de acordo com a realidade que o país atravessava, produziram seus shows com refinamento. A verdade é que a dupla trouxe uma mudança de rumo à música sertaneja.

Para quem diz que foi uma "armação" de mídia, muito cuidado com o preconceito! Vão aqui algumas considerações.

É claro que a indústria fonográfica estava de olho neles. Uma dupla que, desde 1971, vem gravando discos e conquistando o público sertanejo é para prestar atenção. Como já citei na matéria da revista *Manchete*, de 1969, a música havia se transformado em uma indústria. No caso de Chitãozinho e Xororó, além da questão puramente musical – as vozes casando perfeitamente, a concepção de arranjo e instrumentação – existe também a preocupação com o público, em como atingir as pessoas e aproveitar todas as qualidades do artista que revertam em venda de discos, enfim, a preocupação de como movimentar a grande engrenagem. Pois foi o que aconteceu: juntou-se a competência da dupla ao interesse dos empresários.

Já produzi meus trabalhos e participei de diversas atividades ligadas à cultura brasileira, então conheço muito bem a força que uma grande gravadora tem. Sei da dificuldade do artista em divulgar seu trabalho; sei também do desânimo de um criador quando liga a TV e se depara com uma bobagem qualquer fazendo sucesso. Porém, devemos levar em consideração que, quando se trata realmente de uma armação da indústria, ela não se sustenta. Certos artistas ou movimentos musicais desaparecem de uma hora para outra. Definitivamente, não é o caso da música sertaneja! É necessário conhecer a história destas duplas, ouvir seus discos, assistir aos shows, conhecer o público, procurar entender por que a música sertaneja "toca o coração" do povo brasileiro.

Tive a oportunidade de entrevistá-los e assistir a shows da dupla quando fui repórter do *Notícias Populares*. Contaram-me do investimento na aparelhagem de som e luz desde o começo da carreira, com o compromisso de viajar para todo lugar mantendo sempre o mesmo nível técnico. Além disso, era evidente a preocupação com o aspecto visual, a questão de figurinos, movimentação de palco, aparelhagem moderna, sempre sem se descuidar da música propriamente dita. Enfim, passaram a trabalhar com espetáculos mais produzidos e também com um respeito incondicional a seu público.

Viola e mortadela

Vou contar alguns causos para mostrar o desdém com que é tratada a música sertaneja na chamada grande imprensa.

Em 1993, estava lançando meu romance *Zé Quinha e Zé Cão, vai ouvindo...*[7] O livro conta a história de uma dupla, desde o começo até o final de sua trajetória, narrada por um caipira. Era a visão do sertanejo para o sucesso e o fim trágico da dupla. Pois bem, fui recebido friamente em todos os jornais de São Paulo, ao tentar divulgar esse trabalho. A frase que mais me marcou foi a de um editor de literatura, quando lhe expliquei do que tratava o livro. Ele respondeu-me assim: "Ah, entendi, você fez esse aí, sertanejo;

---

7 Paulo de Oliveira Freire, *Zé Quinha e Zé Cão, vai ouvindo...*, Rio de Janeiro: Guanabara Koogan, 1993.

agora vai partir para um livro de axé, depois um de pagode e, conforme vai mudando a onda, você muda de assunto".

Outro grande jornal certa vez publicou uma matéria sobre música sertaneja, afirmando que tudo era brega e apelativo. E, para comprovar sua argumentação, citava "Fio de cabelo", concluindo que a canção de Marciano e Darci era música de corno, pois a esposa havia encontrado no paletó do marido um fio de cabelo que não era dela, evidenciando uma traição. Ora, a música não diz nada disso! Basta ler os trechos citados anteriormente para constatar que seu enredo é outro.

Quando escrevi a biografia do Angelino, Torres e Serrinha, fiz uma pesquisa nos arquivos dos jornais de São Paulo, procurando alguma matéria sobre eles. Sabem quantas encontrei? Uma. Isso mesmo, só uma! Tive que recorrer a entrevistas com familiares e contemporâneos, a discos, gravadoras e revistas da época.

O grande violeiro e mestre Renato Andrade diz frases definitivas. Certa ocasião, ao conversar sobre o preconceito que cerca o mundo da viola, ele disparou: "Viola é que nem mortadela: todo mundo gosta, mas tem vergonha de comer na frente dos outros".

Nashville

Gostaria de reproduzir aqui um trecho de uma matéria especial, assinada pelos próprios Chitãozinho e Xororó, que acredito ser muito esclarecedora. Foi publicada no jornal *Correio Braziliense*, de Brasília, do dia 9 de julho de 2000, e intitula-se "Um estúdio em cada esquina", contando a sua experiência de gravar um CD em Nashville.

> Como nós queríamos fazer um som mais próximo da country music, nada melhor do que ir beber na fonte. O Paul Simon e o Michael Jackson, por exemplo, quando quiseram um som como o [do] Olodum, foram buscar o original na Bahia. Por melhores que sejam os nossos músicos e os músicos americanos, há determinados ritmos que estão no sangue e não se podem imitar: é preciso, repetimos, beber na fonte.

Pois bem, aqui vemos a opção da dupla em realizar um trabalho pensando em diferentes caminhos para sua música. Quando exemplificam a natureza desse processo, dizendo que Paul Simon e Michael Jackson vieram "beber na fonte" da batida do Olodum, mostram que suas preocupações são bem diferentes daquelas dos que acham que a dupla deve permanecer apenas em suas raízes.

Nessa fase da carreira, os irmãos procuraram declaradamente influências da música country norte-americana. Seguindo a linha das festas de peão, em que os costumes country são amplamente utilizados, diversas duplas aderiram a esse gênero, pois, segundo os próprios Chitãozinho e Xororó, "no meio de toda essa indústria country, não se perde aquele climão de interior que a gente tanto aprecia". Além do quê, o movimento de festa de peão movimenta uma quantidade considerável de vendas.

Essa necessidade de mudanças vem de longe, no universo da música caipira-sertaneja; para perceber isso, basta reler as declarações de Raul Torres sobre suas experiências musicais. Na realidade, o artista não pode e nem deve colocar um limite para suas criações.

Viola cósmica

Outro aspecto que gera controvérsia no mundo caipira-sertanejo é o entendimento do que seria a evolução desse tipo de música. Aqui também tenho meus palpites.

Peço licença para puxar a sardinha para o meu lado. Nenhum instrumento reflete mais a alma do caipira do que a viola. Se realmente existe uma evolução da música caipira, ela deve passar por esse instrumento. Da mesma forma que defendo que o artista deve seguir o caminho que quiser, neste caso, se formos pensar em música como melodia, harmonia, ritmo e poesia, não concordo com os que dizem que as novas duplas sertanejas sejam a evolução da música caipira. Eles vieram da música caipira, desembocaram no sertanejo e estão indo para outro estilo, denominado "sertanejo romântico".

O argumento utilizado é que a busca de influências country, com tudo o que esse nome carrega, gera uma modernização, pois o homem da roça agora usa antena parabólica e computador. Pode ser que seja a evolução tecnológica da música caipira, mas, pensando no caminho percorrido pela canção, as coisas mudam de figura. É preciso ouvir o som da viola.

Vou citar dois exemplos relacionados à questão que podem demonstrar esse novo caminho que a música de viola vem percorrendo. O primeiro se refere ao trabalho de Passoca. Nascido em Santos (SP), esse violeiro, intérprete e compositor vem criando surpreendentes harmonias e melodias, além de conferir uma temática mais urbana a suas composições. Deixo aqui a letra da canção "Sonora garoa", mas é fundamental ouvir a música:

Sonoro sereno
Sonora garoa
Pela madrugada

> Não faço nada que me condene
> A sirene toca bem de manhãzinha
> Quebrando o silêncio
> Sonorizando a madrugada
> Passa o automóvel na porta da fábrica
> O radinho grita, com voz metálica,
> Uma canção
> Sonora garoa
> Sereno de prata
> Sereno de lata
> Reflete o sol bem no caminhão

Outro exemplo do que seria essa evolução violeira é "Viola cósmica", uma parceria do poeta mineiro Gildes Bezerra com o violeiro Pereira da Viola.

Gildes Bezerra é um poeta especial, tanto pela temática que explora quanto pela redescoberta que faz das palavras. Pereira da Viola é um mestre, vem de uma família de cantadores. Na casa desse mineiro de São Julião (MG), todos tocam e cantam. No tempo de Reis, uma das folias da região é composta apenas por membros de sua família.

Acredito que existe uma forte ligação entre "Tristezas do Jeca" e "Viola cósmica". Seguem seus versos, com a mesma ressalva que fiz ao reproduzir a letra de "Sonora garoa": é fundamental conhecer a música.

> Viola cósmica marvada
> big bang da tristeza
> Interprise iluminada
> da sodade nave acesa
>
> No pulsar dos tristes versos
> na Galáxia Rural
> Pelas roças do universo
> canto a moda universal
>
> Que essa terra é um ranchinho
> no sertão do céu imenso
> onde os astros fazem ninhos
> para luz de brilho intenso
>
> E no espaço relativo
> minha órbita requer
> luz de sol que me faz vivo
> que é o olhar de uma mulher

A sodade até parece
universo que se expande
Se a distância aumenta, cresce
a sodade que era grande

Cada acorde é uma jornada
das Estrelas de Orion
que na viola bem ponteada
brilha a moda pelo som

Pro astronauta do ponteio
navegar é precisão
seja aqui, em outro meio
ou em qualquer constelação

No caminho de Santiago
eu cantei que o vento vem
das estrelas que hoje trago
num colar para o meu bem

Neste céu que se alumia
com o luar de lua cheia
tem viola e cantoria
tem estrela que ponteia

É um cósmico instrumento
toda viola de um violeiro
No pulsar dos tristes versos
são dois astros e luzeiros

Além de Pereira e de Passoca, não podemos esquecer a parceria Almir Sater e Renato Teixeira, com suas numerosas canções violeiras.

Arremate

Gostaria de finalizar dizendo que, para entender bem a música caipira e sertaneja, é fundamental conhecer a roça. Entre outros motivos, porque o caipira possui humor e sabedoria especiais.

Tem mais: o senhor e a senhora, por favor, não percam as atividades culturais do interior, principalmente as pequenas. Além das festas tradicionais, como as juninas ou as Folias de Reis, assistam aos leilões – de galinha, de farofa, de um mundo de coisa que só vendo –; acompanhem os concursos de dança ou de *miss* – uma festa garantida –; prestem atenção aos circos; e deem voltas em praças, frequentem os bailes, vejam as coreografias e percebam o movimento das moças e rapazes caçando aproximação e namoro. Melhor, façam isso tudo! Arrematem a galinha no leilão, participem do concurso de *miss* (dependendo da boniteza) e de dança (nem que seja só como jurado), experimentem apaixonar-se e dar uma paquerada nas festas para sentir a mensagem de amor das músicas sertanejas.

Existe uma explicação muito simples para o refinamento que há nos arranjos de vozes das duplas: a facilidade impressionante que o caipira tem para cantar em dueto. Quando a música sertaneja era, disparada na frente, o maior sucesso nacional, conheci muitas duplas novas – algumas ótimas, outras nem tanto – e, brincando com elas, pedia para conversarem em terças. Eram capazes de falar o mesmo texto com vozes diferentes, em um "falar" harmônico e afinado.

Moço, dona, a gente nem percebe, mas o espírito sertanejo que todo brasileiro carrega aflora em diversas situações: ao escutar um canto de passarinho, ao tomar um banho de rio, ao namorar debaixo de uma mangueira. Sempre que viajo para tocar, tem gente que diz assim: "Engraçado, não tenho nenhuma ligação com o caipira, mas, quando escuto a viola, me vem um sentimento de roça, da boiada passando, da casinha no campo...".

O que é isso? Ara, como diria João Guimarães Rosa: "O sertão está em toda parte". Vai ouvindo: sertões.

Referências bibliográficas

CORRÊA, Roberto. *A arte de pontear viola*. Brasília: Viola Correa, 2000.
FREIRE, Paulo de Oliveira. *Eu nasci naquela serra*. São Paulo: Pauliceia, 1996.
PAULO FREIRE VIOLEIRO. Página oficial do cantor. Disponível em: <www.paulofreire.com.br>. Acesso em: 26 abr. 2019.
ROBERTO CORRÊA. Página oficial do cantor. Disponível em: <www.robertocorrea.com.br>. Acesso em: 26 abr. 2019.

Forró e baião, por Oswaldinho do Acordeon

LILIANE BRAGA

Segundo Luiz Gonzaga, o Gonzagão (1912-89), o forró é uma congregação de estilos musicais, sinônimo de festa. Na música, engloba os gêneros executados nos bailes nordestinos animados principalmente por sanfona, zabumba e triângulo – explica ainda o responsável pela disseminação do gênero pelo restante do Brasil na década de 1950.

O nome da mais famosa prática de lazer nordestina é objeto de divergências quanto à sua origem. Para alguns estudiosos do tema, "forrobodó" é o termo de onde teria vindo, por redução, a designação dos bailes em que o gênero musical foi criado. A explicação, no entanto, é refutada pelos que defendem o surgimento da palavra "forró" como corruptela da expressão inglesa *for all* ("para todos"), comum nos cartazes que divulgavam as festas promovidas pelos funcionários das companhias ferroviárias britânicas, instaladas no Nordeste entre o fim do século XIX e o início do século XX.

A Great Western of Brazil Railway Company Limited tinha sede em Recife, e sua linha cortava Pernambuco, Paraíba e Alagoas, como nos informa Oswaldinho do Acordeon, cuja história pessoal se confunde com a discografia do forró[1].

Xote, xaxado, baião, rojão, coco, embolada, frevo, arrasta-pé, marcha de roda, samba de coco, maracatu. "Cada estilo corresponde a um estado do Nordeste", pontua Oswaldinho. "O baião é lento, lento; o forró, acelerado. O baião ficou com Luiz Gonzaga, e o forró, com Jackson do Pandeiro", duas das maiores influências na árvore genealógica do forró. E observa: "A intenção do sanfoneiro é atingir os pés da pessoa. Quem vai a um baile de forró sabe que vai dançar. Sanfona é sinônimo de alegria e festa".

A história aponta como embriões do forró o repente, as quadrilhas e as bandas de pífanos, que, misturados por Luiz Gonzaga às "células rítmicas extraídas do pipocar dos fogos, de moléculas melódicas tiradas da cantoria lúdica ou religiosa do povo caatingueiro, de corpos narrativos vislumbrados

---

[1] As citações de Oswaldinho do Acordeon neste artigo foram extraídas de depoimento do músico à autora. [N.E.]

na paisagem natural [...] do seu meio"[2] – nas palavras de Gilberto Gil –, dão origem ao baião, o primeiro dos gêneros do forró a fazer fama no país.

A música "Baião" (parceria de Luiz Gonzaga e Humberto Teixeira) apresentava o gênero musical e também a dança a que ele daria origem. Gravada pelo grupo Quatro Ases e um Coringa em 1946, a canção só ganhou fama três anos depois, quando foi gravada pelo próprio Luiz Gonzaga – que, na década de 1950, se tornaria o Rei do Baião, alcunha dada a ele por um jornalista da imprensa paulistana. É também nesse ano que o famoso trio sanfona-zabumba-triângulo entraria para sempre na história do forró, juntado por Luiz Gonzaga. A esse respeito, Oswaldinho comenta:

> Ele foi o precursor dessa orquestra e quem trouxe esse ritmo para a cidade grande. Esses instrumentos, esse gênero, é cultura do interior do Nordeste. Luiz Gonzaga veio de uma cidade pequena chamada Exu (em Pernambuco, na região da serra do Araripe) e foi para o Rio de Janeiro levando essa formação.

Para Oswaldinho, o nome forró vem do inglês *for all*. O motivo por que aceita essa origem para a palavra reside em uma lembrança familiar: "Quando meu pai tinha o seu forró, a casa era aberta para todo tipo de pessoa".

Forró *for all*

O auge do sucesso do baião se estende de 1949 a 1953. A popularidade de Gonzagão nesse período fez dele o primeiro produto da cultura de massa no Brasil e instituiu o forró como moda em todas as camadas sociais por alguns anos.

Com o surgimento da bossa nova, no fim da década de 1950, o baião começa a passar despercebido para os que o viam como modismo; o mesmo, porém, não se dá entre os nordestinos radicados no Sudeste, mais especificamente em São Paulo.

Em 1963, Luiz Gonzaga é convidado para uma temporada na rádio Mayrink Veiga. A audiência elevada entre o público de nordestinos torna oportuna a fundação da primeira casa de forró em São Paulo, empreendimento que conta com o apoio e a participação do Rei do Baião. A iniciativa é de Pedro Sertanejo, radialista baiano radicado na cidade.

Instalado no bairro do Brás em 1965, o Forró de Pedro Sertanejo se converte em referência para os que vêm do Nordeste para a capital paulista. Agregando a nata dos artistas nordestinos que ali começaram a fazer fama

---

[2] Gilberto Gil, prefácio a Dominique Dreyfus, *Vida do viajante: a saga de Luiz Gonzaga*, São Paulo: Editora 34, 1996.

– como Genival Lacerda, Dominguinhos e Jackson do Pandeiro –, Pedro Sertanejo vê o seu negócio crescer (4 mil pessoas por noite frequentavam o salão, que chegou a contar com cinquenta funcionários) e firmar-se como polo da cultura nordestina na cidade por 25 anos – de 1965 a 1990 –, tempo de funcionamento da casa.

Nesse período, Pedro chegou a fundar o selo Cantagalo – que lançou oficialmente, no mercado fonográfico, os artistas do *casting* da sua casa de forró. Posteriormente, o selo foi comprado pela CBS (atual Sony), que, na opinião de Oswaldinho do Acordeon, tinha a intenção de conter a concorrência.

Oswaldinho é um dos quatro filhos de Pedro Sertanejo, nascido onze anos antes da abertura da casa de forró, quando sua família ainda morava no Rio de Janeiro – para onde se mudou ao deixar o Nordeste. Ali, Pedro Sertanejo trabalhou no programa do Chacrinha – José Abelardo Barbosa de Medeiros – por alguns anos, e também na rádio Mayrink Veiga e na rádio Nacional. Com dificuldade para se estabelecer como artista, chegou a trabalhar ainda na polícia militar.

Foi ao perceber que o maior contingente de nordestinos imigrados se concentrava em São Paulo que decidiu partir sozinho para a cidade, onde "tentou a vida" por cerca de dois anos. Somente após esse período levou a família para morar consigo na "terra da garoa" – e então abriu o seu famoso salão de baile.

O Forró de Pedro Sertanejo se firmou como ponto de encontro de seus conterrâneos no bairro do Brás. Quando migrantes do Nordeste não sabiam o endereço da família de que estavam à procura, era ali que se encontravam. E assim a casa perdurou por anos, resistindo como um potencializador da cultura nordestina em São Paulo e perpassando outras modas musicais.

> Ele foi o "Kung Fu" da música nordestina, porque insistia naquilo em que acreditava. Veio a jovem guarda, veio a beatlemania, o samba... As pessoas viam que ele estava se dando bem e passaram a abrir salões de baile. Como não tinham coragem de botar o nome de "forró", abriam o salão e colocavam o nome de bailão.

Durante muito tempo, o forró permaneceu vítima do preconceito, visto como a forma de lazer da população da periferia da cidade grande. Pedro Sertanejo foi um dos poucos que, em meio a outras modas, defendia o forró abertamente. "Quem entrasse na casa dele encontraria uma orquestra típica nordestina, com zabumba, triângulo e sanfona. Os melhores cantores do gênero eram empregados dele: Luiz Gonzaga, Jackson do Pandeiro, Genival Lacerda, Dominguinhos." Somente artistas já contratados por outras companhias não gravaram pelo selo Cantagalo. É o caso de Marinês e Luiz Gonzaga (do *casting* da RCA Victor, atual BMG).

Forró universitário

Em meados da década de 1990, o surgimento do forró universitário coloca jovens de classe média em contato com a dança nordestina, adaptada para uma nova forma de dançar. Ao viajarem para o Nordeste, misturavam ao forró a ginga de outras expressões corporais e de outros estilos musicais, como a capoeira e a dança de salão. Na volta, traziam na bagagem a saudade daqueles bailes de sala de reboco e chão de terra batida. Daí para o surgimento de festas de forró chamadas de "forró universitário" em São Paulo foi um pulo.

Veio dos estudantes da Universidade de São Paulo (USP) a ideia dos primeiros bailes de forró realizados na cidade naquela década. Surgia então uma nova versão do gênero, em que os próprios jovens do Sudeste do país protagonizavam a cena musical, ao tomarem gosto pelo som feito originalmente por diversos trios de músicos (entre eles, Trio Juazeiro, Trio Virgulino e Trio Sabiá), processo que culminou no surgimento de bandas como Falamansa, Rastapé, Peixelétrico e Bicho de Pé, entre outros.

Com o aparecimento dos novos grupos de forró, começaram a brotar discussões quanto à autenticidade da música feita por eles, uma vez que suas composições vinham marcadas pela influência dos gêneros musicais ouvidos nas regiões mais ao sul do país – gêneros urbanos como pop, rock, reggae, ska e outros. No vácuo aberto por essas bandas, no entanto, artistas nordestinos que estavam à margem do mercado conseguiram assinar contrato com gravadoras – caso dos pernambucanos do Trio Virgulino, que na década de 1980 já agitava pequenos bailes de forró em São Paulo e que, nos anos 1990, angariou uma legião de fãs nos forrós do bairro de Pinheiros, na capital paulista.

Os integrantes do Trio Virgulino opinam que, entre os conterrâneos, os que conseguiram "modernizar" sua linguagem encontraram espaço nesse novo mercado. Houve, aliás, a troca de informações entre os grupos: conjuntos como o Falamansa sempre "pediram a bênção" para trios como o Virgulino; este, por sua vez, soube beber na fonte dos mais jovens para manter-se atual, sem se descuidar do trabalho voltado às suas raízes. Sobre a necessidade de acompanhar novas tendências, Oswaldinho sentencia:

> Se você não se atualizar, vai ficando para trás. Mas para chegar a isso, é preciso saber que tudo começou pelo lápis e pela borracha, pelo ABCD... Por mais que seja formado em datilografia, precisa do computador. O mundo gira, foi criado para estar sempre em mutação, e nós somos assim também. Se você está aqui hoje, é por causa dos seus avós, que geraram seu pai e sua mãe.

A ideia de um "novo forró" só pode ser concebida e frutificar se a origem do gênero for respeitada. Essa também é a opinião de Oswaldinho: "É como em um povo indígena, em que se pede autorização ao cacique para saber das coisas". Para ele, é essencial respeitar os que fizeram essa "árvore" (referindo-se aos primeiros nomes do estilo). "Quando se faz uma coisa com muitas influências, não se sabe mais a que gênero se está aderindo. Depende de quem está na mídia fazer a coisa com seriedade e pedir informação aos mais velhos." O próprio Oswaldinho é um artista muito respeitado e requisitado entre novos artistas do gênero. Grupos como Rastapé e Peixelétrico já solicitaram a sanfona do filho de Pedro Sertanejo em suas gravações. Quem o chama ganha não só arranjos musicais de grande qualidade como também conselhos para sobreviver nesse mercado.

Oswaldinho explica que o segredo do forró é a forma como se toca a sanfona, quase sem abrir o fole. No exterior, frequentemente lhe perguntam: "O que é isso, de onde é?". Alguns espectadores querem saber como é possível tocar sem abrir o fole, já que, para tocar os ritmos "de fora", na sanfona, é preciso abrir o fole ao máximo. "Para atingir os pés da pessoa que ouve, quanto mais curtinha essa abertura (do fole), mais suingado fica; você começa a dançar sem saber por quê. E isso vem da sanfona de oito baixos", orgulha-se. "No pé de serra, de onde vem o forró, todos tocam sanfona." Assim surgiram nomes como Dominguinhos, Guidô (que tocava com Pedro Sertanejo), Gerson Filho, Severino, Januário... Dessa forma, para fazer forró pé de serra, é preciso ter um sanfoneiro do pé de serra (caso do Falamansa, banda formada pelos paulistas Tato, Dezinho e Alemão, e pelo pernambucano Valdir, sanfoneiro que veio de Arcoverde, primeira cidade do sertão pernambucano). "Sanfoneiro de pé de serra é o sanfoneiro que toca sanfona pequena, de oito baixos, que só existe no interior do Nordeste", esclarece. Os similares do forró pelo mundo também são apontados por Oswaldinho: "Algo parecido com o baião é o cajun, da Guiana Francesa, que também já existe há muito tempo". A cultura árabe, bastante presente no Nordeste, também deixou suas marcas no forró – mais precisamente, na escala musical nordestina. Mas isso seria assunto para outro capítulo.

Nesse novo forró, o que desagrada aos músicos é o rótulo "universitário" – que causa descontentamento entre antigos e novos representantes do gênero. "Rotular é muito perigoso. Forró é forró, para todo mundo", pondera Oswaldinho. O Falamansa compartilha dessa opinião. Sempre que aparecem nos meios de comunicação, pontuam que são da "linhagem" do forró pé de serra, aquele trazido por Luiz Gonzaga de sua terra natal, a cidade de Exu, em Pernambuco.

Para Oswaldinho, o rótulo implica o risco da exclusão e, portanto, do preconceito. "No Nordeste, o forródromo é em praças, em salões; é para todo mundo. O forró é uma coisa do povo. Quando se diz 'forró para universitário', significa que só os universitários podem dançar o forró, ou um estilo dele, que é o xote, que é o que eles mais gostam", argumenta, referindo-se ao mais lento e malemolente dos estilos musicais que formam o caldeirão do forró. "Se for dançar forró na íntegra, tem que aprender. Na casa do meu pai, o cabra, para dançar forró até às 4 horas, tinha que comer sarapatel, comida forte do Nordeste. É uma questão de ensiná-los para que possam absorver a cultura." O raciocínio segue: "Para dançar música gaúcha, é preciso dançar o vanerão e a rancheira, que também fazem parte da cultura gaúcha. Não dá para dançar só o xote gaúcho".

A moda do forró universitário, no entanto, é vista como positiva, uma vez que fez os jovens aderirem a uma manifestação cultural nascida em seu próprio país – e que sacudiu os corpos de seus avós, bisavós, tataravós... "O legal é que não é uma música importada, mas nossa; e eles (jovens) estão gostando", ressalta. A opinião de Oswaldinho quanto às diversas fases pelas quais o forró passou converge com a da maioria dos profissionais desse meio: "O forró resistiu a muitas coisas, atravessou fronteiras; agora, as pessoas precisam se conscientizar de que estão representando o Nordeste dentro de São Paulo", diz, ao citar a cidade do Sudeste em que o forró ganhou nova força desde meados dos anos 1990. "É preciso que os donos das casas deem oportunidade para aqueles artistas que trouxeram isso do Nordeste, para que os jovens conheçam mais dessa 'árvore genealógica'", sustenta. Para Oswaldinho, o forró não pode ser visto como moda. "Quem está consumindo forró hoje são os 'nisseis' nordestinos, os filhos de nordestinos – que sempre acreditaram que o forró não é uma moda, e sim a cultura de um povo. Por serem paulistas, têm mais ou menos um panorama do que significa o forró, mas ainda não o conhecem a fundo", afirma.

Ouvir Oswaldinho é, no mínimo, ouvir três diferentes gerações do forró...

Oswaldinho do Acordeon

Com 7 meses de idade, Oswaldinho ganhou uma sanfona de oito baixos, na qual, aos 8 anos, já era *expert*. Sua maior influência musical foi o pai, autodidata e filho de outro sanfoneiro. Às influências no interior da família foram somadas as das pessoas que – como ele mesmo costuma dizer – almoçavam em sua casa (o pai também era afinador de sanfona; entre os que o procuravam por seus serviços estavam Luiz Gonzaga, Dominguinhos, Sivuca e Gerson Filho, entre outros).

Aos 9 anos, Oswaldinho participa de uma faixa de um disco do pai, intitulado *Rei do sertão* (Continental, 1963). Com 12, grava um compacto de quatro faixas chamado *Oswaldo Silva*, pelo selo Cantagalo, de Pedro Sertanejo. Aos 13 anos de idade, Oswaldinho começa a estudar em conservatório – onde permanece por dezoito anos, dezesseis deles "debulhando" a música clássica.

A partir de 1979, ele ganha o mundo com sua mistura de música erudita e o que ele chama de "música clássica nacional": o forró. Por causa dessa opção de criação musical, no entanto, Oswaldinho sofreu com a crítica dos mais puristas. Sua intenção de valorizar o acordeom nem sempre foi bem recebida. Apesar disso, insistiu na ideia de fazer com que a sanfona não fosse vista somente como instrumento "de velho", que servia apenas para tocar "músicas de São João, marcha de roda". Ele queria provar que o acordeom era um instrumento universal, tanto quanto o piano e o violão. E conseguiu.

Em 1980, Oswaldinho grava *Forró in concert*, disco com composições de Beethoven, Mozart, Bach e outros clássicos executadas em estilo forró. Foi a partir desse trabalho que a mídia nacional passou a render o devido respeito a esse músico que, além de pertencer à Associação de Acordeonistas do Brasil, participou de festivais em vários lugares do mundo e já tocou inclusive para a rainha Elizabeth.

Entre os que Oswaldinho considera seus "seguidores", estão sanfoneiros de bandas novas, como o Peixelétrico, Bicho de Pé (ambas de São Paulo) e Forroçacana, do Rio de Janeiro. Em 2011, Oswaldinho somava 24 discos gravados.

Pedro Sertanejo

O instrumentista baiano Pedro Sertanejo (1928-97) nasceu na serra da Tromba (Chapada Diamantina). Com cerca de 30 anos de idade, partiu para o Rio de Janeiro, onde exerceu vários ofícios. Alguns ficaram marcados em sua trajetória, como o de radialista e "consertador" de sanfonas. Aliás, Pedro não só era capaz de executar reparos no instrumento como também estava apto a fabricá-lo, como fez no caso de sua sanfona – saberes e técnicas herdados do pai, o também sanfoneiro Aureliano.

Percebendo que São Paulo reunia o maior número de nordestinos migrados para o Sudeste, resolve tentar a vida na cidade. Em 1966, consegue fundar a sua casa de forró, o antológico Forró de Pedro Sertanejo, que durou 25 anos. Além do programa de rádio *Pedro Sertanejo Música e Alegria*, que apresentou durante dezesseis anos pela Rádio Clube de Santo André, Pedro também chegou a ter um programa na TV Cultura, o *Forró RTC*, que transmitia as festas de seu forró.

Mais alguns dos principais personagens do forró

Na indústria cultural brasileira, o forró pode ser dividido em diferentes gerações de representantes. Na primeira delas, estão nomes como Manezinho Araújo, Luiz Gonzaga, Pedro Sertanejo, Jackson do Pandeiro, Antonio

Barros & Cecéu, João do Vale, Genival Lacerda, Marinês e Sua Gente, Carmélia Alves, Sivuca e Trio Nordestino. Na segunda fase há, entre outros, Oswaldinho do Acordeon, Dominguinhos, Jorge de Altinho, Maciel Melo, Xangai, Nando Cordel, Alceu Valença, Elba Ramalho, Zé Ramalho e Geraldo Azevedo. A terceira geração é a que entrou para o mercado fonográfico pela porta dos forrós feitos para estudantes universitários (e agregados) – e à qual, apesar de todas as controvérsias, se deve reconhecer o mérito de reavivar a cultura nordestina no Sul do país. É o caso de artistas veteranos que, até então, estavam à margem desse mercado – como Trio Virgulino, Targino Gondim e Miltinho Edilberto –, e de iniciantes como Falamansa, Rastapé, Bicho de Pé, Forroçacana e Paratodos.

Segue breve biografia de alguns dos artistas desse gênero musical, ao longo de três gerações.

Luiz Gonzaga

Luiz Gonzaga do Nascimento (1912-1989) nasceu na cidade pernambucana de Exu. O pai, Januário, era sanfoneiro muito respeitado na região onde morava. Também era conhecido por saber consertar o instrumento. Aos 7 anos de idade, Luiz Gonzaga já manuseava, no colo, a sanfona velha do pai. Aos 18, parte com o exército em serviço militar. Passa por várias cidades, até estabelecer-se no Rio de Janeiro, onde decide viver de música. Começa a tocar em bares e cabarés, onde sobrevive executando os gêneros que eram moda na década de 1940 – bolero e valsa, entre outros –, até ser abordado por um grupo de estudantes cearenses que lhe pedem para tocar algo da "terra". Gonzaga rebusca na memória, toca composições da região e faz sensação entre aqueles jovens. A partir daí, não mais abandona os gêneros musicais do Nordeste.

O sucesso de verdade é conquistado no fim da década de 1940, com o estouro da canção "Baião". Em seguida, as parcerias com Humberto Teixeira e Zé Dantas – com quem compõe "Asa branca" e "Xote das meninas" – consolidam Luiz Gonzaga como o Rei do Baião, título com que foi imortalizado.

Jackson do Pandeiro

José Gomes Filho (1919-1982) nasceu no interior da Paraíba. Queria tocar sanfona quando criança, mas o instrumento era muito caro para que seus pais o pudessem comprar. Então, ganhou um pandeiro. A mãe, Flora Mourão, era "cantadora" de coco e folclorista de Pastoril, tocava zabumba e ganzá – e o menino José prestava muita atenção nela, assim como nos cantadores de coco e violeiros.

O artista ganhou o apelido de Jack por ser fã do ator Jack Perry, dos filmes norte-americanos de faroeste. Quando estava na casa dos 20 anos, passou a tocar em cabarés e emissoras de rádio de João Pessoa. Tocando na Rádio Jornal do Comércio, adotou o nome Jackson do Pandeiro, por sugestão de um jornalista que achava o nome sonoro. Os primeiros sucessos vieram em 1953, com "Sebastiana" (Rosil Cavalcanti) e "Forró em Limoeiro" (Edgar Ferreira). Em 1956, casa-se com Almira Castilho – ex-professora que cantava mambo, dançava rumba e que se tornou sua parceira em apresentações e em composições –, mudando-se para o Rio de Janeiro.

A maneira peculiar de Jackson cantar, dividindo as sílabas musicais de maneira próxima às batidas de suas emboladas, e o seu "forró sambado" (no dizer de Oswaldinho) o alçaram ao sucesso na Cidade Maravilhosa. Seus baiões, cocos, rojões, sambas e marchinhas de Carnaval logo ganharam fama. Suas composições são gravadas e regravadas por artistas da música brasileira. É o caso de "Na base da chinela", gravada por Elba Ramalho; "Lágrima", interpretada por Chico Buarque; e "Um a um", revisitada pelos Paralamas do Sucesso. Jackson também popularizou canções de autoria alheia, como "Chiclete com banana" (Gordurinha e Almira Castilho), "Xote de Copacabana" (José Gomes), "17 na Corrente" (Edgar Ferreira e Manoel Firmino Alves) e "Como tem Zé na Paraíba" (Manezinho Araújo e Catulo de Paula). De sua autoria, ficaram marcadas "Cantiga do sapo" e "A mulher do Aníbal".

Antonio Barros & Cecéu

Dupla de compositores paraibanos. Antonio Barros ingressa primeiro na carreira artística, ao deixar a Paraíba na década de 1960, para tentar a sorte como músico no Rio de Janeiro. Ali, compôs para Jackson do Pandeiro e Luiz Gonzaga, logo consagrando-se como um dos compositores mais solicitados entre artistas nordestinos. Nos anos 1970, casa-se com Cecéu e, na tentativa de impulsionar a carreira, eles aceitam a oferta de uma gravadora que lhes propõe a formação de uma dupla nos moldes de Leno e Lílian, para cantar versões dos sucessos estrangeiros.

O coração nordestino, porém, fala mais alto, e logo a dupla se volta à autoria, em composições que não paravam de brotar: "Bate coração", "Forró número 1", "Estrela de ouro", "Por debaixo dos panos" e "Homem com H", entre muitas outras.

Artistas como Elba Ramalho, Ney Matogrosso, Trio Nordestino, Fagner e os já citados Jackson e Gonzagão ajudaram a consolidar o sucesso de Antonio Barros e Cecéu, que, nos anos 1990, passaram a atuar como intérpretes. Entre os CDs lançados naquela década está *Forró número um* (CPC-Umes, 1999).

Carmélia Alves

Filha de cearenses, Carmélia Alves (1923-2012) nasceu no Rio de Janeiro. Fez sua primeira tentativa de profissionalização como cantora aos 15 anos, em 1940, quando participou do programa de calouros de Paulo Gracindo, na extinta rádio Tupi.

No início da carreira, cantava sambas ao estilo de Carmen Miranda – sua grande fonte de inspiração. Foi contratada, então, pela rádio Mayrink Veiga, onde ficou por três anos.

Em 1943, começa a atuar como crooner na boate do Copacabana Palace Hotel. Nesse ano grava também seu primeiro disco, lançado no Carnaval de 1944. O álbum trazia entre as faixas a batucada do baiano Assis Valente "Quem dorme no ponto é chofer". Quatro anos depois, foi novamente contratada pela Mayrink Veiga e pela boate Copacabana Palace – de onde era transmitido o programa *Ritmos da Panair*, da Rádio Nacional, por intermédio do qual Carmélia Alves alcançou o reconhecimento nacional.

É em 1949 que a cantora adere ao gênero musical que a consagraria. Nesse ano, Carmélia grava o baião "Me leva", de Hervé Cordovil e Rochinha. As gravações de várias músicas desse gênero lhe conferem o título de Rainha do Baião, fazendo dela uma das principais difusoras do gênero no sul do país, na década que se seguiria.

Sivuca

Nascido Severino Dias de Oliveira, em Itabaiana (PB), Sivuca (1930-2006) começou a tocar profissionalmente bastante cedo. Aos 9 anos de idade, já atuava em festas, casamentos, batizados e afins. Em 1945, parte para Recife, onde é contratado pela Rádio Clube de Pernambuco. Fica ali por três anos, apresentando-se em conjuntos regionais e em shows das Festas da Mocidade – onde ganha a alcunha que o acompanharia por toda a vida.

Na Rádio Jornal do Comércio, para onde se transfere em 1948, aprende teoria musical e harmonia com Guerra Peixe (1914-1993). No ano seguinte, é convidado por Carmélia Alves para gravar em São Paulo. Lá, é contratado para fazer temporada de um mês na Rádio Record, em 1950 – ano em que grava seu primeiro disco, um compacto com "Tico-tico no fubá" (de Zequinha de Abreu) e "Carioquinha no Flamengo" (de Bonfiglio de Oliveira e Valdir Azevedo).

A partir de então, sua carreira prossegue entre temporadas em rádios e a gravação de discos. Em 1958, é convidado por Humberto Teixeira para tocar acordeom no grupo Os Brasileiros, viajando pela primeira vez à Europa. Dá início à realização de shows naquele continente. É contratado em Portugal, depois passa a morar na França; algum tempo depois, transfere-se para Nova York. Integra o conjunto da cantora Miriam Makeba como guitarrista; depois, é contratado por Harry Belafonte como guitarrista, tecladista e arranjador.

Sivuca grava vários discos no exterior, sempre mesclando suas influências nordestinas com o seu desempenho de virtuose e de músico inventivo.

Vale ressaltar que sua carreira é marcada pelas parcerias com a cantora e musicista Glorinha Gadelha, com quem foi casado por mais de trinta anos. Juntos, eles compuseram verdadeiros clássicos do forró, como "Feira de Mangaio".

João do Vale

Maranhense de Pedreiras, João Batista do Vale (1934-1996) nasceu em família humilde e, por isso, desde cedo teve que trabalhar para ajudar nos rendimentos de casa. Os dotes musicais, no entanto, também eram visíveis desde a infância.

Aos 13 anos, vai para São Luís e integra um grupo de bumba meu boi, como autor de versos. Aos 15, parte para o sul, pegando carona em boleias de caminhões. Emprega-se nas mais diversas atividades nas cidades pelas quais passa: ajudante de caminhão, garimpeiro, ajudante de pedreiro.

Em dezembro de 1950, chega ao Rio de Janeiro, onde concilia o trabalho de ajudante de pedreiro com as constantes visitas às rádios locais – na intenção de apresentar suas composições aos artistas. Dois meses depois, Zé Gonzaga seria o responsável pela primeira gravação de uma composição de João de Vale: "Cesário Pinto". A primeira gravação a fazer sucesso em âmbito nacional, no entanto, é "Estrela miúda", registrada em seguida pela cantora Marlene.

Em 1964, João do Vale estreia como cantor, no restaurante Zicartola (forte reduto cultural daquela década, de propriedade de Cartola e dona Zica). Ali, nasce a ideia do antológico show *Opinião*, de autoria de Oduvaldo Viana Filho, Paulo Pontes e Armando Costa. Ao lado de Zé Kéti, João do Vale é autor da trilha sonora do espetáculo (entre as suas músicas está "Carcará", que marca o lançamento de Maria Bethânia como cantora, ao substituir Nara Leão na peça). Zé Kéti é autor, entre outras, da música que dá título à montagem – cuja marca é a crítica às condições sociais enfrentadas pelo Brasil no período da ditadura militar.

João do Vale é um de muitos artistas que amargaram em vida o não reconhecimento pela sua arte. Passou longo período longe do meio musical, até lançar o disco *João Batista do Vale*, em 1994. Entre os grandes incentivadores de sua carreira está Chico Buarque, parceiro em algumas composições. Entre suas músicas mais conhecidas estão o baião "Pisa na fulô" (parceria com Ernesto Pires e Silveira Júnior) e o batuque "O canto da ema" (em parceria com Aires Viana e Alventino Cavalcanti).

Dominguinhos

O pernambucano José Domingos de Morais (1941-2013) nasceu em Garanhuns. Aos 6 anos, já tocava sanfona de oito baixos com seus irmãos Morais (pianista) e Valdo (acordeonista). Juntos, formavam o trio Os Três Pinguins, apresentando-se em portas de hotéis e em feiras dos municípios de Garanhuns, Caruaru e arredores. Foi numa dessas apresentações que o trio foi visto por Luiz Gonzaga. Na ocasião, Dominguinhos, que tinha o apelido de Nenê, foi abordado pelo Rei do Baião, que lhe deu o seu endereço no Rio de Janeiro. Seis anos depois, o menino sanfoneiro parte para o Rio, com o pai e o irmão mais velho, e procura por Gonzagão, que presenteia o jovem músico com uma sanfona.

Aos 16 anos, Dominguinhos forma o Trio Nordestino, com o qual é obrigado a tocar os ritmos da moda (bolero, valsa etc.). Algum tempo depois, forma o grupo Nenê e seu Conjunto.

Em 1967, é convidado por Pedro Sertanejo para gravar pelo selo Cantagalo – pelo qual viria a lançar não só o seu primeiro trabalho mas, também, os sete seguintes. Um ano depois, forma dupla com a cantora Anastácia, com quem se casa. Dentre suas parcerias com Anastácia está "Eu só quero um xodó", um de seus maiores sucessos.

No ano de 1972, Dominguinhos estreia no teatro, apresentando-se ao lado do Rei do Baião no show *Luiz Gonzaga Volta pra Curtir*.

Daí em diante, Dominguinhos consagra-se como sanfoneiro da MPB, acompanhando turnês de Gal Costa, Gilberto Gil (com quem compõe em algumas parcerias), Caetano Veloso e Maria Bethânia.

Entre os maiores sucessos de Dominguinhos estão "Abri a porta", "Lamento sertanejo" (com Gilberto Gil), "De volta pro aconchego" e "Isso aqui tá bom demais" (as duas últimas compostas com Nando Cordel).

Geraldo Azevedo

Pernambucano do interior do estado, músico autodidata, aos 12 anos de idade já tocava violão. Aos 17 entrou para o grupo Sambossa e aos 18 mudou-se para o Recife (PE), onde fez shows com o Grupo Construção, integrado por Naná Vasconcelos, Teca Calazans, Paulo Guimarães e também Marcelo Melo e Toinho Alves, do Quinteto Violado.

Em 1967 transferiu-se para o Rio de Janeiro e, depois de trabalhar com Eliana Pittman, juntou-se a Naná Vasconcelos, Nelson Ângelo e Franklin, formando o Quarteto Livre, grupo que acompanhou Geraldo Vandré em seus shows até dissolver-se em razão de problemas políticos com o governo militar.

Sua primeira composição gravada foi "Aquela rosa", lançada em 1968 por Eliana Pittman. Em 1970 formou com Alceu Valença uma dupla que participou do Festival Universitário da TV Tupi com as canções "78 Rotações" e "Planetário", além de gravar o LP *Alceu Valença & Geraldo Azevedo* (Copacabana, 1972).

Misturando harmonias da bossa nova, células rítmicas afrodiaspóricas e musicalidade nordestina, Geraldo Azevedo foi muito além do forró. No entanto, fez composições marcantes no gênero – como "Moça bonita", "Sabor colorido" e "Canta coração", gravada por Elba Ramalho.

Referências bibliográficas

DREYFUS, Dominique. *Vida do viajante: a saga de Luiz Gonzaga*. 2. ed. São Paulo: Editora 34, 1997.
MARCONDES, Marcos Antônio (org.). *Enciclopédia da música brasileira: popular, erudita e folclórica*. 2. ed. São Paulo: Publifolha, 1998.
SEVERIANO, Jairo; HOMEM DE MELLO, Zuza. *A canção no tempo: 85 anos de músicas brasileiras*. 3. ed. São Paulo: Editora 34, 1997. 2 v.

Bossa nova:
em 1962, o mundo descobriu o Brasil

CAETANO ZAMMA

Corre o ano de 1958. O Brasil está cheio de samba-canção, bolero e tango, com Lucho Gatica e os brasileiros muito cantando muita "dor de cotovelo". Dick Farney e Lúcio Alves eram exceções, pois, embora cantassem mais samba-canção do que samba, já tinham grande influência do jazz. A forma de o Dick tocar, de o Lúcio cantar, de o Johnny Alf cantar, tocar e compor e um pouco talvez até do estilo da Nora Ney revelam essa influência. Como músico, havia o Garoto, que estava inovando. Todo mundo queria tocar "Duas contas", porque era realmente alguma coisa fora do comum. O resto continuava muito Chico Alves, que era um excelente cantor, mas fazia outro tipo de música, assim como Sílvio Caldas, Altemar Dutra, Orlando Silva e outros. A turma do samba mesmo era Herivelto Martins, Dorival Caymmi, Cyro Monteiro e Braguinha, entre outros.

Cyro Monteiro – e isto vale como detalhe para as crônicas sobre a bossa nova – devia ter umas 35 irmãs, porque, cada vez que ele vinha a São Paulo, pedia duas passagens, uma para ele e outra para a sobrinha. Mas o engraçado é que raramente as sobrinhas eram as mesmas. Então, deduzimos que o Cyro tinha muitas irmãs, uma família enorme... Era uma maravilha aquele sorriso dele, aquela cara de sem-vergonha. Conhecido como Formigão, quando chegava à emissora e lhe perguntavam, "Oi, Cyro, tudo bem? Veio sozinho?", ele respondia: "Não. Eu trouxe a minha sobrinha! Esta aqui é Dalva; ela é filha da minha irmã do meio!" Ele tinha umas quinze irmãs do meio! Esse era o Cyro Monteiro.

Havia também Mário Reis, que, inteligente, começou a gravar usando os recursos do microfone. Mário Reis não tinha voz – tinha balanço e animação. Foi o princípio do fim das vozes graves, abaritonadas e aos berros, dos Vicentes Celestinos da vida. Vicente Celestino era um excelente cantor, mas berrava muito. É do tempo em que se gravava com um microfone só e a orquestra toda em volta. Ele tinha que ficar de costas para o microfone, porque a voz era tão potente que abafava todo o resto. Imagine o que era a voz de Vicente Celestino! É um marco na música popular, assim como Dalva de Oliveira, que, com seu agudo incrível, cantava no Trio de Ouro, de Herivelto Martins. Esse era o panorama da música brasileira naquela época.

Uma tarde, eu estava no estúdio da RGE, que funcionava no mesmo prédio da Rádio Bandeirantes, e o Henrique Lobo me chamou para subir correndo e ouvir uma coisa nova que tinha chegado da Odeon – nunca ninguém tinha ouvido nada igual, me avisou. Subi e dei de cara com um disco de 78 rotações, em que um baiano chamado João Gilberto cantava. Perguntei:

— O que é isso aí?

— Não sei — respondeu ele —, mas é maravilhoso!

— Também acho, por isso quero saber.

Era o que eu procurava, o que uma grande parte das pessoas procurava.

Eu estava começando, é verdade, mas nessa época já fazia parte da produção musical da Rádio Bandeirantes. Henrique Lobo tinha um programa de disc-jóquei à tarde, de lançamentos. E Walter Silva já tinha tocado o disco de João Gilberto de manhã – eu não sabia, porque naquele horário estava gravando. Quando liguei para o Walter, ele disse:

— Já toquei hoje de manhã; você viu, que coisa?!

E aí começou esse "Viu, que coisa?!", que a partir de então acompanharia as conversas sobre aquela novidade.

Começamos a chamar os músicos da rádio para que também escutassem aquele desconhecido. Os mais inteligentes se impressionavam, enquanto outros resmungavam: "Que vozinha de merda!", "E esse violão…". Muita gente achava que o João era efeminado; afinal, estávamos todos acostumados com a potência das vozes masculinas da época. Alguns recriminavam: "Ele não acentua o samba! Que samba é esse que ele canta?" Tentavam batucar junto com o violão do João Gilberto, e não dava certo mesmo. Então foi um rebuliço. Aí eu pensei: "Preciso descobrir quem é essa gente aí! Vou pro Rio ver quem é!"

A comunicação, naquele anos, era muito precária. Em 1958, uma ligação telefônica para o Rio de Janeiro demorava de seis a sete horas para ser completada. Você ligava às 10 da manhã para ser atendido às 4 ou 5 da tarde. Quando ligava para Santos, eram duas, três, quatro horas. Em São Paulo, sabia-se das coisas do Rio por meio de jornais e revistas. Rádio, nem pensar! Quando muito, à noite a gente ouvia a Rádio Nacional do Rio de Janeiro, que pegava em ondas curtas. Ondas médias era difícil, só alguns aparelhos de rádio mais adiantados conseguiam. A Rádio Tupi de São Paulo alcançava o Rio, mas era muito difícil de ouvir, porque o sinal apresentava muito ruído. Quando chovia, então, era quase impossível.

Antes de entrar no avião, perguntei para os divulgadores da gravadora Odeon onde eu poderia encontrar aquelas pessoas. E o Mané Ferreira, se não me engano, falou que o pessoal se reunia à noite numa boate chamada

Bottle's, que ficava no Beco das Garrafas. Chamava-se assim porque à noite, quando estava uma zorra danada, os moradores começavam a jogar garrafas dos prédios. Era um beco no meio de Copacabana.

E lá fui eu. Meti duas cuecas dentro do violão, pasta de dente, aparelho de barba, duas camisas, e vamos embora! Naquela época, solteiro e com o violão, era mais fácil viajar. Entramos no avião, eu e a minha mudança.

Saí já no fim do dia. Cheguei ao Rio às 6 ou 7 da noite e disse a um chofer:
— Por favor, onde é o Beco das Garrafas?
— Você quer ir lá? — ele perguntou.
— Quero.
— Você que sabe!
— Como assim, "você que sabe"?!
— É que lá é uma barra meio pesada, tem uma turminha que se reúne lá...
— É essa turminha que eu quero ver.

Comi alguma coisa, esperei até 21h ou 22h e fui para lá. Encontrei de cara um homem que falava muito e pensei: "Esse deve ser o que manda aqui". Então me apresentei:
— Muito prazer! Eu sou de São Paulo, ouvi um disco que vocês gravaram aqui e queria saber quem é João Gilberto.

Ele respondeu:
— Pô! João é amigo nosso — e prosseguiu com "João é isso, João é aquilo...".
— Seu nome, qual é?
— Meu nome é Ronaldo Bôscoli.
— Muito prazer.

Um outro se apresentou:
— Eu sou Luís Carlos Miele.

Aí veio mais outro:
— Esse aqui é pianista, é Luizinho Eça.

E assim fui conhecendo um por um, inclusive algumas cantoras. Começamos a conversar, e entrei para ouvir o pessoal tocar. Fiquei apaixonado pelo tipo de música, pelo tipo de harmonia, pelo som do violão e por aquela gente toda – foi desse modo que comecei a frequentar o local.

O Bôscoli disse:
— Onde você vai ficar?
— Não tenho a mínima ideia de onde é que eu vou ficar — respondi.
— Então vem pra minha casa!
— Pra sua casa?
— Vai dormir onde? Vem pra casa.

Aí eu fui. Ele morava no Posto 2, atrás do Copacabana Palace, por ali. Era uma ladeirinha. Junto com ele morava Chico Feitosa, ou Chico Fim de Noite, um amigo querido que morreu em 2004 e deixou muita saudade.

Essa minha ligação com o pessoal do Rio, evidentemente, desenvolveu-se muito em função da amizade que se firmou entre mim e Ronaldo Bôscoli. Houve uma empatia incrível. Era como se nós tivéssemos crescido juntos. Era quase a mesma amizade que ele tinha com Roberto Menescal. Os dois pescavam – faziam pesca submarina –, iam para cima e para baixo, compunham músicas juntos etc. E comigo era a mesma coisa. Eu até dispunha de uma chave do apartamento do Ronaldo! Quando chegava ao Rio, ia direto para lá. Aquele sofá da sala era meu, e ninguém tascava. Com o tempo, comecei até a deixar ali uma ou duas camisas, uma calça, cuecas etc.

Roberto Menescal é uma das figuras mais incríveis do mundo musical: um cara honesto, decente, músico excepcional, pessoa de muita transparência e seriedade em tudo o que faz e fala. Arrependo-me de me encontrar tão pouco com ele e de não ter frequentado mais a sua companhia.

Durante a intensa convivência com o pessoal da bossa nova, finalmente conheci João Gilberto e Tom Jobim. Conheci também a maravilhosa figura de Vinicius de Moraes, e, desde o primeiro dia, saímos bebendo juntos que nem dois malucos. Todo mundo sabe que o Vinicius quase não bebia… Quando ele dormia, não bebia nada! Conheci ainda outras figuras excepcionais, que não poderia deixar de mencionar: Luís Carlos Vinhas, que era uma maravilha, tocava bem o seu piano e tinha um bom humor incrível, sempre fazendo uma piada – um palhaço, no bom sentido da palavra –, mas que, quando ficava zangado, era difícil, ficava sério e fechava o bico; Luizinho Eça, que, quando sentava ao piano, todos os anjos vinham mexer os seus dedos – era incrível o som que ele conseguia tirar! –, e que, depois, ficou doente durante muito tempo; Bebeto, tocando baixo e saxofone; Hélcio Milito; o Tamba Trio, que fez tanto sucesso na época, com três músicos excepcionais; Newton Mendonça, compondo novas melodias com Tom Jobim; Nara Leão e Dolores Duran, com quem convivi pouco, porque morreu muito cedo... Essa enorme convergência de artistas acontecia no Bottle's e, às vezes, em outras boates de Copacabana.

Lá, conheci também Antônio Maria e Sérgio Porto, que era uma dessas figuras inesquecíveis. Em São Paulo, não me livrava dele, porque eu era muito amigo do seu irmão, Flávio Porto. Sérgio escreveu vários livros, um dos quais é a famosa reunião de crônicas *Febeapá – Festival de Besteiras que Assola o País*. Tudo isso acontecendo junto com a bossa nova. O Brasil estava sofrendo uma transformação, atravessava uma mudança incrível.

Mas, enquanto a bossa nova ia crescendo, muita gente fazia bico. Lamartine Babo não gostava do gênero e defendia o samba: "Essa molecada que fica inventando história aí... O negócio é samba. É samba! Não tem nada de bossa nova". O Lamartine se esquecia de que "bossa" já era uma palavra criada por Noel Rosa, que cantava: "O samba, a prontidão e outras bossas/ São nossas coisas, são coisas nossas...". Vai saber o que era bossa... Noel é que podia explicar.

Quando Newton Mendonça escreveu na música: "Isso é bossa nova, isso é muito natural...", de repente alguém usou isso, não como designação de um movimento, mas para definir o tipo de música: é a música que fala da bossa nova. Por quê? Porque aquela música, "Desafinado", já era uma coisa diferente. Era uma bossa – nova. Não eram essas bossas do Noel, era uma bossa nova. Daí o batismo de um movimento como bossa nova. Mas não era um movimento, era um tipo de música que se tocava. A definição mesmo seria essa.

Estamos chegando a 1959. Surge um show aqui, outro ali. João Gilberto começa a fazer sucesso; é gravada a "Sinfonia do Rio de Janeiro", depois a "Sinfonia Paulistana", por Billy Blanco e Tom Jobim. A juventude toda adere ao novo estilo musical. Como disse, o Brasil está mudando! A cabeça das pessoas começa a mudar. É verdade que tínhamos poetas maravilhosos, como Orestes Barbosa, Lamartine Babo, Ary Barroso – que tinha umas coisas do tipo "mulato inzoneiro" –, Braguinha e o próprio Noel Rosa. Mas a poesia do Vinicius muda a poesia das canções; é outro tipo de poesia, que abre outras portas. Não era só "o amor, o sorriso e a flor"; era a forma de dizer isso. E o Vinicius, como pessoa, era adorável.

De repente, entre essas idas e vindas ao Rio de Janeiro, Bôscoli me confidenciou: "Nós vamos fazer um programa de televisão". Ele já havia rompido com Nara e estava namorando Maysa, minha amiga de cama e mesa. Eu a adorava. Ficava na casa dela, uma cobertura com vista para a rua Teodoro Baima, de um lado, e para a Rego Freitas, do outro. Embaixo, estavam o Bar Redondo e o Teatro de Arena. A gente ficava ali, tocando violão até 1h, 2h da manhã, quando ela dizia: "Zamma, tô com uma fome!...". Aí, a gente atravessava a pé a praça Roosevelt e ia para a Baiuca. Geralmente os dois sem dinheiro, porque na Baiuca sempre encontrávamos alguém que pagava o nosso jantar. Era uma coisa incrível. Bebida, nem se fala! Era só entrar e alguém dizia: "Ô! Toma uma aqui comigo". A gente conhecia São Paulo inteira – que, diga-se de passagem, era bem menor. E, como aparecíamos na televisão, éramos fotografados e nossos nomes saíam no jornal, quando saíamos pela noite, não só para a Baiuca, mas de uma forma geral. Era uma beleza! A gente andava sem dinheiro pela cidade e bebia a noite inteira, até cair. Quando eu estava no Rio de Janeiro, onde fazia um programa na TV Tupi das 20h30 às 21h, e a Maysa na sequência, acontecia a mesma coisa.

Em São Paulo, a essa altura, as rádios já estavam tocando muita bossa nova: João Gilberto, Dolores Duran, Carlinhos Lyra e Sérgio Ricardo; Alaíde Costa já havia gravado alguma coisa. Nessa época, o gênero estava crescendo muito, em audiência e em gosto popular. São Paulo foi, sem dúvida, a grande alavanca para a bossa nova. No Rio, a rapaziada era tida apenas como uma turminha diferente, apesar de todas as reuniões musicais que fazíamos por lá. Íamos à casa da Nara – a família dela nos recebia muito bem –, ficávamos ali, tocando e compondo. O Benê Nunes nos recebia à noite. As reuniões na casa dele eram uma maravilha. Na época, ele era um dos poucos brasileiros que faziam muitos shows fora daqui. E sempre voltava com uma ou duas caixas de uísque. Aí reunia a turma... Iam o Tom com a Tereza, o Vinicius, o Oscar Castro Neves, eu, o Sérgio Ricardo e o Bôscoli, claro! O Menescal não ia muito. Ele não era muito chegado à vida noturna, à boemia.

Foi na casa de Benê que Vinicius falou que São Paulo era o túmulo do samba. Mostrei-lhe uma música que eu tinha composto com o Roberto Freire, e ele falou:

— Essa música é muito séria!

— Esta música é um silogismo; vai do particular para o universal, e para o particular outra vez! — respondi, brincando.

— É, mas isso não é samba!

— Claro que é samba!

— Ah! São Paulo é o túmulo do samba!

— Você é um poeta que só sabe falar de amor, sorriso e flor! Que papo é esse?! — e aí começamos uma discussão que foi até as 4h da manhã.

Tom foi embora. Ficamos eu, Vinicius, Ronaldo e Oscar. Benê tomou todas e apagou. Ele tinha uma caixa de uísque embaixo da mesa da sala – nunca vou esquecer. Por fim, ainda em meio à discussão sobre música do Rio, música de São Paulo, bossa nova... lá fomos nós! O Vinicius quis dirigir. O carro era do Oscar, que tentou impedi-lo, mas não conseguiu. Quando chegamos ao Posto 2, eu disse:

— Vou ficar aqui, que vou dar uma dormida!

E o Vinicius respondeu:

— Não, Caetaninho, nós não vamos dormir brigados, não!

— Não estamos brigados, estávamos discutindo!

— Vamos aqui, tem um boteco aqui.

Entramos. Eram quase 6h da manhã, e o português cumprimentou:

— Bom dia!

— Tem cerveja aí?

Pode ser difícil de acreditar, mas ficamos tomando cerveja até as 11h da manhã. E, obviamente, fizemos as pazes. Tinha linguicinha, torresminho... com o Vinicius, era sempre uma festa.

Nessa época, a bossa nova começa a crescer também no Rio. Ronaldo Bôscoli era quem mais promovia reuniões e espetáculos. Um dia, fizemos um show no Iate Clube do Rio de Janeiro. Toda a alta sociedade estava lá. Tocou o conjunto de Oscar, Nara cantou, eu toquei e cantei. Vinicius ia declamar alguns poemas, enquanto eu, ao violão, faria um fundo musical para ele. Eu já havia feito algo assim com Os Jograis de São Paulo, para poesias de Fernando Pessoa. Vinicius começou a declamar e ficou aquele barulho de copos, de conversas, ou seja, som de bar. E eu fazendo o fundo com o violão, só acordes, sem melodia definida, para não tirar a atenção do poema. Até que Vinicius disse baixinho, mas no microfone:

— Caetaninho, vamos parar; eu não sabia que eles iam jantar, nós estamos atrapalhando o jantar deles. Nós estamos falando e eles querendo comer. Vamos lá fora, a gente toma um uisquinho! — E desceu do palco.

Pegou gelo, uma garrafa de uísque, sentamos num banco do jardim e enchemos os copos. Mas, como o Vinicius era cônsul e, afinal de contas, o cônsul tinha ido embora no meio da festa, apareceu um diretor do clube para saber o que havia ocorrido, a quem Vinicius disse:

— Fiquem à vontade, façam seu jantar. Daqui a pouco o Ronaldo vem para cá.

Ronaldo foi, de fato, ao Iate Clube, pois queria saber se receberíamos ou não a grana, uma vez que o show tinha parado no meio:

— Como é que fica o cachê dos caras?

— Não se preocupe... — respondeu o diretor tesoureiro, e deu o dinheiro para o Ronaldo.

Foi um evento fora do normal. Óbvio que Vinicius não voltou para terminar o show, e que nós fomos embora com a grana no bolso. Era o começo da bossa nova, e a recepção a ela ainda era estranha, apesar da participação de Vinicius de Moraes.

Em maio de 1960, Ronaldo inventou de criar o primeiro show da bossa nova: *A noite do amor, do sorriso e da flor*, e convidou todo mundo que realmente participava daquele movimento de renovação musical. Tinha ocorrido uma cisão no grupo. De um lado, ficou a turma de Oscar Castro Neves, Carlos Lyra, Normando e Luverci Fiorini, que sumiu. Do lado de cá, ficamos eu, Ronaldo, Menescal, Silvinha Telles e Nara Leão. O João Gilberto permanecia sempre em cima do muro, mas tocava com a gente, e a esse show ele foi! *A noite do amor, do sorriso e da flor* teve a adesão dos artistas que estavam realmente comprometidos com a bossa nova. Participaram o Trio Iraquitã, Silvinha Telles, Nara, Odete Lara, que estava querendo se lançar como cantora, eu, Sérgio Ricardo, que conheci naquela noite, e João Gilberto, que apresentou Astrud: "Essa é a minha mulher. Uma cantora. Astrud". Em sua primeira vez no palco, ela cantou "Se todos fossem iguais a você", e foi muito bem. Um sucesso! A apresentação foi uma maravilha, embora os dois fôssemos muito tímidos. Cantei "O menino e a rosa" e levei uma grande vaia, pois a letra, de Roberto Freire, era um pouco avançada demais. Ronaldo comentou o fiasco: "Um dia vocês vão aprender a ouvir e deixar de vaias". Em seguida, cantei "Oceano Guiomar", e Sérgio Ricardo interpretou a música de Zelão – o que foi engraçado, pois em "Oceano Guiomar" o herói também se chama Zelão. Foi muita coincidência! Esse show chamou a atenção para a bossa nova. Seis meses depois, fizemos o show da bossa nova no Mackenzie, em São Paulo, com a participação de Maysa e de Baden Powell, que também foi um sucesso.

Nessa época, foi fundado o João Sebastião Bar, do jornalista e gastrônomo Paulo Cotrim, onde só se apresentava gente boa. Entre outros, o Zimbo Trio, que estava começando, Paulinho Nogueira, Sérgio Augusto, Claudete Soares, Pedrinho Mattar e eu, modestamente. Durante o tempo que durou, quase dez anos, foi um centro cultural musical de São Paulo. Só quem conheceu sabe o que foi. Lá só serviam macarrão, bife e picadinho – não adiantava pedir mais nada. E muita bebida! O Paulo Cotrim sempre foi um *gourmet*, um homem muito fino, que sabia como atender e como servir.

Em 2 de agosto de 1962, no Rio de Janeiro, no Au Bon Gourmet, em Copacabana, houve o show com Vinicius, Tom Jobim, João Gilberto e Os Cariocas. Um estouro! Esse foi outro grande lançamento da bossa nova, que apresentou ao mundo "Garota de Ipanema", entre outros clássicos do gênero. Também nessa época Vinicius escreveu *Orfeu da Conceição*, de onde vieram as músicas lindas "Se todos fossem iguais a você" e "Manhã de Carnaval", de Luiz Bonfá.

Luiz Bonfá participava muito dos nossos movimentos, mas morava nos Estados Unidos. Quando vinha ao Brasil, tocava conosco. Tocou no show *Manhã de Carnaval* e no Carnegie Hall.

Na época do Canal 9 (TV Excelsior), década de 1960, a gente sempre se reunia na casa de alguém. Aos poucos, porém, fomos notando que essas reuniões eram realizadas em casas suntuosas, maravilhosas, e que os donos dessas residências convidavam os amigos para nos ouvir tocar de graça. A gente ia lá para jantar, e havia bebida. Naquele tempo isso não era tão caro; comprava-se uma caixa de uísque numa boa. Mas, como dizia, começamos a nos dar conta de que esses convites eram feitos não porque nossos anfitriões queriam ver os artistas, conversar, trocar ideias, divulgar a nossa música, mas sim para ter um show de graça. Até que, certa noite, estávamos na casa de alguém – não me lembro de quem –, e um sujeito pedia: "Toca alguma coisa pra mim…" Aí Manoel Carlos, o Maneco, voltou-se para esse sujeito, que estava no meio da sala, e perguntou:

— Qual é o seu nome? O que o senhor faz?

— Sou advogado.

— Atenção! O senhor Fulano de Tal vai advogar um pouco, aqui, para a gente ver como é que é... — Aí todos perceberam que a gente estava de saco cheio.

Nesse dia, tomei uma decisão e disse ao Maneco:

— Vou falar com os meus pais.

Falei para o meu pai que ia começar a vir um pessoal em casa. Meu pai tinha uma educação siciliana: achava que artista era tudo vagabundo. Fazia sempre aquela pergunta:

— Além de tocar violão, o que você vai ser quando crescer?

No começo, ele não gostou muito da ideia, e minha mãe, por sua vez, advertia, reticente:

— Tem sua irmã... Com esse pessoal, aqui em casa...

Mas eles adoraram. Na segunda reunião, acharam ruim que não tinha comparecido não sei quem. Então, o pessoal vinha do Rio e, depois dos programas, ia para a minha casa, na alameda Joaquim Eugênio de Lima, 133. Não importava se o programa era na Excelsior, na Record ou na Tupi. Todo mundo sabia que na casa do Zamma tinha gente. Ou na casa do João Evangelista Leão, que foi um amigo muito querido, padrinho do meu filho. E lá vinham eles!

Essa era a turma de São Paulo, onde tudo acontecia. E com uma vantagem: cantava quem queria. Quem não queria ficava sentado num canto, bebendo e namorando, conversando, fazendo o que bem entendesse. Ninguém pedia: "Ô! Toca aí pra eu ouvir não sei o quê!".

Minha casa ficou famosa por esses encontros. Tanto que a revista *Manchete*, ao publicar uma edição especial sobre a bossa nova, em quatro volumes acompanhados de CDs, deu como título de uma das reportagens de Walter Silva: "Na casa do Zammataro acontecia a bossa nova". Foi numa dessas reuniões que João Gilberto disse:

– Olha, eu queria mostrar uma música pra vocês que o Tom me deu na semana passada... – e cantou "Insensatez" pela primeira vez.

Ficou todo mundo abismado. Eu mais ainda, porque a harmonia que o Tom havia feito era muito parecida com a de "Maria dos olhos grandes", uma canção minha, com letra de Carlos de Queiroz Telles, interpretada por Sérgio Ricardo.

João Leão também promovia reuniões maravilhosas. Ele tinha um sítio e, na época de São João, Mário, pai dele, organizava uma festa de tirar o fôlego. Ia todo mundo lá para o sítio, para tomar quentão. Isso é o que acontecia em São Paulo. E assim o movimento crescia.

Na verdade, estava começando a pegar fogo! Em São Paulo, havia a TV Excelsior, a que mais nos apoiava, especialmente com um programa chamado

Brasil 60, uma revista musical que foi a semente e a ideia do *Fantástico* de hoje. Juntamente com Alaíde Costa, Roberto Freire e Agostinho dos Santos, tive a honra de fazer o primeiro número do primeiro programa. Foi um evento incrível! Nós mudamos o jeito de fazer televisão. Depois, cheguei a participar várias vezes do programa. Quem o apresentava era Bibi Ferreira; Manoel Carlos era o diretor artístico, Álvaro Moya era o diretor geral da emissora e Cyro Del Nero, o cenógrafo.

Nós criamos o *Teatro Cacilda Becker*, que ia ao ar às quartas-feiras, e o *Teatro Nove*, exibido às segundas-feiras. Participei desses projetos como ator e autor, criando a trilha musical para as peças apresentadas. Os diretores eram os melhores de São Paulo: Flávio Rangel, Ademar Guerra... e tínhamos todos os elencos disponíveis. Havia somente o *Grande Teatro Tupi* e o *Teatro Nove*. Era teatro na televisão, ou seja, peças de teatro escritas especialmente para a televisão – coisa que está faltando, atualmente. Foi nesse contexto que a canção "Oceano Guiomar" se transformou num espetáculo de televisão, também chamado *Oceano Guiomar*, escrito por Roberto Freire e por Gianfrancesco Guarnieri. Trabalhamos juntos, e a direção ficou a cargo do Flávio Rangel. Foi tão bonito! Mas, como na época não havia tecnologia de vídeo, só de filme, não foi possível gravar. Sérgio Brito nos convidou para apresentar a mesma peça na TV Tupi do Rio de Janeiro, com outro elenco, e também foi um sucesso. Isso tudo ocorria em função da bossa nova.

Em 1962, recebemos um convite para dar um show nos Estados Unidos. Foi um susto geral! Um dos nossos tinha levado para Sidney Frey, o dono da Audio Fidelity Records, um disco de João Gilberto – *Desafinado*, creio. Frey se apaixonou por ele e veio ao Brasil para conhecer quem fazia essa música. Conheceu João Gilberto, Tom Jobim e Oscar Castro Neves – que ficou como uma espécie de cicerone de Frey no Rio de Janeiro – e resolveu fazer um show nos Estados Unidos, por acreditar que o público americano entenderia aquela música. Então, foi ao Consulado Brasileiro em Nova York, e a consulesa, dona Dora Vasconcelos, considerou a ideia fantástica. David Drew Zingg, que trabalhava na revista norte-americana *Show*, e Robert Wool, editor da revista, foram igualmente responsáveis por vender essa ideia incrível para a dona Dora. Esse núcleo de pessoas de grande visão artística e mercantil colaborou na viabilização do projeto e também dividiu funções e custos. Coube a Frey arcar com o aluguel do lendário templo da música: o Carnegie Hall! Essa turma logo se responsabilizou por nos enviar passagens e pagar nossas estadias em Nova York: quinze dias no Paramount Hotel, na rua 46, que hoje é a rua do Brasil na cidade. Em 1962 ela já começava a ganhar esse *status*, pois havia ali dois hotéis ocupados praticamente só por brasileiros, além de já existirem várias lojas brasileiras. A brasileirada despencava nessas lojas para comprar equipamentos porque lá se falava português, o que facilitava muito as coisas.

Algum tempo depois, Walter Silva me telefonou e disse: "Olha, chegaram as passagens para a gente ir para Nova York!" Mas, quando ligamos para o Rio, já não havia mais passagens. A cariocada caiu matando em cima. Até *crooner* de boate conseguira passagem. Só sei que eu, Agostinho dos Santos (o cantor de *Orfeu negro*, que havia ganhado a Palma de Ouro e o prêmio de melhor cantor, cuja voz todo mundo conhecia) e Ana Lúcia (uma das poucas mulheres de São Paulo que participava do movimento da bossa nova) ficamos sem passagem. Pois é, os paulistas estavam fora!

Diante disso, Walter, que tinha um programa de muita audiência na Rádio Bandeirantes, chamado O *pick-up do Pica-pau*, comentou no ar que era uma vergonha não ir ninguém do grupo de São Paulo, uma vez que, se no Rio havia reuniões na casa da Nara etc., também eram realizadas reuniões na casa do Zamma, em São Paulo. No mesmo momento, Reinaldo Di Giorgio, dos violões Di Giorgio, ligou para a Bandeirantes dizendo que ele "pagaria a passagem do Caetano Zamma e lhe daria dois violões para o concerto". A Bandeirantes pagou a passagem de Walter Silva, para fazer a cobertura. Scatena, dono da RGE, disse que pagaria a passagem do Agostinho dos Santos, que era cantor exclusivo da gravadora. E, por fim, Edmundo Monteiro decidiu: "Então minha artista também vai!", e a Tupi pagou a passagem de Ana Lúcia. E lá fomos nós!

Chegou o dia do embarque. O voo era noturno, oito e meia da noite no Galeão. Saímos de São Paulo para ir ao Rio. Uma turminha já tinha seguido viagem. Oscar e Carlinhos Lyra já estavam lá. Mas Tom Jobim tinha um problema com avião. Quando ele fazia um programa em São Paulo, na TV Paulista, que era a antiga TV Globo, canal 5, eu era o encarregado de buscá-lo no Rio, pois ele sempre dizia: "O avião está sujo", "O avião está limpo", "Deste avião eu não gosto"... Ao saber que o voo era às 8h30 da noite, declarou sumariamente:

— À noite eu não vou, não!
— Vamos embora! Vai todo mundo, só você não vai?
— Eu vou, mas amanhã.
— O show é daqui a três dias...

Ninguém acreditou que ele iria.

Os demais embarcaram. Sentei-me ao lado de João Gilberto, e Walter um pouco mais para trás. Era um avião daqueles que tinham uma cadeira de frente para a outra. E adivinha quem estava sentado diante de nós? Charles Aznavour. Ele havia comprado um cavaquinho, e cismou que tinha que tocá-lo. Mas ele não sabia nada do instrumento! Ficava beliscando duas ou três cordas. Eu já conhecia o João, mas imaginem esse som no ouvido do João Gilberto... Ele se virou para mim e disse baixinho:

— Caítas, eu vou matar esse francês!

— Não, João, quando chegar a Nova York nós o matamos, porque eu também não aguento mais esse *plim-plim* dele!

Até que uma hora levantei, botei as mãos nas cordas, que ele ainda estava tocando, ou mexendo, e falei em francês:

– Por favor, para!

Ele me olhou e deu uma risada, como quem diz: "Você tem razão, eu não toco nada disso aqui".

E lá fomos nós, apaziguados.

A viagem era comprida, naquela época. Chegamos a Nova York no outro dia, à tarde, e o Bonfá disse:

– Vou abrir o violão para ver se está tudo bem.

Respondi no mesmo instante:

– Não vai abrir o violão aqui, porque isso aqui não é pressurizado e lá fora está um frio do cão, tem neve. Vai rachar o violão!

Era novembro. Tinha nevado na véspera, havia 20 centímetros de neve no chão. Ele não quis me ouvir, abriu o estojo e o violão rachou.

– Porra!

– Falei que ia rachar! Eu tenho dois violões; empresto um para você tocar no dia.

– É mesmo?!

– É!

Fomos para o hotel, e cada um começou a se arrumar num quarto. O lugar estava uma zorra, todo mundo bebia todas, como de praxe. Na realidade, ninguém sabia direito o que ia acontecer. O que a gente sabia é que ia ter um show no Carnegie Hall. E isso, para nós, já era um negócio incrível. Era um grupo de rapazes e moças que havia começado um movimento musical. Só isso! E que de repente estava no Carnegie Hall. Nós estávamos.

Fui dar uma volta no quarteirão com a Ana Lúcia. Estávamos a meio quarteirão da Times Square e fazia um frio danado, um frio para brasileiro nenhum aguentar. Nunca tínhamos enfrentado uma temperatura de 4°C ou 5°C, com neve no pé. E, como sapato brasileiro não é feito para andar na neve, então o frio era dobrado. Demos uma volta, entramos num boteco, tomamos algumas. Por sermos brasileiros, eu acho, ofereceram dois ou três drinques de graça! E fomos embora para o hotel. À noite, todo mundo se reuniu no quarto do Walter Silva. Tocamos, cantamos, bebemos e depois fomos dormir.

No dia seguinte à tarde, fomos para o teatro. O produtor de Sidney Frey era Shapiro. Ele não entendia nem falava uma palavra de português, e nós não falávamos inglês. Aí ficou tudo empatado. Os que entendiam inglês eram Oscar e Iko Castro Neves; o Tom entendia e falava um pouco... e só. Shapiro falava, sentado na beira do palco, e nós ouvíamos, sentados na plateia. Mas ninguém entendia nada! Ficava um grupo em volta de Iko, um grupo em volta de Oscar e outro em volta de Tom, para eles traduzirem. Quando Shapiro perguntou quem cantaria o quê, onde e como, foi uma tragédia. Todos cantavam de banquinho e violão! Ele disse que tinha que ser uma coisa diferente. Mas não tinha. Nós cantávamos de banquinho e violão. Ele achava que os cantores entrariam dançando de um lado...

— Mas vocês cantam sozinhos?
— Sim, eu e o violão!

Esse era outro problema. Um bando de desconhecidos, só com violão, ia ser complicado... De repente, até o *crooner* do Bon Gourmet, que estava lá, se manifestou:

— Eu vou cantar "Só danço samba"!
— Eu também! — disse um outro.
— Espera aí, quem vai cantar essa música sou eu; essa música é minha! — disse o Lyra.

No fim, quatro cantaram "Só danço samba"... e não houve meio de fazê-los cantar outra música. Dessa parte, realmente, quem falou mal falou bem! Porque não tinha nada a ver, a gente falava títulos de músicas que o Shapiro nunca tinha ouvido na vida. A única coisa que ele fez foi verificar a ordem de entrada, e tchau e bênção... Ainda participaram Bob Brockmeier no trombone e, lá de Nova York, Carmen Costa e Zé Paulo, que trabalhava com ela tocando violão.

Alugaram um estúdio, que ficava na rua 72 – acho que era o estúdio da RCA –, para a gente ensaiar. Lá já existia isso. Aqui, ainda não! Ensaiei com Oscar Castro Neves, porque o trio que deveria ter ido comigo não foi: Pirituba, Azeitona e o maestro Erlon Chaves. Azeitona é o mesmo que tocou com Toquinho, anos mais tarde, e Pirituba é o baterista que tocou comigo na RGE.

Oscar ensaiou e foi maravilhoso, é o que está no disco. Ele acompanhou vários de nós, pois todo mundo estava sozinho, sem acompanhamento, e o show seria uma chatice para quem nunca tinha ouvido nossas composições. Naquela noite, ensaiamos e tomamos todas.

No dia do show, fazia um frio que Deus mandava. Fomos para o teatro entre 5h30 e 6h da tarde.

Quando chegou a hora do show, fui olhar da coxia, pelas cortinas: o teatro estava lotado; tinha gente pendurada no lustre, nos corredores... Pensei: "Meu Deus!" Devia ter umas 4 mil pessoas. Chamei João Gilberto e, quando ele viu, falou:

— Rapaz! E agora?

— Agora vamos lá tocar, fazer o quê? Na hora, o violão vira cavaquinho.

Só quem já tocou no Carnegie Hall lotado conhece a emoção de se apresentar lá! O show transcorreu dentro de uma quase total harmonia – apenas com algumas falhas, como o apresentador chamar e o músico não ouvir. Isso aconteceu comigo e com outros que ficavam lá na coxia, pois não havia contrarregra para avisar de quem era a vez; quando o apresentador anunciava um de nós, o fazia em inglês, e ninguém entendia. O apresentador, Leonard Feather, fazia uma minibiografia do músico, contava de onde era, o que havia composto, informava o nome do artista, e então a pessoa entrava no palco e tocava. Antes de entrarmos, João Gilberto ordenou:

— Não toquem enquanto não calarem a boca!

— E aí?

— E aí não toca!

Pensei: "Ele tem razão". Quando fui anunciado, entrei e fiquei sentado, olhando o público. Há uma foto engraçada desse momento: parece até que estou esperando alguém falar comigo. Quando a plateia silenciou, cantei. Então se apresentaram todos: João Gilberto, Agostinho dos Santos etc.

Depois do show, fomos conhecer o Blue Note, por onde passavam todos os artistas de jazz – que tocavam quando queriam, e se queriam. Pedimos uísque, e o Bob, que estava na nossa mesa, disse que ia tocar também. O Oscar estava conosco, mas não quis se exibir, dizendo que lá só havia feras. Quanto a mim, nem me atrevi a olhar para o violão. Foi uma noite gostosa, com muita música boa, muito improviso. Vários dos que tocaram eram bastante conhecidos ali, mas nunca tínhamos ouvido falar deles no Brasil.

Teve gente que viajou conosco só para passear. Normando, por exemplo, precisava comprar traje para pesca submarina; disse no Itamaraty que era compositor e ganhou a passagem. Não me pergunte o que ele tocou; nem ele sabe. Depois do show, alguns de nós ainda ficaram no hotel; entre eles, Walter Silva, que fez a cobertura de tudo, dentro e fora do palco – inclusive no hotel, onde aconteciam coisas inacreditáveis! Ele foi o único repórter brasileiro a participar desse evento e a documentá-lo. O registro em áudio foi feito pela gravadora de Sidney Frey, a Audio Fidelity[1].

Daí em diante, a bossa nova começou a crescer. Fizemos um show no Village Gate, uma boate em Nova York, e um grupo fez um show em San Francisco, para onde foi Sergio Mendes, e lá ficou. Tom Jobim, talvez junto com Agostinho e João Gilberto, fez um show na Casa Branca, a convite

---

[1] Vários artistas, *Bossa Nova at Carnegie Hall*, Nova York, Audio Fidelity, 1962.

de Sidney Frey, para a família Kennedy.[2] Infelizmente, não temos nenhum registro fotográfico de tudo isso. Mas o fato é que a bossa começou a crescer nos Estados Unidos. E tocar nos Estados Unidos é tocar para o mundo! Assim, logo passou a ser ouvida na França, na Alemanha, na Itália, na Noruega, no Japão... Um estouro! Virou uma coqueluche. Até hoje há inúmeros músicos japoneses que só tocam bossa nova. Quando Roberto Corte Real era diretor da Columbia Records — éramos amigos, nos víamos com frequência —, muitas vezes me ligava para dizer:

— Você não acredita de onde eu recebi um disco.

— De onde?

Da Finlândia, da Dinamarca... O mundo descobriu, simultaneamente, o Brasil e a bossa nova. Descobriu nossos músicos. Descobriu que temos mais coisas para mostrar e contar além de uma penca de abacaxis pendurados no chapéu da Carmen Miranda. É verdade que Carmen Miranda fez uma divulgação fascinante do Brasil — mas que chega, apenas, aos pés do que aconteceu com a bossa nova. A bossa nova passou a fazer parte da vida do mundo. Pessoas, filmes, peças de teatro, cantores, músicos, compositores...

Além disso, a bossa nova fez para o músico brasileiro um grande favor — ou melhor, cumpriu uma obrigação que tinha em relação à maravilhosa classe dos cantores, músicos e compositores: tirou a todos do fosso da orquestra e os colocou no palco. Assim, o músico deixou de entrar pela porta de serviço, deixou de ficar no quarto dos empregados. O músico foi reconhecido como artista.

Certo dia, por exemplo, fui apresentado a um grupo de pessoas:

— Você é músico! Cantou no Carnegie Hall, no show da bossa nova!

No primeiro momento, achei que estavam zombando de mim — mas, na realidade, aquelas pessoas estavam espantadas por conhecer alguém que havia cantado no Carnegie Hall.

Com o advento da bossa nova, cantores e músicos passaram a ser vistos de outra forma. Até meus pais, que tinham sido educados numa tradição para a qual músicos, atores e cantores eram vagabundos, pois "não trabalhavam", mudaram de perspectiva... Graças à bossa nova, no Brasil e, mais ainda, no mundo, o músico brasileiro passou a ser encarado como profissional de altíssimo nível. O respeito que se tem hoje por João Gilberto, por Tom Jobim, é algo fora do comum. Isso sem falar nos poetas que apareceram graças à bossa nova, depois de Vinicius de Moraes. Ele abriu a porta, e a enxurrada veio atrás. Chico Buarque — que fez versos para a música de

---

[2] Antes disso, Tom Jobim, João Gilberto, Carlos Lyra, Roberto Menescal, Sergio Mendes, Sergio Ricardo e o próprio Caetano Zamma se apresentaram no George Washington Auditorium, na capital norte-americana. Cf. Ruy Castro, *Chega de saudade: a história e as histórias da bossa nova*, São Paulo: Companhia das Letras, 2016.

Tom –, Geraldo Vandré, Caetano Veloso, Gilberto Gil... Todos concorrem, em talento, com gente como Orestes Barbosa, Sílvio Caldas e Lamartine Babo, que são compositores poetas. Hoje, temos poetas compositores. E os músicos são de uma grandeza sem fim. Tudo isso, graças à bossa nova!

Da bossa nova, por fim, se originaram os nossos festivais da canção, que revelaram Jair Rodrigues, Elis Regina e muitos outros. Enquanto isso, na TV Bandeirantes, sob o mesmo impulso cultural, surgiram Os Mutantes, Tim Maia, Ricardo Teixeira e Cassiano – todos da mesma geração. Isso mostra que, além de tudo, a bossa nova foi um elemento fomentador de talentos musicais.

Música instrumental

NELSON AYRES

É curioso como algumas coisas nos passam despercebidas até o momento em que se tem que pensar seriamente a respeito. Só agora me dou conta de que o rótulo "música instrumental" é bastante recente, e que deve ter aparecido lá pelo fim da década de 1970. Até então, a convivência entre música com e sem letra era muito natural, uma complementaridade quase óbvia. Desde o início da era do rádio até os celebrados programas musicais da antiga TV Record, era natural que números de música instrumental permeassem as participações dos cantores em shows, rádio e TV.

Mas essa democracia artística nasceu com seus dias contados. O fenômeno The Beatles, na segunda metade da década de 1960, mostrou às grandes multinacionais do disco os poderes do *marketing* aplicado em larga escala e a importância fundamental da mídia eletrônica. E a mídia eletrônica se deu conta de que a música deveria ser tratada não como matéria-prima cultural, mas como produto a ser comercializado, como qualquer outro. Oficializou-se o tão tradicional e execrado "jabá", criando-se o sistema que prevalece até hoje na maioria das emissoras: quem quiser que uma música seja executada no rádio ou que seu artista apareça na TV paga. Para a produção em grande escala da indústria fonográfica, deixou de ser vantajoso produzir ou divulgar qualquer música que não tivesse um imediato apelo popular, traduzível em centenas de milhares de discos vendidos. E nada menos popular do que música sem cantor.

Por sorte, a musicalidade intrínseca do povo brasileiro e a própria qualidade de nossa música popular permitiram que, nas últimas décadas, toda uma geração de grandes compositores convivesse com as exigências da música de mercado, estabelecendo um padrão de excelência a ser seguido, apesar de seus estilos tão distintos: Chico Buarque, Edu Lobo, Gilberto Gil, Milton Nascimento, Djavan e dezenas de outros, sempre contando com uma ou outra preciosa contribuição do mais lúcido pensador de nossa música, Tom Jobim. Para designar essa linha de composição popular, mas não popularesca, foi cunhada a sigla MPB. E, quase como subgrupo da MPB, surgiu o rótulo "música instrumental".

A similaridade de origem entre a música brasileira e a norte-americana é óbvia: o cruzamento da sofisticada tradição europeia com a energia visceral da cultura africana, adicionando fartas pitadas de temperos diversos ao longo da história. Só que a música instrumental norte-americana, além de ter a seu dispor todo o poderio do maior mercado mundial, já ganhou desde a infância um nome, uma marca valiosíssima em termos de *marketing*: a palavra "jazz". Já os músicos brasileiros não foram tão sortudos, ou tão espertos, e têm que se contentar com o rótulo vago e pouco atraente que é o tal "música instrumental".

A qualidade da música brasileira lhe dá um prestígio mundial que o Brasil ainda não consegue reconhecer plenamente. É, de longe, o aspecto cultural que mais colabora para criar uma imagem positiva do país – e poderia ser um de nossos principais produtos de exportação, se levado um pouco mais a sério.

Nossa "música instrumental" espelha essa riqueza, englobando uma enorme gama de estilos e ritmos – é uma salada de choro, samba, frevo, xote e guarânia, que para nós é muito natural, mas deixa estupefatos os músicos estrangeiros. É de uma variedade de expressão infinitamente maior que a do jazz, que sempre seguiu uma linha bem definida de desenvolvimento estilístico. Mas isso também tem seu lado negativo, que é a dificuldade que a música brasileira instrumental sempre teve em achar seu lugar específico nas prateleiras das lojas de música.

É difícil traçar os caminhos da música instrumental popular antes da existência do disco. Existia bastante música impressa, é claro, mas ela consistia basicamente em partituras produzidas especialmente para que senhorinhas casadoiras não muito talentosas brilhassem em saraus familiares. Isso não impediu que houvesse uma riquíssima música para piano, composta no final do século XIX e princípios do século XX, por compositores mais de formação clássica, como Chiquinha Gonzaga (1847-1935), Ernesto Nazareth (1863-1934) e Zequinha de Abreu (1880-1935), cuja produção nada fica a dever a seus contemporâneos norte-americanos criadores do ragtime. Além dos *pianeiros*, alguns outros músicos excepcionais deixaram sua marca, como o compositor e mestre de banda Anacleto de Medeiros (1866-1907) e os flautistas Joaquim Antonio da Silva Calado, o Pai dos Chorões (1848-80), e Patápio Silva (1880-1907).

Mas quase não há registros sobre a gestação das duas principais modalidades de música instrumental do início do século XX: os grupos de choro e as bandas de frevo.

Assim como as bandas de rua de New Orleans foram a origem das primeiras bandas de dixieland, o frevo também nasceu das marchas tocadas pelas bandas marciais de Pernambuco. Consta que o pai da criança teria sido o capitão Zuzinha, José Lourenço da Silva, maestro da banda da brigada militar de Pernambuco. Junto com o fraseado sincopado dos sopros e as improvisações da percussão, desenvolveu-se uma coreografia toda própria a partir dos movimentos dos capoeiristas que, nos primeiros tempos, tinham a missão de abrir passagem à frente das bandas. Assim como em New Orleans, era comum as bandas se cruzarem nas ruas, o que resultava em memoráveis duelos musicais que não raro descambavam em não menos memoráveis cenas de pancadaria. Alguns anos atrás fui parar na final de um concurso de Miss Pernambuco, em um ginásio esportivo do Recife, onde cada cidade trouxe sua *miss*, sua torcida e sua banda de frevo – cada uma tocando o melhor de seu repertório com uma energia digna de qualquer banda heavy metal. Inesquecível!

O choro parece ter nascido ao redor de 1880, em reuniões de músicos amadores na Cidade Nova ou nos bairros de subúrbio do Rio de Janeiro. A base dos conjuntos era o chamado "terno", com a flauta tocando a melodia, o cavaquinho fazendo a harmonia e o violão, a *baixaria*. Como era uma música totalmente improvisada, esses papéis constantemente se invertiam, e sempre havia lugar para outros instrumentos, como bandolim, trompete, trombone, oficleide, bombardino e clarinete. E era inevitável que esse tipo de formação instrumental se mesclasse à música cantada pelos descendentes de escravos e a seus instrumentos de percussão, criando as feições definitivas do samba.

Vocês alguma vez se deram conta de que, poucas décadas atrás, antes da invenção do fonógrafo e do rádio, só existia música ao vivo? Fazer ou ouvir música era um momento muito especial, que acontecia principalmente na casa das pessoas, além de em algumas poucas casas noturnas e teatros de variedades. A profissão de músico quase não existia – a grande maioria tinha outra profissão principal, e era visto com suspeita quem levasse a música muito a sério. Essa realidade mudou quase abruptamente a partir de uma invenção que viria a alterar significativamente o modo de vida de toda a humanidade.

Depois de algumas tentativas experimentais, uma conferência do professor Roquete Pinto inaugurou, às 8h30 da noite de 1º de maio de 1923, a Rádio Sociedade do Rio de Janeiro, a primeira emissora de rádio brasileira a manter uma programação constante. E a música brasileira passou quase que de repente da partitura vendida de mão em mão para a fabulosa era do rádio.

Nos seus primeiros anos, as emissoras tocavam principalmente música clássica, o único tipo de música aceita sem restrições pelas famílias mais abastadas, aquelas que tinham condições de ter em casa um receptor em torno do qual todas as noites se juntavam a família, amigos e vizinhos. Mais tarde, talvez devido a essa influência, as emissoras de rádio comercialmente mais bem-sucedidas faziam questão de manter suas próprias orquestras, tocando tanto música erudita como popular. E números de música instrumental, interpretados por essas grandes orquestras ou por conjuntos pequenos, tinham presença garantida em todos os programas mais ouvidos. Em 1938, com o programa *Caixa de Perguntas*, de Almirante, entraram em moda os programas com auditório ao vivo. A emissora da moda era a Rádio Nacional do Rio de Janeiro, que tinha em sua folha de pagamentos uma centena de músicos e dezesseis maestros, entre os quais Radamés Gnatalli (1906-88), Léo Peracchi (1911-93), Lyrio Panicalli (1906-84), Chiquinho (Francisco Duarte, 1907-83), Moacir Santos (1926-2006) e o fenomenal Pixinguinha (1897-1973). Os nomes desses maestros eram tão familiares aos ouvintes como os dos artistas mais populares da época.

Era altíssimo o nível de competência dos integrantes dessas orquestras, e refletia a existência de um vasto campo de trabalho para os profissionais de primeira linha. Além das orquestras de rádio e das orquestras sinfônicas, toda festa ou baile que se prezasse tinha que ser animado por uma orquestra de renome. Os vários cassinos também mantinham suas orquestras de alto nível, prontas a acompanhar qualquer show internacional. E até os melhores cinemas mantinham seus conjuntos. Não é à toa que o Cine Odeon, no Rio de Janeiro, foi imortalizado numa das composições mais conhecidas de Ernesto Nazareth, que durante muito tempo alegrou as sessões com seu piano.

A tradição das grandes orquestras foi herdada pelas emissoras de TV, sob o comando de maestros como Gabriel Migliori (1909-75), Cyro Pereira (1929-2011), Luis Arruda Paes (1926-), Cipó (Orlando Silva de Oliveira Costa, 1922-92) e tantos outros. A última delas foi a da TV Globo, desativada no final dos anos 1980.

Havia também as orquestras de sopros, no estilo das big bands americanas, dominando os grandes eventos até o fim da década de 1960 e imprescindíveis em bailes de formatura e festas dos clubes mais badalados. No Rio, baile que se prezasse tinha que ser com a Orquestra Tabajara, fundada em 1945 por Severino Araújo (1917-2012), em atividade até hoje, ou as orquestras dos maestros Cipó e Astor Silva (1922-68). Em São Paulo, o arranjador italiano Enrico Simonetti (1924-78) popularizou as big bands por meio de um programa de TV no qual os músicos também faziam *sketches* cômicos – muitos ainda se lembram das *performances* tangueiras do saxofonista Hector Costita (1934-) e dos trocadilhos absolutamente infames do guitarrista Edgard Gianullo. Um dos roteiristas era o novato Jô Soares, que já era meio chegado a batucar num bongô. Simonetti era o rei, mas outras orquestras paulistas prosperavam sob a batuta de arranjadores como Luis Arruda Paes, o uruguaio Ruben Perez "El Pocho", Silvio Mazzuca (1919-2003), Erlon Chaves (1933-74) e Carlos Piper (este morto no acidente de avião, em Orly, que também vitimou o cantor Agostinho dos Santos, no ano de 1973).

As orquestras de baile acabaram passando de moda junto com a cuba-libre e os penteados com laquê. Mas os saudosistas ainda relembram as apresentações brasileiras da big band de Ray Conniff, veteraníssimo trombonista da orquestra de Glenn Miller e fenômeno de venda de discos no Brasil nos anos 1960.

A energia única das big bands ainda acende centelhas na alma de muitos instrumentistas do primeiro time, que continuam se juntando pelo simples prazer de tocar. Exemplos recentes mais bem-sucedidos são a Banda Mantiqueira, formada em 1990 pelo clarinetista, saxofonista e arranjador Nailor "Proveta" Azevedo, a orquestra de frevo do maestro Spok e a Rumpilezz, criação do genial Letieres Leite, na Bahia.

Defendo a teoria de que as big bands surgiram no início do século XX da necessidade de se encher de som um salão bem grande, com a algazarra de centenas de pessoas dançando. Com o desenvolvimento da eletrônica e dos sistemas de amplificação de som, as orquestras foram sendo substituídas por conjuntos menores, especialistas em reproduzir nos bailes o som dos discos de sucesso – os conjuntos de *cover*. Hoje, mesmo esses pequenos grupos estão quase extintos, substituídos pelos DJs. E os músicos da nova geração perderam a oportunidade de cursar a melhor escola de malandragem musical – as bandas de baile.

Se as orquestras dominavam rádios e salões, a rua era dominada pelos pequenos conjuntos. As emissoras de rádio das décadas de 1930 e 1940 também mantinham seus pequenos conjuntos baseados na instrumentação dos grupos de choro, com reforço na percussão para melhor se adaptar aos sucessos da época: sambas e marchas de Carnaval.

Esses grupos foram batizados de "regionais" e ensejaram o surgimento de toda uma linhagem de fantásticos instrumentistas, dentre os quais o mais aclamado é, sem dúvida, Alfredo da Rocha Viana Filho, o Pixinguinha (1897-1973), polivalente compositor, instrumentista, arranjador e um dos grandes carismas de nossa música.

Pixinguinha foi o líder do histórico Os Oito Batutas, primeiro grupo do gênero a se apresentar no exterior, mais especificamente em Paris, em 1922, no afamado cabaré Sheherazade. Foi em Paris que Pixinguinha, por influência dos grupos de jazz norte-americanos, descobriu seu segundo instrumento, o saxofone.

Os regionais instigaram o desenvolvimento do mais brasileiro dos instrumentos: o violão.

A batida do samba, transformando o violão quase que num instrumento de percussão, e a *baixaria* do choro são invenções genuinamente brasileiras. Se o piano brasileiro do início do século XX tinha em Chopin seu ponto de referência, o violão se desenvolveu espontaneamente nas mãos de músicos na maioria das vezes incultos, com pouca ou nenhuma ligação com a música europeia. Mesmo na música erudita, a personalidade do violão popular brasileiro causou celeuma – consta que o maior ícone da história do violão erudito, o espanhol Andrés Segovia (1893-1987), tinha discussões homéricas com Villa-Lobos, que teimava em usar em suas composições o quinto dedo da mão direita, coisa absolutamente normal para os chorões, mas uma verdadeira heresia para os músicos "sérios" da época.

Quando toda a complexidade rítmica brasileira se junta a um conceito harmônico mais sofisticado, começam a surgir violonistas do calibre de Garoto (1915-55), Meira (Jayme Thomás Florence, 1909-82), Luiz Bonfá (1922-2001), Laurindo de Almeida (1917-75) e Dilermando Reis (1916-77), que a partir dos anos 1940 elevaram o violão brasileiro a um patamar invejado em todo o mundo e criaram possibilidades infinitas para seus sucessores. Pense em alguns dos mais conhecidos violonistas recentes, como, por exemplo, Baden Powell, Paulinho Nogueira, Rafael Rabello, Egberto Gismonti, Paulo Bellinati, Ulisses Rocha, Guinga, Marco Pereira e Armandinho, para citar uns poucos. São estilos diferentes, personalidades completamente distintas, direções diversas. Mas todos têm sua marca genuinamente brasileira. Que outro país do mundo pode se gabar de tamanha riqueza e diversidade dentro das limitações naturais de um só instrumento?

Os regionais produziram não apenas uma fantástica linhagem de violonistas, mas desenvolveram também uma linguagem autêntica brasileira em outros instrumentos, cada um deles representado por músicos excepcionais: o bandolim e a figura marcante de Jacob; o cavaquinho de Waldir Azevedo e Canhoto; o violão de sete cordas de Dino; o trombone de Raul de Barros; o clarinete de Luis Americano; e a flauta de Pixinguinha, Benedito Lacerda e Copinha. No departamento da percussão seria até injusto realçar um ou outro nome. Músicos e artesãos durante décadas adaptaram instrumentos de origem tanto europeia, como o pandeiro, quanto africana, como a cuíca, à criatividade de seus executantes.

Além dos regionais, surgiram também grupos mais sofisticados. Um dos mais marcantes foi sem dúvida o Quinteto Continental, conjunto de Radamés Gnatalli da década de 1950, que incluía Chiquinho do Acordeom (1928-93), José Menezes de França (1921-2014) no violão elétrico, Pedro Vidal Ramos no baixo e o genial Luciano Perrone (1908-2001) na bateria. Em termos de técnica e domínio do instrumento, pouquíssimos pianistas populares de todas as épocas chegam aos pés de Radamés Gnatalli, um virtuose de mão cheia, literalmente.

Também na década de 1950 marcou época o Trio Surdina, com Fafá Lemos (violino), Garoto (violão) e Chiquinho do Acordeom.

Essa década foi marcada pela chegada da televisão, pela popularização da vitrola, com seus discos de 78 rpm, e por um instrumento que se tornou uma "praga" nacional: o acordeom.

O culpado por isso é facilmente reconhecível por seu rosto largo e sempre sorridente: um dos artistas mais completos que o Brasil já conheceu, Luiz Gonzaga (1912-89). Além da voz cheia e expressiva, das dezenas de composições antológicas e da personalidade cativante, o Lua também era um fenômeno como acordeonista, criando uma técnica muito pessoal, uma herança legada para as gerações seguintes de sanfoneiros, com Dominguinhos, Sivuca e Oswaldinho como seus apóstolos. Diz a lenda que Luiz Gonzaga vegetava nos cabarés e programas de calouros do Rio, tocando o repertório tradicional: bolero, foxtrote, tango, valsa. Até que, num dos programas de calouros de Ari Barroso, apresentou o chamego "Vira e mexe", já com cara dos seus futuros xotes, e foi um sucesso total. Nesse dia nasceu o verdadeiro Luiz Gonzaga, que logo adotou o triângulo e o zabumba. Em 1943, influenciado por Pedro Raimundo, sanfoneiro gaúcho que devia muito de sua popularidade a apresentar-se sempre vestido a caráter, não demorou muito para também criar sua marca registrada: o chapéu de couro.

O fenômeno Luiz Gonzaga foi ampliado por acordeonistas que tocavam outros gêneros de música, como os três Mários – Mário Gennari Filho, Mário Zan e Mário Mascarenhas –, e entronizou o acordeom como o instrumento mais popular da época. A enorme lista de músicos que passou boa parte da vida puxando fole inclui Edu Lobo, Marcos Valle, Francis Hime, Eumir Deodato, Wagner Tiso, João Donato e muitos outros. Os conservatórios, espelhando os preconceitos da época, se recusavam a reconhecer os ídolos populares – obrigavam os alunos de acordeom a tocarem transcrições pavorosas de peças eruditas e trechos de ópera, que culminavam em apresentações de fim de ano que tinham sempre o mesmo remate triunfal: uma cacofonia insuportável, com dezenas de acordeonistas tocando juntos, em grupos que os próprios alunos apelidavam de "orquestras sanfônicas". Acabaram matando a galinha dos ovos de ouro. A moda do acordeom terminou com a mesma rapidez com que havia começado, ao mesmo tempo que uma nova moda tomava conta do Brasil.

Apesar das muitas teorias conflitantes, a data oficial de nascimento da bossa nova é geralmente reconhecida como a do lançamento do LP *Canção do amor demais*, de Elizeth Cardoso, em abril de 1958. A bossa nova tem também dois pais oficiais, ambos com nomes altissonantes: Antônio Carlos Brasileiro de Almeida Jobim (1927-94) e João Gilberto Prado Pereira de Oliveira (1931-2019), os quais, além de sua óbvia genialidade como compositor e cantor, podem ser considerados revolucionários também como instrumentistas. E grandes instrumentistas eram alguns dos precursores do movimento, como Garoto, Johnny Alf e Dick Farney.

A bossa nova não foi um fenômeno isolado. Ela apareceu como parte da grande efervescência das artes e da cultura, no Brasil e no mundo, que caracterizou a riquíssima década de 1960. Foi provavelmente a utilização mais bem-acabada da proposta de Oswald de Andrade em seu Manifesto Pau-Brasil – deglutir e assimilar sem medo as influências estrangeiras, para poder regurgitá-las depois na forma de criações com características absolutamente brasileiras.

Duas influências estrangeiras são bastante óbvias: o cool jazz californiano, um estilo intimista que se contrapunha ao virtuosismo exacerbado do bebop e cuja figura de maior destaque era o trompetista e cantor Chet Baker; e os compositores impressionistas franceses, com o óbvio destaque para Ravel e Debussy, e suas soluções harmônicas inusitadas.

Mas é importante lembrar que a bossa nova se alinhava às tendências encontradas também nas artes plásticas, na literatura, na arquitetura, nas artes gráficas, em que se valorizava o caminho da simplicidade e do foco preciso.

A bossa nova tem como símbolos o banquinho e o violão (e melhor ainda se quem estiver sentado no banquinho, empunhando o violão, for João Gilberto). Mas a década de 1960 foi também a época dos trios, sempre formados por piano, baixo e bateria. Alguns desses grupos instrumentais se tornariam tão famosos quanto os mais conhecidos cantores da época.

O primeiro a explodir foi o Tamba Trio, carioca, formado em 1962, liderado pelo piano quase telegráfico de Luiz Eça (1936-92), acompanhado pela levada inconfundível das vassourinhas de Hélcio Milito (1931-2014) e pelo baixo econômico de Bebeto (Adalberto José de Castilho e Souza, 1939), responsável também por alguns lindíssimos solos de flauta. O grande sucesso do grupo foi "Garota de Ipanema", e, além de serem excelentes instrumentistas, os três faziam também um vocal bastante competente. "Garota de Ipanema" também projetou para a fama um trio paulista formado em 1964, o Zimbo Trio, que, graças a Deus, nunca se atreveu a cantar, nem precisava. Seu epicentro é Amilton Godoy (1941-), pianista de técnica apuradíssima oriundo da escola de piano erudito de Magda Tagliaferro (1893-1986), ao contrário da formação eminentemente jazzística dos demais pianistas populares da época. Com Luís Chaves (1931-2007) no baixo e Rubinho Barsotti (1932-) na bateria, o trio se tornou um dos grupos mais longevos da história da música popular brasileira. Seu sucesso inicial foi ampliado pela participação semanal no lendário programa *O Fino da Bossa*, da TV Record, que o trio protagonizou, juntamente com Elis Regina e Jair Rodrigues, de maio de 1965 até fins de 1967.

Outros trios duraram menos mas marcaram sua presença, como o Sambalanço Trio (formado em 1962 por César Camargo Mariano, Humberto

Cláiber e Airto Moreira), o Jongo Trio (formado em 1965 por Cido Bianchi, Sabá e Toninho Pinheiro), o Sambrasa (Hermeto Paschoal, Humberto Cláiber e Airto Moreira), o Trio 3-D de Antonio Adolfo, o Bossa Três (formado em 1962 e liderado por Luís Carlos Vinhas) e o trio do pianista gaúcho Manfredo Fest.

Alguns grupos incorporavam sopros ao trio e também fizeram história, como o Copa Cinco, do saxofonista J. T. Meirelles, e o fantástico Bossa Rio, que durou dois anos, de 1962 a 1964, e gravou apenas um disco. Era um sexteto liderado pelo quase adolescente pianista Sérgio Mendes, e juntava músicos espetaculares como os trombonistas Raul de Souza e Maciel, os saxofonistas Aurino e Hector Costita, o contrabaixista Tião Neto e o baterista Edison Machado. Mais tarde, em 1966, foi a vez do Quarteto Novo, com Hermeto Paschoal (piano e flauta), Heraldo do Monte (violão e guitarra), Théo de Barros (baixo) e Airto Moreira (bateria e percussão), um conjunto que trazia a música brasileira mais para perto de suas raízes, sem deixar de ser altamente sofisticado.

No Rio de Janeiro do início da década de 1960, o centro de gravidade da música instrumental era uma pequena travessa da rua Duvivier, onde se localizavam três boates que fizeram história: o Little Club, o Bottle's e o Baccarat. Era conhecida como Beco das Garrafas, porque não se passava uma noite sem que os moradores dos prédios vizinhos jogassem garrafas vazias nos bêbados ruidosos que infernizavam sua vida.

No Beco das Garrafas, nos shows universitários, na programação das rádios, a música instrumental convivia pacificamente com a música cantada. Mesmo nos programas musicais diários da TV Record de São Paulo, que na época tinham o mesmo impacto das novelas de hoje, eram corriqueiros os números instrumentais. Nos lendários festivais, em que imperavam as canções, um ou outro instrumento eventualmente tinha destaque, como o fagote usado por Edu Lobo no arranjo de "Marta Saré", no IV Festival de Música Popular Brasileira (FMPB), em 1968, ou a queixada de burro que tanta curiosidade despertou no II FMPB na versão de "Disparada" (de Theo de Barros e Geraldo Vandré), apresentada por Jair Rodrigues. Hoje parece inacreditável, mas a utilização das guitarras elétricas dos Mutantes e dos Beat Boys por Gilberto Gil e Caetano Veloso, no III FMPB, de 1967, foi um enorme escândalo, a ponto de se instituir a proibição expressa de instrumentos elétricos na I Bienal do Samba, no ano seguinte.

No final dos anos 1960, a bossa nova já tinha sido varrida do mapa por outras correntes musicais que se utilizavam de uma ligação mais visceral com o público, como a chamada "música de protesto", o tropicalismo e seus descendentes, e a jovem guarda, avozinha do rock brasileiro. E a música instrumental mais sofisticada foi-se também pelo ralo, para nunca mais conseguir encontrar-se com o grande público.

Em termos de cultura, alguns chamam os anos 1970 de "a década perdida". Se não foi completamente perdida, pelo menos puxaram o freio de mão até o fim.

Lembro-me claramente do meu profundo desencanto ao voltar para o Brasil, em 1972, após três anos de ausência. Estava pronto para me enfiar de novo até o pescoço na efervescência da vida cultural, com as reuniões de música, o Teatro de Arena, os pontos de encontro das madrugadas. Em vez de tudo isso, um imenso vazio e um tremendo desânimo por toda parte. Os *hippies* subitamente se transformaram em *yuppies*, as rádios só tocavam *rockinho* americano de oitava categoria, e o fantasma onipresente da censura fazia broxar qualquer ímpeto criativo. Os instrumentistas subsistiam do jeito que fosse possível, dando aulas, gravando *jingles*, acompanhando cantores. Mas música mesmo, de verdade, pouco se ouvia. Com honrosas exceções, é claro.

Era uma época em que, muito por influência do pensamento de esquerda, predominante no meio artístico, se procurava desesperadamente caminhos que passassem longe do jazz e da bossa nova. Valia de tudo, desde o nacionalismo mais exacerbado até a fusão com a estética do rock e mergulhos na música medieval. Fora do eixo Rio-São Paulo, o escritor Ariano Suassuna reunia à sua volta os músicos mais inquietos de Pernambuco e da Paraíba no movimento armorial, que até hoje deixa suas marcas em artistas como Antônio e Antúlio Madureira, Antônio Nóbrega e o Quinteto da Paraíba. Os músicos mineiros haviam despencado, em massa, para o Rio de Janeiro, e gravitavam em torno do Som Imaginário, liderado por Wagner Tiso e contando com presenças preciosas como as de Robertinho Silva e Paulinho Braga (bateria), Luís Otávio de Melo Carvalho "Tavito" (violão), Zé Rodrix (voz, teclados e percussão), Toninho Horta (guitarra), Nivaldo Ornelas (sax), Luiz Alves e Novelli (baixo), Laudir de Oliveira e Naná Vasconcelos (percussão).

Paradoxalmente, foi a década de 1970 que marcou a entrada da música brasileira no mercado internacional por meio da bossa nova, por estas bandas já morta e enterrada há muito tempo, revivificada nos Estados Unidos por músicos de jazz, com Stan Getz e Charlie Byrd puxando a fila. Sérgio Mendes mudou radicalmente de rumo e aproveitou a onda para dar uma feição pop à música brasileira, o que muito contribuiu para criar a aura mágica de que nossa música desfruta no exterior. Como o Brasil sempre odiou quem faz sucesso, ficamos quietos no nosso cantinho, olhando com uma mistura de desprezo e inveja Sérgio Mendes explodir no mundo inteiro, e jogamos no lixo mais uma grande oportunidade.

Foi uma época em que muitos músicos brasileiros se mudaram para fora do país. Alguns se deram muito bem, e dois deles, a partir de seu sucesso no exterior, se tornaram os nomes mais importantes da música instrumental brasileira do final do século XX: Hermeto Paschoal (1936-) e Egberto Gismonti (1944-).

Antes de ir para os Estados Unidos a convite de Airto Moreira, em 1970, Hermeto já era uma figura *cult* no meio musical paulista. Mesmo tocando música para dançar na boate Stardust, no largo do Arouche, ele já atraía músicos e fãs cuja presença intrigava os frequentadores habituais, mais interessados em suas conquistas amorosas. Com o Quarteto Novo, a figura única de Hermeto começou aos poucos a se tornar conhecida por um público maior nas noites de São Paulo e Rio.

Hermeto rapidamente virou *cult* também em Nova York. Sou testemunha ocular de que onde quer que Hermeto tocasse era fácil encontrar, em respeitoso silêncio, a fina flor do jazz nova-iorquino – gente como Miles Davis, Herbie Hancock, Joe Henderson, Ron Carter. Era uma figura queridíssima. Airto me contou de um longíssimo papo telefônico entre Hermeto e Ron Carter, com muitas risadas de ambos os lados, e até hoje um não tem a menor ideia do que o outro estava falando. É impossível imaginar onde ele teria chegado se tivesse aguentado mais algum tempo os Estados Unidos.

Pouca gente sabe que Hermeto é o responsável pela mudança radical no papel do percussionista popular. Quando ele chegou a Nova York, Airto Moreira tocava no grupo do saxofonista Cannonball Adderley da maneira tradicional: escolhia um instrumento, como congas ou pandeiro, e seguia a levada da bateria durante toda a música. Hermeto foi ver o show, chamou Airto de lado e pôs em pé o ovo de Colombo: sugeriu que Airto não fizesse ritmo o tempo todo, mas que usasse os instrumentos de percussão para fazer efeitos ocasionais, colorindo a música com efeitos percussivos. Airto, que não tem nada de bobo, imediatamente adotou o novo estilo. Logo depois, foi chamado para o grupo de Miles Davis, e abriu as comportas da percussão contemporânea.

Completamente autodidata, Hermeto criou uma concepção própria do que é fazer música. Foi o primeiro a pôr plenamente em prática a ideia de que o músico não deve ser escravo de um instrumento, de que qualquer fonte sonora pode ser usada como inspiração: é o conceito do multi-instrumentista. E na volta para o Brasil, foi aos poucos chegando à conclusão de que, para realizar plenamente a música em que acreditava, era necessário não somente trabalhar com bons músicos, mas com músicos dispostos a se entregar totalmente a um projeto – em outras palavras, fazer com que a vida e a música se tornassem uma coisa só. Ele conseguiu criar uma espécie de comunidade musical no bairro do Jabur, no Rio de Janeiro, onde os músicos viviam praticamente juntos e tocavam dia e noite sem parar. Muitos grandes nomes da música brasileira contemporânea, como Jovino Santos,

Itiberê Zwarg, Márcio Bahia e Carlos Malta, pularam de cabeça na oportunidade, e devem a Hermeto muito de sua formação.

Se Hermeto é um perfeito exemplo de autodidata, Egberto Gismonti, ao contrário, teve uma esmerada formação como pianista e violonista. Desde os 5 anos de idade frequentava o Conservatório de Música de Nova Friburgo, e estudou com mestres do porte de Jacques Klein e Aurélio Silveira. Emergiu subitamente do interior do estado do Rio com a composição "Sonho", no III Festival Internacional da Canção, em outubro de 1968. Seu estilo muito pessoal, como instrumentista, logo chamou a atenção, por ter quase nenhuma influência jazzística, devendo muito mais à música erudita.

Egberto partiu pouco depois para a Europa, na esteira da cantora francesa Marie Laforêt, e daí em diante teve uma carreira sempre ascendente, culminando com o reconhecimento mundial de seu imenso talento a partir das gravações para o selo ECM, considerado o mais prestigioso da Europa por sua abordagem inovadora da música instrumental contemporânea.

Embora não tenha conseguido enraizar-se no fechadíssimo mercado norte-americano, Egberto logo se tornou presença imprescindível nos grandes festivais de jazz europeus e japoneses, construindo, ao mesmo tempo, uma discografia de qualidade irretocável.

Tanto Hermeto quanto Egberto participaram de um evento cuja importância para a música instrumental brasileira ainda não foi devidamente reconhecida: os Festivais de Jazz São Paulo/Montreux, idealizados por Roberto Muylaert e realizados pela TV Cultura de São Paulo. O Festival de Jazz de Montreux já era uma antiga tradição, embora seu idealizador, Claude Nobs, fosse duramente criticado por incluir em sua programação artistas cujas propostas não tinham absolutamente nada a ver com a tradição jazzística.

Muylaert conseguiu que o prestígio de Claude Nobs e de seu festival atraíssem os maiores nomes do jazz para o Brasil, um mercado na época pouco explorado e visto com desconfiança por muitos artistas e empresários.

O primeiro Festival de Jazz São Paulo/Montreux realizou-se em setembro de 1978 e contou com artistas estrangeiros do nível de Dizzy Gillespie, Benny Carter, Chick Corea, John McLaughlin e Astor Piazzolla atuando em igualdade de condições com os mais significativos músicos e grupos brasileiros. Havia uma preocupação genuína com a integração entre os músicos; tanto no Parque Anhembi como no hotel onde se hospedavam os estrangeiros havia salas equipadas com piano, bateria e amplificadores, cujo acesso era exclusivo aos músicos. Muitos ainda se lembram da cena antológica da apresentação do grupo de Hermeto, quando Chick Corea deu uma canja, não no piano, mas humildemente fazendo percussão com dois pedaços de madeira.

O segundo festival realizou-se em abril de 1980, e, apesar de não ser mais novidade, não deixou de se tornar inesquecível. Esses dois festivais causaram uma mudança significativa na forma como os músicos brasileiros viam a si próprios. A constatação da existência de um grande público ávido por música instrumental, a convivência no palco com os grandes astros e a ampla exposição na mídia deram um enorme alento aos instrumentistas brasileiros, inclusive a muitos jovens iniciantes, que ali tiveram um precioso incentivo. Quando Paulo Maluf assumiu o governo do Estado de São Paulo, os revolucionários Festivais de Jazz foram substituídos pelos medíocres Festivais de Verão no Guarujá, onde artistas que fossem o sucesso do momento cantavam na praia para que o público mais rico do Brasil assistisse de graça. Coisas da política. Apesar disso, as edições do Festival de Jazz São Paulo/Montreux abriram caminho para outros semelhantes, estabelecendo de forma definitiva uma tradição que posteriormente passou a ser representada por festivais como o Free Jazz – os quais, apesar de suas óbvias qualidades, tinham seus principais interesses bem distantes dos músicos e da música.

Um dos progressos registrados na década de 1970 foi o surgimento – embora tardio – dos primeiros cursos especializados em música popular. O Centro Livre de Aprendizado Musical (Clam), criado em 1973 pelos integrantes do Zimbo Trio, foi a primeira experiência bem-sucedida dessa natureza, e em sua esteira muitas outras escolas foram surgindo. O impacto das novas técnicas de ensino foi tamanho que, hoje, quase todas as principais universidades federais e estaduais mantêm cursos de música popular.

As mudanças sociais e econômicas da década de 1970 também fizeram com que a música se tornasse uma opção profissional mais aceitável para os filhos de famílias da classe média, que até então se restringiam às profissões tradicionais: medicina, engenharia, direito e arquitetura, ou a novidades como economia e administração. Até então, qualquer família de classe média teria chiliques incontroláveis se algum filho resolvesse seguir a carreira musical. Filha, então, nem pensar. A quebra do preconceito trouxe uma significativa mudança de atitude e de pensamento no meio musical, da mesma forma que em todas as esferas da arte e da cultura.

Esse afloramento de uma nova geração de instrumentistas e a ampliação do mercado da música instrumental por meio de grandes eventos causaram, no início dos anos 1980, um movimento de revigoramento que ficou conhecido por um significativo cacófato: o *boom* da música instrumental. Foi uma época em que predominaram os grupos, mais do que os grandes solistas – Grupo d'Alma, Zona Azul, Pau Brasil, Uakti, Cama de Gato, A Divina Increnca, Grupo Um, Alquimia, Grupo Medusa, Azymuth, Pé Ante Pé. No Rio, o centro do movimento era o triângulo Jazzmania-People-Mistura Fina. Em São Paulo essa necessidade era suprida por uma sucessão de casas noturnas como Lei Seca, Penicilina, Piu Piu e mais tarde o Sanja. As secretarias estaduais e municipais de Cultura também faziam sua parte, e durante algum tempo a Funarte foi um centro de referência para o instrumental.

Na capital paulista, teve enorme importância o Lira Paulistana, uma espécie de *holding* pós-psicodélica dirigida por Wilson Souto que englobava uma pequena gravadora, uma loja de discos e um teatro sempre lotado na praça Benedito Calixto, em Pinheiros, que centralizou durante alguns anos a produção independente paulista.

Aliás, é importante lembrar que o brado de independência no mercado fonográfico brasileiro foi dado por um instrumentista, o pianista Antonio Adolfo, com seu disco muito apropriadamente chamado *Feito em casa*.

Esse movimento de renovação da música instrumental foi muito intenso, mas não conseguiu sobreviver além da década de 1980.

No período compreendido entre o fim dos anos 1970 e o fim dos anos 1980 surgiram grandes mudanças no mundo da música, mudanças de que os músicos não foram os protagonistas, e que exigiram uma inusitada capacidade de adaptação. Uma das transformações mais profundas foi o desenvolvimento espantoso da tecnologia eletrônica. Depois das guitarras vieram os primeiros pianos elétricos; mas, em ambos os casos, o som era produzido acusticamente, e apenas amplificado e modificado pelos circuitos eletrônicos. O grande salto foi dado quando os sons começaram a ser criados dentro dos instrumentos, eletronicamente.

Os criadores dos primeiros sintetizadores eletrônicos sonhavam com a possibilidade de extrapolar os limites da música tradicional, criando sons absolutamente inusitados e ultrapassando os conceitos de tons, semitons, escalas e acordes. Esse sonho foi rapidamente desfeito pela indústria de instrumentos, que logo percebeu que lucraria muito mais produzindo instrumentos que tivessem como principal objetivo a simples imitação dos instrumentos acústicos convencionais, com o abandono quase total das imensas possibilidades da música eletrônica.

O primeiro sintetizador chegou ao Brasil no início de 1972 pelas mãos do músico-engenheiro Luiz Roberto Oliveira, um carioca radicado em São Paulo. Era um ARP 2600, que mais parecia uma central telefônica, cheio de fios e *plugs* por todos os lados. A afinação era muito precária, não tinha sons pré-programados nem memória para guardar os sons criados. Era ao mesmo tempo um sonho e um pesadelo. Com esse ARP 2600 foi gravado o primeiro disco brasileiro utilizando um sintetizador, um LP do quinteto Mandala, do qual fiz parte, e que gravou apenas esse disco, além de realizar alguns poucos shows. Por essa razão deveria ser um disco histórico – porém é absolutamente impossível de achar, mesmo nos sebos mais bem estocados.

Pouquíssimo tempo depois, os sintetizadores já não eram mais novidade, e os pianistas trocaram de nome – viraram tecladistas.

A revolução causada pelos sintetizadores foi complementada pela popularização dos computadores e pelo surgimento de sistemas de gravação digital. Os custos de produção e gravação despencaram, e fazer um CD se tornou muito fácil e relativamente barato – na prática, cada músico pode se tornar um estúdio autônomo com um mínimo de investimento. A qualidade da música que surgiu a partir dessa democratização do acesso à gravação é altamente discutível, mas a quantidade de novos CDs produzidos a cada ano aumenta em progressão geométrica.

Outra mudança significativa ocorrida a partir do final da década de 1970 foi bem mais sutil, e poucos percebem sua profundidade. É a institucionalização da cultura subsidiada. Na Europa, nos Estados Unidos e mesmo na Argentina ou no Chile, quem sai de casa para assistir a um show razoável está preparado para pagar algo entre 20 e 60 dólares. A conta para se chegar a esse valor é simples: somam-se os custos dos cachês, o aluguel de teatro e equipamentos, a divulgação etc., e divide-se pela quantidade estimada de público. Agora, suponha que você vai produzir, no Brasil, o show de lançamento de seu primeiro CD: você aluga o teatro, contrata os músicos, paga os direitos autorais, arca com os custos da divulgação – e chega à conclusão de que, para não perder dinheiro, o mínimo que você pode cobrar por ingresso é o equivalente ao custo de um jantar para uma pessoa num restaurante de nível médio. Pensando bem, não é muito caro. Mas então aparece o grande problema: no mesmo dia do seu show estarão sendo oferecidos na cidade três ou quatro shows de graça, ou quase de graça, promovidos pela Secretaria de Cultura, Sesc, Sesi, entidades culturais ligadas a grandes empresas etc. O seu show não tem como concorrer, está condenado ao fracasso.

Essa oferta de espetáculos com ingressos baratos é o que se chama de cultura subsidiada. Grandes instituições têm consciência de que a maioria do povo não tem condições de pagar pelo acesso à cultura, e acreditam que podem fazer algo a respeito. Assim, contratam eventos culturais que são oferecidos à população gratuitamente ou a preços módicos. Os artistas e técnicos são remunerados e, aparentemente, fica todo mundo muito feliz.

Mas, para quem faz música, o preço acaba se tornando muito alto: a vida artística fica inviável para quem não dispõe de contatos certos com as instituições culturais, pois não existem a livre-iniciativa e a livre concorrência. E, como as instituições precisam de retorno de mídia, a maior massa dos subsídios acaba sempre parando nas mãos dos artistas populares já consagrados, e nunca nas daqueles que propõem algo inusitado, inovador, não comercial. E o exemplo típico de "não comercial" é a música instrumental.

Pense bem: ninguém reclama do preço de uma *pizza*, mas todo mundo chia para pagar um ingresso de valor superior ao de meia *pizza*. Em prol da democratização da cultura, caímos numa armadilha: o instrumentista, hoje, depende de migalhas institucionais e da boa vontade de alguns poucos donos de bares. Quem sabe seja essa uma das razões para que a música brasileira em geral, e a música instrumental, em particular, estejam sendo vítimas de uma espécie de torpor, desde meados dos anos 1980.

Muito pouco se viu de criativo na música instrumental dos anos 1990. Uma saudável exceção é o grande movimento de revalorização do choro, que vem desde os anos 1970, e que conta com o imenso talento de músicos como Paulo Sérgio Santos, Maurício Carrilho, Nailor "Proveta" Azevedo, Luciana Rabello, Edmilson Nery e Hamilton de Holanda, para citar apenas uns poucos.

Nos últimos anos, a febre eletrônica cedeu consideravelmente, e os instrumentos acústicos voltaram a ser valorizados, inclusive como acompanhamento de cantores.

Aumentou a interação entre a música popular e a música erudita, com interessantes experiências de convivência criativa. De ambos os lados, vão desabando os antigos preconceitos.

O mais curioso é que, apesar da falta de criatividade generalizada, é fácil notar que está vindo aí uma nova safra de instrumentistas de uma competência assombrosa. A facilidade e velocidade na obtenção da informação faz com que músicos bastante jovens alcancem rapidamente uma maturidade musical inconcebível em gerações anteriores. As escolas de música são muitas, são muitos os bons professores; sair pelo mundo afora ficou mais fácil.

Ao mesmo tempo, o mundo pede para que tudo seja rápido, eficiente, atraente, funcional. Estamos na era do *zap*. Quem é que se dispõe a ficar duas horas sentado, com a atenção e a sensibilidade concentradas no prazer intelectual de ouvir música? Como fazer para convencer alguém a sair de casa, enfrentar o trânsito e todos os demais inconvenientes para ouvir boa música? Como convencer um jovem talentoso a dedicar várias horas por dia ao domínio de um instrumento, quando as portas do sucesso se mostram hermeticamente fechadas para qualquer tipo de música que não seja de um primarismo constrangedor?

Um indicador preocupante da situação da música instrumental é a idade do público. Nos shows do Teatro Paramount, na década de 1960, ou no Lira Paulistana da década de 1980, o público consistia basicamente em estudantes, gente jovem. Hoje, frequentemente a média de idade na plateia é mais elevada do que no palco. A música instrumental não está conseguindo formar um público novo, e sobrevive basicamente de seu público mais fiel, arduamente conquistado por gerações anteriores.

Nem tudo é culpa da mídia, das gravadoras ou da política cultural. Muitos músicos ainda insistem em infligir à plateia solos intermináveis e obras autorais cujo foco é a complicação, não a inspiração. Ao lado disso, a maioria dos músicos, talvez por timidez, é incapaz de aprender com os cantores que um show, além de musical, é também visual. Quem sabe falte ao músico de hoje um pouquinho mais de respeito por si próprio, aquela aura luminosa de Pixinguinha, Radamés, Perrone, Luís Chaves, Nivaldo, Naná, Hermeto.

O futuro próximo é uma incógnita para o Brasil e sua música. A indústria fonográfica vive a maior crise de sua história; as emissoras de rádio e TV se engalfinham na luta por verbas publicitárias cada vez mais reduzidas e controladas; estão ainda indefinidos o alcance, as vantagens e os perigos do comércio eletrônico, que muitos proclamam a nova panaceia universal; e, como sempre, os responsáveis pela condução do país continuam cegos para o fato comprovadíssimo de que lazer, cultura e informação serão os itens mais significativos na economia do novo século. A música de boa qualidade aparentemente vive ciclos de desenvolvimento e de retração. Tivemos ótimos momentos nas décadas de 1940, 1960 e 1980, seguidos de períodos de retração e pouca criatividade. Só nos resta torcer para que vivamos, em breve, mais um ciclo de expansão dessa nossa música tão bonita, tão rica e tão maltratada.

Jovem guarda

NETINHO

Sou da pequena cidade de Itariri, município próximo de Peruíbe, na região do litoral sul do estado de São Paulo.

No idioma tupi, *ita* significa pedra e *riri* é o barulho das pedras rolando. Ou seja: sou um *rolling stone* de nascença.

Havia música na minha familia, pois meu tio, irmão da minha mãe, era um grande violonista de choro, além de ser o prefeito da cidade.

Quando eu tinha 8 anos de idade, comecei a tocar caixa na fanfarra da cidade e, com 13 anos, já tocava bateria na orquestra local. A orquestra executava música latina, bolero, chá-cha-chá, e, como seu integrante, aos 14 anos eu já fazia bailes em toda a região.

Um pouco mais tarde, quando tinha 16 anos, lá mesmo em Itariri, conheci Neno, músico dos Jordans, uma das primeiras bandas de rock que apareceram nos anos 1950 e 1960. Ele me convidou para entrar numa banda que ele estava iniciando, chamada The Clevers. Adorei o convite, mas tinha que resolver um problema para aceitá-lo: para entrar no grupo, precisava ter bateria, e na época era muito difícil conseguir comprar um instrumento. Então, meu avô me deu uma grana para eu comprá-la, e foi aí que ganhei o apelido "Netinho".

Os músicos dessa banda já eram mais ou menos profissionais, e todos liam partitura. Manito já tocava vários instrumentos, Risonho já havia tocado em orquestras... e eles achavam que eu era muito jovem, verde ainda. Mas a verdade é que já tínhamos muitas coisas para fazer.

Manito dispunha de muitos contatos na colônia espanhola, e logo passamos a tocar em festas, casamentos e bailes. Fazíamos músicas espanholas nos ritmos twist, hully gully, e também no estilo surf, que era o ritmo da moda na época.

Tínhamos diversas influências. Eu gostava muito da música negra americana e de rhythm and blues. Curtia James Brown, Wilson Pickett, Aretha Franklin. Gostava de orquestras como as de Count Basie, Pérez Prado e Ray Conniff.

Para a minha geração, o impacto do rock foi muito forte, principalmente com as novidades que eram Bill Haley & His Comets e Elvis Presley.

Lembro-me muito bem de quando o primeiro filme de Elvis foi exibido em uma sala de cinema em Itanhaém, que é uma cidade praiana, bem maior que Itariri, distante desta 40 quilômetros. Tinha 12 anos de idade, e minha mãe, que era boa costureira, fez um terno especialmente para eu vestir no dia de assistir a essa sessão. Ir ao cinema, na época, era um evento social muito chique. Vestíamos as melhores roupas para comparecer a uma sessão. Pois botei meu terno e fui até o cassino, para mostrar a meu pai minha roupa nova. Meu pai adorava jogar cartas, e isso deixava minha mãe furiosa. Quando cheguei ao cassino, a sala estava escura; havia uma única lâmpada iluminando a mesa do carteado. Dei sorte quando pedi dinheiro a meu pai, pois naquela rodada ele estava ganhando. Ele não olhou para meu terno, mas enfiou a mão no bolso e me deu um bolo de dinheiro. Me senti um rei. Estava de terno novo, cheio de grana, e pela primeira vez ia viajar sozinho, de trem, até Itanhaém! Quando cheguei lá, tive outro grande impacto: as pessoas dançavam loucamente dentro do cinema, durante a projeção do filme! A sessão virou um baile, uma loucura total! Essa experiência com certeza balançou minha cabeça; então, quando formamos nossas bandas, trazíamos toda essa bagagem para o nosso som.

Nos inspirávamos muito em alguns grupos que faziam sucesso na época. Nossa banda, The Clevers, era instrumental; tocávamos e gravávamos muito na linha do grupo americano The Ventures. Um dos nossos sucessos, a música "O milionário", tem uma sonoridade muito inspirada na dos Ventures. O solo de guitarra até hoje é o hino do nosso repertório, e toda vez que tocávamos essa canção o público delirava. Nossa banda nunca foi uma "banda de garagem", porque tivemos uma formação forte, tocando em orquestras e fazendo bailes. Individualmente, sabíamos tocar gafieira, valsa, tango, mambo, rumba. Sempre misturamos tudo. Misturávamos Ary Barroso e a ópera de Carlos Gomes com twist. Também tocávamos o samba-rock, além de mantermos uma abertura a todos os estilos.

Nessa época, pintou a primeira apresentação ao vivo na televisão, na TV Paulista, antecessora da Rede Globo, uma emissora que pertencia às Organizações Victor Costa. Fiquei muito contente com essa chance. O programa ia ao ar à noite, e à tarde eu já estava na emissora, montando minha batera. No entanto, sentia um clima meio estranho. Ninguém falava direito comigo. E, quando chegou a hora da participação no programa, os músicos da banda me disseram que a responsabilidade era demais para mim, e que eu ainda estava cru para encarar a audiência. E eles chamaram o Ventania, baterista da orquestra do Avenida Dance, uma casa de bailes na avenida

Ipiranga, no centro da cidade de São Paulo. Para mim foi uma decepção; fiquei de lado, olhando o Ventania tocar na minha bateria.

Ventania tocava para valer, mas, quando terminou a apresentação, disse que queria grana, pois era profissional, era casado, com filhos, e não poderia tocar de graça. Por isso, ele não se encaixou no trabalho, e fui convidado a voltar para a banda.

No início me senti decepcionado, triste, mas logo em seguida a coisa virou e tudo melhorou.

O primeiro programa que protagonizamos foi o *Clevers Show*, em 1963, na TV Record. Era um programa musical que nós apresentávamos, tocando os nossos sucessos e também convidando e acompanhando outros artistas. O programa tinha a duração de uma hora e ficou no ar por alguns meses.

Em 1964, a cantora italiana Rita Pavone, sucesso mundial, veio fazer show no Brasil. Nessa época a TV Record trazia grandes artistas internacionais para se apresentarem nos programas. A emissora trouxe Stevie Wonder, Ray Charles e também Rita Pavone, que era uma das cantoras mais queridas pela juventude do mundo todo. Ela tinha sua própria orquestra na Europa, mas era muito caro trazer toda a equipe para o Brasil, então a direção da Record sugeriu ao empresário de Rita que os Clevers, como contratados fixos da TV Record, poderiam acompanhá-la em suas apresentações. O maestro Stelvio Cipriani, diretor musical da cantora, veio ao Brasil antecipadamente e aprovou nosso conjunto para realizar os trabalhos.

Logo no primeiro ensaio, Rita começou a me paquerar. Eu mesmo não notei, mas Eneida, uma das dançarinas do programa, percebeu que ela estava me olhando e comentou com um jornalista que cobria a passagem da italiana pelo Brasil. No dia seguinte, a fofoca sobre essa paquera foi divulgada no programa de rádio de maior audiência da época, chamado *Revista do Rádio*. A notícia bombástica era: "Rita Pavone está apaixonada pelo baterista Netinho!" Mas na verdade eu sequer havia conversado com ela...

Com todo esse burburinho, os empresários da cantora me convidaram a ir para a Itália e passar a fazer parte da banda dela. Mas eu coloquei como condição que só iria se a nossa banda, The Clevers, fosse junto. E foi isso que aconteceu três meses depois. Recebemos um telegrama com uma proposta de contratação e logo em seguida partimos em direção à Itália.

Quando chegamos à Europa, a recepção foi muito impactante. Logo quando saí do avião, fui clicado por milhares de *flashes*, e no dia seguinte eu estava na capa de todos os jornais e revistas da Itália como o noivo de Rita Pavone. Mas, repito, até então nosso contato tinha sido exclusivamente profissional. Com o passar do tempo, no entanto, começamos a namorar de fato. Viajamos muito, fazendo mais de quarenta shows por toda a Europa. Da noite para o dia, por causa desse romance, fiquei muito famoso. Não podia nem sair na rua, pois todo mundo vinha para cima de mim pedir autógrafo.

Meus colegas dos Clevers ainda pensavam em me tirar da banda. Tentaram me excluir por duas vezes, mas, quando diziam que eu não estava na formação, os contratantes desistiam. A agenda de shows caía, e eles me chamavam de volta.

Tenho de confessar que aprontei bastante. Eu era jovem, bonitão, e, por isso, objeto de muito assédio, inclusive de atrizes e artistas da época.

Fizemos um show em Turim, cidade de origem de Rita. Foi um tremendo sucesso. Por causa do enorme número de fãs, depois da apresentação tivemos de esperar um bom tempo no camarim para poder sair na rua. Nessa noite, quando saí, fui abordado, na calçada, por quatro meninas que me pediram autógrafos. Para evitar que se formasse uma aglomeração, elas pediram que entrasse no carro delas e, lá dentro, autografasse os discos. Mas, na verdade, aquilo era um sequestro planejado: as meninas fecharam as portas do Fiat e arrancaram comigo dentro. Me levaram para um apartamento. Chegando lá, me exibiram a chave e, em seguida, sumiram com ela. Eu não tinha nem como ir embora! Resultado: fiquei quatro dias nesse apartamento, quatro dias de festa ininterrupta. E é lógico que esse meu sumiço deu problema. Teve show desmarcado, os jornais noticiaram, uma confusão geral! Culpa minha, pois era mesmo muito namorador.

Quando voltamos da Europa, ainda em 1964, fomos nos apresentar na Argentina, num programa de televisão chamado *Sábados Continuados*, que durava oito horas no ar. A ideia era tocar no programa e voltar ao Brasil no dia seguinte, mas apareceu um grande empresário local que nos contratou para outros shows, e acabamos ficando durante nove meses por lá. Foi uma experiência boa, pois fizemos muito sucesso em Buenos Aires. A partir dali, saímos em turnê pela América do Sul, com Neil Sedaka – mundialmente conhecido pelos *hits* "Stupid Cupid" e "Oh Carol" – e Brian Hyland – conhecido pela versão original de "Biquíni de bolinha amarelinho" ("Itsy Bitsy Teeny Weenie Yellow Polkadot Bikini"). Se, por um lado, ganhar experiência internacional foi algo positivo, por outro eu sofri muito, pois interrompi tudo de bom que estava vivendo no Brasil: a fama, a glória, o contato e o reconhecimento da família.

Na Argentina, o nosso grupo, The Clevers, era confundido com uma banda americana, por isso mudamos o nome para Los Increíbles. Nosso empresário no Brasil, por sua vez, não gostou muito da nossa ausência: alegou que o nome The Clevers era dele, e que nós havíamos abandonado nossos trabalhos.

Com base nesses argumentos, ele juntou outros músicos e formou um novo The Clevers. Diante disso, quando voltamos ao Brasil, nós é que tivemos que mudar de nome, e traduzimos do espanhol para o português o nome que usávamos na Argentina – e assim passamos a ser Os Incríveis. A coisa pegou! Fomos a primeira banda brasileira com nome em português; todas as outras bandas tinham nomes em inglês, como Rebels, The Jordans, Jet Blacks e Renato e Seus Blue Caps.

Nessa viagem, nós, The Clevers, tivemos a brilhante ideia de comprar e trazer bons equipamentos para o Brasil. Trouxemos baixos e guitarras Fender, bateria Ludwig, um PA (caixas de som para fazer shows em grandes espaços), e isso virou um diferencial em relação às outras bandas do mercado. Trouxemos o primeiro órgão elétrico para o Brasil. Não havia equipamento dessa qualidade no país. Compramos uma caminhonete Veraneio, e transportávamos todo o equipamento sobre a capota. A banda começou a trabalhar direto; viajava pelas estradas sem parar, pois não havia tantos aeroportos e aviões como nos dias de hoje. Nosso cachê subiu muito.

Acho inclusive que, mesmo sem querer, fui um dos pioneiros no incentivo à profissão de *roadie* no Brasil. Esse trabalho não tinha nome, mas, como tocávamos sem parar, tínhamos um ajudante que montava e desmontava a bateria. E é muito bacana saber que atualmente essa é uma profissão valorizada no mercado, utilizada por muitas bandas.

O movimento de bandas e público jovem que gerou a jovem guarda já estava ganhando força no cenário musical da época, mas ainda não havia sido batizado com esse nome. Era um grupo de artistas que curtia o rock, utilizava guitarra elétrica e já se influenciava pelos astros internacionais, como Herman's Hermit e The Dave Clark Five. Nessa época já haviam surgido os Rolling Stones, e a música dos Beatles dominava o mundo. A presença dos Beatles era tão forte que o refrão *"Yeah, yeah, yeah!"*, da música "She loves you", foi abrasileirado para o termo "iê-iê-iê", que passou a designar todo o *rock* brasileiro do período. Vários cantores e bandas brasileiros estavam sendo influenciados por esses estilos: Celly Campello, Tony Campello, Carlos Gonzaga, Renato e Seus Blue Caps, The Jordans e The Jet Blacks.

Em 1965, a jovem guarda explodiu no Brasil. Mais precisamente no dia 22 de agosto, quando a TV Record de São Paulo estreou um programa nas tardes de domingo com esse nome, que motivou o uso da expressão "jovem guarda" para designar todo o movimento.

Acredito que a jovem guarda foi um dos primeiros fenômenos gerenciados com um foco de *marketing* mais moderno. Havia uma agência de publicidade no prédio do Conjunto Nacional, na avenida Paulista, em São Paulo, chamada Magaldi & Maia. Essa agência começou a criar produtos em cima da onda do programa *Jovem Guarda*, aproveitando o sucesso que a atração alcançava. Começaram a anunciar roupas, como a calça Calhambeque (calça de cintura baixa e boca de sino), o chapéu Tremendão (camisa de gola alta com o punho de três ou quatro botões) e o refrigerante Sissi Jovem Guarda.

Acho que ninguém esperava que o programa conquistasse tanto público. Os musicais das tardes de domingo da TV Record tinham grande aceitação, mas *Jovem Guarda* foi muito além. Doideira total!

Os apresentadores do programa eram Erasmo Carlos, Wanderléa e Roberto Carlos, mas logo Roberto Carlos dominou a cena e passou a ser a figura principal. Alguns artistas eram fixos, como a Martinha, o Ary Sanches e Prini Lorez. Os Incríveis estavam lá desde o primeiro programa; mas não podíamos estar sempre, pois viajávamos muito para tocar por todo o Brasil, todos os fins de semana.

A coisa tomou tal proporção que a cidade de São Paulo chegava a parar no domingo à tarde. As ruas ficavam vazias, pois todos estavam em frente aos seus televisores. O programa era transmitido ao vivo, e acontecia no Teatro Record, na rua da Consolação. Havia sempre uma grande aglomeração de pessoas no quarteirão; era muito difícil chegar lá, e só conseguíamos sair escoltados pela polícia.

Muita gente participou desse movimento. Muitos artistas vinham do Rio de Janeiro, como Roberto e Erasmo, e diversos artistas começaram ali, para depois partirem para seus estilos próprios. Elis Regina começou gravando rock. Jorge Ben era da jovem guarda, assim como Sérgio Reis e Tim Maia.

Naquela época, não havia transmissão de TV a distância. Os programas feitos ao vivo, em São Paulo, só passavam nessa cidade. E os programas do Rio de Janeiro ficavam restritos ao público carioca. Logo o programa *Jovem Guarda* começou a acontecer também no Rio; íamos todos juntos no mesmo avião, modelo Electra, que fazia os voos da ponte aérea. Esse avião era muito bacana! Na parte de trás da aeronave, as poltronas formavam um círculo, que logo virou a nossa sala de estar... Pegávamos o microfone da aeromoça e cantávamos. Era uma grande farra!

O movimento da jovem guarda trouxe muitas novidades para o Brasil. Foi importante para divulgar o rock brasileiro, e tornou os instrumentos elétricos conhecidos do grande público. Não era só um movimento musical, mas também um comportamento. Eram músicas que falavam diretamente com os jovens. Até então, não havia um ritmo especialmente voltado para essa faixa etária. A jovem guarda introduziu um estilo de vestir e até de falar: gírias como "É uma brasa, mora" (algo muito bom, que é demais!), "É isso aí, bicho" e "Não tem mosquito" (não tem problema!), por exemplo, tornaram-se símbolos dessa geração.

Em 1966 fizemos um filme na Inglaterra, a primeira película colorida do Brasil, chamado *Os Incríveis neste mundo louco*. O filme foi gravado em cinco países: Inglaterra, Portugal, Espanha, França e Itália. Foi um grande sucesso; teve a segunda maior bilheteria no ano seguinte, perdendo só para *Todas as mulheres do mundo*, que tinha no elenco Paulo José e Leila Diniz.

Foi nessa viagem para a Europa que conheci Sandra Haick, com quem sou casado até hoje! Tivemos dois filhos: Sandro Haick (músico e multi-instrumentista) e Samadhi Haick.

Quando voltamos ao Brasil, a TV Excelsior, grande concorrente da TV Record na época, nos contratou para fazer um programa que rivalizasse com o programa *Jovem Guarda*. Fomos contratados para realizar o musical *Os Incríveis*. Recebíamos todo tipo de convidados, desde Altamiro Carrilho até Os Mutantes. Esse programa alavancou ainda mais nossa carreira. Nós nos apresentávamos de *smoking*, com roupa de gala, mas o clima também era bem descontraído, pois fazíamos muitas brincadeiras ao vivo. O programa tinha a duração de uma hora e permaneceu no ar até 1968.

Eduardo Araújo, Silvinha e Vanusa foram lançados em nosso programa na Excelsior. Mas não deixávamos de participar de outros programas, como do *Bossaudade* (1965-6), de Elizeth Cardoso, e dos programas de Agnaldo Rayol e Renato Côrte Real. Participamos algumas vezes de *O Fino da Bossa* (1966), que era apresentado por Elis Regina.

Trabalhávamos muito; por vezes tínhamos três ou quatro shows no mesmo dia. Inventávamos muita moda. Nosso empresário criou uma estratégia bem original: tínhamos que vestir vermelho, ter carros vermelhos, tudo vermelho. E não era só para o show, era o tempo todo! Saíamos na rua sempre de vermelho, parecíamos extraterrestres, e tínhamos até uma resposta pronta para os nossos fãs. Quando perguntavam por que vestíamos vermelho, a instrução era que respondêssemos com outra questão: "Por que não vermelho?".

Interrompemos a produção desse programa para viajar ao Japão. Nessa época, mesmo o programa *Jovem Guarda* saiu do ar, pois já não tinha a mesma audiência dos anos anteriores.

Essa viagem, realizada no ano de 1968, também foi uma grande aventura. Havíamos sido contratados, juntamente com Elizeth Cardoso e o Zimbo Trio, para tocar em uma feira de café, lá no Japão. Divulgamos em todos os meios de comunicação que estávamos indo para lá, mas, para surpresa geral, a tal feira do café foi cancelada. E ficaria muito chato dizer para o nosso público que não íamos mais para o Japão; então, insistimos muito com o poderoso empresário japonês, até que ele nos mandou as passagens. Mas, na verdade, no primeiro mês não tinha trabalho nenhum. Ficamos só curtindo, passeando, e o pessoal aqui no Brasil achava que estávamos bombando. Depois de um tempo a coisa melhorou. Gravamos quatro músicas em japonês, e essas canções fizeram sucesso na colônia oriental de São Paulo.

Realizamos alguns shows no norte do Japão, na ilha de Hokkaido, durante um inverno terrível. Tanto o hotel em que nos hospedávamos quanto os lugares, nos bares em que tocávamos, estavam cobertos de neve. Mas o público respondia muito bem. Os japoneses piravam, subiam no palco e dançavam.

Na época, não havia contato possível entre Brasil e Japão: não dava para telefonar. Mandamos muitas cartas para as nossas famílias, mas o correio era lento, e as cartas chegaram bem depois de nosso regresso a São Paulo.

Quando voltamos do Japão, em 1968 para 1969, fomos contratados pela TV Tupi para apresentar um programa muito semelhante ao que fazíamos na Excelsior. Tinha inclusive o mesmo nome – *Os Incríveis* – e o mesmo formato, pois tocávamos nossas músicas e recebíamos todo tipo de convidado.

A banda Os Incríveis acabou de uma hora para outra, em 1972. Seus membros se casaram, inclusive eu; cada um formou família e teve seus filhos. Alguns dos ex-integrantes foram se dedicar a outros trabalhos. Quando a banda acabou, comprei tudo o que se relacionava aos Incríveis – a empresa, o equipamento, o escritório, o ônibus – e criei a Promoções Incríveis. Essa empresa passou a cuidar da minha nova banda, chamada Casa das Máquinas, que também foi inovadora e teve muito sucesso na cena do rock brasileiro dos anos 1970.

Em 1979 e 1980 gravei dois LPs solos, *Netinho* e *Apartamento 97*.

Voltamos com Os Incríveis em 1989 e tocamos muito até hoje. Prosseguimos gravando discos, viajando e apresentando shows por todo o Brasil.

Tive, como todos, alguns percalços na vida, mas felizmente consegui superá-los da melhor maneira possível. Em 1996 foi diagnosticado um câncer na minha garganta. Passei por uma cirurgia para retirar as cordas vocais e parte da laringe. Por causa dessa experiência, no ano de 2000 criei o projeto A Criança e o Futuro, que consistiu na gravação de um CD com a participação de mais de quarenta artistas, produzido pelo meu filho Sandro Haick, em prol de crianças com câncer atendidas pela Casa Ninho, em São Paulo.

Como o leitor pode perceber, minha vida é cheia de música e aventuras. Registrei, em 2009, minha trajetória artística e biográfica num livro chamado *Netinho: minha história ao lado das baquetas*[1].

Para a minha satisfação, Os Incríveis continuam trabalhando com pique total. Lançamos recentemente, após 36 anos do último disco gravado, um álbum autoral e inédito chamado *A paz é possível* (dezembro de 2018). É um álbum que preserva a nossa essência e apresenta a nova formação: Sandro Haick, Leandro Weingaertner, Rubinho Ribeiro, Wilson Teixeira, Bruno Cardozo e eu. Para somar a esse time de craques, tivemos a participação de muitos amigos, como Filó Machado, Pepe Cisneros, Amon Lima, entre outros.

Sou muito grato à música. Foi ela que me levou a tantos lugares, que me possibilitou conhecer pessoas maravilhosas e viver situações incríveis. Nunca parei de tocar, nem de me relacionar com a música, pois o palco é a grande paixão da minha vida.

---

1 *Netinho: minha história ao lado das baquetas*, São Paulo: Minuano, 2009.

Samba-rock

MARCO MATTOLI

O que é samba-rock?

Sinto muita dificuldade de explicar para quem não conhece o que é o tal do samba-rock. Como relatar uma cultura que é descrita por uns como dança e por outros como música, um ramo do samba que às vezes é muito bem representado por um jazz de um artista estrangeiro? É uma cultura tipicamente paulistana, mas vários dos representantes mais importantes são do Rio de Janeiro ou de Porto Alegre. Nasceu nas comunidades negras das periferias de São Paulo, mas o rock branco é fundamental. Vários dos artistas mais tocados nos bailes não fazem a menor ideia do que seja samba-rock; para completar, esse nome foi usado pela primeira vez por um baiano – Jackson do Pandeiro (em "Chiclete com banana"), que foi um gênio mas não tem nada a ver com essa história.

Para começar a entender, tem que ir a uma festa de família negra em algum bairro da periferia de São Paulo e ver uma adolescente dançando samba-rock com o avô na sala, ao som de um vinil antigo e esquecido do Jorge Ben. Ao lado da vitrola tem uma pilha de discos cheia de raridades, coleção de algum tio que sabe muito bem qual é o som dos blacks.

São Paulo é assim, confusa e difícil de entender. Mistura e abraça tudo. Ideias, culturas e raças, sem purismo ou pudor – não é à toa que é o berço dessa expressão cultural urbana que o pessoal chama de samba-rock.

Convivo com esta cultura há muitos anos, e alguns bordões são recorrentes. Vamos falar deles.

São Paulo tem samba?

Quando a conversa é sobre música brasileira, percebo quanto o samba de São Paulo é pouco conhecido. Poucas pessoas, e me incluo entre elas, conhecem a fundo os grandes artistas populares que fizeram o desprezado samba de Sampa.

Gente importante, como Geraldo Filme, Toniquinho Batuqueiro, Zeca da Casa Verde, Ideval, Zelão e Talismã, entre outros ainda menos conhecidos, raramente é lembrada quando o assunto é a raiz do samba brasileiro.

Quando a pessoa conhece um pouco menos do assunto, prevalece aquela velha opinião de que samba "abaixo" do Rio de Janeiro simplesmente não existe. Mas São Paulo – assim como o sul do Brasil – é lar de muitos bambas e terra do samba-rock, um importante fenômeno cultural urbano que tem o samba como um de seus fundamentos.

Para compreender o motivo do surgimento do samba-rock nessas áreas, primeiro é preciso reconhecer que em São Paulo e no sul do Brasil, especialmente no Rio Grande do Sul, existe uma grande população negra, que tem expressão cultural forte e diferente da do resto do país.

Essa herança cultural se manifestou no Sul, nas décadas de 1950 a 1970, como uma expressão urbana única. Assim como o resto do planeta, o Brasil nessa época foi varrido pelo furacão da cultura popular americana. Jazz, rock, soul e funk americanos influenciaram vários movimentos culturais importantes por aqui.

São notórios – e estão fartamente documentados – os movimentos como a bossa nova, influenciada pelo jazz e depois influenciadora dele, e mais tarde o tropicalismo e a jovem guarda, expressões locais e tropicais de uma nova ordem musical mundial. Entretanto, pouco se fala de como a música negra norte-americana se manifestou e se transformou nas várias comunidades negras brasileiras.

A história oficial da música brasileira esqueceu-se do capítulo sobre a cultura negra das periferias de São Paulo, Rio e sul do Brasil, que fizeram uma mistura única de samba, rock, soul e funk. Nesse capítulo esquecido, Jorge Ben, Tim Maia, Branca di Neve, Originais do Samba e Wilson Simonal, para citar alguns dos artistas mais famosos, são reverenciados e respeitados por uma grande massa, nas capitais do eixo sul do Brasil, como artistas fundamentais da música negra brasileira.

Não sei se esse esquecimento ocorre por preconceito em relação ao samba, pelo injusto descrédito a que foi relegado o samba paulista ou pelo tradicional desinteresse da mídia pela cultura da periferia.

Somente em meados da década de 1990 artistas como Jorge Ben e Tim Maia começaram a ser descobertos e valorizados por esse outro Brasil, apesar de representarem a ponta do *iceberg* da imensa produção do grande pop negro nacional. Luis Vagner, Bebeto, Branca di Neve, Marku Ribas e Trio Mocotó também entraram no radar da classe média branca de São Paulo e do Brasil.

Como fruto dessa bem-vinda redescoberta, no começo dos anos 2000 houve um grande interesse dessa garotada pela música negra brasileira das décadas de 1960 e 1970, e um subsequente miniestouro do samba-rock. Nós, do Clube do Balanço, que vínhamos fazendo samba-rock na obscuridade durante a década de 1990, encontramos um novo público e inesperado reconhecimento quando a mídia descobriu este filho esquecido do samba.

Resistência cultural

Eu diria que durante esses trinta anos houve uma verdadeira resistência cultural. Donos de pequenas lojas de disco, equipes de baile, das menores que atuam nos bairros até as grandes como Chic Show, Musicaliando e Os Carlos, programadores e DJs mantêm um mundo que vive e se recria há trinta anos, à margem da grande mídia.

Exceto por alguns títulos básicos de expoentes do gênero, todos os artistas do cenário black e samba-rock tiveram sua obra retirada dos catálogos das grandes gravadoras. Nas rádios, apenas alguns programas especializados tocavam esse estilo.

Por consequência, para ouvir esse som, só indo aos bailes; para comprar, só nas lojas dedicadas ao black nas grandes galerias do centro de São Paulo. Lá você pode comprar um vinil original a preço de ouro, ou uma coletânea pirata com os clássicos do gênero.

Nos bailes não tem novidade, só tem raridade

Aliás, se aludimos à pirataria no final tópico anterior, é preciso esclarecer que tal prática, no âmbito da cultura que estamos estudando, não merece esse nome. Pois, ao contrário da pirataria de que é objeto o produto das grandes gravadoras, foi essa clonagem carinhosa que impediu que vários artistas da música negra, cuja obra fora excluída dos catálogos, caíssem no esquecimento.

Houve casos – sou um exemplo – de músicas que não fizeram muito sucesso quando lançadas, mas que foram posteriormente redescobertas por DJs das equipes de bailes e se tornaram sucessos de pista.

Há também casos de artistas que nunca ouviram falar de samba-rock, ou até mesmo de samba, e que são grande sucesso no gênero, como, por exemplo, Ray Charles ("Hit the Road, Jack"), Jimmy Smith ("Got my Mojo Working") ou Quincy Jones ("Soul Bossa Nova") e até o ex-beatle Paul McCartney ("Check My Machine").

A música "Poema rítmico do malandro", com a cantora Sônia Santos e a orquestra de Zito Righi, é outro exemplo. Sônia só descobriu recentemente que a canção, que não teve repercussão alguma quando foi lançada, em 1969, virou um grande sucesso nos bailes black paulistanos, alguns anos após o lançamento.

Muito do repertório do samba-rock tem mais a ver com a estranha simbiose entre o garimpo cultural dos DJs das equipes e a receptividade de quem dança no baile do que propriamente com os artistas. O que o DJ sugere, e o público dança, é assimilado e batizado como samba-rock.

O gosto musical dos bailes de nostalgia é refinadíssimo. Neles, só é tocado o melhor e o mais clássico do jazz, do funk e da música brasileira. Sonoridades modernas não são muito bem-vindas, e o grande ícone é o vinil.

Os bailes nostalgia não têm DJ, têm discotecário

O DJ Gran Master Ney, meu amigo, conta a história segundo a qual os bailes nostalgia começaram com o seu Oswaldo, discotecário da antiga, inventor da orquestra invisível. Imagino que isso deva ter acontecido na década de 1950.

Tudo teria começado com um baile, com a cortina do palco fechada. O "apresentador" – futuro discotecário – anunciava uma orquestra que supostamente estaria escondida atrás da cortina. No entanto, após várias e maravilhosas músicas executadas a cortina se abria e – oh! surpresa! – a orquestra afinal era o prodígio tecnológico da época, um incrível equipamento de som hi-fi construído pelo seu Oswaldo.

Quem queria fazer um baile contratava uma das tantas e geniais orquestras que existiam na época, mas na periferia a coisa era diferente: quem não tinha grana passou a contar com a opção de fazer a festa com som mecânico.

Nos anos 1950 houve um grande salto tecnológico na indústria fonográfica. Discos prensados com a nova técnica de microssulco, amplificadores valvulados e falantes de última geração proporcionavam um som de qualidade sem precedentes.

Essa história mostra uma importante mudança que a música mecânica hi-fi causou na música popular. Antes, o único contato do artista com o grande público, além da rádio, era a apresentação ao vivo. O artista estava presente e comandava o ritual. Com a melhora da qualidade de reprodução do vinil, passaram a existir apresentações de artistas sem a presença do artista. Mas, para isso, alguém precisava comandar o espetáculo. Nasce o discotecário.

Como aconteceu diversas vezes no século XX com a cultura afro-americana, o limite virou forma de expressão, e o discotecário passa a ser a figura que, no lugar da orquestra, anima a festa.

O discotecário se tornou um elo fundamental na corrente da música popular moderna. Como um griô moderno, ele cava na tradição musical contemporânea os elementos musicais que servem ao ritual da festa e da dança.

Para entender a importância da figura, imagine a década de 1970, quando o acesso à música importada era dificílimo, a censura na cultura nacional era lascada e um lançamento lá de fora demorava anos para chegar ao Brasil. Esse cara, apesar de todas as circunstâncias desfavoráveis, conseguia a música antes de todo mundo.

Assim, se não dava para ir à loja e comprar aquele disco do James Brown, nem baixar na internet (mas que internet?), era no baile que você ia ouvir aquela música. De quebra, o DJ ainda descobria um disco raríssimo de algum cantor nacional obscuro, que virava sucesso na pista. Quando isso acontecia, o DJ escondia a capa e riscava o rótulo do vinil, para a equipe de baile rival não descobrir que cantor era aquele, e a faixa permanecer exclusividade de sua equipe. Era preciso ir àquele baile para ouvir a música.

Há histórias que ficaram famosas a respeito desse tipo de expediente, como a de DJs que viajavam o Brasil e o mundo só para descobrir e comprar raridades e coisas exclusivas. Era uma época em que as informações não fluíam tão rápido como hoje.

Samba-rock é no vinil

Para completar a mística do vinil, quando começou a febre do CD várias obras importantíssimas que ainda estavam em catálogo no vinil não foram disponibilizadas em CD, e obras já fora de catálogo ficaram mais raras ainda. Desse modo, quem quisesse ter um acervo decente para tocar em baile tinha que garimpar as lojas de vinil.

Fora isso, o CD falhava, não era controlável, era pequenino e sem graça. Imagine tentar convencer um samurai de que um canivete suíço é melhor do que uma espada...

O vinil, em contrapartida, é o símbolo do orgulho que sentimos por uma época de ouro da indústria fonográfica, quando qualidade artística e produção em larga escala andaram várias vezes lado a lado. Tenho muito respeito por essa mídia, apesar de ela pipocar, pular e fazer um baita ruído.

Samba-rock é um estilo de dança

A dança do samba-rock provavelmente foi gestada nos bailes das periferias paulistanas nas décadas de 1950 e 60. Na pista, um mambo misturado com rock, gafieira e uma pitada de samba no pé. Nas caixas, um sucesso do Ray Charles seguido de outro da Elza Soares. Tudo isso somado ao talento paulistano de misturar tudo, sem nenhum medo.

O estilo sofreu uma evolução nesses cinquenta anos de existência. Dizem os mais velhos que ele era menos acrobático, e que o homem mais conduzia a dama do que rodava.

A dança é tradicional de São Paulo, e é praticamente desconhecida nos outros estados do Brasil. Em Sampa, ela é um legado cultural de diversas famílias. Até pouco tempo atrás, o único lugar onde se aprendia a dançar samba-rock era em casa, com a mãe, com o pai ou alguém da família, nas festas, na porta do armário, na sala de casa. O samba-rock ensinado nas academias de dança de salão é algo recente, de 2000 para cá. Hoje em São Paulo existem dezenas de coletivos de dança, e o samba-rock é ensinado em várias academias, junto de outras danças de salão.

Tênis, sem chance

Vamos descrever o ambiente de uma festa nostalgia. Antes de mais nada, trata-se de um baile a rigor. Todos usando o melhor terno e o melhor vestido. Homens, aliás, só entram de sapato. O ambiente é familiar e tranquilo.

Existem salões que são tradicionais no gênero, onde as grandes equipes regularmente promovem os bailes: por exemplo, o Club Homs, na avenida Paulista, e a Casa de Portugal, na avenida Liberdade.

Esses bailes são eventos sociais importantes para a comunidade, e equipes como Os Carlos, Chic Show, Zimbabwe, Musicália, Black Mad, Kaskatas, Harlem Brothers, Circuit Power, Dinamite, Ademir Fórmula Um, Eduardo e muitas outras – que mereceriam ser citadas aqui, não fosse a minha ignorância – são respeitadas e seguidas há muitos anos. Há mais de três décadas, esse fenômeno cultural acontece escondido da mídia, da classe média branca paulistana e do resto do Brasil.

A festas não dependem da mídia oficial, sempre lotam e acontecem em vários salões da cidade durante todo o ano. Quem as organiza são as equipes. Algumas são pequenas: duas pickups, meia dúzia de caixas de som, três caixas de vinil e muita vontade de animar a festa – que pode ser o casamento de uma prima do DJ ou a formatura do filho da vizinha.

Outras são grandes, famosas e fizeram história. Equipes como a Chic Show se tornaram célebres pelas festas organizadas no salão do Palmeiras, para 8 mil pessoas. Aliás, o recorde imbatível foi o show de lançamento do LP *Olhos coloridos*, o primeiro da Sandra de Sá, a que compareceram 16 mil pessoas. A Chic Show trouxe diversas atrações internacionais de peso, como James Brown, Betty Wright e Jimmy "Bo" Horne, uma verdadeira proeza para um evento alternativo e fora da mídia.

Até hoje, quando passo pelas grandes galerias da região central de São Paulo, nunca saio com menos de uma dúzia de panfletos de festas que vão acontecer no mês. Recomendo uma visita ao baile: uma aula de democracia e bom gosto musical.

Samba-rock é coisa de paulistano

Jorge Ben é carioca, inventor de um balanço que não existia até ele o inventar, é o cara mais respeitado em qualquer baile black do Brasil. Só que, nos bailes de Sampa, o Jorge Ben preferido não é o Jor, mas sim o velho e bom Big Ben do Brooklin. Os discos do começo da sua carreira são o bê-á-bá do samba-rock, e nessa época ele morava no Brooklin, em São Paulo.

Existe até um disco de sua autoria chamado *O Bidu: silêncio no Brooklin*, lançado em 1967. Aliás, toda a cena da jovem guarda acontecia em São Paulo, e há quem diga que samba-*rock* é o lado mais black da jovem guarda. Não deixa de ser verdade.

Só pra complicar, se você perguntar ao Jorge Ben sobre samba-rock, ele vai dizer que não tem nada a ver com isso, e que acha que esse nome não tem nada a ver. Segundo ele, o que ele faz é balanço, suingue.

Também moravam em São Paulo nessa época os Originais do Samba e o Trio Mocotó, que, além de suas próprias e brilhantes carreiras na música brasileira, acompanharam e fizeram história com Jorge Ben.

O fato é que, na jovem guarda, todo mundo gravava e morava em Sampa, inclusive aqueles que também conheciam e admiravam a black music americana: Jorge Ben, Tim Maia, Erasmo Carlos, Luis Vagner e Os Brasas, Tony Tornado. É daí que se origina a raiz do que depois virou a black music do Brasil.

Nos anos 1980, vários artistas mantiveram a brasa do estilo acesa, como Joãozinho Carnavalesco, Franco, Boca Nervosa, Benê Alves, Dhema, Álvaro e Faeti.

Nessa década, o cantor e percussionista Branca di Neve talvez tenha sido o primeiro a fazer intencionalmente um disco de samba-rock pensado para o baile black paulistano.

Nascido e criado no Bexiga, tocou e gravou com vários artistas da MPB, de Toquinho a Originais do Samba.

Nos LPs *Branca mete bronca* volumes 1 e 2, ele usa de caso pensado todos os elementos musicais do repertório clássico do samba-rock, que com certeza ele ouviu nos bailes, e faz os primeiros álbuns com uma música pensada como um samba-rock. Nesses LPs, ele reinventa e prepara o gênero para os anos 1990.

Esses dois discos brilhantes foram lançados no final dos anos 1980, antes de sua carreira ser interrompida por uma morte trágica e prematura. Dono de uma voz rouca inconfundível, gravou sucessos como "Kid Brilhantina" e "Nego Dito".

Gosto de imaginar que a história do samba e do pagode dos anos 1990 teria sido escrita de forma muito diferente se Branca estivesse presente. Acho que ele tinha talento de sobra e força artística para fazer o samba-rock pular a cerca do gueto paulista e chegar ao resto do Brasil, ali no começo dos anos 1990 mesmo.

Sua morte foi um balde de água fria no gênero, e nos fez sentir um luto artístico que só acabou no final dos anos 1990.

Samba-rock é coisa de carioca

Avisei, desde o início deste capítulo, que essa história de samba-rock era enrolada, igualzinho à dança. Pois é, a parte mais significativa da carreira do carioca Jorge Ben, para o samba-rock, aconteceu em São Paulo, e o grande sucesso do paulistano Bebeto aconteceu no Rio.

Bebeto resume e continua o ramo que brotou com o Jorge Ben. Ele também pensa no violão mais como um instrumento de percussão do que como instrumento de harmonia. Ele é samba, mas suas composições, brilhantes, tem um quê do melhor do soul e funk americanos. Tem metais e coros femininos, na tradição da Motown. O paulistano Bebeto fez muito sucesso no Rio com músicas dos gaúchos Luis Vagner, Alexandre Rodrigues e Bedeu, que fizeram parte de uma importante cena musical black no Rio Grande do Sul.

Do Rio de Janeiro vem também um estilo que é fundamental para o samba-rock, o sambalanço. Essa bossa nova menos elitizada, que sai do apartamento e invade o baile e o subúrbio, é idolatrada pelos DJs. É perfeita para dançar. Ed Lincoln, Orlandivo, Durval Ferreira, Eumir Deodato, Doris Monteiro, João Donato, Waldir Calmon, Som Três, todos eles têm vários clássicos de pista. Já a turma do apartamento, aquela bossa nova mais refinada e clássica, parece dialogar menos com o baile de periferia.

As histórias dos artistas que fizeram a pista no samba-rock se mistura com a história da bossa nova, do samba, da jovem guarda e do rock, ao longo dos últimos trinta anos.

E quem inventou a designação samba-rock, torno a dizer, foi Jackson do Pandeiro, rei do coco e baiano legítimo. Mas acho que ele nunca imaginou em que bicho isso ia dar.

Samba-rock é coisa de gaúcho

O samba-rock ou suingue, como é chamado por lá, tem um espaço muito especial em Porto Alegre. Ao contrário do que se imagina, há uma grande riqueza cultural negra no sul do Brasil, e existe uma tradição de música negra muito forte ali.

São gaúchos dois dos mais antigos clubes negros em atividade do Brasil, ambos com mais de cem anos de idade. O Floresta Aurora e o Satélite Prontidão estão entre as mais tradicionais e antigas sociedades de ajuda mútua; neles, há décadas se luta pelos direitos e pela preservação da cultura negra. Em Porto Alegre também existem terreiros de candomblé entre os mais antigos e tradicionais do Brasil.

Não é de estranhar que lá também exista uma cena fortíssima de música e cultura. Do bairro gaúcho Partenon veio Luis Vagner, que além de participar da jovem guarda com Os Brasas, teve vários discos solos lançados entre as décadas de 1970 e 1980, com vários sucessos de baile. A alcunha "Guitarreiro" vem por conta da poderosa mão direita, que impressionou Jorge Ben a ponto de ele lhe dedicar uma música, "Luis Vagner Guitarreiro". Teve inúmeras músicas gravadas por Wilson Simonal, Bebeto, Trio Esperança, Paulo Diniz. Foi um dos principais inspiradores do Clube do Balanço, e por isso lhe demos o título carinhoso de sócio número 1.

Na década de 1970 se destacam o Grupo Senzala e o Grupo Pau-Brasil, nos quais surgiram compositores da pesada, como Bedeu, Alexandre e Leleco Telles, gravados por Bebeto, Branca di Neve e por inúmeros cantores e grupos de samba. Fizemos shows memoráveis por lá, no teatro Opinião e no Satélite Prontidão, e nos anos 2000 aconteceu uma cena muito ativa de samba-rock na cidade baixa, com surgimento de várias bandas – destaco aqui Mister Funk Samba, Casa da Sogra e Calote.

Samba-rock já morreu

Ouvi muitas vezes essa frase. Na década de 1990, quando eu declarava ter uma banda de samba-rock, ninguém acreditava ou entendia, conforme a pessoa fosse, respectivamente, um "nego velho" ou um "moleque branco".

Naquela década, o máximo que a garotada de classe média conhecia de música negra brasileira eram Tim Maia e Jorge Ben – se fosse bem informada, teria ouvido falar nos grandes nomes do samba de raiz carioca. Samba-rock, porém, era uma expressão sem sentido, e Branca di Neve remetia a uma personagem da Disney.

Já o "nego velho" me olhava, fazia cara de "não acredito" e declarava algo do tipo: "A molecada tá ganhando mais dinheiro com pagode", ou "O último show de samba-rock que eu vi foi o do Bebeto no Palmeiras, em 1977".

Não era muito animador, mas achava que a MPB (Música Preta Brasileira, como diz Sandra de Sá) apenas não tivera ainda o seu valor e seu espaço reconhecidos. Não deu outra: no final dos anos 1990, era cada vez mais comum ouvir, nas festas das casas noturnas da Vila Madalena (bairro boêmio da classe média de São Paulo), pérolas da música black brasileira das décadas de 1960 e 1970. O pessoal ouvia, gostava, mas não conseguia entender de onde vinha essa música.

Em 2001, nós, da banda e coletivo Clube do Balanço, estreamos na Vila Madalena uma noite semanal dedicada exclusivamente ao samba-rock. A domingueira samba-rock do restaurante/casa de show Grazie a Dio fez grande sucesso, e vários artistas da velha geração do samba-rock vieram mostrar, ao lado do Clube, um pouco dessa tradição para a nova geração. A canja musical virou tradição da noite, e vários artistas da geração 2000 – Simoninha, Max de Castro, Paula Lima e Seu Jorge, entre outros – participaram das jams. Como fruto dessa domingueira, gravamos o CD *Swing e samba-rock*, que reuniu artistas da velha e da nova guarda ligados ao estilo. Esse CD marcou o redescobrimento do samba-rock pela mídia e abriu um caminho do estilo para o século XXI.

Os bailes tradicionais ganharam novo público, reunindo a moçada que nunca tinha ouvido falar de samba-rock e a moçada que já trazia essa cultura da sua família. O repertório musical do samba-rock ganhou novas músicas, tanto de novos artistas que gravaram algumas canções do gênero nos seus discos como de novas bandas que se dedicam ao estilo. Opalas, Sandália de Prata, Sambasonics, Paula Lima, Simoninha, João Sabiá, Rogê, Marcio Local, Max de Castro, Seu Jorge, Walmir Borges e Vitrolla 70, entre outros, têm músicas que rolam nas pistas.

Diversas casas noturnas em bairros nobres incluíram o samba-rock na programação. O vinil virou um símbolo de música boa, um artigo para quem entende e aprecia música de qualidade, fora da que a grande mídia impõe.

O Clube do Balanço viajou o mundo e levou essa cultura a vários lugares do Brasil. Sinto que fiz alguma diferença na música brasileira.

Em dezembro de 2016, o samba-rock foi registrado como patrimônio cultural imaterial da cidade de São Paulo, após vários coletivos, artistas, músicos e dançarinos se organizarem numa frente e levarem essa proposta ao Compresp. O seu Oswaldo, primeiro discotecário do Brasil, estava lá. A emoção dele ao ter a sua importância para a cultura de São Paulo reconhecida foi uma das coisas mais emocionantes que eu já presenciei.

Hoje existe um sem-número de coletivos de dança e de organizadores de evento, e o samba-rock tem várias caras e territórios. Algumas festas são mais modernas, só com músicas remixadas, estrangeiras e bem eletrônicas; outras apresentam repertório mais clássico e brasileiro. Vejo eventos em inúmeros lugares, das quebradas até os bairros nobres de São Paulo. Vejo pessoas dançando como antigamente, e pessoas que levam o nó e o giro ao paroxismo. Às vezes gostaria que a moçada ligada ao ensino da dança e que organiza as festas conhecesse mais a fundo a história e o incrível repertório dessa cultura, que houvesse mais fundamento na produção.

De alguns artistas e compositores eu gosto; no universo da dança, vejo muita gente dançar bonito, enquanto outros dançam de um jeito que acho abstrato e deselegante. Mas isso talvez seja apenas um sinal de que finalmente estou nas portas da velha guarda neste pequeno ramo da nossa grande árvore da música brasileira. Saravá!

Os festivais e a MPB

SOLANO RIBEIRO

Os grandes festivais que aconteceram na década de 1960, além de revelar uma nova geração de compositores, cantores e músicos, mudaram o panorama da música e da televisão brasileiras. Suas apresentações atraíam mais interesse e audiência do que o futebol. A final do terceiro Festival de Música Popular Brasileira da TV Record, em 1967, atingiu inacreditáveis 97% de audiência no Ibope. Os festivais fizeram parte da história, contribuindo para a formação da atual conjuntura política do país. A música popular, principalmente aquela que veio a se chamar MPB, constituiu importante contraponto aos momentos em que a ditadura militar fez presente sua força, com impiedosa perseguição ao pensamento libertário, impondo sistemática e brutal censura aos meios culturais e de comunicação. Foi por meio da música popular e de seus artistas que toda uma geração encontrou tênue, porém viva e marcante válvula de escape para dar vazão aos seus anseios e insatisfações por liberdade.

Tudo começou pela iniciativa de dois jornalistas da edição paulistana do diário *Última Hora*, Franco Paulino e Moracy do Val, a partir de sua reação a um infeliz comentário do poeta Vinicius de Moraes – que, ao ser perturbado por fã um tanto etilizado numa apresentação na Boate Cave, disparou a famosa frase: "São Paulo é o túmulo do samba". Na verdade, os artistas cariocas da bossa nova dominavam a cena paulista. Apesar de existirem muitos talentos locais, nenhum conseguia se afirmar e faturar em teatros e boates como os que vinham do Rio.

Para promover o elenco de São Paulo, Moracy e Franco criaram reuniões secretas da bossa paulista. Nas tardes de sábado, em local mantido em total segredo, reuniam-se músicos, cantores e compositores com a finalidade de fazer música. E, é claro, comer, beber e se divertir. Regados a muitos Drury's, Mansion House, London Tower e outras marcas baratas de *scotch*, aconteceram encontros memoráveis, reunindo Claudette Soares, César Camargo Mariano, Théo de Barros, Zelão, Ana Lúcia e Geraldo Vandré no dueto romântico "Samba em prelúdio", a doce Alaíde Costa, Walter Wanderley, o violão de Paulinho Nogueira, Walter Santos – e tantos outros que pretendiam um lugar na noite da Pauliceia Desvairada.

Tudo o que acontecia nas secretas tardes sabáticas se convertia em matéria na segunda-feira, nas colunas de Franco e Moracy. Em poucas semanas, os relatos sobre as reuniões se tornaram o assunto do meio musical da cidade. E também de um público leitor que manifestava, por meio de cartas e telegramas, a sua curiosidade sobre quem cantou o quê na última reunião. Isso num tempo em que a internet nem sequer era sonhada. Aliás, um telefonema para fora da cidade tinha que ser acionado por alguma telefonista que, para desespero dos apressados, dava sua previsão de em quantos minutos – às vezes horas – retornaria com a ligação completada.

Percebi estar na hora de capitalizar aquele interesse e criei, com o pessoal das reuniões secretas, as Noites de Bossa, no Teatro de Arena. A primeira delas foi arrasadora. Lotada a pequena arena de 150 lugares, a verdadeira multidão que permaneceu do lado de fora nos obrigou a uma segunda sessão. Tinha início, de maneira ruidosa, o movimento da bossa paulista.

Outros locais que apresentavam artistas de São Paulo passaram a ser da moda. Um dos mais emblemáticos, e que contribuiu para o crescimento do já efervescente ambiente musical da cidade, foi o João Sebastião Bar. De propriedade de Paulo Cotrim, era, com sua ousada arquitetura, cenário de acontecimentos culturais, literários e musicais que faziam daquela São Paulo uma cidade à frente do tempo artístico e político em relação ao resto do país, algo que se acentuou nos primeiros momentos da ditadura militar. Poetas, seresteiros e namorados corriam para viver, talvez, as derradeiras noites de um sonho que parecia prestes a acontecer. Mas a dita era dura de verdade. Sob o pretexto da proximidade com os universitários do Mackenzie, e tendo ocupado por algum tempo corações e mentes da intelectualidade paulistana, Cotrim foi obrigado a fechar o primeiro bar do país onde a liberdade era total.

Com o ambiente musical da cidade em franca ascensão, senti que poderia tentar algo maior. José Bonifácio de Oliveira Sobrinho, o Boni, então diretor de produção e programação da TV Excelsior, havia me contratado como coordenador de programação. Uma função burocrática, não fosse a televisão ao vivo e em preto e branco. Minha missão era acionar cada setor, que colocava seu programa no ar. Sem a ordem do coordenador não aconteceriam o intervalo, o noticiário, a entrada de filmes, o recado da garota-propaganda; enfim, tudo o que era exibido dependia da sua atuação – que também incluía tapar buracos pela ausência de algum profissional, algo então frequente. Assim, aprendi a operar câmera, iluminar, posicionar e movimentar o *boom* (microfone para som direto), fazer corte na mesa de *switcher* e ocupar o microfone da cabine do locutor quando este não aparecia. Um curinga sempre pronto a assumir o lugar de quem faltasse, para que a Excelsior não interrompesse a programação. Cheguei até a substituir o apresentador de um programa transmitido ao vivo.

Mesmo assim, não havia abandonado as Noites de Bossa no Teatro de Arena, às segundas-feiras. Aproveitando o espaço conseguido na TV, propus a realização de três apresentações do elenco da bossa paulista no Teatro de Cultura Artística, então auditório da Excelsior. Foram três noites gravadas perante um público relativamente pequeno, mas que reagiu de forma positiva ao aplaudir com entusiasmo os números musicais. Após ser editada, a atração foi ao ar sem conseguir índices significativos, porém mostrou algum potencial.

Numa noite de 1964, um acontecimento viria mudar os destinos do país. Era dia 1º de abril; no entanto, para evitar ligação metafórica com a data, os militares divulgaram que a "revolução" – na verdade, o golpe militar – havia acontecido em 31 de março. A correria foi geral. Muito medo no ar. Quem tinha algum engajamento político procurou se esconder. Uma infinidade de boatos dominou as conversas no meio artístico e intelectual. Diziam que o Teatro Oficina havia sido fechado. No Arena, ninguém. Pelas íntimas ligações que mantinha com seu elenco, eu sabia existir cláusula no contrato de locação que rezava seu cancelamento no caso de inatividade por trinta dias. Para evitar seu fechamento, assumi imediatamente a gerência do espaço e, em parceria com Luiz Vergueiro, produzimos um espetáculo estrelado por insuspeito coreógrafo, cantor e bailarino americano, na época responsável pelo balé da TV Excelsior. Em tempo recorde estreava o musical *Lennie Dale, bossa e balanço*.

O sucesso imediato salvou o Arena – pelo menos do senhorio. Certa noite, em meio a uma das apresentações, o teatro foi cercado por policiais do Departamento de Ordem Política e Social (Dops). Procuravam por dois "elementos". Para evitar constrangimento à plateia e uma incômoda interrupção da sessão, pedi que aguardassem o encerramento do espetáculo. Fui atendido, mas, assim que o público saiu, o teatro foi totalmente ocupado pelos policiais. Escritórios e camarins foram invadidos, documentos foram devassados e elenco, funcionários e administradores, obrigados a mostrar identificações. Luiz Vergueiro acabou sendo preso.

O sucesso do musical, produzido com tão poucos recursos e em tempo tão curto, chamou a atenção de Kalil Filho, já então diretor artístico da TV Excelsior. Ele havia assumido o cargo em substituição ao Boni, que partira para outros caminhos. Kalil mudou minha função. De coordenador da programação, passei a produtor musical de um programa, sob direção de Walter Avancini, que estava prestes a estrear: *Bibi Sempre aos*

Domingos. A nova função me "obrigava" a viajar com frequência ao Rio de Janeiro. Numa dessas prospecções, fui assistir a um show no espaço Little Club, do Beco das Garrafas. Sob a direção de Mieli e Bôscoli, apresentava Elis Regina.

Ecos deixados pelas *Noites da Bossa Paulista*, na TV, e os sucessos das *Noites de Bossa*, do Teatro de Arena, levaram Walter Guerreiro, da agência de publicidade McCann Erickson, a me propor a produção de alguns programas reunindo os elencos paulista e carioca. Aconteceu então o espetáculo *Primavera Eduardo é festival de bossa nova*. Eduardo era quem pagava a conta, ou o patrocinador: uma loja de sapatos que deu calço para três noites no mesmo Teatro de Cultura Artística. Foi a primeira vez que Elis Regina se apresentou em São Paulo. O público quase lotou o auditório e reagiu calorosamente. E os programas que foram ao ar mostraram índices significativos para um elenco quase desconhecido. Era evidente que a música popular brasileira conquistava uma plateia que crescia e prenunciava, com seu potencial, a possibilidade de ações mais ambiciosas.

Uma vez por ano, o Festival de Sanremo despejava no mundo uma avalanche de canções que ocupavam o som dos rádios e a nossa paciência. Porém, era eficiente para a música italiana. Passei a sonhar com a realização, por aqui, de algo parecido. Procurei Enrique Lebendiger, dono da poderosa editora Fermata, que me cedeu o regulamento italiano. Sanremo fazia seu festival com total participação das gravadoras e editoras, que indicavam músicas e intérpretes. Se adotasse o mesmo critério, eu não iria conseguir mudar muita coisa; então decidi que, no meu festival, poderia entrar qualquer compositor interessado.

As inscrições foram abertas com a exigência de incluir partitura da música concorrente. Não existia ainda a possibilidade do uso de gravadores. Quase quinhentas músicas foram inscritas. Uma comissão reunida ao redor do piano de Amilton Godoy fazia a leitura das partituras atentamente, acompanhada por Augusto de Campos, Décio Pignatari, Roberto Freire e Damiano Cozzella, sempre com algum deles a tentar entoar, como podia, a música avaliada.

Foram escolhidas as 36 canções que seriam apresentadas em três eliminatórias – quatro classificadas iriam para a grande final. Minha intenção era que o festival fosse no Guarujá, com o propósito de concentrar, naquela então pequena e charmosa cidade do litoral, cantores, compositores, fãs, críticos e mídia, num clima em que o assunto seria música popular. Por imposição do patrocinador, fui obrigado a dividir os espaços do festival com o show da Rhodia. Todos os anos, o show era sensação na Feira Nacional da Indústria Têxtil (Fenit), com o lançamento de suas criações, que, em seguida, corriam o mundo para desfiles, filmes, exposições, feiras e fotos.

Num confuso e estranho ir e vir de manequins, costureiros, músicos, maestros, cantores, compositores e críticos, aconteceu no Guarujá, em São Paulo e em Petrópolis – com a final realizada no Teatro Astória do Rio de Janeiro – o I Festival Nacional da Música Popular Brasileira. Para economizar espaço, editores e jornalistas foram encurtando o nome, até reduzi-lo a Festival da Excelsior ou Festival da MPB. A música vencedora foi "Arrastão", de Edu Lobo e Vinicius de Moraes, com arrasadora interpretação de Elis Regina. Era 1965.

Por discordar da submissão dos diretores da Excelsior aos interesses do patrocinador, pedi demissão. Sem que eu soubesse, já haviam assinado contrato para um segundo festival, no qual seriam acrescidas etapas em Salvador e em Ouro Preto. Na época, existia protocolo entre as emissoras que impedia que uma contratasse artista de outra. Como eu estava livre, Paulinho de Carvalho me perguntou se toparia fazer um festival na Record. Claro que aceitei de imediato.

Pelo fato de a Excelsior não ter manifestado interesse em manter um programa com Elis Regina, a Record a contratou pelo maior salário então já pago a um artista da televisão brasileira. Não só ela, mas todo um elenco que reunia os melhores representantes da chamada música popular moderna. Entre eles, Jair Rodrigues, que dividiu com Elis a apresentação de *O Fino da Bossa*. A Record ainda contratou o elenco da velha guarda, que, sob o comando de Elizeth Cardoso e Ciro Monteiro, e tendo Aracy de Almeida como coadjuvante, fazia a alegria dos saudosistas, com o sambão do programa *Bossaudade*.

A emissora também investiu no humorismo musical, em que o vibrante gogó de Agnaldo Rayol fazia contraponto às piadas de Renato Corte Real. Era o *Corte Rayol Show*. Hebe era a gracinha das quartas-feiras. Aquela sequência de musicais, acrescida nas noites de domingo pela *Família Trapo*, fazia da Record, com sua programação alternativa, a emissora cujos números mais cresciam no Ibope. De quebra, nas jovens tardes de domingo, uma turma da pesada no programa *Jovem Guarda* fazia de Roberto Carlos o mais sério candidato a rei – o único com o poder de destronar Elis, a então rainha.

Durante a preparação do meu segundo festival, um enorme incêndio destruiu os estúdios da TV Record, localizados perto do Aeroporto de Congonhas. Com isso, a programação passou a ser transmitida do Teatro Record Consolação. Apesar das imensas dificuldades, as providências para o festival prosseguiram. Em memorável noite de 1966, aconteceu a disputa: de um lado, "A banda", de Chico Buarque – com sua torcida de "bandidos", em sua maioria universitária –, defendida pelo próprio Chico e por Nara Leão; de outro lado, o som caipira da "Disparada", com os versos engajados de Geraldo Vandré bravamente apresentados por Jair Rodrigues.

A grande final empolgou a plateia – dividida entre "bandidos" e "disparatados" –, júri, crítica, cidade e todo o restante do país, que parou para ver quem levava a melhor entre os que passavam "cantando coisas de amor" e aquele que "seguia como num sonho, e boiadeiro era um rei..." Deu empate. Vandré, Chico, Jair e Nara consagraram a MPB em todos os noticiários, e a TV Record foi elevada ao primeiro lugar na competição por audiência entre as emissoras brasileiras.

No ano seguinte, em uma noite em 1967, aconteceu o ponto mais alto desse processo artístico, afirmação de todo o trabalho iniciado no Teatro de Arena e seus 150 lugares – com a introdução das guitarras e instrumentos eletrônicos, até então proibidos, e a nova estética sonora proposta por Rogério Duprat no arranjo de "Domingo no parque", no que foi rotulado como "som universal", precursor do tropicalismo. Um momento de emocionante confrontação política e estética, que mudaria definitivamente os rumos da MPB. Mais adiante, em uma noite de 1968, Tom Zé, com sua "São, São Paulo, meu amor", abriria caminho definitivamente para o tropicalismo, trazendo à tona explosivas contradições que eclodiram no III Festival Internacional da Canção (FIC) da Globo.

Emergiu irreconciliável confronto ideológico. Num primeiro momento, com rejeição e até mesmo agressão, pelos universitários do Teatro da Universidade Católica de São Paulo (Tuca), em São Paulo, aos trabalhos de Gilberto Gil, Caetano Veloso e Os Mutantes. Eram sons, recados e comportamentos que retratavam uma juventude em sua ânsia de afirmação colorida, e que defendiam, com barricadas físicas e ideológicas, o básico e elementar direito de proclamar que era "Proibido proibir". Na final daquele festival, com o Maracanãzinho lotado, os militares impuseram a canção vencedora à já então maior rede de televisão do país. Geraldo Vandré, caminhando e cantando "Pra não dizer que não falei de flores", estava proibido de vencer Tom Jobim e Chico Buarque. O resultado provocou uma das maiores e mais injustas vaias da história dos festivais. O que se viu a seguir foram momentos pouco musicais, que deixaram sequelas até hoje não superadas.

Os festivais foram interrompidos por razões econômicas e principalmente políticas. Tentativas esporádicas de os retomar aconteceram, mas sem a continuidade que transforma um festival de música num processo dinâmico. As criações apresentadas no último servem como referência ao seguinte, numa constante transformação de estilos, ritmos e tendências. Os artistas fazem de um festival o ponto de partida cuja chegada trará sempre surpresas para quem o acompanha.

A ausência dos festivais e de uma música de qualidade no rádio e na televisão levou a que seus espaços fossem ocupados pelo *marketing* da indústria da música, que impôs vários modismos de qualidade duvidosa, objetivando unicamente fazer dinheiro. E bom dinheiro, pois a música popular arrecada grandes somas, tanto no mercado interno quanto na exportação de produtos. O que se viu e se vê é o total desprezo pela coerência ou o vínculo com valores culturais. Basta fazer um passeio pelo dial das FMs de qualquer localidade para se ter a impressão de estar em país que não é o seu. Hoje, a música brasileira faz mais sucesso no exterior do que em seu lugar de origem.

O Festival de Sanremo é realizado desde 1951, isto é, sua criação é anterior à chegada da televisão na Itália, o que aconteceu em 1955. No Chile, o Festival Internacional da Canção de Viña del Mar, considerado o mais importante da América Latina, é organizado em todo mês de fevereiro desde 1959. No Brasil, o ciclo dos grandes festivais transmitidos pela televisão terminou com o VII FIC, em 1972, em meio às turbulências provocadas pelo regime militar. Sinal dos tempos. Em debates promovidos pelo jornal *O Estado de S. Paulo* pela passagem dos 60 anos da televisão no Brasil, foram escolhidos, como temas, jornalismo, humor e novelas. A música popular não teve vez.

Mas chega de saudade. A fila tem que andar. Por outro lado, nunca na história deste país existiu quantidade igual de músicos, cantores, compositores e grupos. Sem a necessidade de grandes investimentos, eles estão preparados para ocupar os espaços que lhes pertencem por direito. Quem viver ouvirá. Os meios mudaram, assim como a maneira de fazer música. A produção independente cresce. Com a informática e suas possibilidades infinitas, somadas aos YouTube, MySpace, MP3, Facebook, iPod ou não pode, vieram a liberdade de criação e plataformas que modificaram a relação entre música e público. Isso precisa ser revelado. Por que não num festival?

A tropicália e os loucos anos 1960

JÚLIO MEDAGLIA

As pessoas que estavam em pleno uso da razão e de sensibilidade, do fim dos anos 1950 ao fim dos anos 1960, tiveram oportunidade de vivenciar as mais criativas e radicais transformações culturais e comportamentais – comparáveis, no panorama histórico recente, apenas aos chamados *roaring twenties*, os "loucos anos 20".

Os anos 1950 foram um período de otimismo em todo o mundo, os chamados anos dourados, em consequência da paz universal conquistada após a hecatombe da Segunda Guerra Mundial, do fim do conflito entre as duas Coreias, da autodeterminação da Argélia e coisas assim. A juventude comemorava esse otimismo dançando ao som do rock'n'roll de Elvis Presley. No cinema – também em sua era de ouro – se dançava e cantava muito com os musicais hollywoodianos de Fred Astaire e Gene Kelly – de *Cantando na chuva* e *Sinfonia de Paris* a *West Side Story*. No Brasil, esse otimismo se refletia na era Juscelino, nos filmes carnavalescos da Atlântida, no brilho das produções radiofônicas e no nascimento da TV.

Apesar de toda essa extroversão, os anos 1950 caminharam, em seu final, para uma reflexão e compactação de linguagens artísticas em todo o mundo. O jazz sai do virtuosístico estilo do bebop e do hard bop e parte para o cool de Miles Davis e Gil Evans. Apesar do refinamento e discrição dessa música, discos como *Sketches of Spain*, de Davis, chegavam a ser *best-sellers* em vários países.

Na música popular brasileira, a bossa nova provoca uma verdadeira implosão de componentes, reduzindo nossa expressão musical à sua própria raiz. Fazia-se um samba *clean*, despojado, intimista, transparente, silencioso, camerístico. As letras abandonavam o tom alegórico-demagógico dos sambas ufanistas do período da guerra no Brasil, assim como o ramerrão abolerado e trágico do samba-canção do tipo "ninguém-me-ama-ninguém-me-quer". Partiu-se então para o coloquial, o descontraído, para o linguajar de uma crônica jovem.

Na música clássica, o renascimento da técnica composicional do dodecafonismo de Schönberg "limpa" o som de todos os conteúdos tradicionais, filtra-o, libera-o dos folclorismos, nacionalismos, sentimentalismos, códigos passados, regularidades e simetrias estruturais. Eliminou-se o acaso e passou-se a compor com rigor, como se usássemos uma lupa e uma pinça para manipular cada nota grafada. O som ficou cristalino e se tornou livre, leve e solto.

Na poesia, ocorre uma grande revolução com o concretismo, movimento nascido no Brasil e universalizado rapidamente. A palavra, as sílabas e as letras ficaram independentes de compromissos com o verso e com o lirismo narrativo linear tradicional. Os poemas tornavam-se quase ideogramas. Palavras, sílabas e letras soltas na página em branco, criando um novo conceito de poesia.

O concretismo das artes plásticas tinha características análogas – "isomórficas", como se dizia à época. Partiu-se para soluções "puras", abstratas, geométricas, econômicas, limpas, com poucas cores e formas discretas.

A Nouvelle Vague também lança um cinema intimista, com poucas palavras, atores e movimentações. Olho no olho, reflexivo. No Brasil, os filmes de Walter Hugo Khouri seguem essa linha.

A criação artificial de uma cidade inteira, como a Brasília de Niemeyer, mesmo grandiosa, revela uma leveza de discretas linhas retas e curvas, na cor branca, em edifícios construídos sobre pilotis, que pareciam flutuar.

Todo esse "intimismo cultural", apesar de sua riqueza de ideias, formas de expressão e fina beleza, pouco durou. Com a chegada da década de 1960, os conceitos foram pelos ares. O jazz parte para o descomprometido free, Pollock anarquiza a pintura com seu tachismo espalhafatoso e John Cage entra de sola com seus *happenings* nas salas de concertos. A contracultura *hippie* incendeia as mentes jovens, que ganham força no panorama social, sobretudo via música – com a guitarra em riste como arma e o rock como munição. É uma grande revolução de comportamento, que cria um novo panorama social e artístico.

No Brasil, a música começa a abandonar o lirismo intimista original da bossa nova e, por ser um movimento jovem, se orienta para a tomada de posições, sobretudo porque vivíamos sob uma ditadura. Surge então a sigla MPB – como se fosse um partido –, e seus adeptos, cheios de coragem, enfrentam, com uma enxurrada de composições participativas do mais alto nível, o *status quo* político-social.

Em meados da década nasce outro movimento jovem – mais para adolescentes –, chamado de jovem guarda. Cantavam um tipo de música conhecido à época como "iê-iê-iê", expressão extraída de uma famosa canção dos Beatles, "She loves you" ("*yeah, yeah, yeah*"), composição de John Lennon e Paul McCartney. Apesar da aparente rebeldia no uso de roupas extravagantes, tanto as canções quanto o comportamento dos intérpretes eram bastante ingênuos. Seja nas versões originais, seja nas traduções dos modelos ingleses e americanos, as músicas não revelavam nenhuma agressividade. Ao contrário, eram "rebeldes" amados pelos pais e avós, bem diferentes dos adeptos da contracultura transformados em *hippies*, que viviam conflitos pesados com as gerações anteriores e a filosofia do bem-estar americano, o *American way of life*. Mesmo assim, a jovem guarda contribuiu para certa liberação de costumes da geração jovem, e o adolescente ganhou presença na movimentação social. A juventude era símbolo de muita coisa positiva no Brasil, inclusive no mercantilismo publicitário.

No início de 1968, sai o disco *Caetano Veloso*, com a música "Tropicália", que desenha uma verdadeira colagem bem-humorada de símbolos nacionais, figuras de um Brasil moderno e caipira, cibernético e rural, que mistura aviões a jato com girassóis, a bossa, a fossa e a roça, a nova capital e Carmen Miranda, Iracema e Ipanema, tudo envolto num arranjo repleto de ruídos de pássaros, florestas e discursos épicos. É desse LP também a canção "Alegria, alegria", que expunha o ideal de vida daquela geração em toda parte: o de caminhar mundo afora contra o vento, sem lenço e sem documento. No disco está a composição "Soy loco por ti América", em ritmo "latino". A canção firma uma posição ideológica do tropicalismo, tendo como bandeira um ícone da época que, após liderar uma revolução vitoriosa, em vez de sentar-se num ministério em Cuba, preferiu partir novamente para a luta de libertação de outros povos: Che Guevara.

O tropicalismo se transformaria num verdadeiro movimento, englobando tudo o que havia de expressivo em termos de linguagem artística, passada ou futura, nacional ou internacional. Representava a resposta brasileira à cultura pop da época, liderada pelo criativo e participante rock daquele momento.

Capitaneado por Caetano Veloso e Gilberto Gil, num momento em que esses autores estavam com seus radares culturais ultra-ativos e sensíveis, o movimento cria a maior confusão na música popular brasileira, pelo fato de não adotar uma linha criadora definida. Em vez disso, englobava os componentes mais antagônicos, aparentemente incompatíveis entre si. Na aparente anarquia do tropicalismo, seus participantes, agregados e apoiadores eram do mais elevado nível cultural e artístico. Daquela avalanche faziam parte músicos populares como Tom Zé, Gal Costa e Os Mutantes, músicos eruditos de vanguarda como Rogério Duprat e este autor, poetas concretos como Décio Pignatari e os irmãos Haroldo e Augusto de Campos, autores e diretores teatrais como José Celso, Augusto Boal, Gianfrancesco Guarnieri, artistas plásticos como Rubens Gerchman, Hélio Oiticica, Aguilar e Rogério Duarte, jornalistas como Luiz Carlos Maciel, escritores e poetas como José Agrippino de Paula, João Antonio, Waly Salomão, Jorge Mautner e Torquato

Neto, figurinistas como Regina Boni, com sua loja Ao Dromedário Elegante etc. A propriedade estética do tropicalismo chegou a puxar o carro de toda a cultura brasileira de vanguarda. O curioso é que, apesar da alta qualidade do repertório desse movimento, ele se tornou imensamente popular, pois os meios de comunicação da época eram porta-vozes escancarados daquelas ideias — mesmo com as dificuldades de relacionamento entre artistas e instituições, decorrentes do regime ditatorial e da presença constante da censura.

O público acompanhava as transformações ocorridas nos caminhos do estilo com grande rapidez.

Caetano entrou vaiado no Festival da Record de 1967 para interpretar "Alegria, alegria", uma marcha-rancho acompanhada por guitarras elétricas, e saiu aplaudido. Nos três minutos de duração da música, a plateia reconsiderou sua atitude e compreendeu o novo fato histórico: a presença de outra "instrumentália" nos domínios da MPB.

Não era fácil entender o que estava acontecendo. O tropicalismo não era um movimento de "lindas canções" apenas. Ele incluía com a maior versatilidade e espontaneidade a música fina e a cafona, a de vanguarda e a de retaguarda, o sacro e o profano, o intimista e o social, o rock e o toque, o canto e o grito, o som trabalhado e o apito, a rabeca e a guitarra elétrica, a timidez e o comportamento agressivo, a gola rulê e a vestimenta colorida, Fellini e Godard, a poesia concreta e a de Cuíca de Santo Amaro, a discrição e a coreografia, o lírico-poético e o questionador, celestiais acordes debussyanos e Vicente Celestino, o individual e o político, o berimbau e o teremim, o portunhol e o latim etc.

Aqui entra um dado curioso e relevante, não percebido à época pela maioria das pessoas, sobretudo pelos estudantes, que adotavam posicionamentos incendiários. Um fato que revela o profundo sentido político do movimento, apesar de suas características aparentemente anárquicas ou bem-humoradas: quando a repressão apertou o cerco em torno dos artistas, para aqueles que falavam "a terra deve ser do povo", "quem trabalha é que tem direito de viver", "nos quartéis se aprende a morrer pela pátria e viver sem razão", ou que levantavam o braço e, de punho cerrado, gritavam "viva Che Guevara", nada aconteceu. Ou seja, os panfletários saíram ilesos da situação. Já aqueles que cantavam "a água azul de Amaralina" ou diziam "o rei da brincadeira, ê José" foram levados aos quartéis e humilhados. Como se explica isso? É que os militares tinham percebido que o perigo estava na linguagem, e não na língua. No comportamento, e não no verbo. Isso, aqueles estudantes que vaiaram Caetano, Gil e Os Mutantes no Teatro da Universidade Católica de São Paulo (Tuca) não tinham percebido.

Quando Gil e Caetano foram soltos, Rogério Duprat e eu fomos visitá--los em Salvador. Caetano nos contou que, ao serem levados aos quartéis, se depararam com um daqueles supergenerais, que lhes disse: "Com esse negócio de vocês fazerem da realidade uma pasta informe, misturando coisas sem deixar valores constituídos eretos, reconhecíveis, estão agindo com uma das mais modernas formas de subversão – talvez a única". Ora. Embora pareça uma frase de Marshall McLuhan ou Décio Pignatari, ela foi dita por um dos comandantes da política e da repressão daquele momento. Percepção essa tida também por Ronald Reagan. No período de seu governo na Califórnia foram fechados os campos onde os *hippies* se reuniam para fazer trabalhos manuais, transformando-se aqueles locais em estacionamento de automóveis.

Na mesma época, em 1969, o grupo de motociclistas Hell's Angels, contratado para fazer a segurança dos Rolling Stones durante um megashow em Altamont, também na Califórnia, desceu o sarrafo na plateia jovem, ferindo dezenas de pessoas e matando uma – como se pode ver no filme *Gimme shelter*. Essa tragédia parecia justificar a frase "o sonho acabou" e, de alguma forma, encerrava uma época e uma filosofia que defendia a paz e o amor.

De qualquer maneira, apesar de todos os conteúdos e formas de participação artística ou política do tropicalismo em seu tempo, o que a distância histórica nos mostra é que o aspecto mais importante daquele acontecimento foi a grande qualidade de sua música e de seus textos. Por isso ele será sempre lembrado e cultivado.

Bituca e o Clube da Esquina

LILIANE BRAGA

Chovia muito naquela manhã de sábado. Jaca, primo de Bituca, estava para nos apanhar. Enquanto ele não chegava, uma simpática senhora, que limpava algumas espigas de milho, nos contava "causos" da cidade. A senhora era a dona do Brasil Hotel, em que nos hospedamos naquela noite.

Estávamos em Três Pontas, cidade em que Milton Nascimento, o Bituca, fora criado.

Bituca, o apelido de infância, nos aproxima da história que lança Milton Nascimento de Minas Gerais para o mundo. O estado, apesar de não ter sido o local do nascimento do artista, o alimentou e segue alimentando, com suas paisagens de geografia humana e física.

A história de Milton Nascimento está interligada à do Clube da Esquina, surgido a partir do encontro entre ele e músicos de Belo Horizonte, talentos da música mineira que, a partir da década de 1960, deixariam seu carimbo na história da música popular brasileira. O grupo passou a ser conhecido assim após o lançamento do emblemático disco de 1972, *Clube da Esquina*, que fez sua apresentação formal ao mercado fonográfico brasileiro.

Este texto remonta à atmosfera vivida durante visita à cidade e à casa onde Bituca foi criado, e com pessoas que com ele conviveram ao longo de todos esses anos. Procura traduzir o que se pôde ver, ouvir e sentir estando *in loco* no cenário do qual emergiram Milton Nascimento e o pianista e arranjador Wagner Tiso – nascido em Três Pontas –, e o que revelaram os diálogos ali mantidos, que levam aos demais expoentes desse movimento musical a partir da terra das alterosas, como Márcio e Lô Borges, Beto Guedes, Toninho Horta, Flávio Venturini, Tavito... Foi ideia de Márcio Borges o nome para essa reunião de músicos originada no edifício Levy, "irmandade unida no interesse por música, política, amizade e uma cachacinha das boas", segundo Silvio Essinger[1]. Ao se lembrar da forma usada pela mãe para falar por

---

1 Silvio Essinger, "Clube da Esquina", Portal Clique Music, disponível em: <http://cliquemusic.uol.com.br/generos/ver/clube-da-esquina>. Acesso em: 9 nov. 2018.

onde andavam seus filhos, dizendo "lá na esquina, cantando e tocando violão", veio o nome para o grupo formado entre os irmãos Borges e os amigos artistas, que tinham em comum, ainda segundo Essinger, "o grande interesse por assuntos culturais e políticos e a disposição de privilegiar os temas sociais em detrimento do amor nas letras".

Tais interesses estão inter-relacionados ao momento do encontro dos jovens músicos em Belo Horizonte: nesse período, o Brasil sofre com disputas políticas, culminando no golpe militar de 1964, que depõe o presidente João Goulart e instala uma era de amargura[2]. Quatro anos depois, a imposição do Ato Institucional número 5 (AI-5) intensifica o autoritarismo:

> *Doze artigos desabam sobre nós e tornam todos os brasileiros reféns indefesos da ditadura. Recesso parlamentar. Intervenção nos estados sem limitações de nenhum tipo. Cassação de mandatos parlamentares. Suspensão dos direitos políticos. Proibição de atividades e manifestações de cunho político. Proibição de frequentar determinados lugares. Liberdade vigiada. O atingido pelo AI-5 pode ser proibido de exercer sua profissão e ter seus bens confiscados. Censura à imprensa sem limitações. Os atos decorrentes do AI-5 não são passíveis de apreciação judicial. Lei de Segurança Nacional. A barra pesou. O movimento estudantil vai se desmobilizar, parado a ponta de espada. Professores e alunos cassados, expulsos, presos. Barra pesada. Tanques na rua.*[3]

O movimento político-ideológico de esquerda que se opõe à ditadura é representado principalmente por artistas, jornalistas, intelectuais e políticos egressos de movimentos estudantis e de diretórios acadêmicos universitários[4]. Muitas das letras do Clube da Esquina, com sua grande força poética, expressam sentimento de insatisfação e intenção de transpor esse cenário. Assim aconteceu, também, com as músicas da carreira solo de Milton Nascimento. É o caso de "Travessia" (1967), "Canção da América" (1980), "Nos bailes da vida" (1981), composições dele com Fernando Brant, e de "Coração de estudante" (1983), parceria com Wagner Tiso, hino do movimento pró-democracia e da campanha por eleições diretas ou Diretas-Já.

Musicalmente, o Clube da Esquina aponta para culturas que escravizados(as) africanos(as) ressignificaram nas Américas, com a presença – rítmica e temática – de gêneros originados de celebrações marginalizadas pela perspectiva eurocêntrica. Folia de reis, congada afro-mineira, toadas e

---

2 Luciana Salles Worms e Wellington Borges Costa, *Brasil século XX ao pé da letra da canção popular*, Curitiba: Nova Didática, 2002.
3 Márcio Borges, *Os sonhos não envelhecem: histórias do Clube da Esquina*, São Paulo: Geração, 2010, pp. 189-90.
4 José Ramos Tinhorão, *História social da música popular brasileira*, São Paulo: Editora 34, 1998.

lamentos fundem-se de maneira única ao rock progressivo e ao folk rock, ao jazz, à bossa nova e à música de Villa-Lobos, (re)conectando afrodiásporas de Minas, Rio de Janeiro e do mundo.

A partir de histórias sobre o menino e o jovem Bituca ouvidas na visita a Três Pontas, adentramos narrativas das quais vêm à tona protagonistas de um capítulo tão importante da cena musical brasileira, revelador de artistas que se encontram criando, tocando, (en)cantando ao longo de cinco décadas, nas quais as agendas de trabalho tiveram suas bifurcações naturais. Houve, ainda assim, espaço para reencontros. É o caso da celebração dos 50 anos de carreira de Milton, que deu origem ao show de Bituca, Tiso e Lô realizado em Três Pontas em 2012 e cuja íntegra – de quase uma hora e meia de duração – se encontra disponível na plataforma YouTube[5].

Eis que retomamos o início deste texto: Jaca não demorou a chegar, e logo estávamos dentro de seu Fusca branco, a caminho da casa do pai de Bituca. Jaca é Jacaré, ou melhor, Helson Romero de Campos Souza, apelidado Jacaré na adolescência, por causa do jogador de futebol do Bangu, Hélcio "Jacaré". "Os Jaca são *five*", costumava brincar Bituca. Os irmãos de Jacaré – filhos de dona Havany Campos Souza, irmã de seu Zino, pai de Milton – passaram a ser "os jaquinhas". E a irmã, carinhosamente, passou a ser a "Lagartixa". Pelos apelidos, percebe-se que o bom humor sempre foi estrela na "órbita" da família de Bituca. Por ele, Jaca é chamado de "Das Jaca", por causa de uma brincadeira com o idioma alemão surgida em Belo Horizonte, para onde Bituca se mudou quando estava na casa dos 20 anos de idade. Mas essa já é outra história.

Praça Travessia, número 100. Esse era o nosso destino. Ali, Bituca chegou ainda bem criança. E ali foi criado até a juventude. Na ocasião da visita, o endereço abrigava também o Fã-clube Oficial de Milton Nascimento, que funcionava anexo à casa dos pais de Bituca – o já citado seu Zino, falecido em 2010, e dona Lília, falecida em 1998. Seu Zino, ou o "professor" Zino[6], nos recebeu de braços abertos para, do alto de seus então 85 anos, contar-nos outros "causos": os que fizeram de Bituca personagem ilustre da história da música popular brasileira.

Milton Nascimento nasceu no Rio de Janeiro, em 26 de outubro de 1942, filho de Maria do Carmo Nascimento, cozinheira da casa da então "rapariga" Lília, irmã de Dulce, de família de ascendência portuguesa. "A cozinheira arrumou um namorado e engravidou. Quando Maria do Carmo

---

5 Cf. <https://www.youtube.com/watch?v=G5ncn1BC5Og>, licenciado pela UMG em nome da Universal Music. Acesso em: 2 out. 2018.
6 Josino de Brito Campos lecionou durante a vida toda nos colégios de Três Pontas.

faleceu, Milton estava com cerca de 2 anos de idade, e Lília decidiu que criaria aquela criança", segundo a narrativa privilegiada de seu Zino. Ela e o jovem mineiro ainda não eram casados quando a decisão foi tomada. O fato é que, desde o nascimento daquele bebê, Lília era quem tomava conta dele. Dava-lhe banho e o colocava ao lado de seu piano quando tocava o instrumento. Ali, o menino Milton ficava quietinho.

Quando conheceu dona Lília, seu Zino havia deixado o interior mineiro para trabalhar e estudar em Resende, no Rio de Janeiro – onde seu tio fundara a Escola Militar local, mais tarde renomeada como Academia Militar das Agulhas Negras. Josino de Brito Campos, de ascendência holandesa, é natural da cidade de Campos Gerais. Terceiro filho de uma família de sete irmãos que saíram "salvos" ("eram muitos, mas foram morrendo", nas palavras de seu Zino). Veio a Segunda Guerra Mundial, e ele foi enviado para uma base naval nos Estados Unidos. Foi preciso esperar a guerra acabar para que seu Zino e dona Lília se casassem.

Quando Milton ainda era bem criança, o casal partiu, carregando-o nos braços, rumo a Três Pontas. Jacaré toma a palavra: "Imagine um casal de brancos, novinhos, recém-casados, chegando a uma cidade pequena com uma criança 'crioula' embaixo do braço". O termo utilizado, em referência à pertença étnico-racial de Milton Nascimento e que tem sido ressignificado por movimentos sociais negros, aponta para o estranhamento visto na cidade. Estranhamento fruto de racismos que ainda emergem em situações correlatas, em pleno século XXI, muitas das vezes revelados em comentários nas mídias digitais. Apenas depois é que a família de seu Zino passou a ser conhecida pelo seu espírito solidário na cidade. Foi assim que vieram falar de uma menina ainda bebê que havia sido abandonada pela mãe, e que seu Zino e Dona Lília não hesitaram em adotar. Era Elizabeth Aparecida Silva Campos, que, conforme relato do pai de grande coração, estava tão doentinha que o padre aconselhou que só legalizassem a adoção após um período de tratamento, para se certificarem de que a criança sobreviveria.

Pouco depois, faleceu uma tia de Lília, do Rio de Janeiro. Luís Fernando Brito, primo da esposa de seu Zino, ficou órfão e veio integrar a prole da família Campos. Por último, nasceu Jaceline Silva Campos, a única filha biológica do casal.

Era um tempo em que a casa dos avós servia de ponto de encontro para a "grande família", no tradicional almoço de domingo. E Bituca cresceu em meio a irmãos, primos e amigos, que eram "pau para toda brincadeira".

E de onde veio o apelido? Seu Zino responde com bom humor: "Ele era um [menino] pretinho beiçudo, e botocudo é o nome do índio (*sic*) que é beiçudinho. 'Botocudo' virou 'Bituca'. Ele ainda estava mamando quando recebeu o apelido".

Na infância, sempre havia outras crianças em torno de Bituca. "Ele inventou uma história; 'Pocolito' era o nome da personagem. Juntavam quatro, cinco, seis meninos em volta dele para ouvir. Em casa era assim, um centro de meninos pequenos: Bituca e os irmãos, mais os amigos que frequentavam a casa, e muitos sobrinhos."

Com um sorriso maroto, seu Zino também relatou as "traquinagens" do menino Bituca: "Uma vez ele foi plantar uma árvore aqui no quintal, então o que foi que ele fez? Ele sentou lá e pôs o amigo dele para cavoucar". Depois, seu Zino nos contou, ele quis plantar uma laranjeira. "Sentou lá e pediu pro outro: 'Faz um buraco aí pra nós plantar'. Eles gostavam dele porque era muito acessível."

Foi na infância também que Bituca começou a demonstrar suas habilidades musicais. Aos 4 anos de idade, ele ganhou de seu pai uma sanfona de dois baixos. Com memória tenaz, seu Zino se lembrou dos detalhes.

Eu saí ali pelo centro do Rio de Janeiro procurando de casa em casa uma sanfona pra ele. Chegava e perguntava. Respondiam: "É tanto". Eu falava: "Não, vou comprar mais à frente". E assim foi indo. Foi na rua do Carioca. Eu cheguei numa loja e achei que o preço era bom. Comprei. Andei mais um pouquinho, tinha uma outra casa com o preço mais baixo. Eu fiquei com uma raiva danada, com vontade de ir lá brigar com o homem, mas não fui, não. Comprei essa primeira, e depois nós compramos uma outra melhor.

Com quem Milton aprendeu? "Ele mesmo começava a tocar. Ele inventava as coisas. Eu pus ele numa rádio, aqui, em que eu fiz o serviço" – seu Zino também era técnico em eletrônica. "O Bituca passou a trabalhar lá como *speaker*, locutor. E inventou um programa: *Você Pede a Música*. Mas o que ele fazia era inventar a música e depois cantava", recorda, referindo-se ao programa em que Milton foi disc jockey, quando tinha cerca de 16 anos.

Já um pouco mais crescido, Milton "roubava" a sanfona da irmã de seu Zino – que estudava o instrumento, mas não conseguia aprender a tocar. Em sua narrativa, o pai de Bituca lembra-se de que, quando ele empunhava a sanfona, ela lhe encobria o rosto, deixando apenas os olhos à mostra. Tia Conceição era a dona da concertina, mas Milton conseguia torná-la sua nos momentos em que corria os dedos por ela, escondido no quarto – ele ficava ali até ser descoberto por algum adulto. Foi assim também com o violão, que chegou pelo correio em nome da mãe. Dona Lília era a destinatária da encomenda, mas Bituca, ao perceber do que se tratava, foi logo abrindo o pacote. Possivelmente, a encomenda já fora feita pensando nele. A mãe chegou a ensinar-lhe alguns acordes, mas logo o filho lhe passou a frente.

Dona Lília havia estudado música nos tempos de colégio, no Rio de Janeiro. Foi aluna do maestro Villa-Lobos, e, nas palavras de seu Zino, "enquanto ela ia aprendendo a tocar piano, o Bituca ficava ali, ainda bebê, escutando". Nascia assim uma das referências na obra do Clube da Esquina.

Em Três Pontas não havia piano. O bom humor de seu Zino vem à tona nessa hora: "Aqui, ela tocava piano, mas era aquele de pôr fogo. O fogão, aqui, se chama piano. A coitada sofreu toda a vida para aprender, porque ela não tinha noção nenhuma de cozinha", relata em fala emoldurada por hábitos de tempos e lugares que ainda não haviam sido confrontados com feminismos.

Abnegação foi o termo utilizado por Jacaré ao se referir à "tia Lília", que – quando moça – deixou as regalias para viver ao lado de seu Zino em uma cidade do interior na qual não teria conforto nenhum. Ali não havia praia, nem quem cozinhasse para ela. Havia, sim, montanhas e rios, havia o "ouro" mineiro, o cheiro bom do pão de queijo e de outros quitutes do interior, havia o apito do trem – que, apesar de ter durado pouco, em Três Pontas, fez, durante muito tempo, a "ponte" entre as cidades mineiras e boa parte do Brasil.

Essa abnegação descrita por Jaca pôde ser mais sentida quando assistimos ao vídeo em que ela é entrevistada, no quadro "Arquivo Confidencial", do programa de Fausto Silva na Rede Globo, em 1997. Quando perguntada sobre o primeiro filho, Bituca, dona Lília disse, sem titubear, com o sotaque carioca que nunca perdeu: "Quando é filho adotivo, todo mundo exige mais dele: não pode ser feio, não pode ser vagabundo, não pode fazer arte; tem que ser 'perfeitão'. Agora, o filho da gente tem esses defeitos todos e a gente acha uma beleza. O erro é exigir de um filho adotivo mais do que exigiria de um filho seu".

É de todas essas lembranças – da família, de Três Pontas, das agruras da infância e da rudeza não rude dos adultos que o cercavam – que estaria impregnada a obra de um Milton Nascimento que ainda não sonhava em acontecer; a música, nesse período, era apenas brincadeira.

Com cerca de 13 anos, Milton torna-se crooner do conjunto de Wagner Tiso. Aos 15, integra o Luar de Prata, ainda ao lado de Tiso – que morava na rua acima da sua – e de Sérgio Brito (da família dos Britos, da qual descendia seu Josino). Eles costumavam se apresentar nos bailes da cidade. Quer dizer, isso quando Milton não era barrado por restrições de natureza racista.

Seu Zino conta que, certa vez, Milton ia cantar em um casamento quando foi impedido pelo padre. "O padre Francisco fez ele parar de cantar. Bituca queria bater nele, mas não deixei." Segundo seu Zino, o padre tinha fama de impedir que o comércio abrisse aos domingos, no horário de sua missa.

Outra circunstância semelhante fez o sereno professor Zino reagir, ao tomar ciência da injustiça cometida contra o filho. Milton queria participar de um bloco carnavalesco de Três Pontas quando foi barrado por um funcionário da prefeitura. "Quando eu soube, eu quis partir pra cima dele. Mas ele deu no pé", relata. O Clube de Três Pontas também não permitia a entrada de negros, então Milton ficava ouvindo a banda tocar, sentado no banquinho da praça. Disso, seu Zino só veio a saber anos depois, porque Bituca não lhe contava essas coisas. "Aqui, quase não tem negros. E, quando tem, o negro é sempre o mais pobre", alfinetou Jaca. "Na classe social em que o Milton foi criado, havia pouquíssimos negros. Ele tem um amigo muito chegado, que é negro também, o Dida. Mas por ser filho do 'professor' Zino[7], Bituca estudava no melhor colégio da cidade." A explicação de Jaca diz muita coisa...

Ao fim do ginásio, Milton fez um curso de contabilidade. Foi nesse período que passou a apresentar um programa de rádio no qual a trilha sonora, quando não era inventada por ele, incluía o acervo da própria emissora e as trilhas de cinema – paixão de Milton que impulsionaria sua carreira como músico (e, nas horas vagas, como ator).

É então que começa a atuar nos W's Boys, para o que passa a se chamar "Wilton". O grupo vai para Belo Horizonte, e lá Milton Nascimento grava pela primeira vez uma música sua, "Barulho de trem". A mineiridade começa a falar alto...

Clube da Esquina

Em 1963, Bituca muda-se de vez para a capital mineira, dessa vez levado pelo pai, para prestar vestibular de economia. Lá conhece a turma do edifício Levy, onde passa a morar, na avenida Amazonas: os irmãos Borges (dos onze, não podemos deixar de nomear Marilton – o *crooner* da família –, Márcio e Lô Borges) e Beto Guedes. Seriam agregados à turma, mais tarde, Fernando Brant, Toninho Horta, Novelli e todos os músicos que, ao lado de Milton, dariam forma a esse grande movimento musical da história da MPB, cujos bastidores são narrados no livro *Os sonhos não envelhecem: histórias do Clube da Esquina*, escrito por Márcio Borges[8].

A narrativa é de Seu Zino: "Quando foi para Belo Horizonte, Bituca já era contador. Formou-se em Três Pontas, depois fez o regimento em Três

---

7   Josino de Brito Campos também era membro da National Geographic Society, como mostra o certificado, datado de 1978, que se encontrava pendurado na antessala do fã-clube, onde, por décadas, esteve preservada a biblioteca do pai de Bituca.
8   Márcio Borges, *Os sonhos não envelhecem: histórias do Clube da Esquina*, op. cit., 2010.

Corações; em vez de ir pro Exército, prestou serviço na regência, que é a escola de sargento". Na capital mineira, Milton trabalhou nas Centrais Elétricas de Furnas, onde foi escriturário e era tido como um dos melhores datilógrafos da empresa.

Em Belo Horizonte, seu Zino o apresentou para o diretor da estação de uma rádio – que era seu amigo dos tempos de solteiro. Aliás, de quem seu Zino se lembrava bem: "Esse amigo, uma vez, destroncou o meu braço em uma partida de futebol". Davi Levy Freire era seu nome. Milton foi uma única vez a seu programa de calouros e não voltou mais. "Bituca mudou de emprego, estava trabalhando para o Exército. Passado algum tempo, ele me chamou, e eu fui lá. Ele estava mexendo com música." Seu Zino explica o que Milton queria lhe dizer: "Não tô sabendo o que eu faço. Eu tenho esse emprego aqui, ele é bom; mas eu tô gostando de mexer com música. Como é que eu faço?" "Você faz o que gosta", respondeu seu Zino. E prosseguiu:

> É preferível você ganhar pouco, mas trabalhar bem, com gosto, do que se esforçar para ganhar um dinheirinho à toa. Aí fui e falei com coronel. Ele falou: "Olha, estou muito satisfeito com esse menino". Então ele chamou o Milton. "Você quer sair, né?" "Não quero sair, mas tenho gosto por outra coisa." Então o coronel deixou-lhe as portas abertas, para quando quisesse voltar. "No dia que você quiser, o lugar é seu, aqui, porque eu gostei muito d'ocê."

Modesto, seu Zino introduz-nos à história que tanto ansiamos por saber. "Aí então foi que ele saiu e se juntou com os companheiros lá, para fazer esse, esse...", e emenda: "... com aqueles meninos... o Clube da Esquina". O ditado popular faz jus à história: "Deus escreve certo por linhas tortas". "Ele largou então o emprego com o lugar garantido para ele; tinha sorte. Tinha sorte."

Apenas sorte, seu Josino? "Não. Tinha valor natural, né? Ele aprendeu tudo sozinho." O próprio Milton admite: "Eu sou um cara de sorte, não posso reclamar de nada da vida", como declarou no quadro do qual participara com dona Lília, o "Arquivo Confidencial", no programa de Fausto Silva. Marcada por encontros importantes, a vida de Milton Nascimento parece ter transcorrido sempre em ambientes de muito afeto. Começou com dona Lília, continuou com os amigos de Belo Horizonte e, quando estava iniciando profissionalmente a carreira, duas figuras muito importantes cruzaram-lhe o caminho: o cantor Agostinho dos Santos (1932-1973) e a saudosa Elis Regina (1945-1982).

Já compondo com certa frequência, inspirado em grande parte pelas obras cinematográficas que entravam em cartaz na capital mineira – e, em especial, pelo filme que marcaria para sempre a sua vida, *Jules et Jim*

(1962), de François Truffaut[9] –, Milton passou a fazer parcerias com Márcio Borges e a tocar na noite belo-horizontina. Integrou alguns conjuntos, até ir para o Rio de Janeiro, com o Quarteto Sambacana, e gravar um disco pela Odeon, em 1965.

No ano seguinte, foi classificado em quarto lugar no II Festival de Música Popular Brasileira (FMPB), da TV Excelsior, com "Cidade vazia", de Baden Powell e Lula Freire. É então que a sorte grande lhe aparece: Elis Regina, que no ano anterior já havia se tornado recordista em vendas de discos no Brasil, grava "Canção do sal" – uma das poucas músicas de Milton com letra de sua autoria. Pimentinha, como era chamada, encantou-se de imediato com Bituca – que lhe foi apresentado por um iniciante músico baiano de nome Gilberto Gil.

Nessa época – setembro de 1966 –, Elis já estava em seu sexto disco, e havia mais de um ano tivera projeção nacional com a sua participação no I Festival da TV Excelsior, interpretando "Arrastão", de Edu Lobo e Vinicius de Moraes. Essa projeção abriu-lhe as portas da televisão: em maio de 1965, Elis assumia a frente do programa *O Fino da Bossa*, da TV Record, ao lado de Jair Rodrigues. Ali, Elis tornou sucessos músicas de muitos compositores iniciantes, como o próprio Gil. Aliás, durante a sua meteórica carreira, Elis "emprestou" sua luz a muitos músicos então desconhecidos – entre eles, Belchior, Fagner, Renato Teixeira e a emblemática dupla João Bosco e Aldir Blanc[10].

No ano seguinte à gravação de Elis de "Canção do sal", Agostinho dos Santos inscreve três músicas de Milton no II Festival Internacional da Canção, da TV Globo. O cantor paulista havia pedido a Bituca que lhe desse uma fita com três canções suas, para que ele pudesse escolher uma para gravar em seu próximo disco. Bituca faz o que lhe é solicitado. E vem a saber do ocorrido por Elis Regina, conforme relato presente no livro *Travessia: a vida de Milton Nascimento*[11], da jornalista Maria Dolores, transcrito a seguir:

> Bituca ficou sabendo do II FIC, mas, como havia decidido, não participaria mais de festivais ou de concursos de música. Se tivesse de conseguir algo, seria de outra forma. E nada nem ninguém seria capaz de mudar a sua decisão. Sabendo disso, Agostinho dos Santos resolveu, para o bem do amigo, pregar-lhe uma mentirinha. Pediu-lhe para gravar três das suas composições numa fita, a fim de poder escolher uma para o seu próximo disco. Sem suspeitar de absolutamente nada,

---

9   *Ibidem*. O filme trazia Jeanne Moreau, Oskar Werner e Henri Serre como protagonistas.
10 Entre as músicas de Milton eternizadas na voz de Elis estão "Conversando no bar" (1974), "Ponta de areia" (1974), "Morro velho" (1977) – todas elas com letras de Fernando Brant – e "Vera Cruz" (1969) – com letra de Márcio Borges.
11 Maria Dolores, *Travessia: a vida de Milton Nascimento*, Rio de Janeiro: Record, 2006, p. 122.

atendeu ao pedido do amigo e gravou numa fita "Morro velho", "Maria, minha fé" e "Travessia". Agostinho dos Santos pegou a fita e inscreveu as três músicas no II Festival Internacional da Canção, no Rio de Janeiro, por sua conta e risco. Assim, a grande surpresa para Bituca, na verdade, foram duas: descobriu que havia classificado as três músicas no FIC e, ah, que havia sido inscrito. A descoberta aconteceu numa tarde em frente à entrada do prédio da TV Record. Bituca estava passando por ali quando encontrou Elis Regina, que o chamou, gritando alto e bom som:

– Parabéns, soube que você classificou três músicas no festival!

– Como é que é? Você deve estar enganada, impossível eu ter me classificado se não inscrevi nada!

– Ah, então existe outro Milton Nascimento. – E ouviram a risada de Agostinho, que saía do prédio da Record. Não foi preciso maior explicação[12].

É então que Milton Nascimento passa a ser conhecido e admirado em todo o país. "Travessia", com letra de Fernando Brant, foi classificada em segundo lugar no festival; "Morro velho" pegou a sétima posição; e "Maria, minha fé" ficou entre as quinze finalistas.

No ano seguinte, 1968, parte para os Estados Unidos para a sua primeira empreitada internacional: a gravação de um LP com arranjos de Eumir Deodato – e que incluía a versão em inglês de "Travessia" (renomeada "Bridges"). Em 1969, de volta ao Brasil, lança o álbum *Milton Nascimento*, pela Odeon. Estava iniciada, oficialmente, a carreira discográfica de Bituca. O LP *Milton* sai em 1970; nele está incluída a faixa "Clube da Esquina" (com Lô e Márcio Borges), canção que dá título ao álbum duplo que Milton lança em 1972 com Lô Borges. Esse álbum traz ainda as participações do iniciante Beto Guedes (com quem Milton divide a autoria de três faixas) e de Alaíde Costa, em "Me deixa em paz" (Monsueto e Amorim), além da música "Lília", homenagem de Milton a sua mãe.

Referenciando-nos no livro de Márcio Borges[13], vale um parêntesis sobre os bastidores do que se passava na convivência entre os amigos do Clube da Esquina nesse período: a recepção, em Três Pontas, aos amigos de Belo Horizonte durante as bodas de prata de seu Zino e dona Lília. Recebidos de braços abertos, como narra o autor, mesmo o casal não conhecendo "centésima parte dos visitantes" *hippies* que os visitaram naquele mês de maio de 1970. Após a festa, formou-se caravana com destino à cidade vizinha de Paraíso, onde foi realizada a "pelada" com bola invisível entre amigos, esquecidos da gorducha, mas aficionados que eram por futebol. Na partida "imaginária" realizada,

---

12 Relato gentilmente transcrito por Valmir Queiroz da Silva, jornalista e ex-assessor de imprensa do Fã-Clube Oficial Milton Nascimento, em Três Pontas.

13 Márcio Borges, *Os sonhos não envelhecem: histórias do Clube da Esquina, op. cit.*, pp. 241-2.

estiveram, além do próprio Márcio, Bituca, Toninho Horta, Lô, Jacaré, entre outros. Essa passagem dá ideia da atmosfera de amizade e inventividade da qual fluía inspiração para a música e seus desdobramentos.

É dessa atmosfera que Milton Nascimento se nutre e se inspira até os dias atuais. Não nos deixa mentir seu depoimento no livro que traz letras, histórias e canções de Milton, escrito por Danilo Nuha[14], publicado simultaneamente ao retorno de Milton a Minas Gerais, após cinquenta anos fora do estado de onde se lançou ao mundo. Vivendo em Juiz de Fora desde 2017, o clima dos anos do Clube da Esquina pode ser de novo sentido. Nuha, diretor artístico do projeto *Semente da Terra*, ao qual Milton se dedicou em todo o ano de 2017, é "responsabilizado" pelo artista em se tratando das reuniões em clima de festa na casa atual do filho de seu Zino e dona Lília. Segundo Milton, o projeto *Semente da Terra* tem como "pano de fundo" encontros caseiros em que "a gente costuma fazer uma farra danada, com som alto, fogo queimando na brasa e muita gente pra todo lado. Um dia vem o Márcio Borges, no outro chega o Criolo, depois o Ronaldo Bastos"[15].

O lançamento do emblemático álbum *Clube da Esquina* abre as portas para *Native Dancer*, feito com o saxofonista americano Wayne Shorter, entre 1974 e 1975. Esse disco inspirou a formação da banda também norte-americana Earth, Wind and Fire, como relata o próprio Milton: "Há uns cinco anos [por volta de 1996], eu estava em um hotel, em Los Angeles, quando o fundador do grupo Earth, Wind and Fire [Maurice White] começou a me chamar. Ele disse que estava me procurando já há algum tempo para me dizer que o disco gravado com Wayne Shorter o havia inspirado a formar a banda". O que o havia impressionado fora a forma como Milton trabalha a voz. "Eu sempre fiz várias vozes em um disco. Ele disse que nunca tinha visto nada assim antes."[16]

A admiração dos estrangeiros pela obra de Milton Nascimento rendeu até um estudo feito na Universidade de Aarhus, localizada no estado de Jylland, na Dinamarca. Segundo seu Zino, dois dinamarqueses já estiveram em sua casa à procura de Milton Nascimento. Foi o segundo deles que chegou lá com um verdadeiro compêndio sobre a vida e a obra do músico "mineiro", conforme conta seu Zino, em tom divertido:

Ele chegou na porta e tocou a campainha. Eu fui atender. Era aquele sujeitão. Trazia um livro desse tamanho assim, preto assim. "Eu trouxe esse livro aqui que

---

14 Danilo Nuha, *Milton Nascimento: letras, histórias e canções*, São Paulo: Master Books, 2017.
15 *Ibidem*, p. 28.
16 Formado em 1971, o grupo Earth, Wind & Fire passou por algumas reformulações ao longo do tempo; uma delas, provavelmente, após o lançamento do disco de Wayne Shorter. O grupo foi o primeiro a introduzir a cultura africana na cultura pop americana. Cf. <www.earthwindandfire.com>.

é do Milton Silva Campos do Nascimento[17]", *ele disse. E perguntei: "De onde o senhor é?". "Sou dinamarquês, sou professor da Escola de Aarhus, na Dinamarca." Mandei ele entrar, e ele não quis. "Preciso voltar hoje mesmo." Guardei o livro. Na primeira vez em que eu estive com o Bituca, entreguei o livro pra ele. Sumiu o livro.*

O livro, bilíngue – estava escrito em dinamarquês e português –, apresentava a vida e a obra do Bituca e, como disse seu Zino, trazia também "a parte escrita das músicas" – as partituras. "E o Bituca não sabe onde que guardou. Eu tô achando que aquilo alguém roubou. Naquele livro, tinha desde que ele nasceu. Não sei de onde ele [o dinamarquês] tirou." E, com a simplicidade que lhe é peculiar, acrescenta: "Eu sabia [o que o livro trazia] porque eu sei a vida do Bituca. Então fui acompanhando, acompanhando. Tinha até as últimas músicas, tudo certinho". Seu Zino não soube precisar a data da visita, feita havia já alguns bons anos.

Quanto ao primeiro dinamarquês que apareceu em sua casa à procura de Milton, a surpresa foi ainda maior. "Eu estava aqui na porta, estava chovendo. E tinha, em frente a minha casa, um rapaz, de braços cruzados, olhando pra cá. Eu ia comprar um remédio na farmácia. Na volta, o rapaz ainda lá. Falei com ele: 'Com essa chuvinha, você tá procurando o quê?'. 'Eu vim ver a casa do Milton Nascimento'." Seu Zino rematou: "Ele era dinamarquês, e falou na língua dele. Eu tive que entender". Até expressão em latim seu Zino citou e traduziu: "Aí estava a dificuldade... Levei ele pra dentro e dei banho para o turista, que estava molhado da chuva. Falava e gesticulava para que ele me entendesse". Deu-lhe um roupão seu para vestir, enquanto sua roupa secava, passada a ferro. "Isso foi na hora do almoço; ele saiu daqui 11h da noite. Passou o dia comigo. Aí nós já nos entendemos em alguma coisa, né? A coisa foi 'melhorecendo'", diz, rindo-se da própria expressão. "Às 11h da noite, mandei chamar um táxi pra levá-lo até Varginha, para que pudesse voltar para a terra dele."

Para seu Zino, a obra de Milton Nascimento é mais reconhecida no "estrangeiro". "Os trespontanos dão pouco valor. Os mineiros dão algum valor. Os brasileiros dão um valor maior. Mas os estrangeiros dão mais valor do que todos."

A observação atenta abre margem a aspecto presente nas carreiras musicais de outros artistas do Clube da Esquina, talvez por essa razão, com trajetória menos familiar ao público brasileiro. A coletânea do músico estadunidense David Byrne, *Brazil Classics 1: Beleza Tropical* (1989), além de Milton Nascimento, inclui também Lô Borges. Toninho Horta teve

---

17 Em 1986, Milton Nascimento tomou a iniciativa de alterar seu nome de batismo, acrescentando a ele o sobrenome dos pais de criação.

Terra dos pássaros, seu álbum independente com a Orquestra Fantasma (que inclui Novelli, Toninho Horta e o carioca Ronaldo Bastos), lançado nos Estados Unidos pela WEA em 1995, e após três discos realizados naquele país, radica-se em Nova York, voltando sua carreira majoritariamente aos Estados Unidos e ao continente europeu. É também a partir de 1995, depois de sua participação no Free Jazz Festival, que Wagner Tiso passa a se apresentar, sucessivamente, no exterior.

Retornando a nossa visita a Três Pontas, o bate-papo tornou-se, aos poucos, uma confraternização. Em meio ao exame de certificados e fotos de Milton pelas paredes (incluindo uma antológica, ao lado de Luiz Gonzaga, o Rei do Baião), juntou-se a nós, em determinado momento, o jornalista Valmir Queiroz da Silva, nascido em São Paulo. Valmir foi assessor de imprensa do fã-clube por dois anos. Ali chegou acompanhado da esposa e da filha, que estava com 2 anos de idade. Aliás, esposa que conheceu por intermédio de um amigo da faculdade – de quem ela é prima –, e que primeiro o levou a Três Pontas. Valmir conciliava a função de assessor de imprensa do fã-clube (exercida de forma voluntária) com a de representante de um laboratório farmacêutico, ocupação na qual segue em atividade[18].

A faculdade que Valmir cursava ficava em Mogi das Cruzes (SP). Lá, conheceu o trespontano que vivia lhe falando da cidade mineira e de sua paixão pela obra de Milton Nascimento. Foi então que, para trabalho de conclusão do curso de jornalismo, resolveram fazer um documentário sobre Bituca. Sim, sobre Bituca – e não sobre Milton Nascimento. Sobre como ele era antes da fama, como era o jogo de bola dele na rua. "Ele não jogava nada..." – foi a frase que precedeu os risos, e que atesta comentário de Márcio Borges quando apontou a posição de goleiro como única que lhe cabia na "pelada imaginária" de 1970, em Paraíso. Se Bituca estivesse ali, certamente riria conosco.

Retornando a Valmir e aos motivos que o prenderiam à pequena e acolhedora cidade mineira: a proximidade com a casa da família Campos tornou-o cúmplice na luta pela fundação do fã-clube, o que se efetivou em 1998 (e que logo foi reconhecido por Milton como o seu fã-clube oficial), por esforço, em grande parte, de Jaca.

Uma das iniciativas da associação foi a publicação do jornal *Barulho de Trem* – nome da já citada primeira música de Milton. O jornal do qual Valmir foi editor teve apenas dois números lançados, em outubro e novembro de 2000. Infelizmente, por falta de patrocínio.

---

18 Revisitar trabalho realizado há dezessete anos, quando da viagem a Três Pontas, permitiu reencontro virtual com Jacaré e com Valmir, aos quais sou grata por colaborarem na atualização de informações, o que nos permitiu chegar a este novo formato do texto.

Milton *versus* Bituca

Estando entre familiares de Bituca e conhecendo mais da relação existente entre os membros do Clube da Esquina, chega-se a falar em potencial timidez do artista, difundida na mídia. Jaca passa a palavra a Valmir, que dispensa o termo "timidez" e se encarrega de apresentar-nos "Milton Nascimento".

> Acho que Milton tem muito de Bituca: não gosta de aparecer, não gosta de câmera. Gosta de multidão quando está cantando, mas não é de falar muito. Não sei se a palavra é timidez; é coisa dele… É o Bituca de Três Pontas… Talvez pelo fato de a câmera [de filmagem] entrar muito na vida particular dele, no espaço que ele tem, ele não gosta de ser filmado.

Para Valmir, Milton Nascimento já foi mais "tímido", e a paixão pelo cinema o ajudou, à medida que começou a aceitar convites para, além de fazer trilhas sonoras, também atuar – como no caso de *Os deuses e os mortos* (1970), de Rui Guerra, e *Fitzcarraldo* (1982), de Werner Herzog. E completa:

> Como profissional que tinha que se expor, acho que ele também fez um trabalho de mudança. Já foi bem mais "tímido". Mas ele nunca foi "tímido" quando estava num palco. Parece que ali é que é a casa dele. Se você pegar uma entrevista dele da época em que subia no palco com o Tancredo Neves, nas Diretas Já, e pegar uma entrevista dele hoje, dá para ver a diferença. Hoje ele é muito mais desenvolto, brinca, dá risada. Naquela época ele era mais "travadão".

Jacaré conta que Milton chegou a fazer aula de canto e tratamento com fonoaudiólogo, para ter mais desenvoltura.

Seria possível definir o que é mais marcante na obra de Milton Nascimento? Valmir acentua a ligação com a cultura mineira como o que mais marca a obra de Milton. "Ele tem uma relação muito forte com trem. Tanto que utilizamos o trem como logotipo do fã-clube. Ele chegou a Minas de trem… Três Pontas tinha uma estação de trem[19]. O primeiro disco se chamava *Barulho de trem*. São coisas que vão compondo o universo; como as montanhas, por exemplo." Jacaré complementa: "O relevo, a geografia de Minas também são importantes. Como em 'Morro velho'". Ele conta que, quando a música foi lançada em um dos festivais, um jurado criticou: "Onde já se viu fazer uma música falando de alguém que quer morrer velho?". Quer dizer, foi ele que não entendeu o recado…

---

19 A linha de trem de Três Pontas foi desativada no ano de 1957; segundo seu Josino, por causa da represa de Furnas. Como a riqueza da região era o café – transportado pelas ferrovias –, a extinção do transporte na região prejudicou o desenvolvimento da cidade de Três Pontas e arredores.

Para o pianista e arranjador Eumir Deodato[20], a música de Milton é "uma coisa totalmente nova, misteriosa, intrigante e desafiadora". O depoimento está no livro *A canção no tempo: 85 anos de músicas brasileiras*[21], de Jairo Severiano e Zuza Homem de Mello, no item que fala da música "Travessia", no capítulo referente ao ano de 1967. Nele, os autores argumentam que a canção que o classificaria em segundo lugar no II FIC "mostra que Milton já começou fazendo música séria, e não apenas música bonita". Na primeira parte de seu depoimento, Deodato esclarece esse ponto: "O contexto geral da música dele é baseado em música clássica, adaptada a ritmos desconhecidos totalmente. Até hoje não consegui descobrir o impulso rítmico que ele dá às suas músicas".

Já para o jornalista carioca Antonio Carlos Miguel, "Milton mistura com dosagem perfeita os ritmos folclóricos[22] de seu estado adotivo, a música sacra, os sons dos conjuntos de bailes de que participou na virada dos anos 1950 para 1960, a bossa nova, o jazz e o pop dos Beatles e companhia"[23]. Sobre o Clube da Esquina, ele conclui: "Esse democrático clube, sem estatutos ou sede [...] ofereceu, no entender de Ronaldo Bastos, 'uma terceira via', além da polêmica entre a tropicália e a MPB pós-bossa nova". E acrescenta: "Ao mesmo tempo que mantinha um diálogo musical com jazzmen como Herbie Hancock, Wayne Shorter, Hubert Laws e Ron Carter, também reforçava o elo com a América Latina"[24]. É o caso de canções como "Volver a los 17", de Violeta Parra, e "Canción por la unidad de Latinoamérica", com Chico Buarque[25].

Acrescentam-se informações de Silvio Essinger, no verbete referente ao Clube da Esquina no portal Cliquemusic, em que o jornalista marca o início do estrelato de Milton Nascimento pós-festival de 1967 – consolidado com o lançamento do disco *Courage* (1968) – como estando intimamente relacionado ao crescimento da "turma de músicos mineiros reunida por Milton e os Borges". Acontece aí a chegada de Flávio Venturini, Vermelho e Tavinho Moura à "turma". Como bem lembra o jornalista, Tavinho foi quem "apresentou muitas das canções folclóricas mineiras que Milton gravaria em

---

20 Eumir Deodato, pianista, arranjador e produtor musical brasileiro, foi responsável pelos arranjos dos primeiros discos de Marcos Valle, Tom Jobim e Wilson Simonal; trabalhou também com Frank Sinatra, Tony Bennett e Aretha Franklin, entre outros.
21 Jairo Severiano e Zuza Homem De Mello, *A canção no tempo: 85 anos de músicas brasileiras* – vol.1, São Paulo: Editora 34, 1997.
22 O uso do termo folclore tem sido questionado em razão de corroborar a condição supostamente superior da cultura erudita, de base europeia, questionamento também adotado pela autora deste texto. Cf. Nei Lopes, *Enciclopédia da diáspora africana*, São Paulo: Selo Negro, 2004, p. 280.
23 Cf. Antonio Carlos Miguel, *Guia de MPB em CD*, Rio de Janeiro: Jorge Zahar, 2000.
24 *Ibidem*.
25 Canções gravadas, respectivamente, no disco *Geraes* (1976), em dueto com Mercedes Sosa, e em *Clube da Esquina 2* (1978).

Geraes". Ressaltam-se as apresentações do show, estreado em 1970, chamado *Fio da Navalha*, com Lô Borges, Beto Guedes e Toninho Horta.

Para os seus familiares e para os amigos que o conheceram em tempos de infância e juventude, Milton sempre foi Bituca: a criança que se escondia no quarto para tocar a sanfona da tia; o jovem que tocava xilofone e contrabaixo na banda de Wagner Tiso, em Alfenas, e que cantava das 22h às 5h, para quem, "no dia em que o sonho envelhecer, a vida terá acabado". Milton/Bituca, que primeiro deu significado a muitas das vitórias e alegrias de seu Zino e dona Lília – ela, que um dia declarou não entender a vida sem ele...

Mesmo com tantos certificados e homenagens pelas paredes do fã-clube e da casa de seus pais (como a homenagem do Governo Federal, datada de 1985), com tantas premiações (Grammy, discos de ouro e platina), Milton – ou Bituca –, apesar de todo o reconhecimento no exterior, nunca se esqueceu do mais longínquo dos interiores do Brasil. Ao contrário: com o Clube da Esquina, pôde evocar e homenagear musicalmente esse Brasil profundo e de fundamental presença cultural negra.

Referências bibliográficas

BORGES, Márcio. *Os sonhos não envelhecem: histórias do Clube da Esquina*. 2. ed. São Paulo: Geração, 1997.

DOLORES, Maria. *Travessia: a vida de Milton Nascimento*. Rio de Janeiro: Record, 2006.

ESSINGER, Silvio. "Clube da Esquina". Portal Clique Music. Disponível em: <http://cliquemusic.uol.com.br/generos/ver/clube-da-esquina>. Acesso em: 9 nov. 2018.

LOPES, Nei. *Enciclopédia da diáspora africana*. São Paulo: Selo Negro, 2004.

MARCONDES, Marcos Antônio (org.). *Enciclopédia da música brasileira: popular, erudita e folclórica*. 2. ed. São Paulo: Art; Publifolha, 1998.

MIGUEL, Antonio Carlos. *Guia de MPB em CD: uma discoteca básica da música popular brasileira*. Rio de Janeiro: Jorge Zahar, 2000.

NUHA, Danilo. *Milton Nascimento: letras, histórias e canções*. São Paulo: Master Books, 2017.

SEVERIANO, Jairo; HOMEM DE MELLO, Zuza. *A canção no tempo: 85 anos de músicas brasileiras*. Vols. 1 e 2. 3. ed. São Paulo: Editora 34, 1997.

TINHORÃO, José Ramos. *História social da música popular brasileira*. São Paulo: Editora 34, 1998.

WIKIPEDIA. Verbete "Clube da Esquina". Disponível em: <https://pt.wikipedia.org/wiki/Clube_da_Esquina>. Acesso em: 9 nov. 2018.

WORMS, Luciana Salles; COSTA, Wellington Borges. *Brasil século XX ao pé da letra da canção popular*. Curitiba: Nova Didática, 2002.

Black music

JORGE LAMPA

Começo este texto com uma declaração de princípios. E o maior deles é tratar a música musicalmente. Não é uma redundância. Afinal, a música tem inspirado textos, análises, congressos, estudos e tantas outras atividades, mas em muitas delas justamente sua essência – que é a musicalidade, os sons, as vibrações – acaba ficando de fora.

O primeiro e mais óbvio motivo, para isso, é que o papel e seus sucessores, criados para fixar a escrita, são muito limitados no que diz respeito a registrar sonoridades além daquelas da língua. Poucas pessoas leem partituras, e as que as leem sabem muito bem das limitações para escrever determinados sons musicais.

O segundo motivo é que, num processo mais ou menos recorrente, fala-se muito de letras de canções, de biografias de musicistas, de histórias e estórias ligadas à música, mas ela mesma acaba sendo relegada a um plano lá para trás.

Então, me sinto obrigado, já que estou falando de música, a estar o tempo todo ancorado nela – preso, num sentido muito bom, à sua expressão primeira, que é a de ser som: um tipo muito especial de vibração que se espalha, que comunica, que é tocada e toca. E essa obrigação não me custa nada; aliás, impor essa "limitação" é um grande prazer. Tentem vocês também.

Bem, a gente vai ter que rebolar um pouco para se comunicar. Vou tentar escrever musicalmente, mas também vou sugerir algumas maneiras de vocês lerem da mesma forma. A primeira coisa é ter à mão alguns elementos para servir de referência. Vamos partir dos mais gerais, para depois especificar, mas já entrando no mérito do nosso tema, que é o *funk/soul/black* da *música popular brasileira* (o destaque é para frisar que "*yes*, nós temos groove, swing e suingue", e que, como veremos à frente com mais elementos, é próprio da música brasileira ir se construindo e reconstruindo sempre com elementos de cá, dali, de acolá... Alguém se lembra das polcas e do schottish? E do xote?).

Isto posto, vamos lá, falar de um termo geral, que percorre uma série de formas de fazer música. Estou me referindo àquelas palavrinhas que a gente ouve bastante por aí: balanço, swing, ginga, malemolência, molejo, por aí vai... Tudo isso para se referir a algumas heranças rítmicas que temos e que impregnam nossa música. Quem somos nós? Quase todos os que mexemos com música popular ao redor do mundo. Porque, veja só: a música popular do mundo, em sua maioria, é uma música de origem americana (estou falando das Américas, com Cuba, Brasil, Jamaica, além dos Estados Unidos e outros mais). Tudo bem; antes que me acusem de algum tipo de etnocentrismo, deixo claro: estou falando da música popular fonográfica, industrializada, não ligada à world music – pois existem o flamenco, as músicas tribais, orientais e tal.

E existe a África. Mas não digamos isso antes de afirmar este outro princípio, pois me expressei mal (de forma incompleta) no parágrafo anterior. Então lá vai: a música popular do mundo é uma música afro-americana. Afro-centro-sul-norte-americana.

Claro, existem as formas autóctones de música africana também, mas estão mais ligadas à música étnica (se preferem esse termo), e mesmo o lado mais pop e contemporâneo dela está profundamente influenciado pelos fluxos e refluxos desses sons através do mundo.

A roda não para de girar. Quem veio para este lado do Atlântico, trazido pelas mãos criminosas do tráfico escravagista, legou de forma quase milagrosa uma cultura com formas artísticas de uma vitalidade incrível.

Ah, mas vocês não estão concordando muito comigo, e, além disso, percebem que estou me afastando daquele princípio tão ferrenho lá de cima, né?

Então, certo, vamos para a vitrola – que é como vou chamar o próprio aparelho e seus derivados, como CD, DVD, internet com seus muitos meios e veículos, TV, rádios, mp3 player, Youtube, querendo, com isso, dizer que há muitos meios para se ouvir música hoje em dia, hein? Eu desafio: encontrem alguma coisa de música popular que não tenha um pé no lado de cá do mundo e o outro no de lá, do Mediterrâneo pra baixo. Rock, reggae e jazz, nem precisa dizer. Ah, a chanson française... tá bom, vai. Esses cantores italianos, Eros Ramazzotti, por exemplo. Mas, ouçam lá, não tem elemento nenhum nessas músicas que remeta à música afro-pan-americana? Nenhum acorde desse acervo de novidades harmônicas que nasceu com o blues e foi se desenvolvendo a partir daí, chegando ao Brasil por vias várias e se irmanando às cadências de bambas e batutas, até chegar à bossa nova e a Djavan? Nenhuma batida que recorra à hegemônica "caixa no 2 e no 4" americana? Nenhum tipo de swing ou remelexo?

Estou enrolando para falar do assunto principal? Não, estou indo para trás para tomar impulso e dar um salto.

Então, vamos reunir mais bagagem, a partir disso que foi falado aí acima. Volte às vitrolas. Acorde você sabe que é aquela simultaneidade de sons que podem ocorrer num instrumento harmônico, como o violão ou o piano (que conseguem produzir vários sons ao mesmo tempo, gerando essas simultaneidades), ou em vários instrumentos melódicos soando conjuntamente (ouça aquelas "camas" de cordas dos violinos e cellos). O que a gente precisa lembrar é que, como qualquer elemento estético, a aceitação desses sons varia de acordo com lugar, tempo, sociedade e condições históricas. O que era dissonância vira consonância; o que era síncopa ou deslocamento da acentuação rítmica esperada passa a ser a matriz da contrametricidade afro-americana. Complicou? Vamos ouvir.

Tempo e contratempo: elementos musicais

Qualquer exemplo musical, desses mais usuais, terá a ocorrência de uma pulsação básica, que o corpo sente principalmente como "batida de pés" no tempo da música, não é? Faça um teste. Não vale coisa muito complexa, como A *sagração da primavera* ou música dos camponeses de Belarus... Vamos no que dá para ir marcando o tempo e contando: 1, 2, 3, 4; 1, 2, 3, 4. Relaxe... O corpo sabe; essa percepção a gente tem, é só se deixar levar.

Estamos praticando aquilo que é mais conhecido como "compasso"; reiterações de tempos em quatro, como acima, ou de três em três, dois em dois, até a *Sagração*, que eu sei que é bem mais complicada, ou os cantos bielorrussos, que eu imagino que sejam.

Mas, agora, faça o seguinte: conte os quatro tempos e bata palma (estale o dedo, se preferir) nos tempos 2 e 4. Você tem como pôr na vitrola "Hit the Road, Jack", de Percy Mayfield, interpretada pelo Ray Charles? Ouça, enquanto o baixo vai descendo – num clichê que acabou ficando manjado até na jovem guarda, com o Rei cantando "A história de um homem mau", versão de um sucesso da velha guarda americana, do Louis Armstrong, nos anos 1930. Pois então, esse baixo que vai descendo nos tempos "fortes", 1 e 3, vai se contrapondo a um acento nos outros tempos, "fracos", justamente o 2 e o 4 já citados. Agora, vá ouvindo um bocado de música americana, norte-americana, estadunidense, e vá confirmando o que eu chamo de "hegemonia do 2 e 4". Ela existe ou não?

Jazz, blues, vários tipos de rock, enfim, quase tudo tem esse tipo de acentuação, principalmente levada pela marcação da caixa da bateria. Falando assim, pode parecer até algo meio "quadradinho", mas ouça aí outros detalhes, como o ataque dos metais, instrumentos de sopro que também têm uma função rítmica muito marcante em alguns arranjos, ou as interpretações vocais e outros elementos. Preste atenção na maneira como eles vão se encaixando em posições surpreendentes dentro desse esqueminha de 1, 2, 3, 4, e como esse é o tipo de surpresa que a cultura musical africana nos legou, acordando o corpo para o movimento e fazendo a escuta se mobilizar também.

Pois bem, eu disse anteriormente que estava tomando distância, retornando para pegar impulso, e que era para dar um salto. O salto é direto por cima de uns trinta e tantos anos de funk e soul music, a partir do Brasil de hoje, para definir alguns critérios e provar que nada do que eu escrevi aí, antes, foi à toa.

Tema e variações: funk e soul

Afinal de contas, se existem estilos chamados de funk e soul, eles devem ter características que os definam como tais. Vamos pegar pelas coisas que a gente vem discutindo: sonoridades musicais. A primeira delas tem a ver com o ritmo, como ele se articula dentro da estrutura de tempos da música, conduzindo frases ou células dos instrumentos – e aí podemos falar de groove, levada. A segunda se relaciona com estilo vocal, estilo de interpretação, as marcas registradas de cada canto.

Depois, há as sonoridades dos elementos do arranjo e da composição em geral: que tipo de instrumentação é usada, como esses instrumentos tocam suas linhas. No caso da música pop, por exemplo, as linhas de baixo e aquelas bem marcantes, que costumam ser chamadas de riffs de guitarra (embora haja várias, de outros instrumentos; ouça, a propósito, o clavinet abrindo "Superstition", de Stevie Wonder), assumem uma posição importante.

Porque, se for para falar em balanço, suingue etc., a gente tem num bocado de coisa, não? "A gente", agora que eu digo, refere-se a nós, os nascidos aqui na América portuguesa – e, por aqui, tem uma pletora de coisas plenas disso. Então, vamos ver (ou melhor, ouvir, né?) quais delas têm esse balanço e outros toques que fazem com que as classifiquemos como exemplares de funk ou soul brasileiro.

Estou falando sobre ritmo, articulações em frases, levadas etc., mas não para de soar na minha cabeça Cassiano, cantando "Coleção": "Sei que você gosta de brincar/ De amores...". Aí, fico achando que esse é o exemplo mais bem-acabado de uma interpretação fundadora de um estilo vocal que acabou prevalecendo, cheio de uma espécie muito própria de *melismas*, que é o efeito que se obtém quando se pega uma sílaba – uma vogal – do canto e se prolonga essa sílaba, mudando as notas. Aliás, quem usava muito isso eram os monges, no canto gregoriano. A música religiosa afro-norte-americana, por sua vez, deu uma dimensão muito própria a esse recurso, que veio, dos templos, parar nas baladas – em todos os sentidos do termo. Se virou um cacoete na garganta de muitos, é outra história; bem usado, é um recurso muito expressivo.

É lógico que existe um balanço na forma de articular as palavras e notas da melodia; vamos olhar, por exemplo, para uma fase de Tim Maia em que as palavras, já desvinculadas da preocupação com um sentido poético mais sisudo, passam a se tornar, praticamente, uma deliciosa e muito musical brincadeira de moleque: "Tomo guaraná/ Suco de caju/ Goiabada para a sobremesa". Isso faz parte do funky de qualquer interpretação.

Pois então, num primeiro momento, vamos organizar assim: quando a gente estiver mais no domínio do canto à moda gospel (no sentido de música negra norte-americana ligada ao negro spiritual, e não no dessa salada atual de tudo quanto é gênero, onde basta apenas referir-se a temas cristãos), com uma injeção de temas não religiosos e um balanço moderado, na forma musical da balada, estaremos falando de soul. E, quando o assunto for músicas que têm riffs contagiantes, grooves que impedem o imobilismo e com suingue intenso, conduzindo à pista de dança, podendo ter coreografias sincronizadas, falamos de funk. E com todas as letras, sem nacionalismos tacanhamente "policárpicos quarésmicos". Simplesmente porque *black is beautiful*. No mundo inteiro.

Musicalmente, a proposta é meio redutora; mas, na verdade, a intenção dela é dar uma organizada no pensamento musical – e, dentro desse segmento do uso dos neurônios, uma das coisas mais complicadas é justamente tratar de gêneros e estilos musicais. Quem toca não está muito preocupado com definições escolásticas; quer saber de conseguir a identificação com quem ouve. Acabamos, assim, caindo naquele mote do qual não gosto – "Quem sabe faz; quem não sabe estuda" – mas que, de certa forma, vale.

Bridge: músicas e sociedade

Agora, gostaria de discutir um pouco mais o black, do ponto de vista histórico. Para isso, vou colocar outro princípio, de certa forma antagônico ao primeiro de todos. É o seguinte: música é som, as formas que ele toma, sua organização por quem produz e por quem ouve. E mais: é o resultado do desenvolvimento histórico disso. É um registro do tempo, do lugar e das pessoas que fazem som, a expressão das concepções dessas pessoas – concepções de mundo, de pessoa, de vida e de música. São as relações sociais se recriando em forma de musicalidade, na maioria das vezes buscando, abrindo espaços que a sociedade não permite no dia a dia massacrante. Então, tem tudo a ver a gente analisar o que significou a música ser black, nos anos 1970, e ver no que deu hoje.

Começo pelo fim de uma era dourada da música popular brasileira: a chamada era dos festivais. Por que isso? Se a gente analisar do ponto de vista referido acima – de abertura de espaços sociais –, os festivais, e o que se agregava em torno deles, eram quase santuários da liberdade de expressão, principalmente política, tão esmagada na época. Isso muita gente já falou, e aí pode-se perguntar: o que têm a ver Chico Buarque, Geraldo Vandré e Edu Lobo com black music? Nada. Ou quase nada, pois Edu já fizera *Arena conta Zumbi*, com o Guarnieri, quando o capital midiático cresceu um pouco mais (um tanto, na verdade) o olho em direção aos festivais e realizou o V Festival Internacional da Canção (FIC), em 1970. Sabem aonde quero chegar? Pois "ouçam" as palavras de Zuza Homem de Mello, testemunha ocular e auditiva desse evento, responsável por uma obra definidora (obras definitivas não existem, já dizia Jorge Luis Borges), *A era dos festivais: uma parábola*[1], de onde extraio o trecho: "Não deu outra. Na finalíssima, 'BR-3', com Tony Tornado, e 'Eu também quero mocotó', com Erlon Chaves, se destacaram, assumindo as duas primeiras posições na reta final nacional do V FIC, assinalado pelos big shows e pela black music".

Convém lembrar que os mais concorridos desses big shows eram os de Wilson Simonal. E então: convencidos de que esse período é fundamental para entender nosso tema? Ou preciso lembrar que Cassiano, citado antes, Hyldon e Tim Maia estavam em plena atividade, nessa época? Tenho que apelar e convocar Gerson King Combo e Carlos Dafé, e pedir para sua memória resgatar os passos do citado Tony Tornado dançando "BR-3"? Quem não tiver isso no arquivo dos neurônios, procure dar uma busca; há tantos vídeos circulando pela rede que, com certeza, achará algum e verá que muito do que se fez em matéria de dança já estava ali.

E isso enseja pararmos um pouco para pensar novamente a dança e a música, no caso específico que estamos analisando, como coisas integralmente ligadas entre si. Aliás, esse é um aspecto que já vem das matrizes africanas. Convém lembrar que, na multiplicidade das músicas africanas – sua pluralidade exige que as tratemos também no plural –, há várias formas que não exigem essa prontidão corporal. Existem canções para embalar o sono e os sonhos, existem rezas, existem narrativas de feitos e linhagens de famílias nobres para serem apreendidas – mas existe um caudaloso leito de sonoridades para dançar, para acompanhar o trabalho, marcar ritmicamente os encontros e sociabilizar, que desaguou no Novo Mundo. E, aqui, deu no que deu. Quando a gente presencia o encontro disso com a tribuna eloquente dos festivais, no período retratado na citação anterior, parece estar numa grande viagem do trem da história...

---

[1] Zuza Homem de Mello, *A era dos festivais: uma parábola*, São Paulo: Editora 34, 2003.

Solos: black power

Vale a pena ampliar o retrato da paisagem na janela e vislumbrar o tufão que passa pelo mundo nesse período dos anos 1960-70, varrendo as estruturas e abalando a política, os costumes, a moda, o consumo, as relações sociais, as concepções de gênero e família; ou seja, para o bem ou para o mal, quase tudo da vida social e das culturas do mundo. Na esteira dessas transformações, uma questão gritante encontra-se num ponto crucial. Estou me referindo às lutas pela igualdade racial. Melhor dizendo, as lutas contra a desigualdade racial, que têm suas formas próprias aqui e nos Estados Unidos. Formas próprias de discriminação, formas próprias de resistência. De lá do lado dos americanos disseminam-se gestos como os punhos cerrados dos Panteras Negras no pódio olímpico, e ecoam sonoridades que protestam contra as atrocidades e perseguições.

Uma dessas sonoridades, marcada pela experimentação de Miles Davis, artista acima de qualquer rotulação, é o registro, no fim de um disco, das igualmente marcantes palavras que resumem esse espírito, e que também ficaram ecoando na minha cabeça desde a primeira vez que as ouvi: "Eu sou Jack Johnson. Campeão mundial de pesos-pesados. Eu sou negro. Eles nunca me deixam esquecer disso. Eu sou negro, está certo! Nunca vou deixá-los esquecer isso!".

Essas frases fazem parte do álbum *A Tribute to Jack Johnson*, do início dos anos 1970, trilha de um documentário sobre o lutador de boxe do início do século XX, uma espécie de Mike Tyson da época, por seu talento como atleta e também por sua capacidade de se envolver e ser envolvido em confusões. Talvez, musicalmente, o disco não tenha muito a ver com nosso tema, embora Miles, do ponto de vista de sua obra como um todo, tenha a ver com quase todo tipo de música negra americana do século XX. Mas o tema não musical, sim: o da afirmação dos direitos dos homens e mulheres afro-descendentes – inclusive o direito à beleza, sintetizado na máxima que vale a pena repetir sempre: *black is beautiful*.

E é lógico que isso se fez ver e ouvir para além das fronteiras norte-americanas, por negros e negras que buscavam, à sua maneira, encontrar, abrir e forjar espaços na sociedade brasileira, com seus racismos tropicais disfarçados de democracia racial e cadinho de raças. Acredito que essas atividades contribuíram para a formação de uma soul music brasuca, identificada com o balanço, a vibração e a possibilidade de afirmação cultural irradiada dos Estados Unidos e amalgamada com nossa cultura.

Então, é hora de voltarmos para a música e ouvir como tudo isso se concretizou – ou se abstraiu – em sons.

Retorno ao tema: black brasuca

Um dos principais elementos, bastante generalizado – e o que exerceu grande influência na música que se fez a seguir –, foi a interpretação vocal. E, aí, aquelas características que expusemos acima devem ser relembradas. Timbre de voz, prolongamento das vogais do canto com vibratos expressivos e de superbom gosto, suingue, pegada pop...

Vamos ligar o uso desses recursos a uma pessoa que sintetiza em sua figura o espírito da época e o estilo? Então: Tim Maia.

A gente pode ouvir qualquer coisa dele, dos primeiros sucessos à fase *Tim Maia Racional*, que o vozeirão está lá. Um pé declaradamente fincado na "América", refletindo-se no uso do inglês para algumas das primeiras composições, o outro nas suas raízes de carioquice cheia de malandragem – ou, ainda, fincado nas raízes antropofagicamente nordestinas, com "Coroné Antônio Bento", "Padre Cícero" e uma "Jurema" cantada em inglês logo de cara, ou seja, no seu primeiro LP. Tim foi um talento imenso na sua área, casado com o sucesso e, também, com uma capacidade imensa de armar mitológicas encrencas. E musicalidade à fina flor da pele. Basta ouvir a metaleira (lembram-se da Banda Vitória Régia?), com os riffs que escravizavam nossos ouvidos. Duvida? Cantarole o refrão "E eu/ Gostava tanto de você", e tente não completar com a fatídica frase das cinco notinhas que o sucede – até a introdução virá à sua cabeça. Lembrou? Pois é... Ou escute a introdução, já na fase mais funkeada, do "Descobridor dos sete mares". E, quando não era a metaleira que ele encarregava dessa função de gerar os chamados "chicletes musicais" – por sua capacidade de grudar no ouvido interno –, a própria voz o fazia, como no já citado "Do Leme ao Pontal". Além disso, a força gravitacional de Tim, aglutinando ao seu redor figuras-chave do gênero, como Hyldon e Cassiano, também faz dele um ponto de partida e de referência.

Então, as características síntese desse período estão postas: uma forte influência da música e da cultura black americana, presentes na interpretação vocal, na instrumentação, nos arranjos, no fraseado dos instrumentos, nas levadas/grooves de feras como Carlos Dafé, Gerson King Combo – com seus vocais canto-falados, dos quais o mais famoso é justamente o que elenca a tábua dos "Mandamentos Black" –, Hyldon e Cassiano – que legaram hits para a memória musical brasileira como "Na rua, na chuva, na fazenda", daquele, e "Coleção" e "A lua e eu" deste, paraibano radicado no rio –; e, ainda, Tony Tornado, que, como já dissemos, deixou seu nome e sua ginga mais inscritos na memória corporal do black/soul/charm/funk/hip-hop brasileiro do que tudo – e que tem em Nelson Triunfo, paulistano de Pernambuco e figura carimbada da cena hip-hop da cidade, uma das suas mais completas traduções e arquivo vivo, espécie de griô dançante.

E aqui chegamos ao fim de uma fase heroica, que poderíamos ousadamente chamar de fase do "soul-black-canção", parafraseando outros estilos que agregam este substantivo para denominar sua vertente mais cantábile, como o samba-canção, tão achacado por ter servido de antípoda da bossa nova, e o frevo-canção, este demonstrando cientificamente que não é necessário perder a suingueira e o sotaque próprios.

Progressão harmônica: segundo tempo da black music brasileira

Nesta segunda fase se inclui cronologicamente, mas com características musicais muito próprias, um grupo que de certa forma apontará para os futuros desdobramentos do gênero. Refiro-me à Banda Black Rio. E a coloco como um divisor de águas por dois motivos: pelo fato de que ela vai definir um estilo de big band brasuca e porque vai também marcar o início da era das equipes de som, que serão fundamentais nos novos rumos tomados pelo segmento. Na verdade, a banda não tem nada a ver com essas equipes, mas é que ela surge na esteira de um contexto maior, de algo que muitos chamaram de movimento Black Rio. E é nesse veio que começam a vicejar espécies de companhias nômades de dança nos bairros do Rio e de São Paulo, que passam a dar uma nova conformação ao som e ao baile.

Antes de falar disso, vamos pegar um pouco a locomotiva da história, aqui muito ao gosto do discurso musical, pois essa máquina de som é feita quase que de som instrumental, o que, só por isso, valeria como um marco dentro de uma história geral da música popular e viria provar, cabal e cabalisticamente, que, em música, a única fórmula de sucesso é que não há fórmula alguma. Estamos nos loucos e duros anos 1970, mais exatamente em 1976, e estou falando da Black Rio – a banda que o músico Oberdan Magalhães liderou, recrutando um time de feras para uma inusitada mistura de big band com gafieira, funk e soul. Convém lembrar que, lá fora, estava chovendo um bocado de sonoridades desse tipo de formação orquestral, em que a metaleira faz a função do tambor africano e sopra todo mundo para dentro da pista de dança. Leia-se Earth, Wind and Fire e Kool and the Gang, principalmente. Não que aqui a gente já não tivesse nossa própria tradição de bandas e sopros voltados para a dança; lembremos o significativo trombone de gafieira e as contagiantes bandas de frevo pernambucanas já mencionadas. Acontece que a Black Rio fez isso de forma única, na crista de uma onda de tendências pop, surfando-a com habilidades musicais estonteantes, que incluíam a execução de grandes composições do repertório considerado mais sofisticado, como "Casa forte", de Edu Lobo, entre outras. E emplacando sucessos em telenovelas da hegemônica rede de televisão da época, sinônimos de difusão popular ao extremo (o tema de abertura da novela da Globo *Locomotivas*, de 1976, para ser mais exato; a música era "Maria fumaça"). A linguagem de big band, no Brasil, nunca mais foi a mesma, e o sucesso no exterior permitiu a edição e reedição de vários discos e gravações da banda. E ensejou, por fim, o renascimento da banda, capitaneada, a partir do ano de 2000, pelo filho de Oberdan, William Magalhães.

Mas voltemos agora nossas atenções para os círculos mais afastados dos centros de formação de tendências e opiniões – não necessariamente os bairros centrais das cidades, que estão, nessa época, iniciando um processo progressivo de deterioração. Aliás, esse é um tempo de grande redefinição dos espaços urbanos brasileiros, seja pelo inchaço desordenado das cidades maiores, como São Paulo e Rio, seja pela desenfreada exploração imobiliária nas áreas ditas mais nobres ou pela favelização intensa e expulsão das populações desfavorecidas economicamente para as periferias. Quem já se debruçou sobre as origens do samba sabe como essas conformações das cidades são influentes no desenvolvimento das formas musicais urbanas. E quem observa a história das cidades percebe como, embora se mostrem desordenadas, caóticas, elas refletem uma organização bastante clara, que estabelece a quem se destinam as melhores de suas partes – pelo menos aquelas mais bem urbanizadas, com infraestrutura privilegiada, proporcionando um cotidiano mais confortável a seus habitantes. No entanto, como diz a canção – são várias as que contam histórias, servem de crônicas da vida diária e comum, ilustram espíritos de época e reforçam argumentos, mas recorro a uma de Lulu Santos –, "Todo mundo espera alguma coisa/ De um sábado à noite...".

Quer mais canção ilustrando perfeitamente as paisagens, mesmo que de períodos diferentes do que elas "fotografam"? Já vai... Como as gravuras de Debret retrataram um Rio paradisíaco do século XIX, essa cidade também foi gravada com sons em várias canções. Ouvir o "Baile da pesada", de Fernanda Abreu e Rodrigo Maranhão, nos joga direto no olho do furacão. Melhor dizendo, no olho *da* Furacão. E da Soul Grand Prix, assim como, posteriormente, da Chic Show em São Paulo, só para acrescentar algumas das equipes de som que não estão citadas na letra da canção. Mas vamos começar pelo começo de tudo, que é o que dá título à canção.

Sim, refiro-me ao próprio Baile da Pesada, ao baile em si. Engraçado pensar que tudo começou no Canecão, mais tarde uma casa dedicada a grandes shows de artistas muito veiculados na mídia, como o pessoal da MPB, do samba, ou Roberto Carlos... e localizada na Zona Sul. Mas o baile, comandado pelos pioneiros DJs Big Boy e Ademir Lemos, que começou com um grande ecletismo de ritmos, logo iniciou a migração para estilos musicais que se tornaram definidores dos novos rumos que a *música negra dançante de influência pop norte-americana* acabaria tomando no Brasil.

Todo esse nome, parecendo rótulo politicamente correto ou coisa de tese de pós-graduação, serve para ilustrar o embaralhamento que as categorias, mais ou menos bem definidas nas suas matrizes, vão passar a sofrer na deglutição brasileira. Essa passada no liquidificador é importante para entendermos no que veio a dar, aqui, tudo o que veio de lá como soul e funk. E os bailes, com tanta gente mexendo e remexendo para lá e para cá, foram a arrancada desse movimento. No início, como já disse, não eram bailes específicos de nenhum gênero, de nenhuma galera. E não eram organizados em bairros periféricos, como vimos. Foram pouco a pouco se tornando espaços de sociabilização da juventude negra, que se reunia para dançar, se encontrar e celebrar a identidade. Sem grandes discursos. Porém, nos gestos, nos passos, nas roupas, nas modas, imprimindo a marca de uma nova forma de ver a si mesma: *beautiful*! O mercado, essa mitológica criatura com seus muitos olhos e braços, viu essa tendência e tentou agarrá-la, para extrair o caldo. O que não deu muito certo, do ponto de vista das vendas. A tentativa de criar um movimento, de nomear uma tendência, foi uma pretensão da mídia e da indústria fonográfica, e não uma iniciativa surgida nos bailes. Pois aqui voltamos ao Black Rio. Movimento e banda são frutos desse veio que começa a aflorar aí, que vai balançar por um tempo e lançar as bases, a partir do hip-hop, para um desenvolvimento posterior, em uma dicotomia que pode ser reduzida à dobradinha entre rap, em São Paulo, de um lado, e funk carioca do outro – este último, com o passaporte devidamente carimbado pelas autoridades competentes, transformado em um gênero à parte. Claro que, colocado assim, a gente empobrece um conteúdo bastante mais complexo e atraente, mas é porque cada ramificação dessas dá tema para boas reflexões, que não cabem aqui.

Coda: turn around

A verdade é que, com essas vertentes constituindo-se em estilos muito definidos, com o rolo compressor do rock brasileiro dos anos 1980 passando por cima e ainda com o fôlego de gato do samba-rock, já na sua terceira ou quarta vida, o soul e o funk acabaram tendo suas características diluídas, entrando no rol de influências da MPB e marcando presença na obra de vários artistas – alguns mais identificados com determinados aspectos daquele momento, como podemos ver em seus respectivos *sites*, nos quais a diversidade musical é apontada como valor mais do que o apego a este ou àquele estilo. Por exemplo, Paula Lima, a "diva do swing", com o projeto Sambachic; Cláudio Zoli se autointitulando orgulhosamente o "príncipe da soul music no Brasil"; um grupo paulista, que faz afirmação semelhante de princípios, estampando-os em seu próprio nome, Funk Como Le Gusta;

Silvera se apresentando como o "verdadeiro representante do r&b na música brasileira"; e Ed Motta, cujos sucessos "introduziam fortes componentes do soul e do funk no pop rock que então vigorava no Brasil".

Ou seja, funk e soul, salvo algumas exceções, viraram mais características sonoras no caldeirão de influências musicais dos artistas, e estão mais para as suas condições originais, de adjetivos no idioma inglês, do que propriamente para um gênero ou estilo – ou para movimento, considerando a palavra como a mobilização de um grupo que se articula para determinadas finalidades, políticas, estéticas ou mesmo mercadológicas.

Mas é movimento, sim, se entendido como gesto do corpo e como sopro de vitalidade na cultura. Soul e funk deixaram sua marca na nossa maneira geral de fazer música, o que talvez tenha se dado graças à naturalidade com que se fundiram a ela.

Então, é hora de voltarmos à nossa proposta inicial – aquela de falar musicalmente sobre música – e tentar ouvir o que o período mais intenso do funk-soul legou para a música brasileira.

Começando lá do chão, que dá todo o tempero, ou seja, daquela seção que chamamos carinhosamente de "cozinha", acredito que não se tocou mais baixo e bateria da mesma maneira – com todo o respeito a todas as "escolas musicais" desses instrumentos – depois da passagem de tudo o que falamos acima, e que pode ser sintetizado no som encorpado, no balanço das células rítmicas envolventes, por sua simplicidade, que oculta relações sutis entre acentuações e contratempos – outras especiarias que essa cozinha maravilhosa proporciona como nenhuma outra.

Daí vem outra contribuição marcante: a do uso da guitarra elétrica praticamente como instrumento de percussão. Tudo bem, a guitarra rítmica não é exclusividade de nenhuma escola: o rock e vários gêneros a utilizam, geralmente com a palheta atacando várias cordas de uma vez; mas a tal guitarra funky, misturada com uma forma própria que o músico brasileiro tem de enxergar a harmonia, deu um molho muito interessante, que acaba sendo possível identificar em várias misturas malucas dessa nossa tropicália.

Há também uma linguagem de teclados eletrônicos muito marcante, com timbres que a gente identifica prontamente com o contexto do funk e da soul music, e que criam aqueles "climas" muito expressivos; herança da presença marcante do órgão Hammond – outro que tem nome e sobrenome – na música negra americana. Mudam os timbres, mas fica aquela forma de marcar presença. E, é claro, a interpretação vocal – a que a gente já se referiu anteriormente –, que se tornou uma das tintas que compõem essa nossa paleta de possibilidades musicais, complicada de entender, às vezes, por causa da variedade de cores que a constitui.

Portanto, meu argumento é este: o funk e o soul, significativos na história da música brasileira principalmente dos anos 1970 e 1980, têm uma produção continuada na obra de vários artistas contemporâneos. E têm ainda um papel relevante, que precisa ser destacado dentro da história viva que estamos presenciando "de ouvido", ao perpassarem musicalidades não diretamente identificadas com eles, mas por eles influenciadas.

Liguem os rádios, que são tantos quanto as vitrolas. Liguem-nas também, e, depois de tudo o que a gente falou sobre música, espero que vocês escutem com ouvidos renovados, pensando nesses sons. Afinal, o ouvido pensa, o cérebro dança e o corpo escuta, se a gente deixar. E a alma agradece.

Espero ter ajudado.

É isso aí.

Assumam sua mente, *brother* e irmã.

Rock

**Texto de FERNANDO GUIMARÃES
a partir de entrevista com MARCELO NOVA**

Comecei a ouvir rock and roll ainda numa idade muito tenra. Na verdade, foi uma descoberta, porque meus pais não tinham o hábito de ouvir música com muita frequência. Meu pai tinha um disco de Bing Crosby (*Baladas de Natal*); minha mãe, um de Yma Sumac, que era uma cantora lírica; e minha irmã tinha discos de bossa nova – e foi mais ou menos dentro desse espectro musical que cresci até os 8 anos de idade. Até que um dia, andando com meu pai pelo centro de Salvador, ouvi uma música, uma batida, uma levada que me atraiu. Não tinha a menor ideia do que era, mas gostei tanto que pedi a ele que me desse de presente. Foi assim que ganhei um disco de Little Richard chamado *Aqui, Little Richard*. Esse foi meu primeiro contato com o rock and roll. Levei o disco para casa, subi no sofá de molas de minha mãe, que ela havia comprado na Deraldo Móveis, e pulei em cima. Ao pular em cima de um sofá de molas comprado em Deraldo Móveis, você está arriscado a levar uma chinelada. Foi justamente o que aconteceu. Mas essa chinelada não foi suficiente para conter meu ímpeto, porque a partir daí comecei a me interessar por outros cantores.

Lembro-me de que comprei um disco de Elvis chamado *King Creole*, que era a trilha sonora do filme de mesmo nome; depois, já no início dos anos 1960, com meus 13 anos, vieram os Beatles e os Rolling Stones e, junto com isso, uma mudança: deixava de ser garoto e começava a ser adolescente. E assim surgiu uma trilha sonora que acompanhava as mudanças pelo quais meu corpo estava passando. Comecei a me interessar por meninas e por sexo, e por cinema, que, por sua vez, também me conduzia ao sexo, o qual, de certa forma, me reconduzia ao rock and roll.

Eu possuía um disco de uma banda chamada The Troggs, que incluía uma música intitulada "Wild Thing" – depois gravada por Hendrix – que era puro estímulo sexual. Mas o curioso é lembrar que toda a transformação pela qual o mundo passou nos anos 1960, eu a vivenciei do ponto de vista orgânico e espiritual. Não apenas do ponto de vista estético, ou como um observador social. Não! Eu estava vivendo aquilo. Então, o desejo de formar uma banda e de me tornar músico era diário. Comecei a deixar o cabelo crescer e comprei uns óculos redondinhos, parecidos com os de John Lennon. Evidentemente, havia uma conotação nisso. Ocorre que, nas primeiras vezes em que saí, entusiasmadíssimo, falando sobre Beatles, Stones e toda aquela safra de bandas inglesas que, de alguma forma, estavam tomando emprestado o rock que vinha da América e transformando-o numa linguagem britânica, bem diferente da forma original do rock americano, percebi que meus amigos, da mesma faixa etária que a minha, da escola ou da rua, não tinham nenhum interesse específico por música. Eles queriam era jogar bola, coisa que eu não gostava de fazer, talvez na mesma proporção em que eles não gostavam da música que eu ouvia.

Acabei, por isso, em um autoisolamento, em que passava minhas tardes com uma raquete de tênis do meu pai, fazendo mímica em frente ao espelho. Fui, assim, um grande dublador de canções como "Twist and Shout". Enfim, havia o desejo de fazer com que a música preenchesse a minha vida – mas eu morava em Salvador, e lá havia escassez de condições técnicas. Raulzito e os Panteras tinham um equipamento de palco que era o melhor que se podia ter – guitarras Giannini, amplificadores Tremendão –, mas isso em função de eles fazerem muitos shows, de já atuarem profissionalmente. Quando Roberto Carlos e outros tantos artistas daquele período que ficou conhecido como jovem guarda iam a Salvador, Raulzito e os Panteras serviam de banda de apoio. Então, para a molecada, era complicado conseguir um equipamento. Além disso, havia também uma dificuldade muito grande em localizar pessoas com quem pudesse compartilhar o desejo de fazer esse tipo de música.

Sempre havia uma quantidade razoável de músicos dispostos a fazer música regional; mas eram os anos 1960, e a ideia era que guitarra elétrica era símbolo do imperialismo. Naquela época, o grande lance era ser de esquerda, idolatrar Fidel Castro e tocar cavaquinho. Se esses eram os pilares sobre os quais deveria se apoiar a juventude brasileira, então eu já era torto desde menino.

Como descobri o rock muito precocemente, não havia, da minha parte, nenhuma abordagem intelectual do gênero; minha relação com ele era totalmente instintiva. Aquelas canções de Little Richard... eu não entendia uma palavra do que ele estava dizendo, mas havia um ritmo, uma pulsação, um vigor ali que me estimulavam, talvez até como uma espécie de contraponto para a música que eu ouvia em casa.

Depois vieram novas mudanças, como os primeiros discos de Roberto Carlos e Erasmo Carlos cantando "É proibido fumar", além de Eduardo Araújo e de Ronnie Von, que fez um disco psicodélico em 1967. Então começou a se concretizar um novo cenário musical, mesmo que ainda incipiente, pois grande parte do material que era gravado pelos artistas era composto de versões, não havendo ainda o desenvolvimento do processo de composição. Por isso, aliás, é muito fácil encontrar muitas versões entre os álbuns gravados entre 1965 e 1968. Havia artistas, inclusive, que eram especialistas nisso: pegavam a música, faziam as versões e as passavam para quem as quisesse gravar.

Muitas das mudanças que ocorreram nos anos 1960 partiam do ponto de vista estético. O fato de eu usar cabelos longos, por exemplo, se relacionava com a aparência dos caras que faziam rock – a música de que gostava, e que ouvia diuturnamente –, que eram os caras que tinham o cabelo comprido. Fumar maconha e tomar LSD eram formas de abrir as tais portas da percepção, não para fazer uma pesquisa mística de cunho religioso, mas para estar integrado a um universo de descobertas cuja trilha sonora era o rock and roll, para ouvir Jimi Hendrix cantando "Purple Haze", que era uma canção que falava sobre essa experiência. Enfim, todos os passos que eu dava na minha vida eram sempre, de alguma forma, sob o clarão da tocha desse gênero musical pelo qual me apaixonei.

Havia Os Mutantes, uma banda que adorava, mesmo porque seus integrantes eram bem mais moços que outros músicos. Eles eram, talvez, da minha idade; se mais velhos, coisa de um ano ou dois. Isso os fazia, a meus olhos, muito diferentes dos outros, que já eram de outra geração. Daí eu ter uma ligação muito forte com Os Mutantes. Achava o grupo sensacional; tinha uma garota na banda, havia uma ideia de banda, não era só um cantor; era uma banda de verdade, com uma sonoridade muito peculiar, muito interessante. Depois Os Mutantes acabaram, e Rita Lee começou uma carreira com o Tutti Frutti, uma banda que tinha na guitarra Luiz Carlini, que, quase vinte anos mais tarde, viria a tocar comigo. Houve um show dos Mutantes, na concha acústica do Teatro Castro Alves, que jamais vou esquecer. Foi no início dos anos 1970, quando Rita já não mais estava na banda, mas havia os irmãos Dias – Arnaldo e Sérgio. Um show fabuloso: me lembro do Sérgio correndo com um rodo no palco, de todos eles destruindo o que havia ali – bateria, amplificador, o que conseguissem quebrar... Isso numa época em que não havia ainda a MTV, videoclipe e o *marketing* da destruição. Se destruíam aquilo, era por ser uma forma de dizer: "Chegamos a um ponto em que já não dá mais para tocar, em que já não dá mais para nada". Então, a destruição era quase uma celebração, não um clichê.

É preciso citar também Tony Campelo, que foi o precursor, sem dúvida nenhuma, de tudo isso que se faz ligado ao rock no Brasil. Só fui ouvir Tony Campelo depois que ouvi Raulzito e os Panteras, mas ele já estava lá antes.

O fato de eu ter visto Raulzito e os Panteras em 1965 teve uma importância enorme, pois foi a primeira banda a que assisti ao vivo. Eu tinha discos de The Troggs, Jerry Lee Lewis, Elvis Presley, Chuck Berry, Beatles, Rolling Stones, Eric Burdon and The Animals, Roberto Carlos, Renato e Seus Blue Caps, Eduardo Araújo, Ronnie Von e Erasmo Carlos. Pegar um disco para ouvir em casa era uma experiência auditiva, mas ali eu estava em frente ao palco, a 2 metros de distância dos músicos. Se, por um lado, eu tinha Beatles e Stones e tudo o mais ao meu dispor, para ouvir na hora em que quisesse, a minha experiência, o meu contato visual com o rock, pela primeira vez mesmo, foi com Raulzito e os Panteras. E o fato de eles serem baianos como eu me deu a noção de que, de alguma forma, também eu poderia fazê-lo; já não era mais uma coisa alienígena, que tinha que passar pela óptica da esquerda festiva, sob a égide de Che Guevara. Havia, de fato, uns caras na Bahia que também gostavam de rock and roll, e que tocavam esse tipo de música.

Raulzito cantava músicas dos Beatles, de Elvis Presley e de Little Richard. Ele se jogava no chão e tremia todo, e as mães que assistiam – pois muitas mães iam levar filhas – ficavam apavoradas, e ordenavam: "Sai, que esse homem está tendo um ataque de epilepsia! Sai! Sai de perto!", fato esse que viríamos a registrar em uma canção que compusemos muitos anos depois, chamada "Rock and Roll".

Nessa altura, eu morava no bairro da Graça, em Salvador, onde um ônibus parava perto da minha casa, no fim da linha. Então, pegava esse ônibus e ia sozinho até o centro da cidade, para perguntar ao lojista: "Chegou disco de rock aí?" E o cara me dizia o que tinha e o que não tinha. Mas era uma experiência, uma viagem solitária – eu era uma espécie de Amyr Klink do rock and roll.

Ter visto Raulzito ao vivo me deu a sensação de que havia a possibilidade de fazer rock na Bahia. Quando e como, só iria descobrir mais de uma década depois.

Então vieram os anos 1970. Casei-me muito cedo, e quando minha filha nasceu, decidi que tinha que trabalhar, pois até então, como um bom baiano, fazia parte da tradição da família baiana – em que, ao se casar, você continua morando com sua esposa na casa de seu pai e de sua mãe; ou seja, segundo a tradição de que as pessoas vão se agregando, mas continua todo mundo sob o mesmo teto do patriarca. Eu tinha feito um curso de administração técnica, mas não o concluí: abandonei as aulas quando faltavam dois meses para me formar, pois sacara que seria um péssimo administrador fosse lá do que fosse.

Enfim, percebi que precisava arrumar um emprego. Já havia tentado vender seguros e trabalhado por uns dois anos fabricando palmilhas ortopédicas para crianças, com meu pai, em sua clínica de reumatologia e fisioterapia. Então, acabei montando uma loja de discos, chamada Néctar, no Porto da Barra, entre 1975 e 1977. Um lugar que, na época, era onde as coisas aconteciam em Salvador. Diria mesmo que as pessoas interessantes ou estavam no Porto da Barra ou ao menos passavam por lá. A loja só oferecia discos de rock'n'roll; ou seja, quando tentei me tornar um comerciante, ignorei a máxima do comércio: quanto maior for a procura, maior deverá ser a oferta. E eu fazia o contrário, só vendia o tipo de música de que gostava e o que eu queria. Na verdade, estava pensando em manter minha família não com os discos em si, mas com o rock and roll, que ali se encontrava no formato de álbuns, de LPs.

Em 1977 me desfiz da loja, pois o que eu ganhava dava exatamente para pagar o aluguel do ponto e tomar duas coca-colas. Gostava muito de rádio, e estava surgindo uma FM em Salvador, chamada Rádio Aratu. Então, fui até lá para falar com Linsmar Lins, que era o supervisor da rádio, uma vez que, a essa altura, já possuía uma coleção considerável de discos. Fui pensando em fazer um programa semanal na rádio, mas, depois de cerca de duas horas de conversa, fui contratado não apenas para fazer o programa como também para fazer toda a programação musical da rádio. Linsmar tinha ficado impressionado com meu conhecimento de música, e chegou a dizer: "Você conhece mais de música do que todos os radialistas que eu conheço". Também achou interessante eu vir de outro segmento, pois assim não jogaria com dados viciados.

Em 1974, assisti a outro show inesquecível de Raul, também na concha acústica do Teatro Castro Alves. Foi quando ele convocou todo mundo a jogar fora as carteiras de identidade, fazendo aquele seu típico discurso: "Não existem fronteiras para o homem. Quem tiver carteira de identidade aí, jogue fora!". Rapaz, houve uma chuva de RGs voando, aquelas cedulazinhas verdes indo para tudo que é lado, e eu imaginando a dor de cabeça que isso ia dar, no outro dia, para aquelas centenas de pessoas que não tiveram dúvida quanto à inutilidade momentânea daquele papelzinho verde. Aí Raul tirou a roupa, proclamando: "Eu vou ficar nu, porque aqui é minha terra, e eu fico nu a hora que eu quiser". Então, imediatamente desceu pela plateia, em direção ao palco, uma fila de policiais militares, pois ele era visto como uma figura perigosa. Ficar de cueca num palco, naquela época, em Salvador, era pedir para ser preso e levar porrada dos policiais militares. Mas Raul ficou lá, e disse: "Eu vou mijar aqui, porque aqui é minha terra, e na minha terra posso mijar". Ele sempre foi um grande provocador. Esse é um outro tipo de show, completamente diferente de outros eventos em que os artistas chegavam e davam boa-noite, limitando-se, depois, a tocar suas canções, agradecer e ir embora, fazendo tudo com formalidade. Raul rompeu com aquilo de um jeito sensacional!

Em 1977 já havia o punk rock; já haviam surgido os Sex Pistols, The Clash e todas aquelas bandas que tiraram o rock de certo marasmo no qual ele se encontrava. Dois anos depois, inspirado nesses grupos, surgiu o Camisa de Vênus, pois, a partir do punk, tive consciência de que era possível fazer rock sem me importar muito com a condição tecnológica. Perdi muito tempo me batendo com a questão da tecnologia. Costumava pensar: "O Led Zeppelin possui um equipamento fantástico de som, luz, e infraestrutura, uma equipe enorme, e os músicos são excelentes. Onde vou arrumar um baterista que toque como John Bonham e um guitarrista que toque como Jimmy Page?". Mas o punk trouxe a ideia do "faça você mesmo"; quer dizer, não pense num incêndio, pense numa fagulha, pois, se você acender a fagulha certa, vai provocar um incêndio fenomenal.

Então, movido por essa ideia, fui para a batalha. Ao mesmo tempo que fazia o meu programa, *Rock Special*, toda sexta-feira à noite, e a programação musical da Rádio Aratu, comecei a montar o meu primeiro grupo, que foi o Camisa de Vênus. Em outubro de 1980, já estávamos ensaiando os primeiros passos; tudo aconteceu muito rápido. Dois anos depois, como já tínhamos tocado em todos os lugares que havia em Salvador e até em algumas cidades do interior da Bahia, começamos a pensar em sair de lá, onde provocamos uma ruptura muito grande na cena local, pelo fato de usarmos guitarras elétricas e de não fazermos música regional.

Um polo interessante dessa geração que surgiu logo depois do Camisa ficava no Rio de Janeiro, onde havia o Circo Voador, uma espécie de centro catalisador do surgimento de toda essa gente que vinha de tudo que era canto. Tinha Capital Inicial e Legião Urbana, que eram de Brasília; Os Paralamas do Sucesso, Barão Vermelho e todas aquelas bandas que eram do Rio de Janeiro; as de São Paulo, como Ultraje a Rigor, Ira!, Titãs; de Porto Alegre surgiram Os Replicantes; da Bahia, o Camisa.

No Circo Voador, ficávamos sentados no camarim, comendo maçã e bebendo água mineral quente que Juçá, a superintendente do Circo, nos oferecia. Ela armava as pautas dos shows, em que tocavam três bandas em uma noite – artistas de características díspares, como, por exemplo, Léo Jaime, Legião Urbana e Camisa de Vênus.

Nessa época, as casas noturnas eram todas voltadas para a música mecânica; então, tudo começou com essa cena incipiente; passaram a surgir danceterias que se espalharam pelo país.

Os grandes nomes da música daquela época, em termos de frequência de execução em rádio, de popularidade e de prestígio, aconteceram muito mais pelo fato de o rock ter se tornado uma moda no rádio do que propriamente como uma espécie de reconhecimento ao talento de quem quer que fosse. Lembro-me de que ligava o rádio e me ouvia numa estação; mudava a estação e lá estava eu de novo, cantando a mesma música em outra rádio, na mesma hora. Isso era normal e não acontecia só comigo; não significava que minha música fosse excepcional, era apenas e tão somente consequência de uma moda vigente; e, como toda moda, essa gerava uma demanda que, como toda demanda, acarreta um consumo. Assim que a moda acabou, muitas dessas bandas foram por outros caminhos, mais fáceis ou mais viáveis para elas.

Logo depois que o Camisa acabou, em 1987, gravei meu primeiro álbum solo e comecei a fazer uma turnê com o Raul. Isso foi bem antes da gravação de *A panela do diabo*. Nós chegávamos a uma cidade e os caras da rádio anunciavam: "e agora, Raul Seixas e Marcelo Nova". Mas nós brincávamos, corrigindo: "Não, Diabão e Satãzinho" – pois tudo se resumia a duplas sertanejas, naquela época, e nós éramos mais uma.

Naquele momento, quando comecei a tocar com Raul, o meu passado e o meu presente se encontraram, pois tive a chance de ver aquele garoto que eu vira cantar quando eu era mais garoto ainda do que ele, 25 anos depois, compartilhando uma turnê, um palco e composições. Essa oportunidade foi, do ponto de vista pessoal, como um brinde do destino: um daqueles momentos em que você sente que valeu a pena ter sobrevivido, ter continuado e estar vivo. Apesar de a mídia, na ocasião, estar voltada para um outro segmento, de alguma forma havia um público interessado em nos ouvir, havia uma plateia alternativa.

Acabamos fazendo cinquenta shows entre outubro de 1988 e agosto de 1989, na contramão total. Os shows não tinham coreografia, backing vocals, cenários e roteiro; mas demonstravam possuir sangue e vísceras, pulmão e coração. Aquele foi um período muito intenso.

Depois, entre 1990 e 1991, gravei um álbum chamado *Blackout*, que foi o primeiro disco acústico de rock. Isso é muito curioso, porque, quando o ex-presidente Collor tomou o poder e a poupança de todo mundo, eu tinha uns oito shows marcados, e foram todos cancelados. Então eu precisava ir para a estrada de qualquer forma, e acabei convidando Johnny Boy para me acompanhar. Fomos, somente os dois, fazer uma turnê. Não contávamos com nenhuma infraestrutura; fechávamos as apresentações de São Paulo, entrávamos no meu carro e saíamos desbravando o interior, tocando em teatro, em bar, em cafua, em tudo que era canto, só com violão, eu e ele. Completamos 43 shows assim na sequência, fazendo três ou quatro toda semana; e aí, quando acabou a história, eu já estava pensando em gravar um disco acústico com a sonoridade que tínhamos feito na estrada. Por curiosidade, pensei: "Bem, deixa eu ouvir uma referência; quem é que já fez isso antes de mim?". Como seria contrapor dois violões a um contrabaixo de pau? Que tipo de sonoridade e timbre surgiriam? Imaginei usar bandolins, acordeão, e aí, para minha surpresa, não encontrei nenhum disco – nenhum, nem nacional, nem lá de fora –, nenhuma banda, ninguém que tivesse feito isso. Nem Rolling Stones, Led Zeppelin, Pink Floyd, Deep Purple, Sex Pistols, Clash; nenhuma banda de nenhum período tinha feito isso. Então pensei: "Bom, já que ninguém fez, farei eu!". Acharia interessante se alguém tivesse e me enviasse um registro anterior a 1990 de uma banda de rock gravada inteiramente acústica. Não havia, naquela época, a modalidade *unplugged*, nem MTV, nem nada do que hoje é uma fórmula absolutamente consagrada, comercialmente falando – gravar desse jeito era uma total aventura.

Tratei de maturar minha carreira na estrada, que é o lugar onde me encontro. Não é que não goste de estúdio, mas não consigo ficar três meses dentro de um. Certa vez, assisti a uma entrevista do Ed Motta em que ele dizia que adora estúdio, que lá ele ensaia, faz os arranjos, procura burilar a melhor forma, até sentir que a música está com o arranjo da forma que ele queria. Sou exatamente o contrário. Vou para o estúdio, dou um formato para a canção, trabalho-a e registro. Jamais penso que aquele é o registro definitivo; pelo contrário, até penso que aquele registro só está ali, daquela forma, porque aconteceram coisas naquele dia que fizeram com que ficasse assim. Às vezes, você olha para o guitarrista e pede: "Este riff aqui, *para para pon para*". E aí você usa aquilo, *para para pon para*... Mas, se o guitarrista não tivesse feito aquilo, você faria outro, e ia ficar diferente. Aquilo, portanto, ficou ali porque aconteceu. Daqui a um mês, não quero nem me lembrar mais de como gravei a música; quero tocá-la de outro modo. Isso eu fui levando para a estrada, e agora percebo que muita gente já entende e até gosta disso. Outras pessoas, no entanto, continuam assistindo a meus shows na expectativa de ouvir as canções do jeito que elas foram feitas há muito tempo. Acho que essas saem decepcionadas.

Estou há quase quarenta anos na estrada, fazendo apenas rock and roll. Não tenho nenhum pudor quanto a isso; faço rock do meu jeito, evidentemente, e percebo que, independentemente do gênero musical, o importante é você fazer o que sabe fazer, de maneira pertinente. É por isso que existem artistas que, indiferentes ao gueto ou ao rótulo que caia sobre eles, são excepcionais, como Paulinho da Viola e Jards Macalé.

O fato de nós, no Brasil, termos esse condicionamento de mídia, de termos de estar em evidência na TV e tocando no rádio, para então podermos atrair uma massa humana para ir aos shows, leva a que muitos artistas sintam quase uma obrigação de fazer música para agradar, para ser imediatamente assimilada – fato que, em outros países, não corresponde à realidade. Há megabandas lá fora que fazem shows para 80 mil pessoas, assim como bandas que percorrem um circuito universitário, que tocam para oitocentas pessoas e que vivem disso, de tocar quatro vezes por semana em universidades e em casas pequenas. O que motiva as pessoas a ir a um show, lá, é diferente da motivação daqui. O público aqui precisa se sentir de alguma forma seguro de que está indo ver algo de sucesso – tomando-se por índice de sucesso o alto número de aparições na mídia.

Algumas das bandas de rock nacional que surgiram no início da década de 1980 começaram nitidamente de forma espontânea. Percebo isso pelas suas primeiras canções. Outras bandas, no entanto, pelo fato de terem surgido dentro de gravadoras, já nasceram de algum modo orientadas para preencher determinado espaço e segmento. Isso é assim em qualquer lugar do mundo, tanto aqui quanto lá fora; a diferença é que, por exemplo, fui assistir a um show de Neil Young em 1996, em Los Angeles, em que ele não estava lançando disco, não estava na mídia, não tinha clipe nem música nova, não estava tocando no rádio e, mesmo assim, havia 10 mil pessoas para vê-lo, pelo simples fato de que ele era Neil Young. Ele não tinha que provar mais nada a ninguém. Era um homem, àquela altura, com 50 anos de idade, e com mais de trinta álbuns lançados. Há o respeito das pessoas diante disso, que pensam: "É Neil Young, e acabou! Ele tem uma obra que ecoa na minha vida, na do meu pai e na do meu filho; tenho os discos dele, eu o ouço quando estou no meio do trânsito, indo ao trabalho e quando volto para casa, tenho seu vídeo e seu DVD, pois sua música foi a trilha sonora das muitas trepadas que dei na vida, com fulana e sicrana. Enfim, Neil Young é parte da minha vida, é parte da minha cultura". Já no Brasil, temos certa dificuldade em estabelecer esse tipo de relação, porque estamos sempre preocupados com o novo, e vamos substituindo o novo, que depois de um ano não é mais novo, e é preciso inventar um outro tipo de novidade – então, surge esse círculo vicioso.

Percebo essa obsessão pelo novo principalmente no rock e no pop, que usa uma linguagem aparentemente mais moderna – apesar de ela não o ser –, que é vendida como tal para atrair o segmento jovem da população. Isso passa ao largo do show que fui ver. Ali, havia homens de 50, 60 anos de idade, que evidentemente acompanhavam Neil Young desde o começo; havia garotos de 15, 16 anos com a camisa do Pearl Jam na plateia, mas que sabiam que o Pearl Jam existia porque Neil Young existia; ou seja, há uma relação perceptível entre uma coisa e outra, enquanto aqui temos: "Eu faço laboratório", ou "Entro e crio uma sonoridade que é absolutamente original e única". Lá, eles não têm esse tipo de preocupação; sabem que a tradição existe, e que você só cria algo novo, só rompe com o velho, se você vier dele. Se você não vier da tradição, você não está rompendo com absolutamente nada. A própria palavra "romper" pressupõe uma ruptura. E você vai romper com quê? Com o novo? Então você não está rompendo com absolutamente nada.

Você vir da tradição não é nenhum problema; muito pelo contrário, a tradição é história, é cultura, é referência. Aqui, vivemos essa coisa dos 20 anos, o tempo todo em busca do público-alvo, a menina bonitinha do peitinho duro. Mas quem pode negar o charme de uma coroa de 40 anos, extremamente *sexy* e sedutora, não é verdade? Então, nós somos eternos *voyeurs*, a gente se satisfaz assistindo a programas de televisão para ver os outros na sala, no banheiro, na cama – parece que nos esquecemos de que somos perfeitamente capazes de fazer isso, de nos entreter com a nossa própria vida, de torná-la mais interessante e excitante. Mas não, nós preferimos ficar sentados em frente a um aparelho, assistindo ao óbvio. O mistério, a sedução e a descoberta, tudo isso fica relegado a segundo plano, em um terreno nebuloso: "Meu Deus, amanhã tenho que trabalhar, pedir aumento, pagar a escola do meu filho; então vou ver aquela gostosa ali, embaixo das cobertas!".

Não acredito que haja uma cultura do rock nacional; acho que há um hábito de fazer música. A cultura é você criar e preservar. Mas, aqui, a guerra é briga de pedra. Algumas bandas surgiram espontaneamente, outras não...

Para o Camisa, Sex Pistols e o punk foram a abertura da cortina, mas eu já ouvia rock desde moleque, quer dizer, não descobri o punk e resolvi fazer uma banda; o punk foi só a gota d'água.

Durante a década de 1980, o rock nacional produziu várias bandas com uma fórmula segundo a qual se encontra um cara bonitinho, produz-se umas músicas bonitinhas, as baladinhas, e as menininhas gritam. Agora, o fato de, por exemplo, uma banda como Sepultura ser mais popular entre a molecada fora do Brasil do que dentro é sintomático, pois o trabalho que eles fizeram fora tem ressonância e é preservado, no coração ou na mente, não interessa; quando eles voltarem, daqui a dois ou três anos, para tocar nessa mesma cidade, certamente haverá um público que irá vê-los, porque sabe do que se trata, sem se importar que, durante esse período, eles tenham ficado ausentes, e que existam vinte bandas novas. Quando começamos a fazer esse tipo de comparação entre lá e cá, tomando por base países como os Estados Unidos, Inglaterra, França, Canadá, que têm nível econômico e cultural superior ao nosso, a comparação também se torna um tanto injusta, em função do poder aquisitivo e da segurança. Um assalariado brasileiro não tem condições de ficar comprando disco e fazendo coleção; aí, vai comprar CD pirata a R$ 5 na praça da República.

Eu me canso de ouvir artistas que têm 10, 15, 20, 30 anos de carreira artística dizendo: "Agora estou numa nova fase" – parece que é desfile de moda, você tira aquela roupa que estava usando e veste outra qualquer.

Na década de 1990, eu estava muito mais ocupado em seguir meu caminho, porque não o construí por meio da grande mídia, nem com aparições semanais nos programas de grande audiência – tinha que suprir isso indo para a estrada. E isso cria uma demanda de energia que é toda consumida nela. Quando volto, não tenho paciência de saber o que está rolando, de ver, de acompanhar, mesmo porque acho que agora é a hora da molecada. São outras bandas que surgem, algumas com estilo próprio, como os Raimundos, por exemplo, que de certa forma tinham uma espontaneidade, um estilo que depois foi copiado por inúmeras outras.

O rock, por sua própria formação e estética, sempre produziu uma competição entre nós todos, velada ou aparente, e isso é a parte adolescente do rock. O que sempre achei interessante, porque essa é também a sua linguagem.

Raul foi um cara do rock que tinha um texto mais do que bom, mais do que consistente, mais do que ferino ou sarcástico. O texto de Raul era único. Ninguém escreve as coisas que ele escrevia da forma que escrevia: "Eu me lembro/do dia que você entrou num bode/quebrou minha guitarra e minha coleção/de Pink Floyd". Quem rimaria bode com Pink Floyd, senão o Raul? Estou dando um exemplo bobo, de uma brincadeira que ele fez, mas o fato de ele ser idolatrado por empregadas domésticas e por PhDs diz muito da abrangência da obra que criou. Raulzito era único.

Outro nome é Jards Macalé, um artista que mexe muito bem com a composição de letras. O que inicialmente me atraiu em Macalé, na verdade, foi um disco que ele gravou em 1970, o primeiro LP que ele gravou, chamado *Jards Macalé*, um disco de música brasileira – porque ele vem da tradição da música brasileira –, porém misturada com blues. Ele, Lanny Gordin e Tutti Moreno, este na bateria, são três caras tocando com uma sonoridade que às vezes lembra jazz, ou algo que remeta a isso, e, de repente, vira Muddy Waters. É um negócio curioso, um híbrido interessantíssimo que eles construíram. Foi o primeiro disco de música brasileira que me interessou no sentido literal da palavra, principalmente em função dos textos. Nessa época, eu ouvia Led Zeppelin e Black Sabbath, que era um som pesado, denso, estridente – o tipo de música pelo qual, com 20 anos de idade, me sentia atraído. Então, o que me chamou a atenção no disco do Macalé, que evidentemente não tem nenhum desses elementos, foi o texto. Sempre prestei atenção nas palavras, instintivamente. Nunca fiz uma canção começando pela música. Depois que a letra está pronta, do jeito que acho que me agrada, aí vou colocar uma moldura nela, que é a minha canção: o rock, que é a moldura de que eu gosto, assim torta, não muito simétrica.

No final dos anos 1960 eu era um garoto, e, a exemplo do nosso ex-presidente Fernando Henrique Cardoso, também já fumava maconha e não acreditava em Deus. Só que eu tragava, e acreditava que ia mudar o mundo. Essa crença, que hoje pode ser vista como ingenuidade, como própria da juventude, da inexperiência, era como a óptica do mundo globalizado de hoje, porque o mundo dos meus pais não me interessava, o tipo de vida que eles levavam não servia pra mim, o tipo de música que eles escutavam não era a música que eu queria ouvir, e havia toda uma descoberta nessa percepção. Parei de me relacionar com prostitutas, sexualmente falando, e comecei a me relacionar com as garotas de classe média, pois as meninas começaram a dar, começaram a não querer se guardar para a noite de núpcias. Havia uma tendência a experimentar, e então um garoto sul-americano nascido na Bahia, no Nordeste do país, compartilhava ideias com garotos em toda a parte do mundo – e isso é curioso, porque nenhum outro gênero musical teve essa capacidade de se ingerir e de influir na vida de culturas complemente distintas.

Você vê japonês com topete de Elvis, casaco de couro e bota de salto alto; eles são fanáticos por rock, absolutamente fanáticos. Outro dia eu estava ouvindo uma banda japonesa com nome americano, chamada Thee Michelle Gun Elephant. Eles cantam em japonês, é bem interessante. Fazem um som parecido com Iggy Pop e The Stooges, só que elevado à enésima potência. É Iggy Pop cometendo haraquiri. Têm toda aquela dramaticidade nipônica transportada para a música e para o canto. Então, ao mesmo tempo você pega a Rússia, onde se vivia a guerra fria, e imagina quando o Metallica foi tocar lá, no final dos anos 1980. Incontáveis fãs de rock havia por lá, onde você não conseguia sequer comprar um disco. Isso é curioso, a capacidade que o rock sempre teve de influir decisivamente no comportamento sexual do moleque, no estético e até no profissional. O rock direcionou um monte de gente, como eu, para a música, para o cinema, para a pintura, para as artes em geral. Não conheço nenhum outro estilo musical que tenha produzido algo nessas proporções. Nenhum outro gênero musical possui essa capacidade de não só se misturar à cena local, como um elemento cultural, mas de ser incorporado e de sugerir outras situações.

Não me prendo necessariamente à técnica, ao virtuosismo. Respeito o virtuosismo, mas não é ele o que me atrai na música.

Continuo hoje fazendo o que sempre fiz – só que agora penso que faço melhor. Se existe alguma diferença, deve-se ao fato de eu ter ficado mais velho e de não me sentir na obrigação de ficar fazendo música para meninos de 18 anos. Eu não quero envelhecer fazendo música para meninos de 18, embora as minhas músicas, os meus textos, as minhas canções não impeçam um garoto dessa idade de gostar e até de se identificar com o que estou cantando. Mas não sinto nenhuma outra grande diferença; apenas estou mais experiente.

E, por fim, imagino que vá surgir o dengue-rock, pois em alguma garagem, em algum local há uma banda, a essa hora, fazendo alguma coisa interessante. Se isso vai ter espaço na mídia, há que se perguntar aos homens de paletó e gravata que estão decidindo qual vai ser a próxima moda. Evidentemente, eles vão negar isso, vão dizer que nunca decidiram nada, que quem decide é o povo, que eles apenas percebem a vontade popular e dão ao povo o que ele quer. É mais ou menos como dizer que o povo tem dengue porque quer.

Diria que o rock, hoje, vive com um passado de setenta anos, para não falar de quando ele ainda não havia sido batizado. Esses cinquenta anos registram o surgimento de uma música simples, de quatro ou cinco acordes, mas que, por intermédio do talento de alguns e da genialidade de uns poucos, tem nos oferecido, com o passar do tempo, um espectro muito amplo e diversificado de estilos, indo do rockabilly ao grunge, do folk ao metal, do psicodélico ao punk. E essa contraposição de formas aparentemente distintas é que permitiu a sua evolução, o seu amadurecimento. Nem em seus sonhos mais selvagens Elvis e Chuck Berry imaginaram que aquela música que, nos anos 1950, servia para animar festinhas e compor a trilha sonora de inesquecíveis trepadas nos bancos traseiros dos Cadillacs desembocaria, por exemplo, no álbum *Time out of Mind*, uma obra-prima de Bob Dylan lançada em 1997, cujo texto contempla a morte, a brevidade e a escassez do nosso tempo com a densidade poética que sempre foi peculiar a Dylan, mas que parece ter se aprimorado e intensificado com o passar dos anos.

O rock tem sobrevivido, durante setenta anos, a um enorme contingente de incompetentes, aproveitadores, mercadores, comerciantes de mentalidade fenícia, músicos sem qualidade, compositores sem vocação, à voracidade e à estultice da indústria do disco, à crítica imberbe e aos babacas de plantão.

E o rock tem seguido adiante graças àqueles que se sobrepõem à mediocridade, contrapondo a ela criação, ousadia, talento, sugerindo outras hipóteses e contestando aquilo em que a maioria acredita. A música eletrônica, que vem sendo celebrada como o que há de mais moderno, já era feita há mais de quarenta anos pelo grupo alemão Kraftwerk. Aliás, com mais impacto e originalidade do que todo esse uso de sampler que anda por aí. Quanto à world music, disse-me um autointitulado *expert* no gênero tratar-se de música de pesquisa e laboratório. Bom, aí eu já não entendo, pois só faço laboratório quando mando minhas fezes para exame.

O rock é música popular. Aqui no Brasil, por exemplo, tivemos, nos anos 1980, o surgimento dos assim chamados grupos de rock brasileiro – a maioria era pop, mas isso já é um outro assunto –, os quais, graças aos modismos patrocinados pela indústria fonográfica, tiveram seus anos de vendagem e glória, antes de serem deletados pela lambada, que foi trocada pelo brega, que foi substituído pelo sertanejo, que foi chutado para escanteio pelo axé, que, por sua vez, cedeu lugar ao pagode, que deu no que deu.

Como contei no início deste capítulo, fui atingido pelo bólido do rock and roll aos 8 anos de idade, quando meu pai me deu um disco de Little Richard. Não entendia uma só palavra do que era cantado nele, mas o adorei mesmo assim. Logo, minha atração por aquela música foi instintiva, não intelectual, como já disse, o que me livrou desde cedo da obrigação xenófoba de pôr sanfona, zabumba, bandolim, cavaquinho, cuíca e reco-reco na minha música, embora já tenha utilizado um ou outro desses instrumentos nas minhas canções.

O rock foi espargido pelo mundo; a questão, no rock, não é onde ele é feito, mas como ele é feito: Neil Young é canadense; Carlos Santana, mexicano; John Kay, do Steppenwolf, é alemão; Rory Gallagher, irlandês; Freddie Mercury, tanzaniano; Marianne Faithfull, inglesa; Bob Dylan é judeu americano de Duluth; e Raul Seixas, baiano. E tem nego que pensa que a globalização veio com a economia aberta, Bill Clinton e a internet.

A música pelo Brasil no fim do século

CHICO CÉSAR

Tenho mais discos do que posso escutar. A maior parte deles ganhei de seus autores, na segunda metade dos anos 1990. Gente que pagou, à própria custa, a aventura de tentar um lugar ao sol na última década do século passado. Muitos não tiveram, nem terão, uma resenha em jornal ou revista. E, dos que tiveram, poucos conseguiram se fazer ouvir para além do círculo afetivo. Só alguns puderam ter uma ou outra música executada em rádio. Televisão, nem pensar. E há aqueles que nem sequer gravaram seus discos.

Quando penso na música brasileira dos anos 1990, é óbvio que me vem à cabeça boa parte da produção que, de algum modo, se fez conhecer – a ponta do *iceberg*. Mas também penso no que permaneceu submerso, quase invisível. Inaudível, quase. E que rosna em minha prateleira. Aqui, manguebeat, "nova MPB", rap, axé, forró universitário e de pé de serra, bumbá e artistas reunidos estão lado a lado com esses criadores que não tiveram acolhida generosa no imaginário da restrita cena nacional, mas que, de fato, deram suporte para que outros ocupassem o *front* do fulgor fugaz dos holofotes.

Quem é essa gente que banca seus discos apoiadas por leis municipais de cultura, um irmão que trabalha no banco ou um marido remediado? Que se espalha de Pelotas a Macapá, de Pombal, na Paraíba, a Três Lagoas, no Mato Grosso do Sul, e passa rente à arrogância dos homens de gravadora e à indiferença dos meninos de jornal? Quem são esses insolentes que ousam sonhar, mesmo sem árvore genealógica ilustre, simpatia de divas da MPB, benevolência da mídia moderninha ou acesso aos trambiques fiscais de lobistas e *holdings* "interessados em investir no nosso maior patrimônio"?

É impossível responder ao pé da letra a essa pergunta que não quer calar e dar nomes a todos os bois. Mas há pistas que podemos tentar seguir. Ou pelo menos considerar. Mathilda Kóvak, autora e ativista cultural das mais lúcidas, lança luz: "Somos economicamente limitados – alguns, inclusive, bem fodidos, e encontramo-nos à mercê de um ataque 'superior'"[1]. Sobre os que se juntaram pela música e à sua volta, ela define: "Creio que sejamos uma congregação de pequenas aldeias ou tabas que se congraçaram para bater tambor e cantar com destino aos espíritos e espasmos estelares".

Essa gente me interessa e assusta, pela teimosia e quantidade. Aqui e ali me comove e surpreende, pelo talento. Creio que a música produzida no Brasil dos anos 1990 que obteve algum reconhecimento é tributária direta desse caudal e, no que tem de mais verdadeiro, a ela pertence. Incluí-la de raspão nessa reflexão é um gesto ínfimo, quase inócuo, de gratidão e reconhecimento. Espero que outros se debrucem com mais acuidade sobre o tema. E que espalhem luz. Pois, como diz Mathilda: "Se as flechas do inimigo forem tantas a ponto de encobrir o sol, combateremos à sombra. Combateremos com luz própria, fogo de Prometeu, vaga-lumes ou simplesmente o brilho amoroso de nossos olhos irmãos, que iluminam as cavernas do hoje para garantir o soar rútilo às estrelas do amanhã".

Ponte

Se entendida como uma época de resgate da autoestima e um à vontade na lida com elementos de "brasilidade", a década de 1990 começou antes, no fim dos anos 1980: com o surgimento de Marisa Monte e a adoção de ritmos e temática tidos como tipicamente brasileiros, ou até regionais, por grupos de rock como Paralamas do Sucesso e Titãs. Coincidindo com as facilidades trazidas pelas novas tecnologias digitais, ressurge aí, com força total, um certo "movimento independente" na produção de discos. Ele envolve não só iniciativas pessoais isoladas, como no heroico início dos anos 1980, mas também a multiplicação de selos e mesmo o surgimento de gravadoras médias cuja proposta inicial aponta para alternativas estéticas ao *mainstream* praticado pelas *majors*. E o processo não findou, pois o começo da primeira década do novo século é marcado por propostas advindas dos anos 1990 que se afirmaram ou ainda tentam se firmar, tanto no plano estético quanto no mercadológico.

Para o que se convencionou chamar "nova MPB", a aclamação de Marisa Monte, ainda nos anos 1980, com seu charme cosmopolita e repertório eclético, ao mesmo tempo refinado e popular (Gonzagão, Gershwin, Candeia, Titãs e canção de rádio italiana), é decisiva. Estava aberto um canal possível entre a música ligada a certa "tradição brasileira" e a juventude. E ainda: entre essa música e o público médio. Ou seja, o mercado. Os últimos artistas surgidos com esse alcance haviam sido Djavan e outros da chamada

---

[1] Todas as citações do texto foram extraídas de conversas do autor com as pessoas citadas. [N.E.]

corrente nordestina, mas estes quase sempre tratados como "regionais" pela mídia, como Alceu Valença, Elba Ramalho, Fagner e Zé Ramalho. É como se o trabalho de Marisa Monte dissesse: "É possível ser novo, brasileiro e arejado". E como se uma parcela do público sinalizasse: "Amamos [ou não] os medalhões, mas também queremos música brasileira feita por novas pessoas". As bases da renovação começavam a ser preparadas, não por substituição de nomes ou mesmo de propostas, mas por aglomeração.

Uma pedra básica na fundação – se é que se pode falar disso – da música popular brasileira dos anos 1990 foi não um disco de compositor, como seria de se esperar, mas de intérprete. *Sobre todas as coisas*, de Zizi Possi, por ela produzido e lançado pelo selo Eldorado, de São Paulo, com o apoio da rádio do mesmo grupo e nome, revelou-se seminal. De estética "camerística", em que a cantora (já consagrada, mas cansada dos clichês do *mainstream*) reuniu repertório sofisticado e se fez acompanhar com liberdade por excelentes e criativos músicos, esse disco veio confirmar uma obviedade que os produtores tradicionais e dirigentes das grandes gravadoras ainda teimavam em não ver: havia público para a delicadeza sem afetação, para uma nova sensibilidade. Nesse sentido, a rádio foi comprobatória: havia um segmento. E mais, um segmento dentro do segmento.

Prata da Musicasa

O número 1.396 da rua Aimberê, no bairro da Pompeia, em São Paulo, foi endereço fundamental para a fermentação e experimentação de uma nova geração de música brasileira, no início dos anos 1990. Moravam, na assim chamada "Musicasa", três das Orquídeas do Brasil, banda só de mulheres criada pelo nego dito Itamar Assumpção: as cantoras da Zona Leste paulistana Tata Fernandes e Miriam Maria, mais a percussionista gaúcha Nina Blauth.

Por lá passavam, em tardes que varavam a madrugada, todas as outras orquídeas: a flautista Simone Julian, a guitarrista Georginha, as bateristas Simone Soul e Alcione, as baixistas Lelena Anhaia e Clara Bastos, a tecladista Adriana Sanchez e a cantoras Vange Milliet e Renata Mattar. E misturavam-se, ou se alternavam: os compositores Carlos Careqa, Lenine, André Abujamra, Zeca Baleiro, Passoca, Edvaldo Santana, Fernanda Porto, Sérgio Molina, Skowa, Carlos Rennó, os músicos Décio Rocha, André Bedurê, Tonho Penhasco, Luiz Chagas, Emerson Villani, Tuco Marcondes, Hugo Hori, Lincoln Antônio, Sérgio Bartolo, Jarbas Mariz, Totonho, João Linhares, Mauro Sanches, Paulo Lepetit. E até, raridade, mas passava: o legendário guitarrista Lanny Gordin.

Também passavam por lá a produtora de TV Marcela Catunda, os arquitetos e cenógrafos Milton de Biasi e Rick Cukierman, os atores Raul Barreto,

Edna Aguiar, Tina Simião, Rita Martins, Mônica Nassif e Lígia Veiga, que ensinava perna de pau à turma e reunia boa parte dela em sua Companhia Brasileira de Mistérios e Novidades (primeiro no Teatro Brincante, do remanescente armorial Antônio Nóbrega, e depois em galpão próprio, ambos na Vila Madalena). E mais: o artista plástico transformado em diretor e autor de teatro Romero de Andrade Lima e a artista plástica Cláudia Sperb.

Houve ocasião em que à fauna habitual se juntava uma tribo visitante. Como numa noite com toda a pernambucana Banda de Pau e Corda e agregados. Ou em que, para deleite de todos, o próprio Itamar Assumpção dava o ar da graça. Ou o maestro Nelson Ayres. Ou ainda Jards Macalé. Ou mesmo a poeta Alice Ruiz. Ou as cantoras Virgínia Rosa, Suzana Salles, Ná Ozzetti, Rita Ribeiro, Rita Monteiro, Vanessa Bumagny, Tetê Espíndola, Alzira Espíndola e, menina ainda, Iara Rennó.

Na Musicasa também se ensaiava. E os ensaios viravam saraus intermináveis em que se cantava, paquerava, namorava à vera, compunha, pegava ou pagava dinheiro emprestado, filava a boia. Parcerias nasceram ali. Nesses encontros espontâneos, muitas canções depois conhecidas pelo público foram mostradas fresquinhas e em versões titubeantes, que pouco a pouco tomavam forma. Eu também estava lá...

Dos novos, na época, poucos tinham discos. Lenine (sediado no Rio) já tinha seu *Baque solto*, com Lula Queiroga, ainda dos anos 1980. Carlos Careqa apresentava o engraçado *Os homens são todos iguais*, que trazia dois hits. Um de rádio: "Acho". Quem não se lembra do verso "Acho que fiz meia música pra você"? E outro de público: "Não dê pipoca ao turista", em que cantava: "Eu gosto de Cuuuuuuritiba/Eu quero ir fundo no meio mundo/Aaqui é o lugar". A interpretação do autor, alongando a primeira sílaba do nome da capital paranaense, era êxito certo diante de um público algo saudoso dos bons tempos de Língua de Trapo e Premeditando o Breque.

A presença de alguns ícones da chamada vanguarda paulistana entre nós, mesmo que de passagem, e o fato de um ou outro conhecer, ainda que de vista, Arrigo Barnabé, já era motivo de júbilo. Eu mesmo sempre me lembro com orgulho de abrir o show *Clara Crocodilo*, no Projeto Pixinguinha de 1983, com o grupo Jaguaribe Carne, ao lado dos irmãos Pedro Osmar e Paulo Ró, em João Pessoa. É inegável a influência que exerce a geração Lira Paulistana sobre aquela que veio despontar em São Paulo (e pelo Brasil afora) nos anos 1990.

Havia também um disco curioso, lançado pelo selo Camerati. Era um vinil de 1991, com dois grupos: O Palhaço, liderado pelo imberbe Kléber Albuquerque; e Canastra, sob a batuta do compositor e arranjador Sérgio Molina, com Míriam Maria no comando vocal. Os grupos em si obtiveram algum êxito, principalmente de crítica, mas não decolaram (talvez fossem excessivamente "paulistas" pros tempos que se anunciavam). Alguns de seus integrantes conquistaram espaço e têm papel atuante na música brasileira – e não apenas paulistana – feita daí pra frente.

Os festivais, de novo

Ainda em São Paulo, havia outro ponto de encontro. De outra turma, mais ligada ao samba, aos festivais de música do interior do Brasil e a uma corrente tradicional da música brasileira, com gente um pouco mais velha e menos colorida. Era o Gargalhada, onde antes ficava o Clube do Choro, na rua João Moura, entre as ruas Teodoro Sampaio e Artur de Azevedo. Nas tardes de sábado, era oficial: seus então proprietários, os irmãos Altman, também sócios no histórico Vou Vivendo, proporcionavam feijoada e bebida para compositores e cantores, ou para boêmios amigos. Reuniam-se ali Celso Viáfora, Vicente Barreto, Juca Novaes, Derico, os produtores Pelão e Capucho, os irmãos Jean e Paulo Garfunkel, os jornalistas Mauro Dias e Luís Nassif – este, excelente bandolinista. Conta-se que o próprio compositor e violonista carioca Guinga também se materializava nesses encontros.

Pouco ou nenhum contato tinham entre si, inicialmente, as duas turmas. Mas a turma mais "vanguardeira" resolveu tentar os festivais. Em especial dois deles: o festival patrocinado pela rede francesa de supermercados Carrefour, cuja primeira edição (em 1991, coordenada pelo respeitado crítico Zuza Homem de Mello) teve mais de 5 mil inscrições, e o simpático festival de Avaré, no interior de São Paulo, como ficou conhecida a Feira Avareense de Música Popular bancada pela prefeitura local.

Nesses festivais as turmas se encontraram, se conheceram melhor, rivalizaram e confraternizaram. E não só elas. Músicos de todo o Brasil, de gerações diversas, vinham a eles – nem tanto pela premiação em si, mas pelo prestígio que poderia ser adquirido no circuito dos festivais, e ainda pela possibilidade de conhecer gente, de se fazer conhecer no meio e fazer parceiros.

Em um mesmo ano, de uma só vez, era possível encontrar entre os concorrentes, ou na comissão julgadora, ou como convidados (e comendo no mesmo refeitório): Moacyr Luz – que, aliás, também sediava saraus em sua casa, no Rio de Janeiro –, Jorge Vercillo, Nílson Chaves, Jurailldes da Cruz, Miltinho Edilberto, Toninho Horta, José Carlos Capinan, Gereba, Roberto Menescal, Genésio Tocantins, Luli e Lucina, Bráulio Tavares, Luis Dilah, Edson Denizard, Rodrigo Campelo, Vange Milliet, Edmar Pereira, Gil da Mata, Murilo Fonseca, João Boa Morte, cantoras muito novinhas às vezes acompanhadas pelas mães, ali entre os 40 e os 50 anos (sempre muito gentis), produtores e editores oferecendo seus serviços, diretores de palco aos gritos para tourear os concorrentes e o delicadíssimo e paciente Egídio

Conde com seu estúdio móvel para gravar os shows. Quem já foi ao festival de Avaré sabe que um festival de música pode não ser chato.

A turma da Unicamp

No fim de 1988, a Universidade de Campinas abriu vagas para a primeira turma do seu recém-criado curso superior de música popular. Sob o comando do maestro Benito Juarez, reuniram-se professores como a pianista Elisa Zen, o maestro e arranjador Ciro Pereira, o historiador Fernando Faro, o mítico pianista Gogô e o violonista Ulisses Rocha, entre outros. A banca examinadora incluía músicos respeitados como Carlos Alberto Sion e Nelson Ayres. A ideia: formalizar o vasto conhecimento em torno da música popular e seus procedimentos, e preparar os alunos para atuar com saber acadêmico nessa área. Pioneira no Brasil, tratando-se de curso superior, a iniciativa era bastante ambiciosa.

Mesmo encontrando diversos obstáculos, até porque não havia bula, o curso de música popular da Unicamp não parou na primeira turma (que entrou em 1989), e possibilitou o encontro de jovens e irrequietos músicos com alguns de seus ídolos, logo transformados em gurus e, em seguida, em amigos e parceiros. Professores interessados na junção do popular com o erudito, como o violinista e rabequeiro José Eduardo Gramani, deixaram sua marca na história de muitos de seus alunos.

Entre outras atividades, Gramani foi regente do Coral Latex, o "coral cínico"; dirigiu a Oficina de Cordas (uma orquestra de música popular e erudita); ao lado do violeiro Ivan Vilela, criou o Trem de Cordas (trio de violão, violoncelo e violino ou rabeca). Participou também do grupo Anima, como músico e arranjador. Como professor da Unicamp, escreveu livros fundamentais para facilitar a compreensão, por seus alunos, da intrincada teia rítmica brasileira.

Segundo a cantora Lu Horta, ex-aluna do curso de música popular da Unicamp, Zé Grande, como era carinhosamente chamado pelos alunos, foi muito importante para a técnica de percussão corporal, com fortes elementos cênicos, desenvolvida posteriormente pelo grupo paulistano Barbatuques, do qual ela faz parte. "O Gramani também fez uma enorme pesquisa sobre rabequeiros, e, aliás, tinha uma coleção invejável de rabecas dos mais consagrados mestres brasileiros", conta ela, destacando o interesse pela cultura popular brasileira incentivado por esse mestre, falecido prematuramente em 1996.

Sob as árvores da Unicamp, em repúblicas e até mesmo em sala de aula, começaram a se reunir, pra fazer som e trocar ideias, muitos jovens músicos que viriam a atuar com destaque na cena paulistana, uma década mais tarde.

Assunto não faltava: uma nova escala ou riff, certa técnica de impostação vocal, uma inversão xis para um acorde com sétima, nona e décima-terceira. Às vezes, coisas mais "cabeça"; noutras ocasiões, temas do coração, dos afetos escondidos, mas nem tanto, que ninguém é de ferro.

Reuniram-se aí Lu Horta, Carmina Juarez, Remo Pelegrini, Rogério Bastos, Silvia Cueva, Chico Saraiva, André Hosoi, Rogério Rochilitz, Luís "Catarina" Gaiotto, Leandro Bonfim, José Nigro, Lampa, Edu Pedrasse, Ana Luiza Fridman, Ilana Volcov, Goio, Evandro Gracelli, Kito Siqueira e Juliano Beccari (ambos do Funk Como Le Gusta). E formaram-se grupos como Los Pirata, Jambêndola e, depois, Barbatuques. Individualmente, ou em grupo, esses músicos têm lançado discos e são bastante atuantes em São Paulo.

Ponte Rio-Niterói

A cena carioca de MPB, tradicionalmente ocupada pelos chamados medalhões, pelas carreiras consolidadas por mérito próprio – ou pelas injunções das gravadoras e das músicas nas novelas –, experimentou frescor e dele se beneficiou desde o início dos anos 1990. Revoluções não tão silenciosas começaram a ocorrer na principal vitrina da música brasileira. Artistas como Paulinho Moska (egresso dos Inimigos do Rei), Zélia Duncan (ex-Zélia Cristina), Lenine (pernambucano ali radicado desde o começo dos anos 1980), Daúde e Guinga começaram a ocupar espaço e a sacudir a poeira *chic* que teimava em assentar. Cada um a seu modo, com alguns pontos de identificação. Talvez um para todos: o compromisso intrínseco com a busca de seu estilo e de suas verdades artísticas mais pessoais e intransferíveis.

Rodas semelhantes às que ocorriam em Sampa estavam pegando fogo no Rio de Janeiro, com batucadas e violadas cheias de gente criativa. Em Niterói e na capital carioca foram concorridos os encontros de músicos, compositores e intérpretes como Pedro Luís (que veio do grupo teatral Asdrúbal Trouxe o Trombone e sua *A farra da Terra*, ainda dos anos 1980), Arícia Mess, Suely Mesquita, Kali C, Luís Capucho, Mathilda Kóvak, Rodrigo Campello, Fred Martins, Mu Chebabi, Lúcia Turnbull, Eleonora Falcone e Regina Carioca. Uma cena alternativa, algo tão comum em São Paulo, tomava corpo no Rio. E já repercutia de leve em terras paulistas: rodou, e não foi pouco, nas reuniões da Aimberê uma fita cassete de um show ao vivo de Pedro Luís e Arícia ainda na primeira metade dos anos 1990. A rapaziada se empolgava com a inédita "Pena de vida", e cantava junto com fitinha distorcida, no último volume.

É Suely Mesquita quem nos conta: "Esses são os ambientes que a gente frequentou desde um período em que ainda não sabia bem que música faria, e aí, nesses ambientes, amadureceu". Ela destaca, para o desenvolvimento da ética e a poética desses artistas, a "experiência de amadurecer no anonimato". Segundo Suely, muitos jovens talentos começaram a aparecer no Rio de Janeiro da década de 1980 por meio da música vocal.

> Os corais, com seus ensaios, apresentações e festas, eram pontos de reunião, assim como as universidades. No Coral da Cultura Inglesa, Cobra Coral, Coro Come, Coro da Proarte e no Musiclube da PUC foi se formando um grupo que se mantém até hoje e, já na década de 1990, teve como principais pontos de encontro as casas de Mathilda Kóvak e do casal Ryta de Cássia (cantora e atriz) e Carlos Fuchs (pianista, compositor e produtor).

Dos encontros também participavam Margot Mahrnada, Paulo Baiano, Marcos Sacramento, Glauco Lourenço, Antônio Saraiva, Paulo Brandão, Betti Albano, Fernando Morello, Dil Fonseca, Felipe Abreu, Carlos Uzeda, Daniel Cheese, Bia Grabois, Rodrigo Cabelo, Rodrigo Lessa, Rogério S., Dida Forasteiro, Susie Thompson, Germana Guilherme, Drica Novo, Manoel Gomes, Ivan Zigg, Katrina Geenen. Desse núcleo nasceu *O ovo*, CD coletivo lançado em 1994 pelo Instituto RioArte. Concebido por Arícia Mess, Mathilda Kóvak, Suely Mesquita e Pedro Luís, o disco mostra bem a que veio essa turma. O que antes estava restrito aos que podiam frequentar as casas de Kali C., ou da artista gráfica e violeira Márcia Brandão, agora estava registrado para quem quisesse e ousasse tê-lo em sua própria casa.

Da mesma turma que em São Paulo se reunia no Gargalhada, mas em versão carioca, o compositor tijucano Moacyr Luz fez-se anfitrião de divertidas reuniões regadas a cerveja e música, com a presença de gente de proa da música brasileira. Uns já bastante conhecidos, como os letristas Paulo César Pinheiro e Aldir Blanc (seu vizinho e parceiro), e outros em franca ascensão, como Guinga. O dentista Carlos Althier, nome de batismo de Guinga, já se firmara como compositor e violonista desde os anos 1970, mas foi a partir do lançamento de seu primeiro disco – *Simples e absurdo*, pela Velas, em 1991 – que angariou prestígio entre músicos de todas as gerações, e que seu talento se tornou mais conhecido do público. Um corpo estranho, mas sempre bem-vindo nessa roda, era Lenine, que, por pura provocação, em vez de mostrar uma de suas novas e vigorosas canções, mandava uma balada de Lulu Santos no meio de tantos e tão nobres sambas.

De turma nenhuma, só com a companhia de meninos de rua e alguns amigos músicos, havia um certo arte-educador Carlos. Vivendo no Rio desde meados dos anos 1980, Totonho (como já era conhecido por sua ativa participação no Musiclube da Paraíba, em João Pessoa, e assim se faria conhecer pelo Brasil anos mais tarde) atravessou os anos 1990 elaborando sua mistura de elementos nordestinos com cultura urbana carioca (funk, principalmente). Mas o resultado disso só apareceria no fim da década.

Viço baiano

Ainda em meados dos anos 1980, a Bahia apresentou ao Brasil um ritmo contagiante. Na verdade, a lambada existia desde sempre no Pará, com sua mistura de carimbó e ritmos caribenhos. Muito conhecida e apreciada entre as camadas populares, até. A novidade baiana, propriamente dita, era a mistura com os ritmos afro-brasileiros de herança ancestral, como o ijexá, o afoxé, o samba duro. E, acrescente-se: a empatia despertada por dois ícones da nova onda na mídia e diante do público. A esfuziante loirice de Sarajane e a malemolência descalça do fricoteiro Luiz Caldas chegaram para "abrir a rodinha" e pentear a pulso a "nega do cabelo duro". É bom lembrar que tudo começou no trio elétrico, e com uma gravação quase tosca ("Eu sou negão") que o pessoal do rádio ousou tocar. E os hits se multiplicavam. Depois é que a indústria cresceu o olho e pôs a mão.

Isso, na verdade, era apenas uma pequena parte do que a Bahia já conhecia e até cantava nas ruas: as vozes negras de Margareth Menezes e Lazzo, as ótimas composições de Jerônimo ("Nessa cidade todo mundo é d'Oxum..."), os gritos de igualdade racial, vindos do gueto desde os anos 1970 e cada vez mais fortes, junto com os tambores de Olodum e Ilê Aiyê e as mensagens de paz dos Filhos de Gandhy. Mas ainda não era só isso: quem tocava percussão para Luiz Caldas e compunha algumas das músicas interpretadas por Sarajane e pelo próprio Caldas era um certo Antônio Carlos, que se tornaria internacionalmente conhecido na década seguinte como Carlinhos Brown.

Na esteira de Sarajane e Luiz Caldas (e de outros menos conhecidos, como Ademar e Banda Furta Cor, Reflexu's, Jota Morbeck e Lui Muritiba), não tardaram a aparecer seguidores de toda espécie. Até que os próprios "fundadores" perderam espaço para gente com mais tino para os negócios: uma intrincada malha de poder e influência que ligava a música do Carnaval à indústria fonográfica, e os interesses políticos nem sempre confessáveis da "triste Bahia" de Gregório de Matos à eficiente mídia local de rádio e à cobiçada mídia nacional de rádio e TV. Coisa para profissionais.

Dessa cena, uma das mais lucrativas do fim dos anos 1980 até o início dos anos 2000, destacaram-se Chiclete com Banana, Asa de Águia, banda Cheiro de Amor, Banda Mel, Araketu, Banda Eva (de onde saiu Ivete Sangalo) e Banda Beijo (de onde saiu Netinho). E artistas solo, como Ricardo Chaves e Daniela Mercury. Com apenas um disco solo lançado pela independente Eldorado, em 1991, depois de dois discos com a Companhia Clic, Daniela parou a avenida Paulista e abalou o vão do Masp ao cantar para 20 mil pessoas ao meio-dia de uma sexta-feira de 1992. Desse dia em diante, não faltou mais paulista no Carnaval da Bahia, e a elitista mídia paulistana olhou de modo menos enviesado para o que o jornalista baiano Hagamenon Brito chamou de "axé music".

Mas nem só de "axé" viviam Daniela (uma excelente bailarina e cantora de MPB, vinda da noite soteropolitana) e a Bahia. A própria irmã caçula de Daniela, Vânia Abreu, ex-cantora de trio elétrico à frente da Banda Bizz, já alimentava a dissidência, servindo quitutes para compositores e cantores como o roqueiro joão-gilbertiano (sim, isso existe!) Paquito, o também roqueiro Tenison del Rey, o sofisticado violonista Roberto Mendes, o *ultra-cool* Jota Veloso, o irreverente Márcio Mello, o veterano Jorge Portugal e os impagáveis rapazes da Confraria da Bazófia.

A chamada "resistência", na verdade, tirando um ou outro momento de ânimos mais exaltados, sempre manteve uma relação bem amistosa com o *mainstream* capitaneado pelo axé. Era bastante comum a presença de seus representantes nos disputadíssimos camarotes do Carnaval, principalmente no de Daniela Mercury (por razões óbvias). Ou de a já aclamada "rainha da axé music" (ela mesma pouco ortodoxa quanto ao repertório de seus discos) ter a direção de Paquito na escolha de músicas para um recital mais delicado.

Aparentemente acuados pela hegemonia da música de Carnaval na Bahia, que começava a ser "exportada" para o resto do Brasil mesmo em época não carnavalesca (as assim chamadas "micaretas"), os "dissidentes" não tardaram a mostrar suas garras. Roberto Mendes lançou ótimos CDs pela gravadora Velas, de São Paulo; Vânia Abreu assinou contrato com uma grande gravadora e mudou-se para São Paulo, onde se associou à turma da Aimberê e revelou, em seus discos, delicadeza baiana de alta cepa; Paquito e Jota Veloso, na contramão da indústria, produziram discos dos sambistas Batatinha e Riachão; e Márcio Melo também fez seus próprios CDs de pop (quatro, no total). Maria Bethânia, uma referência contra a vulgaridade, gravou Paquito, Jota Veloso e Roberto Mendes. E Carlinhos Brown.

E havia ainda aqueles que não eram exatamente da turma, mas que também conquistavam seu espaço. Como o cantor e compositor Péri, que já vivia em São Paulo, dividido entre a publicidade e a música; a violonista e cantora Rosa Passos, cortejada pelo suingue e o bom gosto aqui e alhures; a mineira feita baiana Jussara Silveira, que, depois de adotar a Bahia e por lá viver, mudou-se para o Rio de Janeiro e se estabeleceu como uma das mais refinadas vozes brasileiras em irrepreensíveis interpretações de Dorival Caymmi, Paquito, Jota Veloso e Roberto Mendes. E mais: Belô Velloso, delicada cantora que não se intimidou com o sobrenome trazido de Santo Amaro da Purificação e conquistou seu público no eixo Rio-São Paulo.

Mas não foi só sob a forma de acordes sofisticados e vozes bem colocadas, herança da autodenominada "linha evolutiva" da música brasileira, que se fez ouvir a resposta à música de Carnaval baiana (cada vez mais apelativa, com suas danças da garrafa, do carrinho de mão etc.). Altissonantes guitarras elétricas e vozes roucas também se fizeram ouvir nos 1990, ao berrar em cacofônico e desagregado coro: chega! Esse coro ecoava Marcelo Nova (do Camisa de Vênus, nos anos 1980), que ecoava Raul Seixas (desde a década de 1970). Havia outra Bahia, sempre a ser redescoberta pelos próprios baianos e até, quem sabe, pelo Brasil. Bahia urbana, classe média, branca, de meninos que passaram pela Cultura Inglesa. Bahia de roquenrou.

Ainda na primeira metade dos anos 1990, destacou-se na cena da Bahia a banda Crac!, com herança dos Novos Baianos e estética mesclada de punk radical com inspiração vanguardista de Walter Smetak, Arrigo Barnabé e Itamar Assumpção. Um certo quê de neotropicalismo de vísceras à mostra. Disco mesmo só foi sair no fim daquela década, já combinando as ideias performáticas de Nancy e seus companheiros (Andrezinho, Júlio, Magmo e Guimo) com a competência de André T, músico e produtor importantíssimo para a virada sonora que se preparava em Salvador. Tamima Brasil, a baterista de cabelos longos do grupo, já não tinha cabelos longos nem tocava mais na banda: estava rodando o país em turnês intermináveis e gravações com Cássia Eller – um dos maiores nomes da música brasileira dos anos 1990, prematuramente falecida no fim de 2001.

No fim da década de 1990, às guitarras se juntaram os eletrônicos e os tambores, como em Pernambuco. E, aqui e ali, as ideias. São destaque nesse ambiente as presenças antípodas, mas complementares, quase solenes, de Rebeca Matta e Mariella Santiago. Excelentes cantoras e *performers*, cada uma a seu modo, trouxeram energia nova, qualidade e atitude com consciência e música planetária, sem rótulos, em terra onde as searas são sempre tão delimitadas. O rock propriamente dito foi muito bem representado pelas bandas Penélope Charmosa, Dois Sapos e Meio, Dr. Cascadura, The Dead Billies, brincando de deus e outras.

Um trânsfuga na música da Bahia, Paquito considera que boa parte das bandas roqueiras de Salvador padece de isolamento estético. Ele alerta, em artigo publicado na capital baiana, que falta a esses grupos algo que os identifique de fato como baianos. Não que defenda o que chama de "macumba para turista" mas, continua, "a turma do rock baiano, para fazer jus ao aspecto provocativo do rock, precisa mirar-se no exemplo de Raul Seixas e dos Novos Baianos, transando de rato para entrar no buraco dos ratos".

Do vale ao centro

Boa parte da música – e dos modos de chegar ao público – que vem das Gerais dos anos 1990 também tem suas matrizes na década de 1980. Muita produção independente, com motivos regionais, que buscou audiência no interior do estado, em festivais e shows. Despontaram, ou aí tiveram coroada a carreira, artistas como Paulinho Pedra Azul, Celso Adolfo, Tadeu Franco, Sérgio Moreira, Saulo Laranjeira e Rubinho do Vale. E, pelo lado instrumental, com cores fortemente locais mas de som universal, o grupo Uakti e o violinista Marcus Viana. Correndo paralelo, com sua música vinda ainda do fim dos anos 1960, mas sempre antenada com os novos discursos da negritude e da mestiçagem cultural, Marku Ribas continuava seduzindo antigas e novas plateias com suas performances sempre contagiantes.

Irmã mais nova dessa turma, mas mulher de pulso forte e flertando firme com a estética da geração Lira Paulistana dos anos 1980, Titane não esperou a década de 1990 para mostrar seu canto límpido. Lançou o seu primeiro disco ainda em 1986, em produção independente. Nele cantava autores mineiros como Zé Neto, Rogério Leonel, Lô Borges, Rubinho do Vale e Sérgio Henrique. O segundo sairia em 1990, pelo selo Eldorado. E aí sua ligação com a música de São Paulo se tornaria mais explícita, ao gravar Luiz Tatit e se cercar de arranjadores e músicos paulistas, como Hélio Ziskind, Almir Stockler, Ruriá Duprat e Arismar do Espírito Santo. Essa aproximação com Sampa a levou aos encontros da Musicasa do bairro da Pompeia e a ser das primeiras intérpretes a gravar alguns compositores que despontaram nessa geração, sempre presentes em seus discos a partir de então.

Os anos 1990 premiaram Belo Horizonte com prefeituras mais progressistas e de ação cultural mais dinâmica e eficaz. A própria cidade, um dos principais centros políticos e econômicos do país, já havia algum tempo parecia querer olhar além das montanhas que a cercam, e obteve reciprocidade e acolhida no olhar do país e do mundo. Seus festivais de dança, audiovisual e teatro se transformaram em vitrine em que atrações internacionais vieram dialogar com a produção local. Entre seus principais "produtos" desse período estão o Grupo Corpo, de dança; o Uakti, de música instrumental; e a mundialmente conhecida banda de thrash metal Sepultura.

Esta última vinha ralando desde meados dos 1980, na pacata cena mineira, e seus primeiros discos despertaram interesse fora de Minas e também do Brasil, logo de cara. Havia lugar para outros clubes. Noutras esquinas. E o ambiente pop rock de Minas já começou aquecido no início dos 1990, com bandas como Skank e Pato Fu trazendo das Gerais um som que, via rádio, MTV e TVs em geral, fisgou a juventude Brasil afora.

O Skank começou independente, criado por Samuel Rosa (voz e guitarra), Haroldo Ferretti (bateria), Henrique Portugal (teclados), Lelo Zaneti (baixo). Às próprias custas, lançou em 1992 seu primeiro disco, que já no ano seguinte seria relançado pela Sony com muito sucesso. Sua mistura de ritmos jamaicanos com levadas brasileiras ou explicitamente mineiras, como o calango, tornou-se uma marca e o credenciou como um dos grupos de maior êxito no pop brasileiro dos anos 1990.

Com influência dos Mutantes e de grupos paulistanos dos anos 1980, como Premeditando o Breque, o Pato Fu foi formado em 1992 por Fernanda Takai (vocais e guitarra), John Ulhoa (vocais e guitarra) e Ricardo Koctus (baixo). Três anos depois, a banda passaria a contar com um baterista, Xande Tamietti, para apoiar a música e as *performances* ao vivo da banda, caracterizada pelo pique de experimentação em todos os aspectos: no som propriamente dito e nas parcerias ousadas, de Fernanda e John, para as canções, no palco.

E havia espaço ainda para Jota Quest, Tianastácia ou Wilson Sideral. Mas, obviamente, o que apareceu na televisão foi só uma pequena parte da riqueza musical de Minas Gerais nos anos 1990. As manifestações menos pop passaram ao largo da mídia (ou foi o contrário?). De qualquer modo, não ia mesmo caber, na grade de nenhuma MTV, o que rolou do Calabouço (um bar no bairro Primeiro de Maio) ao parque da Lagoa do Nado (transformado em área de preservação ecológica com o esforço dos artistas e da comunidade); do Aqui Ó (tipo o Vou Vivendo de Belô) à programação da Sexta Sintonia (um projeto bancado pela UFMG e pela Secretaria Municipal de Cultura).

Foram generosos os frutos dos muitos encontros acontecidos desde a década de 1990 nas salas de canto da escola criada pela professora Babaya, nos corredores da Fundação de Educação Artística, sob direção de Berenice Menegali, ou ainda na Música de Minas Escola Livre, criada por Milton Nascimento e Wagner Tiso. Compositores, músicos, intérpretes – cantoras principalmente – e produtores povoaram Belo Horizonte, centro cultural assumido do estado, e aqui e ali até pontuaram de novos sons mineiros outros recantos do país.

Entre os compositores, destacaram-se Sérgio Santos (também excelente violonista), Flávio Henrique (que depois também brilharia como produtor), Renato Motha, Mackely, Kristoff Silva, Vander Lee, Otávio Negrão e o impagável homem-show Maurício Tizumba (artista múltiplo identificado com a cultura negra, principalmente na influência trazida da congada). As compositoras e cantoras Rosana e Zélia foram tentar a sorte, com sucesso, na Alemanha, e acompanharam, a distância, a mudança de cena que ocorreu no meio musical de seu estado nos anos 1990.

Cantoras são sempre muitas, em todos os cantos do país. Em Minas, um dos estados de maior tradição musical, não podia ser diferente. Além de Titane, uma espécie de embaixatriz para os novos artistas que se encontravam em São Paulo, surgiram Lígia Jacques, Patrícia Amaral, Regina Sposito, Marina Machado, Alda Rezende, Ana Cristina, Selmma Carvalho, Paula Santoro, Ceumar (que foi, rápido, brilhar em Sampa) e Rossana DeCelso. Esta última se transformaria depois em empresária de Zeca Baleiro; antes, porém, tinha seu próprio trabalho, e não poupou esforços para levar a Belo Horizonte os músicos que começavam a despontar na capital paulista na época. Chegou mesmo a hospedá-los em sua casa, quando estes iam se apresentar nas quentes bocas de noite do Sexta Sintonia.

Celeiro de excelentes instrumentistas desde o período colonial, Minas fez bonito no final do século XX na área da música popular. A viola, instrumento de forte tradição no estado, teve em Renato Andrade, Tavinho Moura, Chico Lobo e Pereira da Viola os legítimos herdeiros de Zé Coco do Riachão e Pena Branca, que aliás continuavam na ativa. Nos violões, inclusive compondo para o instrumento, destacaram-se Juarez Moreira, Gilvan de Oliveira, Bento Menezes e Weber Lopes. Na guitarra de acento pop, entre muitos e bons guitarristas, Rogério Delayon brilhou e carimbou seu passaporte para a cena nacional.

Foram decisivas as atuações do baixista Ivan Corrêa e do flautista Mauro Rodrigues como produtores de discos da música que se fez em Minas nos anos 1990. Ao lado de Bento Menezes e do baterista Lincoln Cheib, criaram o grupo instrumental Edição Brasileira. Produção que se preze, nesse período, quase sempre teve algum desses músicos envolvidos, ou ainda o mitológico baterista Neném.

A assimilação da rica cultura negra local, da contribuição inestimável (e quase intimidadora) deixada pela geração Clube da Esquina e a percepção de que havia lugar para mineiros na volúvel cena pop nacional resultaram em grupos "mestiços" no final da década. Desse caldeirão emergiram o soul de Berimbrown e o "humor étnico" de Tambolelê, fortemente influenciado por Maurício Tizumba.

A cantora Titane considera que a conquista de um lugar ao sol dentro da indústria fonográfica brasileira pelos artistas de sua geração e de seu estado pode se dar de maneira apenas pontual. "Pode aparecer um caso ou outro, avalia ela. "O que eu acho é que existe uma tendência de que os artistas que têm algo a dizer tendam a ficar fora do grande centro; nem todos vão ser conhecidos pelo grande público ou ter acesso à grande mídia", observa. A esperança, no seu entender, é que vêm se formando nichos de público para cada tipo de trabalho. "Parece que nós vamos ser conhecidos pontualmente", sentencia.

Foi o boto, sinhá

Nilson Chaves é uma espécie de Rondon às avessas. Desde o final dos anos 1960, ao trocar Belém do Pará pelo Rio de Janeiro, tem se transformado num porta-voz privilegiado, para o público do eixo Rio-São Paulo, da cena musical paraense e nortista em geral. E também tem levado artistas de renome nacional para se apresentar a seu lado nos distantes rincões da Amazônia. Além de fazer circular por diversas cidades "amazônidas" a parte da produção local mais ligada a seu trabalho e ao que costumamos chamar MPB.

Poucos artistas são tão identificados e identificáveis com a música do Norte como ele. Mesmo Fafá de Belém, que juntou o nome de sua cidade ao seu e, no início da carreira, interpretou canções de temática local dos conterrâneos Paulo André Barata e Ruy Barata (como "Foi Assim", "Paupixuna" e "Indauê Tupã"), logo aproximaria seu repertório da música popular hegemônica em sua época.

Mais que Nilson, como representante vivo da música nortista nos anos 1990, só Pinduca, que, ao contrário dos mestres Verequete e Cupijó, deixou o gueto do carimbó e o transformou em música popular brasileira de muito sucesso, ainda nos anos 1970. Como Luiz Gonzaga havia feito com a música nordestina três décadas antes.

Outra nortista na ativa e mundialmente conhecida é a acreana Nazaré Pereira, que muitos acreditam paraense por conta de suas atividades como atriz e professora de dicção e interpretação na Belém dos anos 1960, quando então trocou o Brasil e o teatro pela França e a música. Há também a excelente cantora e pianista Leila Pinheiro, conhecida nacionalmente a partir de 1985, ao ganhar o prêmio de melhor cantora no Festival dos Festivais da Rede Globo interpretando "Verde", uma canção de Eduardo Gudin e José Carlos Costa Netto que obteve o terceiro lugar no certame. De orientação "bossa-novista", Leila atravessou os anos 1990 com êxito, sem nunca fazer sentir a presença da música do Norte em seu trabalho.

Nilson Chaves chegou ao ano 2000 com mais de quinze discos gravados, tendo sido, inclusive, um dos pioneiros na produção independente, no início dos anos 1980. Mas foi só no começo da década de 1990 que se tornou mais conhecido no Brasil, ao mesmo tempo que se transformava em um astro na região Norte, com o enorme sucesso de "Sabor açaí", uma parceria de muitas com Joãozinho Gomes, incluída no disco *Interior*, dividido com Vital Lima. Sua constante presença nos programas televisivos apresentados pelo ator Rolando Boldrin o projetou no imaginário nacional mais ligado às manifestações marcadamente regionais. E era ele a melhor tradução da alma nortista, com seu canto límpido, suas toadas e marabaixos, emprestados da influência próxima de Macapá.

O êxito obtido por Nilson e seus parceiros mais próximos redundou em estímulo para outros artistas paraenses, como Walter Freitas, Alberi e Rafael Lima – todos eles de enfoque mais regional. Mas nem só de regionalismo viveu a música do Pará nos anos 1990. Bandas de rock como Mosaico de Ravena, Violeta Púrpura e Álibi de Orfeu dividiram a cena ou criaram as condições para o surgimento de sonoridades mestiças como a do Arraial do Pavulagem, comandado pelo inquieto Toni Soares, primo próximo do manguebeat pernambucano com os sotaques locais de carimbó, sirimbó e outras levadas amazônicas misturadas a guitarras, eletrônicos e atitude urbana.

E havia ainda Eduardo Dias, Pedrinho Cavalléro, Ronaldo Silva e Almirzinho Gabriel, além das intérpretes Simone Almeida, Lucinha Bastos, Andreia Pinheiro e Leila Xavantes. Em meio a tantas vozes femininas, sobressaiu-se uma voz masculina: o cantor Walter Bandeira. O violonista e arranjador Salomão Habib deu esteio na produção para muitos dos discos lançados por essa turma, em que também brilharam os violonistas Nego Nelson e o veterano Sebastião Tapajós, de Santarém, cuja carreira atravessou fronteiras e alcançou reconhecimento internacional. Vale salientar a redescoberta pelos jovens artistas nos anos 1990 do também veterano Waldemar Henrique, maestro e compositor. Mesmo entre a turma mais "roquenrou", não é incomum encontrar uma ou outra composição do mestre no repertório.

O Pará, e especialmente Belém, foi berço para a consolidação do gênero musical brega. Porto seguro para artistas com trabalhos voltados para as camadas mais populares, como Amado Batista e Reginaldo Rossi, mesmo antes da transformação deste último em *cult* pela mídia, a capital paraense viu surgir em suas terras uma grande leva de cantores, compositores, músicos, produtores e até bailarinos desse estilo.

Passou, assim, de consumidor a fornecedor, atendendo à demanda interna e até "exportando" para outros estados. Era, na verdade, a maturação de algo que germinava desde os anos 1970, com Alípio Martins, e nos anos 1980, com Carlos Santos. Este último, vice-governador de Jader Barbalho num de seus mandatos, chegou inclusive a assumir o cargo de governador do estado durante meses.

No extravagante e rentável cenário da nova onda brega do Pará destacam-se, a partir dos anos 1990, Edílson Moreno, Kim Marques, Wanderlei Andrade, Lenne Bandeira e Aninha, intitulada "A Odalisca do Brega". Em quase todos os seus discos está a mão do mais conhecido produtor do gênero: Manoel Cordeiro. Uma marca registrada do brega são as "guitarradas" (um modo peculiar de tocar o instrumento, que lembra o iê-iê-iê) e uma mistura com as levadas de calipso. Ou de como os nortistas traduzem o calipso. Os instrumentistas mais solicitados para dar a cara do som são os guitarristas. E os "banbanbãs" do estilo são Barata (irmão de Manoel Cordeiro) e Chimbinha, da Banda Calypso.

Um nome à parte é o de Vieira da Guitarra, conhecido entre os jovens músicos por seu Vieira. Grande sucesso entre a população nortista, o guitarrista está para a música instrumental popular do Norte do Brasil como Pinduca está para a música cantada dessa região. Sua obra conquistou maior público no Pará com a ascensão do brega e a crescente aceitação da música produzida no próprio estado. Tornou-se então conhecida no Brasil e ganhou adeptos até fora do país, com a exportação de seus discos. Músicos como ele são influência indiscutível sobre artistas da nova geração.

Fenômeno assemelhado ao brega, no que diz respeito à valorização dos artistas locais, também se deu no Amazonas. Mas sua versão ocorreu pelo viés do resgate da tradição popular e foi buscar suporte na renhida e festiva disputa do boi, a que chamam de bumbá. O Garantido e o Caprichoso, azul este e vermelho aquele, ano após ano vinham levando cada vez mais gente, nos últimos três dias de junho, à normalmente sossegada cidade de Parintins. Os anos 1990 consagraram a festa como um dos maiores espetáculos populares do Brasil, secundando apenas o Carnaval carioca, segundo seus apologistas, e a ele se assemelhado por conta das fantasias brilhantes, da presença de mulheres bonitas vestidas de índias (algumas são mesmo índias), do batuque "mântrico" de tambores e de uma música única, peculiar.

Para cantar essa música, ela mesma uma espécie de toada amazônica com influências negras e indígenas, acompanhada por tambores, charangos, flautas e teclados, só mesmo a voz potente dos "levantadores de toada", os puxadores de samba-enredo lá deles. São eles, os levantadores, que estimulam os participantes da festa a cantar junto, demonstrar alegria, dançar e empurrar os carros alegóricos, quase sempre alusivos à vida na floresta. Como no Carnaval. Só não estimulam a vaiar o rival. Reza a tradição que, quando o "contrário" (como chamam o adversário) entra em cena, quem é de um boi não vaia o outro. Não pode vaiar. E, se achar que está mesmo muito bonito, que valeu o esforço do outro, pode até aplaudir. Discretamente.

Arlindo Júnior e Davi Assayag são os dois levantadores de toada que obtiveram maior destaque à frente dessa festa. E o amazonense Chico da Silva, veterano compositor de samba que chegou a brilhar no Rio de Janeiro, na década de 1970, com composições gravadas pela cantora Alcione, voltou à boca do povo nos braços do bumbá. É dele "Vermelho", a toada feita para as cores do Garantido, que obteve grande sucesso com Fafá de Belém no Brasil e em Portugal (onde virou uma espécie de segundo hino do time do Benfica). Antes, toda a região amazônica já sabia de cor a música. Já era hit com Assayag. Outro grande êxito (este também internacional) foi a música "Tic tic tac", com o grupo Carrapicho, intensamente veiculada em uma campanha televisiva no verão francês de 1997. O grupo foi parar na França pelas mãos do ator e cantor Patrick Bruel, que filmava na Amazônia e ouviu a música.

Por algum tempo pareceu que o bumbá amazônico vinha disputar espaço com o axé baiano. E até disputou. Mas logo se viu que a azeitada indústria do axé não tinha nada a temer diante da chegada desse irmão do norte que, aliás, lhe era tributário no uso de coreografias *naïves* pelos grupos que chegaram à TV. O tríduo "amazônida" logo se restringiria ao período da festa em si, e os seus representantes mais comerciais não demorariam muito na lembrança do público nacional. Mesmo no próprio estado do Amazonas, principalmente em Manaus, havia outros interesses artísticos reivindicando, e conseguindo, seu espaço.

E a música "extratoada" também se beneficiou do interesse do público voltado para a produção local. Muita gente que vinha trabalhando firme desde os anos 1980 se firmou na cena manauara na década de 1990. Entre eles: a personalíssima cantora Eliana Printes, que no final da década se mudaria de armas e bagagens para o Rio de Janeiro. Destacam-se também Felicidade Suzy, Célio Cruz, Torrinho, Pereira, Candinho, Aníbal Beça, Roberto Dibo, Cileno e ainda o grupo Raízes Caboclas. No repertório dessa turma, temos desde a inspiração regional até influências do pop rock nacional e internacional.

Igarapés

Ligados ao que se costuma chamar de MPB de raiz e próximos a Nilson Chaves, os compositores e músicos Val Milhomem, Joãozinho Gomes, Amadeu Cavalcanti e José Miguel reuniram-se em Macapá e formaram o Grupo Senzala, na década de 1990. O grupo trabalha com temática indígena, mas também assimila a rica herança africana, presente nos tambores do marabaixo, um parente nortista do coco de praia nordestino e do maracatu. A proximidade da capital do Amapá com a Guiana Francesa traz acento crioulo e influências caribenhas a sua música. Na pacata cena macapaense também se destaca, nesse período, o compositor e cantor Osmar Jr.

Os anos 1990 flagraram Boa Vista com letra e música de qualidade. Os ex-integrantes do grupo Roraimeira, mesmo separados, estavam ativos e comandando a cena. Destaque para o irrequieto letrista (e poeta mesmo) Eliakin Rufino, que, com sua poesia e humor cortante, estabeleceu rapidamente contato com linguagens urbanas e extrarregionais. Os outros membros do grupo (Neuber Uchoa, Zeca Preto e a bailarina Vânia Rufino) também buscaram afinar-se com os novos tempos. E conseguiram. Ao lado deles também estavam Ricardo Nogueira, George Farias, Alisson Christian e até o paraibano Jataí.

Em todos os estados do Norte, é possível encontrar um ou outro nome. Às vezes isolado, noutras trabalhando em grupo. E quase sempre com ênfase na busca de uma identidade regional, mesmo que isso se dê de modo arejado, aberto a outras tendências. O que na maioria das vezes acontece. Em Porto Velho (Rondônia) temos Bado, Binho, o letrista Flávio Carneiro e a cantora Marfiza. Em Rio Branco (Acre), o compositor Sérgio Souto, que vive no Rio. E em Tocantins, o profícuo Genésio Tocantins.

Outras toadas

Os anos 1990 têm em Rita Ribeiro e Zeca Baleiro dois ícones da produção maranhense. Mas, vivendo na capital paulista desde o início da década, tornaram-se figuras-chave nas reuniões da rua Aimberê, no bairro da Pompeia. Quando o grupo aí reunido obteve visibilidade, eles estavam no olho do furacão e se transformaram em dois legítimos representantes dessa turma, que recolocou o regional no centro e o universalizou. Maranhenses que são, não escondem, entretanto, as influências e a identificação com elementos estéticos da chamada vanguarda paulistana e da contracultura em geral: Walter Franco, Jards Macalé e Sérgio Sampaio. Como, de resto, toda a turma da Musicasa.

Rita e Zeca, ao obterem reconhecimento pelo trabalho em nível nacional, estimularam outros artistas maranhenses que ainda viviam no estado ou se encontravam espalhados pelo país. Inclusive possibilitaram que o Brasil conhecesse a música do veterano Antônio Vieira, cujas canções a cantora interpretou com malícia e maestria. E o velho sambista teve até um disco solo produzido pelo jovem compositor, mas isso já no início dos anos 2000.

O cenário artístico na ilha de São Luís é um dos mais movimentados no Nordeste. A rica tradição do bumba meu boi sempre ocupou posição singular no imaginário do maranhense e de qualquer brasileiro médio razoavelmente interessado na cultura popular. Na década de 1990, pelo trabalho desenvolvido desde décadas passadas, destacaram-se, nessa área, o Cacuriá de Dona Teté, o cantador de toadas Humberto Maracanã, o famoso Boi Barrica e Francisco Naiva.

A consciência em torno das manifestações folclóricas como um elemento unificador em nível local e diferenciador em termos nacionais torna bastante presente o elemento regional na produção dos artistas maranhenses. Principalmente no que se refere aos músicos advindos dos anos 1970 ou 1980, mas ainda em plena e fértil atividade nos 1990, como Josias Sobrinho, Sérgio Habibe, César Teixeira, Chico Maranhão, Chico Saldanha, Lourival Tavares, Gerude e Mochel. Este último ganhou inclusive um Prêmio Sharp de revelação regional em 1994.

Essa leva de artistas de formação e compromisso humanísticos influenciou decisivamente a geração seguinte, que, por sua vez, é também tributária de elementos da cultura internacional, como o reggae, que predomina na paisagem sonora local. No novo caldo de cultura do Maranhão brilha, por exemplo, a Tribo de Jah, que conquistou o Brasil com seu reggae *roots*. A Jamaica Brasileira, como é carinhosamente apelidada a ilha de São Luís pelos nativos, tem também os grupos Mano Bantu, Guetos e Filhos de Jah entre os seguidores de Bob Marley.

Com inegável influência do ritmo jamaicano mesclada a elementos regionais, surgiram Célia Sampaio, Erasmo Dibell (depois, só Dibell), Carlinhos Veloz e César Nascimento, que obteve alcance nacional para a sua música "Reggae sanfonado", interpretada por Alcione. E equilibraram a cena artistas mais ligados à chamada MPB, como o violonista e compositor Nosly Jr., os compositores Mano Borges e Ronald Pinheiro. Cláudio Pinheiro despontou como intérprete.

Como em diversas capitais nordestinas, outras manifestações de caráter marcadamente urbano também encontraram espaço, público e assunto. É o caso dos grupos de rap, que têm suas raízes na nada paradisíaca periferia da capital maranhense, como T. A. Calibre 1 e Clã Nordestino; e das bandas thrash Ânsia de Vômito, Lúgubre, Amnésia e Alcmena. Alguns desses grupos conquistaram grande aceitação local e mantêm colaboração com seus congêneres nacionais.

Nação potiguar

A "janela" do Projeto Seis e Meia, criado pelo produtor José Dias, possibilitou a artistas potiguares apresentar seu trabalho em ótimas condições e para o público certo. Era, em princípio, gente que vinha ver um artista de renome nacional e de personalidade artística diferenciada, mesmo iniciante. Estava criada a situação ideal para que o artista local, quase sempre oriundo dos pocket shows em bares, pudesse mostrar seu trabalho plenamente. O tempo não era tanto, verdade seja dita. Mas dava para ter uma boa ideia da nova produção musical do Rio Grande do Norte em meados dos anos 1990.

A experiência se revelou benéfica para Cleudo, Babal, Cida Lobo, Sueldo Soares, Galvão, Ronildo Soares, Pedrinho Mendes e a banda regueira Alphorria, só para citar alguns artistas. Mesmo que nem todos tenham realmente passado pelo palco do Teatro Alberto Maranhão, é fato que a movimentação criou ambiente positivo e acolhedor para a produção local. O ambiente se renovou e se tornou mais exigente com relação à qualidade das apresentações.

Das outras bandas da Paraíba

O final da década de 1990 coroa a Paraíba como um dos estados brasileiros de mais intensa produção cultural. Mesmo que sejam poucos os nomes a conseguir visibilidade nacional no campo da música nesse período (entre os quais cito Totonho, Flávio José, Renata Arruda, Cabruêra e a mim mesmo), a efervescência local e em nível regional se faz sentir e conquista um olhar pelo menos curioso do restante do país. Ou na imprensa do eixo Rio-São Paulo, o que já é alguma coisa.

Em grande parte influenciada pela intensa movimentação gerada no vizinho estado de Pernambuco com o manguebeat, mas também estimulada pela mexida dada na MPB com a emergência de alguns novos nomes, a Paraíba gerou grupos como Das Bandas da Paraíba, Tocaia da Paraíba, As Bastianas, Pau de Dar em Doido e Sala de Reboco. Um dos primeiros a aparecer e a obter reconhecimento aí e até mesmo na congestionada cena manguebeat pernambucana foi Escurinho, uma espécie de herói do movimento em João Pessoa, com circulação livre e grande aceitação entre o público roqueiro, de MPB ou de rap.

A maioria dos grupos surgiu na esteira do espaço descoberto por esse percussionista nascido em Serra Talhada (PE) mas criado desde a infância em Catolé do Rocha, no sertão da Paraíba. Foi um estímulo à renovação o trabalho feito por ele em parceria com o experiente guitarrista Alex Madureira, que já havia vivido no Rio de Janeiro, onde trabalhara com Lenine e Xangai.

O monteirense Totonho tornou-se também um ícone dessa cena já no final da década, mas sua trajetória artística, com exceção do trabalho realizado no início dos anos 1980 no Musiclube da Paraíba, é marcada pela vida no Rio de Janeiro, onde se dedicara a trabalhar com crianças de rua. Ele manteve profunda ligação com as raízes nordestinas, mas sua criação musical propriamente dita se deu em ambiente carioca, com concepção final já em São Paulo, ao lado do produtor Carlos Eduardo Miranda.

De linha mais diversificada, mas também beneficiados pelos novos ares da música da Paraíba, surgiram Paulinho Ditarso (que passara os anos 1980 dividido entre a Suíça e o Brasil) e grupos como Mamma Jazz, Sanhauá Djeba e o Coral Voz Ativa, além da dupla formada por Gel Ventania e Junior Natureza, que mistura música e o trabalho com bonecos. Entre as cantoras – algumas delas também compositoras –, destacaram-se Renata Arruda (com uma bem-sucedida carreira nacional catapultada a partir do Rio de Janeiro), Soraia Bandeira, Patrícia Moreira, Mônica Melo, Gracinha Teles, Diana Miranda, Dida Vieira e Gláucia Lima.

A consolidação do Departamento de Música da Universidade Federal da Paraíba, paralela à reestruturação da Orquestra Sinfônica do Estado, desde o início dos anos 1980, resultou na sólida formação de novos músicos, que marcaram decisivamente a música da Paraíba nos anos 1990, como acompanhantes ou integrantes de grupos instrumentais. Desse nicho de orientação mais erudita saíram a Orquestra Metalúrgica Filipeia, o saxofonista Jurandir Félix, conhecido como JP Sax, o Quarteto de Trombones da Paraíba, o Quinteto da Paraíba (de cordas) e o Quinteto Brassil (de sopros). Pioneiro entre eles foi o Quinteto Itacoatiara, de orientação armorial, cujo primeiro disco só veio a sair na virada do século, após mais de vinte anos de atuação do grupo.

Celeiro de ótimos músicos de cordas e sopros, a Paraíba também forjou bons guitarristas nessa fase. Entre eles, Alex Madureira, Léo Meira, Zé Filho, Marcelo Macedo, Washington Espínola, Júnior Espínola, Cassiano e Vandinho Araújo. Um que se destacou – e se mudou para São Paulo – foi o também violoncelista e compositor popular e erudito João Linhares. De escola própria, voltada para a experimentação com base nas raízes regionais, os já veteranos irmãos Pedro Osmar e Paulo Ró (à frente de seu Jaguaribe Carne) aproveitaram as passadas largas dadas na década anterior e lançaram ótimos discos nos anos 1990.

Esses dois são, na verdade, um caso à parte na música paraibana. Pedro Osmar havia começado ainda nos anos 1970 pelas mãos do compositor e violonista Vital Farias e do teatrólogo Luiz Mendonça, com quem trabalhou no Sudeste, ao lado de Elba Ramalho e Tânia Alves. Depois tocou com Zé Ramalho e teve músicas gravadas por Elba, já tornada cantora, Amelinha e Lenine, entre outros. Não se identificou com o grande negócio que virou a música nordestina nos anos 1980 e voltou para João Pessoa, onde se dedica à música experimental e a trabalhos de organização comunitária, ao lado de seu irmão.

Pedro Osmar idealizou o Musiclube da Paraíba, entre outros movimentos artísticos de seu estado. Essa organização reuniu, ainda no início da década de 1980, diversos artistas. Alguns deles viriam a ser conhecidos depois em nível nacional, como Totonho, Jarbas Mariz e eu próprio. E outros tiveram destacada atuação nos anos 1980 (alguns seguiram pela década de 1990 adentro), na Paraíba, como Milton Dornellas (carioca aclimatado), Sérgio Túlio, Escurinho, Adeildo Vieira, Júnior Targino, João Linhares, Chico Viola, Pádua Belmont e Dida Fialho. Figuras importantes para essa geração foram o veterano Livardo Alves, com sua voz potente, e a compositora Cátia de França, que obteve reconhecimento nacional também como cantora e é referência para artistas iniciantes até hoje na Paraíba.

Depois de influenciar direta ou indiretamente artistas como Elba Ramalho, Lenine, Escurinho, Lula Queiroga e Totonho, sem falar na reverência da novíssima geração paraibana por ele, o Jaguaribe Carne obteve acolhida nacional ao seu trabalho, ao ser escolhido para representar seu estado num mapeamento da música brasileira feito pelo Itaú Cultural, de São Paulo.

A cena de rock underground da João Pessoa dos anos 1990 tem sua matriz ainda na década de 1980, com o grupo Sociedade Anônima, e projetou nacionalmente pelo menos um grupo: o Flávio Cavalcanti, depois mudado para Flávio C., por exigência da família do iracundo e nacionalista apresentador de televisão que ficou famoso por quebrar discos ao vivo quando não gostava da música. Ou se não ia com a cara do artista. De alcance local mas bastante ativas são bandas surgidas já no final da década, como Projeto 50, Dead Nomads, Rotten Flies, Cobayo e A Função. Uma espécie de guru da turma é Cacá Santa Cruz, na ativa desde os anos 1980.

A exemplo de outras capitais brasileiras, também tem lugar para o rap em João Pessoa. Há pobreza, e muita, na periferia dessas cidades, e o movimento hip-hop assumiu o papel de porta-voz da juventude pobre desses quase guetos. Sob o comando do abnegado Cassiano Pedra e em contato com grupos de São Paulo e Brasília, formou-se uma geração de rappers paraibanos, entre os quais Reação da Periferia, Código Vermelho e Primatas do Mutirão.

Outros carnavais

Ainda em 1987, uma reportagem de televisão em época pré-carnavalesca que apontava João Pessoa como uma cidade sem Carnaval e perfeita para quem quisesse fugir do movimento gerado pelos festejos em outras capitais brasileiras mexeu com os brios de alguns professores universitários e boêmios locais. A reação não tardou. Antecipou-se, até. E uma semana antes dos três dias de Carnaval propriamente dito, lá estavam cerca de trinta (!) pessoas saindo do pacato bairro de Miramar, a descer pela avenida Epitácio Pessoa em direção à praia de Tambaú. Entoavam o recém-composto hino às Muriçocas de Miramar, bloco recém-formado para ser a vanguarda da resistência carnavalesca pessoense.

A música foi composta por Flávio Eduardo, o Fuba, autor já gravado anteriormente pela conterrânea ilustre Elba Ramalho. Depois renomeado Mestre Fuba. E o bloco, dez anos depois, já consagrado como um dos maiores blocos de arrasto do Brasil, levaria em sua rabeira cerca de 300 mil (!) pessoas. Cantando a música, cujos primeiros acordes são usados pelos inúmeros trios elétricos na Folia de Rua (nome oficial da festa), para incendiar a multidão.

Pois é. A brincadeira cresceu. E a bravata daqueles professores e boêmios tornou-se a maior prévia carnavalesca do Brasil, segundo seus organizadores. Tem trios elétricos, como o Carnaval da Bahia. Mas não tem corda para separar foliões endinheirados dos menos abastados. Nem abadá. E quase não se houve axé, pois há até um novo ritmo: o skulamba (mistura de frevo com as levadas do caboclinho local), criado pelo compositor-mor do movimento, Fuba. O skulamba, na verdade, não pegou muito, talvez pela falta de uma indústria fonográfica forte no estado e pelo fato de não tocar no rádio. O grande hit (talvez único) é espontâneo: o seminal "Hino das Muriçocas de Miramar". E o frevo predomina, aliás desde os tempos dourados da Orquestra Tabajara.

A folia começa uma semana antes da Quarta-Feira de Cinzas, no dia que os paraibanos chamam de "quarta-feira de fogo", e vai até sexta-feira. Nesses três dias, saem às ruas diversos blocos, como Maruins do Sanhauá, Cafuçu, As Virgens de Tambaú, Bloco dos Imprensados, Os Baratas dos Bancários e A Onça de Jaguaribe. Além das Muriçocas de Miramar, é claro. No sábado, a cidade já está tranquila outra vez. É que os foliões mais exaltados, insaciáveis, já partiram para outros carnavais. Ou para o Carnaval de outro lugar.

E em João Pessoa a música dos ruidosos trios elétricos dá lugar ao prosaico e tradicional som das tribos de caboclinhos tocando seu perré, com flautas rústicas, preacas e caixas. Na década de 1990, foi a vez de Papo Amarelo, Africanos, Pele Vermelha, Xavantes e Ubirajaras. Ou do batuque de agremiações carnavalescas como Ciganos do Planalto, Dona Emília, Piratas de Jaguaribe, Malandros do Morro, Catedráticos do Ritmo, Bandeirantes da Torre, Noel Rosa e São Rafael. O trio elétrico já se foi. Eles não foram atrás do trio elétrico.

O homem que veio do frio

Vitor Ramil nasceu no Rio Grande do Sul, em Pelotas. Irmão mais novo da dupla Kleiton e Kledir, ainda garoto começou a compor. Sua música "Estrela, estrela", feita quando tinha só 14 anos de idade, foi gravada em 1981 por Gal Costa, quando ele tinha apenas 18 anos. Era um início promissor. Mudou-se para o Rio de Janeiro em 1986, dois anos depois de lançar seu segundo disco (A *paixão de V segundo ele próprio*, de 1984).

Na capital carioca, recusando as facilitações sugeridas pelo mercado, lançou *Tango*, em 1987. Sua inadaptação às regras da indústria fonográfica o leva de volta à sua cidade (por ele agora chamada Satolep), em 1991. Ali, recluso, se dedica a escrever, a estudar piano – e começa a esboçar um caminho próprio na música brasileira, cujo reconhecimento nacional chegaria no final da década de 1990. A mesma inadequação o levaria a criar mais tarde sua gravadora, e a distribuir seus discos de forma independente por uma rede de amigos espalhados pelo país.

Depois de À *beça*, lançado em 1995 e de alcance mais restrito ao público de seu estado, conquista a crítica brasileira com seu *Ramilonga, a estética do frio* (de 1997), em que assume o regionalismo gaúcho e ao mesmo tempo o despe dos arroubos comuns à estética da região. As pungentes milongas, interpretadas com melancolia nunca ousada, comoveram os ouvidos mais atentos do país. Era como se fosse a versão sulista da chamada nova MPB, de sotaque regional, mas falando com o mundo.

O próprio Vitor explica: "Há muito tempo eu queria lidar com o meu regional, assim como os artistas nordestinos o fazem, sem exageros ou caricaturas, pois a milonga emociona qualquer gaúcho, seja um punk ou o homem que trabalha numa fazenda". Em sua opinião, faltava alguém assumir isso sem pieguice ou escracho. A confirmação veio com *Tambong*, feito no fim da década de 1990 e lançado já em 2000, com produção do multi-instrumentista argentino Pedro Aznar e participação de Egberto Gismonti, Lenine e do baterista João Barone. Eu também, de passagem por Buenos Aires, onde o disco estava sendo gravado, acabei participando.

Hip-hop

XIS

Meu apelido no rap é Xis. Em alguns estados do Brasil, tipo Rio de Janeiro, me chamam também por Preto Bomba. Comecei como MC Celo San, Under, X-Ato e, depois de anos de rap, fiquei conhecido mesmo como Xis – rapper Xis.

Meu nome de batismo é Marcelo Santos. Nasci no bairro da Vila Formosa, Zona Leste de São Paulo, em novembro de 1972 – sou mais um sonhador sagitariano.

Quando nasci, morava com minha mãe e meu pai numa casa de um único cômodo. A ideia de sair do aluguel para uma casa mais espaçosa sempre foi prioridade.

Isso passou a ser uma possibilidade concreta no final da década de 1970, quando minha mãe foi "contemplada" com um apartamento na Cohab II, um dos primeiros conjuntos habitacionais de São Paulo que estava sendo construído no bairro de Itaquera, também na Zona Leste, no entanto bem mais afastado do centro da cidade.

Em princípio, meu pai não curtia muito a ideia de morar lá, nascido na Mooca e morador da Vila Formosa, era acostumado com a região central. Bom, meu pai acabou cedendo e a partir de 1980 por pelo menos dois anos eu, ainda criança, acompanhava meu pai nos fins de semana para trabalhar nas obras que minha família estava fazendo no apartamento, lá na Cohab II.

Era de lei: invariavelmente nessas visitas eu vestia uma camisa do Corinthians. Às vezes a número 8 do Sócrates, por vezes a 10 que era usada pelo Zenon com seu bigode.

De qualquer forma estava sempre lá, jogando bola nos bolsões de areia com a camisa do Timão, andando de carrinho de rolimã ou empinando pipa, sempre com a alvinegra no peito – por isso, até hoje quando colo no bairro sou chamado pelo apelido de corintiano.

Junto com meu primo Micão, o grande responsável pela entrada da música na minha vida foi meu pai. Ele trabalhava na coleta de lixo da cidade de São Paulo, e na época fazia um bom dinheiro com papelão e alumínio vendido no ferro velho. Este dinheiro basicamente era gasto entre rodadas de cerveja com dominó, jogo do bicho, Corinthians, família e uma de suas paixões: os discos de vinil, na sua maioria de samba.

E era muito samba! Nos fins de semana ele ligava o som bem alto para que todos nós, inclusive os vizinhos, ouvíssemos Bezerra da Silva, Martinho da Vila, Roberto Ribeiro, Beth Carvalho, os discos da coleção *Partido em 5*, Bebeto di São João e mais um monte de outros artistas.

Eu ainda era criança quando meu pai prometeu me presentear com um aparelho de som três em um (toca-fita, vitrola e rádio), caso me dedicasse aos estudos. Me esforcei, passei de ano e ganhei o aparelho.

Nessa mesma ocasião ganhei meu primeiro disco, um compacto do grupo Black Juniors com a música "Mas que linda estás", produzida pelo DJ e produtor argentino Mister Sam. O Black Juniors foi muito importante no período, como um grupo formado por crianças pretas e adolescentes da periferia que fez uma das canções pioneiras do rap no Brasil.

Era um período muito rico para a black e a soul music por aqui e em todo mundo. Foi nessa época que Michael Jackson explodiu com seu álbum *Thriller* (1982) e, um ano depois, fez os passos *moonwalk* enquanto dançava a música "Billie Jean", numa apresentação ao vivo. Quando assisti àquela cena, eu enlouqueci.

Importante também foi o clipe da música "Buffalo Gals", produzido pelo empresário e produtor britânico Malcolm McLaren. Apesar de McLaren ser originário do movimento do punk rock londrino, ele uniu-se aos apresentadores de rádio e à equipe da gravadora World's Famous Supreme Team para realizar um vídeo que apresentou ao grande público o conjunto de elementos característicos do hip-hop: artistas grafitando, b-boys dançando na rua, a música tocando em aparelhos de som conhecidos como boombox, o DJ fazendo scracth e um MC mandando uma rima.

Em 1986, com quatorze anos, a situação se inverteu: aos finais de semana eu e minha família íamos para a Vila Formosa, onde viviam meus avós, tios, primos e amigos de infância. Nesse bairro, num clube chamado Guilherme Jorge, acontecia um baile realizado pela equipe de baile Chic Show.

Eu não podia entrar no baile porque ainda não tinha idade. Mesmo assim, meus primos e eu ficávamos na porta ouvindo a música ao longe e curtindo o movimento das pessoas que entravam e saíam. Em alguns anos já éramos mais crescidos e conseguíamos frequentar alguns bailes. Isso foi fundamental para que eu mergulhasse cada vez mais no mundo da música.

Um dos bailes que passei a frequentar era um baile da Chic Show no Neon Club, no bairro de Sapopemba. Era sensacional! O DJ que tocava era o Kitão, e o MC era um cara chamado Natanael Valencio, sujeito genial, um dos pilares da cultura hip-hop no Brasil.

Natanael tinha uma incrível capacidade de agregar pessoas e ir atrás dos meios de que todos precisávamos para estruturar a cultura. Ele trabalhava de dia como escrivão em uma delegacia de polícia, mas dedicava muito do seu tempo à cultura black de São Paulo, e foi quem abriu as portas das rádios e seus programas de black music para muitas equipes de baile.

Bem, no Neon Club, onde ouvíamos e dançávamos Earth Wind & Fire, Roy Ayers, Betty White, Bar-Kays, Con Funk Shun e outras bandas de funk e soul. Meus amigos e eu estávamos sempre por ali e fomos percebendo que aos poucos as músicas de rap foram entrando nesses repertórios.

Lembro bem que num domingo à tarde, Natanael anunciou ao microfone que ia acontecer ali no palco, ao vivo, aquela música que já começávamos a ouvir nos bailes. Foi então que ele convidou um MC chamado Ndee Naldinho para cantar um rap em cima de uma base instrumental pré-gravada.

Eu estava na plateia com meus primos, que ficaram insistindo para que eu subisse ao palco, pois sabiam que eu já fazia exatamente aquilo em casa, ou seja, escrevia letras de rap. Mas eu não tive coragem – sumi no meio da multidão antes que eles me obrigassem a subir, e de longe fiquei curtindo aquele acontecimento. E então comecei a perceber que era algo que realmente eu poderia fazer.

Na minha cabeça, o tempo todo eu pensava em música, mas curiosamente não chapava nas bandas, e sim nos DJs. O que me chamava a atenção era vê-los manipulando os toca-discos e seus discos de vinil. No início meus ídolos eram os DJs, mas paralelamente eu compunha minhas primeiras letras.

Foi durante a adolescência que um amigo, o Claudio, e meu primo Micão "formamos" um grupo que coloquei o nome de Abaixo de Zero, nome inspirado em um filme dos anos 1980. Na real eu era o mais empolgado nesta empreitada. Era uma parada utópica na época: o grupo jamais tocou em lugar algum.

Em 1988 eu estudava no Colégio Castelo, em Itaquera; enquanto cantávamos nos corredores da escola, uma professora passou e disse que iria acontecer o Festival de Música do Castelo (Femuca). Feitosa, Glauco, eu e Edu ensaiamos uma vez, escolhemos o nome Amigos Friends para o grupo e decidimos participar do festival. Cantamos um rap meu que se chama "A vida é sua" e ficamos em segundo lugar.

Nossa apresentação repercutiu bem. Oras, ficamos atrás de um grupo de samba cantando rap, o que em 1988 era algo bem raro. Agora, o interessante mesmo é que na plateia havia uma rapaziada lá da Cohab, e a partir deles começou a circular a notícia de que havia um moleque no bairro que cantava rap. Era eu, o MC Celo San.

Foi aí então que amigos em comum começaram a missão de me apresentar a outros meninos que moravam na Parada XV e na Vila Progresso que também cantavam rap: o LF e o DJ Slick. Foi assim que, no começo de 1999, eu entrei para o DMN (Defensores do Movimento Negro). Com eles circulei por boa parte do interior paulista: Campinas, Limeira, Jundiaí. Cidades da Grande São Paulo, como Santo André, Osasco e Mogi das Cruzes, foram locais onde tive meus primeiros contatos com o palco, muitos deles em bailes de equipes que tinha frequentado dez anos antes. Durante alguns anos o DMN abriu os shows dos Racionais MCs a convite da própria banda, o que ajudou muito a impulsionar a carreira do grupo. Eram anos difíceis, mas com certeza eu estava no lugar certo. Foram anos de desbravamento, fundamentais na minha carreira.

Importante explicar que minha juventude não foi dedicada exclusivamente ao sonho dos palcos e aos estudos. Eu tinha uns dezessete anos nesta época e, assim como tantos outros moleques da minha idade, tive que correr atrás de trampo. Havia dificuldade financeira em casa e minha mãe, que sempre me proporcionou a melhor educação que ela podia bancar, me disse que eu deveria trabalhar para ajudar no orçamento doméstico e também bancar meus estudos. Ela sabia bem o que era trabalhar, pois veio muito nova de Uberlândia para trabalhar em casas de família em São Paulo.

Consegui um primeiro trabalho com telemarketing, atendendo telefone. Era horrível, detestei aquilo. Depois saí vendendo livros de porta em porta. Virei *office boy* de uma construtora por poucas semanas, até saber que havia sido aprovado para trabalhar no departamento de seguros do Banco Real na Avenida Paulista. Esse emprego me deu um pouco de estabilidade, e finalmente comecei a conseguir contribuir com uma grana lá em casa.

Mas minha paixão pela música só crescia. Adorava circular pela região da avenida Paulista na hora do almoço e após o expediente; ali existiam diversas lojas de discos, onde eu podia acompanhar os lançamentos. Vivíamos a explosão do CD, mas muito disco de vinil ainda era consumido.

Mesmo trabalhando no banco quase 12 horas por dia, nunca deixei de fazer o que eu mais gostava na vida, que era estar envolvido com música. Sempre gostei de tocar nas festinhas da quebrada. Quando sabia que alguém iria fazer aniversário – criança, adolescente ou adulto –, logo me oferecia para tocar. Junto com os amigos juntava a aparelhagem. Normalmente esses equipamentos consistiam em dois aparelhos de som do tipo três por um. Eu gravava as músicas que tocavam no rádio em fitas cassete e anotava o tempo de cada faixa na ficha das fitas. Assim sabia a minutagem de início e fim de cada música. Cruzávamos o posicionamento das caixas dos dois equipamentos para distribuir bem o som na sala ou nos quintais. Com o fone de ouvido eu podia deixar no ponto a próxima música a tocar e, quando a música que estava sendo tocada se aproximava do fim, fazia a transição com o botão de volume dos equipamentos. Não tínhamos acesso a mixers ou a toca-discos profissionais, pois eram caros e raros.

Além de curtir como DJ, eu continuava me dedicando nas rimas. Vale destacar que os primeiros rappers no Brasil possuíam algumas técnicas. A mais recorrente era a das versões. O rap por aqui começou com muitas versões que consistiam em pegar uma música gringa e escrever a letra em português, usando o mesmo flow, a levada dos americanos. Esse foi um método muito importante no início da cultura dos mestres de cerimônias (MCs) do Brasil, até porque no início do movimento não havia músicos profissionais nem produtores com recurso interessados em juntar-se aos rappers. Era muito difícil achar alguém que criasse bases para que pudéssemos criar sobre elas. O jeito era cantar em cima das músicas estrangeiras, e muitas vezes não tínhamos a base instrumental (sem voz) desses sucessos internacionais.

Essas sobreposições precisavam ser bem calculadas para usar a mesma rítmica e buscar uma fonética semelhante, com sentido e força, principalmente nos refrões.

A cada dia ficava evidente que seria muito mais feliz se conseguisse dedicar um tempo maior aos discos e à música. Até que um dia consegui um trabalho numa loja chamada Discomania, dentro da Galeria Presidente, que fica ao lado da Galeria do Rock na rua 24 de Maio. O problema é que nesse novo emprego eu ganhava apenas um terço do salário que me pagavam no banco.

Quando minha mãe soube que eu havia me demitido do banco, ela ficou uma fera! Me esperou em casa furiosa de vassoura e cinto na mão, e me deu a maior bronca, inclusive porque com os rendimentos dessa nova profissão não sobrava nada para eu ajudar em casa. Não foi fácil. Mas, para mim, essa transformação fazia todo o sentido e valia a pena, pois a Discomania foi a minha primeira escola no mundo do disco.

As lojas de discos da 24 de Maio foram fundamentais não só para mim, mas para uma geração de moleques que sonhavam como eu em mergulhar e trabalhar no universo da música. E o interessante é que meus colegas de venda nas lojas de discos, cada um à sua maneira, em poucos anos tornaram-se protagonistas na formação de várias cenas musicais contemporâneas no Brasil e exterior.

A Discomania eram na verdade duas lojas. Uma dedicada ao hip-hop soul, onde eu trabalhava com o Marcio T, irmão do DJ e produtor Mad Zoo. O Marcio organizou muitas festas e incentivou diversos talentos, além de anos depois montar a sua própria loja, a Stuff Records. Já a Discomania 2 era focada na dance music, na música eletrônica, e de lá saíram duas figuras que ganharam o mundo como produtores e DJs: o DJ Marky e o DJ Ramilson Maia.

Além deste convívio, a Discomania me possibilitava o acesso ininterrupto aos lançamentos, pois a loja era uma importadora que trazia os discos diretamente de Nova York. E consequentemente os clientes eram igualmente interessantes. Lá eu vendia discos para DJ Nuts, KL Jay e para os músicos do Fundo de Quintal.

Antes de trabalhar nesta loja, o jeito de ouvir novidades do rap era curioso, para não dizer precário. Havia poucos programas de rádio nos fins de semana, então eu e meus colegas ficávamos de pé, na porta das lojas de discos esperando um cliente entrar para ouvir pedaços de músicas. Isso era comum na época: o cliente escolhia o disco, e o vendedor "passava" o álbum, ou seja, tocava alguns segundos de cada faixa para que o comprador decidisse se levaria ou não o disco para casa. Fazíamos nossa cabeça musical ouvindo esses pequenos trechos, por vezes à distância, tentando identificar os grooves, os timbres de caixa, a colocação do bumbo, as viradas. Também tentávamos memorizar o nome dos artistas. Mas agora, trabalhando como vendedor, finalmente eu tinha amplo acesso a essas informações, que logo se tornariam minhas influências.

É muito importante fazer este parêntese, principalmente no caso de o leitor ser uma pessoa jovem: naquele tempo, antes da internet, a informação era algo difícil de se obter e o processo era confuso e lento. Se hoje basta clicar no celular para saber o que está acontecendo em outra parte do mundo, décadas atrás não era bem assim. Comprar revistas, assistir a filmes fora do circuito, ouvir músicas de artistas menos conhecidos, tudo era um grande esforço e na verdade só os comprometidos com essa busca conseguiam se atualizar.

No meu rolê, vender discos e trabalhar com eles sempre foi algo importante, pois comecei a me dedicar a esse universo antes da minha carreira artística – e até hoje sou apaixonado por isso. Sigo sendo colecionador, gosto de vender e comprar discos usados. Após trabalhar na Discomania, fui vendedor na Planet Music, já no auge dos CDs, depois trabalhei com a nata de vendedores da clássica loja Museu do Disco, no Ática Shopping, uma loja monumental dedicada exclusivamente a livros e discos. Ela depois virou Fnac, vendendo não apenas música e livros, mas também produtos eletrônicos. Infelizmente não existe mais.

Acompanhei de perto a evolução e a expansão da cultura hip-hop pelo Brasil e pelo mundo. E agora precisamos explicar e começar a definir o que é esse tal de hip-hop. A confusão mais frequente em todo lugar é a ideia parcialmente falsa e incompleta de que o hip-hop é um estilo de música. Muitos pensam que hip-hop é sinônimo de rap. Mas não é. Você pode ligar o som e ouvir um rap, pois o rap é um estilo musical. Mas você não pode ligar o som e ouvir um hip-hop, pois o hip-hop é um complexo cultural composto pela soma de quatro ou mais elementos diferentes.

Para isso precisamos voltar um pouco no tempo. O hip-hop tem origem no Bronx, que é um bairro de Nova York. No final dos anos 1960 e começo dos anos 1970, o DJ jamaicano Kool Herc promovia pequenas festas fechadas nas quais tocava funk e soul de uma maneira diferente: ele enfatizava os momentos em que as gravações originais priorizavam as batidas, só com baixo e bateria.

Repetindo esses trechos, praticamente criava uma nova música. Esse procedimento tornou-se um sucesso. Além disso, já existia tanto na música comercial quanto na tradição afro-americana a ideia de cantar versos rimados, improvisados ou não. Também era comum o DJ ou apresentador da festa ter um microfone para agitar a rapaziada. Não tardou para que as batidas instrumentais repetitivas se tornassem base para a vocalização de diversos artistas. Essa sonoridade passou a ser adotada nas festas de rua do Bronx, muitas vezes frequentadas por gangues rivais, no que era um dos poucos espaços de lazer dessas comunidades.

Esses eventos eram movidos por música amplificada por equipamentos sonoros ou carros de som (*sound systems*). No mesmo contexto histórico se popularizavam nos bairros negros e latinos outras manifestações artísticas de rua como dança, poesia e literatura. Essas manifestações não surgiram juntas; cada uma dela teve seu tempo de maturação, mas progressivamente foram se aglutinando nas festas de quarteirão, até que Afrika Bambaataa idealizou a junção dos elementos e criou o termo hip-hop, com o intuito de pacificar a rivalidade entre as gangues e transformar aquela violência num movimento artístico, criativo e pacífico. Assim, o hip-hop juntou de maneira orgânica os quatro ingredientes constitutivos: o MC, o DJ, o b-boy e o Grafiteiro.

O MC é o mestre de cerimônias. Ele tem o microfone, por isso canta as rimas e conversa com a plateia. O DJ (disc jockey) é o maestro, que trabalha com os toca-discos, com as fontes sonoras. Ele solta e manipula os discos e as bases sobre as quais o MC vai cantar e o público, dançar. Da parceria entre o DJ e o MC é que surge o rap, uma sigla para as palavras originais em língua inglesa "Rhythm And Poetry", em português "ritmo e poesia". Os b-boys e as b-girls são os dançarinos e dançarinas que realizam as coreografias acrobáticas nas praças, ruas, rodas de break e nos palcos. E o quarto elemento básico é o grafite, que trabalha a arte urbana com spray, tintas, pincéis e rolinhos.

Esses quatro elementos formam uma verdadeira árvore, com muitas ramificações. Se tomarmos o trabalho dos MCs, vamos ver que muitos deles são ao mesmo tempo mestres de cerimônias, rappers, freestylers (que improvisam versos no momento, ao vivo) e até beat boxers (vocalizam imitando os diversos sons das baterias eletrônicas e acústicas). Alguns desempenham todas as funções, outros uma ou duas dessas atividades.

Da mesma maneira, existem DJs de banda, que trabalham em conjunto com outros músicos; de performance, que participam de competições específicas como DJ Mix Champion (DMC), Hip-Hop DJ e Internation DJs Assosciation (IDA); de clube, que fazem sets longos para multidões; e de grupo de rap, que são os maestros dos MCs, soltando as bases e ajudando com rimas e refrões.

Muito dessa cultura norte-americana veio bater no Brasil através das equipes de baile. É importante compreender a estruturação e a importância delas na música negra. O meu pai, por exemplo, ia para o centro da cidade, no viaduto do Chá e na rua Direita, onde recebia "circulares" de propaganda das diferentes festas, ficando atualizado em relação aos eventos que rolavam. Colava nos bailes da Chic Show no Palmeiras, nos bailes de nostalgia, frequentava a festa da equipe Os Carlos. Acabou vivendo intensamente essa movimentação que surgiu nos anos 1970, motivada pelas causas sociais associadas ao conceito de que "negro é lindo". O movimento Black is Beatiful possuía várias frentes; a música que deu nome ao disco *Negro é lindo* (1971), de Jorge Ben, foi mais um fato relacionado a ele.

O movimento cresceu bastante no final dos anos 1970. E aos poucos o hip-hop entrou nesse repertório como música e cultura – notadamente a partir de 1983, quando começaram a surgir artistas de rap nos Estados Unidos que faziam sucesso na Europa e na América do Sul. Em 1986 alguns desses artistas já passaram a visitar o Brasil, como o Too Short; no ano seguinte vieram o grupo Whodini e o rapper Kool Moe Dee.

Nessa altura, eu já estava me aproximando da idade de participar dessas festas e de curtir esse som. A Chic Show virou referência e conquistou um programa na Rádio Bandeirantes (96,1 FM), o *Black in Love*, que divulgava seus bailes e tocava para toda São Paulo o som dos *blacks*.

Ao mesmo tempo, na estação São Bento do metrô, na praça Roosevelt, no parque Ibirapuera e em outros cantos da cidade, jovens da periferia já se encontravam para dançar o break.

Não demorou para que no Brasil começassem a surgir os artistas dedicados ao gênero, cada um trazendo sua bagagem anterior própria para dentro do som. Esse processo foi se tornando gradativamente mais popular e acessível à medida que a tecnologia ia evoluindo, os filmes com elementos da cultura foram sendo exibidos e os preços dos equipamentos como samplers e baterias eletrônicas, se democratizando.

A minha geração aqui em São Paulo sampleava James Brown, Isaac Hayes e Barry White, pois queríamos alcançar sucesso seguindo os passos dos americanos dos quais éramos fãs. Quebramos barreiras e buscávamos reconhecimento, sem negar a influência de bandas como Public Enemy, Boogie Down Productions e Derek B, artistas conscientes que tinham letras políticas com duras críticas sociais. Foi ouvindo essas bandas que ficamos sabendo quem era Malcolm X e começamos a compreender as lutas pelos direitos civis dos negros americanos.

Essa poética se alinhou muito bem como o momento histórico que vivíamos no Brasil, pois estávamos saindo da ditadura. Por muito tempo vínhamos tomando enquadro e apanhando da polícia na rua, sempre de boca fechada, cabeça baixa. Mas agora chegávamos em casa e assistíamos ao programa *YO! MTV Raps*, que chamou a nossa atenção com os clipes do hip-hop americano e as atitudes de reivindicação desses artistas gringos.

Percebemos que devíamos criar uma música com a mesma intensidade. Tanto que a minha banda se chamava DMN (Defensores do Movimento Negro). Havia outras bandas com a mesma filosofia, como a Face Negra, a FNR (Força Negra Radical) e a MNR (Movimento Negro de Rua).

As questões sociais e o racismo foram o tema principal das bandas entre 1989 e 1995. Era impensável para boa parte da cena fazer um rap romântico nessa época. Naturalmente as forças com pensamentos semelhantes foram convergindo e somando. Um exemplo foi a integração com o movimento negro paulistano, compostos por intelectuais negros, que, apesar das suas origens na periferia, não tinham grande penetração no nosso ambiente periférico. Com bases e rimas afiadas, muitos manos e minas que estavam no samba, nos botecos e bailes, começaram a consumir os temas sociais presentes nos pensamentos do movimento negro, que foram se estabelecendo com os refrões poderosos da nossa galera que cantava rap.

Racionais MCs, DMN, Doctor MCs e Consciência Humana cantavam versos como "Poder para o povo preto" e "Racistas otários, nos deixem em paz" em coro, com a participação de multidões. Todo o movimento negro ficou muito impressionado com o que estava acontecendo, e acabou acontecendo uma aproximação com rappers, DJs e toda a cultura. A liga que resultou dessa união foi muito boa, pois nós estávamos sedentos por conhecimento. Queríamos ter acesso a livros e nos informar sobre temas ligados à cultura e ao movimento negro.

Em 1992, parte da minha geração de hip-hoppers foi adotada por algumas dessas lideranças, no Geledés – Instituto da Mulher Negra. Tínhamos muitas reclamações: não havia estúdio nem acesso a revistas, discos e filmes. E com o apoio do Geledés começamos a produzir nossos eventos. Fizemos a primeira revista de rap/hip-hop no Brasil, a *Pode Crê!*. Foram cinco edições, sendo que a primeira foi uma revista-livro resultante de um grande encontro em um sítio no interior de São Paulo, uma imersão que durou um fim de semana, com muitos MCs, Bboys, Bgirls e DJs da cena.

Gravar uma música ainda era um grande desafio. Era tudo caro e fora do nosso círculo restrito; pouca gente sabia o que era rap. Eu convivia nesse cenário. Em 1992, quando pessoas da família e do meu ambiente de trabalho souberam que o grupo de que eu fazia parte ia lançar uma música numa coletânea chamada *Consciência black vol. 2*, a surpresa foi geral, pois várias pessoas sequer imaginavam que eu me dedicava a essa forma de arte.

Tudo isso era feito sem investimento externo. Não havia apoio do governo nem de gravadoras. Quem começou a investir nos grupos de rap foram as equipes de baile. O primeiro álbum inteiro de rap foi o *Cultura de rua*, lançado em 1988 pela gravadora Eldorado. Nele estavam Thaíde & DJ Hum, Credo, MC Jack e Código 13. No mesmo ano saiu o disco *O som das ruas*, produzido pelo DJ Cuca para a Chic Show e lançado pela gravadora Epic.

Nenhuma gravadora grande se interessava pelo nosso trabalho, e o movimento se sentia à margem da mídia. No entanto, com a grande criatividade do nosso povo e a capacidade de superar dificuldades, os artistas do rap brasileiro e toda a cultura hip-hop foram conquistando seu espaço e se adaptando às condições e trabalhos que surgiam em nossa trajetória.

Podemos usar metáforas para entender esse contexto. O futebol, por exemplo, foi inventado pelos ingleses, que dispunham de bons gramados. Os brasileiros praticavam o futebol em ruas esburacadas e terrenos baldios de chão irregular; assim conseguimos uma qualidade de domínio de bola original, então, quando pudemos jogar em campos perfeitos, nossa habilidade se destacou muito mais. O mesmo vale para o skate, pois aqui não temos calçadas lisas como nas cidades de Nova York ou Barcelona. Com o rap e o hip-hop aconteceu algo semelhante. Na improvisação, na persistência, na raça, aos poucos as forças foram se unindo e o processo todo foi se profissionalizando.

Quando em 1997 Thaíde & DJ Hum lançaram uma coletânea pela Paradoxx com o nome de *O poder da transformação*, tive a oportunidade de gravar uma rima minha em parceria com o rapper Dentinho. A faixa estourou no underground paulista. "De esquina" foi meu primeiro sucesso, e na época chegou a ser a música mais pedida na rádio 105 FM. Tocou em todos os bailes e foi regravada por Cássia Eller.

Esse foi um momento crucial na minha história, pois passei a participar de grandes shows com Cássia, na tour de um projeto aclamado por público e crítica. Na plateia dessas apresentações circulavam Jack Endino, Chico Anísio, Djavan e outros nomes consagrados da TV, do *mainstream*, da cultura e da música brasileira que ali começaram a perceber não só a força do hip-hop, mas também a possibilidade de diálogo musical da MPB com o rap.

"De esquina" me colocou de vez no jogo do rap. Quase vinte anos depois dos meus primeiros trabalhos, passei a vender shows por causa dessa música. Circulamos por toda a Região Metropolitana de São Paulo e interior. Tocamos em Campinas, Limeira, Santo André, Jundiaí, Mauá, Piracicaba e em muitas outras cidades e quebradas. Tocávamos de quarta a domingo sem parar; foi muito intenso.

A partir da segunda metade da década de 1990, diversos grupos que estavam na luta desde o final dos anos 1980 conseguiram divulgar suas músicas e passaram a trabalhar no circuito. RZO, Posse Mente Zulu, MV Bill e muitos outros grupos e artistas começaram a emplacar hits. E isso fortaleceu os shows e festas de hip-hop. Ainda era uma cena muito centralizada em São Paulo, e o apoio das rádios comunitárias, juntamente com a 105 FM e a Rádio Imprensa, foi fundamental para a difusão das músicas, dos artistas e eventos no final dos anos 1990.

Os eventos reuniam mais público quando as bandas faziam shows juntas. Já existia um circuito de samba organizado pelas rádios, do qual participavam grupos como Negritude Jr, Só pra Contrariar, Zeca Pagodinho e Sensação, entre outros. Esses shows aconteciam na Vai-Vai e em outras quadras de escola de samba. A partir de então os produtores adaptaram esses eventos para o hip-hop. Passamos a trabalhar em muitas festas, sempre com grande público. Esse crescimento possibilitou a criação de alguns festivais de rap, dois dos quais ganharam relevância pela frequência (acredito que aconteceram mais de trinta edições): Espaço Rap e Hip-Hop na Veia. O primeiro rodava o estado de São Paulo e o segundo acontecia mensalmente na Zona Sul para 10, 15 mil pessoas. Os shows começavam as 10 da noite e iam até o amanhecer.

Nós, rappers, guardávamos parte do que ganhávamos nos shows para investir na gravação de nossas novas músicas. Foi assim que junto com o DJ Kl Jay eu produzi o single da música "Só por você", um dos primeiros raps românticos da minha geração a fazer sucesso. Com o dinheiro da venda desse single, em 1998, passamos a produzir o álbum *Seja como for* que seria lançado em novembro do ano seguinte. O carro-chefe desse disco é a música "Us mano e as mina".

De maneira geral, podemos dizer que as primeiras gerações do rap brasileiro e paulistano eram muito engajadas na crítica social, sempre combatendo o racismo, de maneira semelhante ao que professavam as nossas referências norte-americanas. Só que lá todos os artistas do hip-hop dos anos

1980 apareciam nas revistas e pôsteres, algo que não acontecia conosco. Não ter esse tipo de coisa no Brasil nos deixava rancorosos, com ressentimento das estruturas que não nos enxergavam, que não nos reconheciam e nem nos davam valor.

Nada tinha sido fácil para o movimento. Nós, os negros brasileiros, só saíamos no jornal quando o *Notícias Populares* publicava fotos de negros mortos com o corpo perfurado por bala, tomando enquadro, apanhando da polícia em suas páginas. Mesmo o Mussum, que sempre foi uma referência, aparecia na TV caracterizado como um negro bêbado. Não estávamos na televisão, não havia um negro nas capas de revista. E, quando a nossa turma iniciou uma relação mais intensa e horizontal com a grande mídia, criou-se uma situação de embate. Era comum os jornais deformarem as declarações dos rappers em suas publicações; muitas vezes nos mostravam de maneira caricata, nos tratando como mais um produto descartável do que como críticos viscerais das injustiças históricas e cotidianas que sofríamos — e, por que não dizer, sofremos até os dias de hoje.

Na minha opinião, essa postura criou um embate que só agora, muito anos depois, está sendo superado. Mas essa baixa de guarda ainda é um tabu. Hoje as relações estão bastante mais flexíveis, mas as rusgas não deixaram de existir totalmente. Penso que este confronto gerou vários erros; por vezes a base da cultura hip-hop na América foi justamente a mídia. Em boa parte do mundo, a cultura se expandiu por meio das ondas do rádio, da TV, das revistas e dos grandes veículos de comunicação.

Na evolução política do hip-hop paulistano, também foi fundamental a aproximação com algumas administrações municipais, principalmente quando se criou uma interface entre o rap e a educação. O reconhecimento oficial do hip-hop como agente educador começou em 1992, na gestão da prefeita Luiza Erundina, quando Marilena Chaui era secretária da Cultura, e Paulo Freire, secretário da Educação.

Essa administração criou o projeto RAPensando a Educação. Durante meses professores e alunos conversavam sobre letras de rap com grupos que visitavam escolas para cantar e debater. Na mesma época foi criada em Diadema a primeira Casa do Hip-Hop do Brasil. Hoje temos diversas casas de cultura e hip-hop em todos os cantos do país. Durante a gestão da Marta Suplicy, já nos anos 2000, a cultura hip-hop também ganhou muita força, principalmente com a criação do evento Agosto Negro. Tive a honra de estar próximo e de participar desses projetos.

Se no princípio os artistas de hip-hop tinham a periferia como base, com o passar dos anos e o crescimento do estilo surgiram criadores em outros estratos da sociedade. Hoje, artistas brancos da classe média como Matuê, Costa Gold e os Haikaiss são aceitos na favela e tocam por lá, ao mesmo tempo que fazem shows nos bairros centrais para plateias compostas majoritariamente por brancos. O sucesso mundial de artistas como Snoop Dogg e Jay-Z também abriu portas para a presença de artistas de rap nas baladas de classe média alta.

A partir de 2002, rádios FM como Jovem Pan e Mix começaram a tocar rap em sua programação. Quando essas grandes rádios colocam nossas músicas em suas playlist, passamos a ser veiculados em todo o país, do Rio Grande do Sul até o Amazonas. Nossa música chega a Florianópolis, Belo Horizonte e Goiânia, toca em todo o Brasil.

Com o passar dos anos, o público se diversificou bastante. Nos anos 1980 e 1990 as plateias constituíam-se exclusivamente de meninos – era um ambiente machista. Hoje o público é harmoniosamente formado por homens, mulheres e integrantes da comunidade LGBTQ.

Apesar das dificuldades, o hip-hop no Brasil cresceu e continua crescendo com força exponencial, tendo conquistado um espaço no mercado que outros gêneros musicais igualmente interessantes e criativos não conseguiram, pois não emplacaram a ponto de se tornar um movimento de tanta expressão. Esse fenômeno de expansão do hip-hop está presente em outros países da América do Sul, na África e na Europa.

Muitos elementos da cultura mundial contemporânea vêm do hip-hop. Nos últimos anos o gênero estabeleceu novos parâmetros no linguajar, no corte de cabelo, na moda, nas tatuagens e artes visuais. Isso movimenta muito dinheiro. Não é à toa que alguns rappers estão na lista dos artistas mais ricos do mundo.

Hoje, não consigo acompanhar por completo a enorme produção dos inúmeros grupos de rap que vêm surgindo. São muitos! Vejo na internet moleques que têm milhares de seguidores mas que eu ainda não tive a oportunidade que conhecer. Alguns desses meninos nem chegaram a produzir uma faixa com estrutura de estúdio. Por vezes eles viralizaram com um freestyle no Youtube ou no Instagram, ou seja, o trabalho chega a um grande grupo de pessoas, propagado pelas novas tecnologias das mídias sociais, que permitem que o artista disponibilize tudo o que inventa com baixíssimo custo.

O mais interessante do cenário em 2020 é que tudo o que é arte, e não só o hip-hop, está em grande ebulição, principalmente nas periferias. Há uma explosão criativa no rap, na poesia, literatura, circo, vídeo, dança e nas artes plásticas. Evidentemente, as dificuldades de produção e veiculação ainda existem, apesar de serem distintas das que enfrentei nos anos 1990.

Para o iniciante do rap, ainda é difícil ter uma agenda de shows. Por vezes o jovem artista não sabe organizar suas fotos e releases de uma maneira profissional, e a qualidade do áudio pode deixar a desejar se comparada com as músicas do *mainstream*. Mas seguem criando, sem parar, na raça.

E isso me faz otimista, pois tenho a convicção de que a arte salva, de que a arte cura. Minha vida é mais um exemplo desse poder que a arte tem de ampliar a visão de mundo e apontar novos caminhos. Segue a rima, nessa… vamos em frente!

Funk carioca (pancadão) x rap

Quero aproveitar esse espaço para tratar um tema que é frequentemente discutido por artistas e pelo público em geral: o pancadão, o funk carioca, é rap ou não?

Sim, com certeza é! A diferença entre o rap de São Paulo e o do Rio de Janeiro tem a ver com as batidas com as quais as comunidades das diferentes cidades se identificaram e passaram a copiar. Existe nesse processo um fato que pode ser considerado coincidência ou talvez explicado por algum tipo de identificação geográfica: enquanto aqui em São Paulo os rappers evoluíram a partir do def beat (uma batida mais seca e quadrada, originária de Nova York), no Rio de Janeiro a batida que fez mais sucesso foi a miami bass (mais suingada, com uma polirritmia caribenha, originária de Miami, como diz o nome). São Paulo se identificou com a dureza urbana de Nova York, enquanto o Rio adotou a sonoridade de Miami, essencialmente litorânea.

E historicamente no Rio de Janeiro a coisa aconteceu de maneira distinta. Nos anos 1970, a Furacão 2000 tocava música soul funk norte-americana. Como não podia deixar de ser, os bailes sofriam muita repressão da polícia militar no auge da ditadura. Com o tempo os organizadores desses bailes foram criando suas estratégias de convivência com a própria polícia, com muitas concessões e muito diálogo. A certa altura a polícia já tinha começado a entender o que era a curtição do baile funk-soul nas comunidades do Rio. Passaram a controlar e a tolerar, por isso o termo "funk" já era aceito e estava estabelecido para designar aquilo que acontecia semanalmente nas favelas cariocas.

No entanto, nos anos 1980 com a chegada do hip-hop tudo mudou. Mudou a roupa, entraram os agasalhos da Adidas. Mudou o cabelo, que agora tinha que ser mais baixinho por causa da boina Kangol.

A polícia, sem entender muito o que acontecia, estranhou a mudança, e começou a recrudescer a repressão. Para amenizar o impacto, os organizadores tentavam tranquilizar a polícia dizendo que aquilo era o antigo baile funk-soul, que era basicamente a mesma coisa, a mesma galera vestindo novos figurinos. Por esse motivo o termo "funk" vingou nas favelas cariocas.

Prova disso é que o primeiro disco de rap lançado no Rio de Janeiro tem como título *Funk Brasil* (1995), com o lendário DJ Mallboro na capa. Escutei essa história do próprio Marlboro.

Enquanto aqui em São Paulo sampleávamos James Brown, no Rio de Janeiro os produtores começaram a adaptar para as baterias eletrônicas batidas de tambor de candomblé e umbanda, principalmente o congo de ouro, ritmo de origem banta executado só em atabaque nos terreiros de candomblé. Essa força ancestral ressurgiu de maneira original, ao ponto de o pancadão se tornar o estilo de rap brasileiro mais consumido no mundo.

Sim, o mundo vai ficar aos nossos pés. Vai, rap!

Música baiana

BOLÃO

Amo a cultura baiana, suas músicas, seu canto popular.

O povo baiano é sinônimo de festa, de alegria. Tudo na Bahia tem um colorido especial. A comida é linda, enche os olhos antes mesmo de ser saboreada. Como não amar esse céu azul que vai até o infinito dos olhos? Como não amar o sincretismo religioso do candomblé e toda a sua beleza e imponência? Como não amar a simplicidade complexa da vida soteropolitana? Como não comer o acarajé da Dinha ou da Cira? Como não tomar o famoso cravinho do Terreiro de Jesus?

Sim! Salvador é uma cidade onde, bem diante da Catedral Basílica, existe uma praça chamada Terreiro de Jesus! E toda essa cultura se transforma em música. E toda essa música nasceu do tambor.

Nasci em Salvador, Bahia, no ano de 1969. Meu pai, o paulista seu Oswaldo, era engenheiro mecânico; minha mãe, a baiana dona Janira, trabalhava na área de contabilidade.

Desde sempre houve muita música na minha família.

Gostávamos de ouvir os mais distintos estilos, e no toca-discos de casa rodava desde a big band de Glenn Miller até o carimbó do paraense Pinduca. Com certeza, essa diversidade foi a primeira escola de música da minha vida.

A parentela da minha mãe era numerosa! Ela tinha nove irmãos, e as festas familiares eram constantes.

Nessas comemorações, a música ficava por conta do meu tio Jurandir, que era percussionista. Além de cantar e tocar instrumentos, era ele quem levava os amigos violonistas, bandolinistas etc.

Em uma dessas festas, quando os adultos fizeram um intervalo, peguei o tam-tam e comecei a tocar e cantar a música "Você abusou", de Antonio Carlos e Jocafi. Eu tinha 4 anos de idade. A partir desse episódio, meus tios começaram a me presentear com instrumentos de percussão, e o meu interesse pela música não parou mais de crescer.

Aos 14 anos, em 1985, comecei a pesquisar as famílias de tambores e a história dos ritmos. Minha tia Chiquinha, que trabalhava na Universidade Federal da Bahia (UFBA), indicou-me a biblioteca do Centro de Estudos Afro-Orientais (Ceao), onde encontrei as informações que buscava.

Em livros e nos acervos de gravações, pude aprender sobre a diáspora, compreender melhor a história desses povos e perceber as diferenças entre os ritmos das diferentes regiões da África.

Frequentei o curso livre de percussão da UFBA. Também comecei a estudar violão, pois senti a necessidade de conhecer harmonia.

Por volta de 1982, comecei a tocar na noite de Salvador, acompanhando artistas como Netinho, Ângela, Marcionílio e muitos outros.

Desde então, conheci diversas personalidades, li livros e textos avulsos e ouvi muitos relatos a respeito da evolução da música baiana... Neste capítulo, vou tentar contar um pouco dessa rica história.

Vamos começar pela década de 1950. Nessa época, no Carnaval da Bahia, apresentavam-se escolas de samba, cordões de marchinhas e alguns poucos afoxés. Podemos dizer que, até certo ponto, era um Carnaval parecido com o que acontecia no Rio de Janeiro.

Foi então que um grupo de frevo pernambucano, chamado Vassourinhas, chegou à cidade. A música que ele trouxe causou grande impacto, e logo as bandas locais passaram a incluir o ritmo do frevo em seus repertórios. Na sequência, entraria em cena a criatividade brasileira, que desta vez se manifestou como capacidade de invenção tecnológica.

Um engenheiro chamado Osmar Macedo criou a captação elétrica para instrumentos de corda construídos com madeira maciça.

A partir dessa amplificação, tornou-se possível tocar instrumentos harmônicos nas ruas, nos desfiles para grandes plateias dançantes. Violões, cavaquinhos e bandolins, potencializados eletricamente, então conhecidos como "paus elétricos", representaram uma grande novidade para uma sonoridade que, até então, era dominada por tambores e instrumentos de sopro.

Em 1951, Osmar Macedo e seus amigos, Temístocles Aragão e Dodô, desfilaram tocando frevos em suas geringonças a bordo de um Ford 1929, que logo foi batizado como Fobica Elétrica. Daí vem o nome "trio elétrico", pois, no princípio, a banda consistia em três instrumentos amplificados.

Em nossa comunidade de músicos baianos, existe uma lenda recorrente que certamente merece averiguação: tudo teria acontecido na rua José Nóbrega (ou seria Eduardo Nóbrega?), onde se situava a zona de baixo meretrício de Salvador.

A placa que identificava o nome dessa rua estava danificada pela ação do tempo, e as letras "n" e "o" de Nóbrega apagaram-se, tornando-se ilegíveis.

E assim a rua Nóbrega passou a ser conhecida como rua do "Brega" – e em breve o termo "brega" passou a ser usado como sinônimo de prostíbulo.

Na rua do Brega havia sinuca, música, malandragem, capoeira – era um ponto frequentado por marinheiros do mundo todo. Muitos deles eram militares da Marinha norte-americana. Conta-se que um desses marujos ficou fascinado pela invenção de Osmar e propôs comprar-lhe um instrumento. Em princípio, Osmar não pretendia vender sua criação, mas o valor oferecido pelo gringo foi polpudo, o que fez o negócio passar a valer a pena. Isso teria acontecido em 1950... e agora vem uma pergunta por responder: em 1952 a empresa norte-americana Gibson lança a primeira guitarra de corpo sólido e captação. Será que os ianques desenvolveram a guitarra elétrica contemporânea após copiarem a invenção do nosso engenheiro baiano?

Pouco antes da explosão do frevo, em 1949 os estivadores do Porto de Salvador uniram-se para colocar um bloco na avenida. O dinheiro era pouco para produzir máscaras coloridas, e a solução encontrada pelo festeiro Vavá Madeira foi comprar lençóis e toalhas brancas e alguns pares de tamancos de couro cru, que eram chamados de "malandrinhas".

Os tambores desse bloco também precisavam ser produzidos com materiais baratos; com a soma das pequenas contribuições dos membros do grupo, conseguiram-se comprar alguns barris de mate e pedaços de couro.

E assim, ao pé da velha mangueira perto do cais do porto, ao lado do Sindicato dos Estivadores, nasceu o bloco Filhos de Gandhy (sic), homenageando o líder político da independência da Índia assassinado em 1948, o pacifista Mahatma Gandhi.

O desfile inicial contou com a participação de 36 integrantes, todos homens, pois, desde sua fundação, as mulheres são proibidas de desfilar nessa agremiação.

A partir de então, o ritmo afoxé, diretamente ligado à tradição do candomblé, foi incorporado ao repertório dos desfiles de rua de Salvador.

Na década de 1960, o Carnaval da Bahia trouxe outras importantes inovações.

A principal delas resultou da iniciativa de Orlando Tapajós, que modernizou o trio elétrico ao criar um veículo com estrutura metálica externa, em que os músicos com instrumentos captados ficavam no andar superior e a percussão, no andar inferior, em ambos os lados do caminhão.

O mais importante desses veículos sonorizados foi a Caetanave – o trio elétrico em forma de nave espacial que homenageou Caetano Veloso, em 1972.

A história da inspiração para essa ousadia de *design* e arquitetura é famosa: Orlando viajava num avião quando leu na revista de bordo um artigo a respeito do supersônico Concorde, uma aeronave de aspecto futurista que foi produzida e usada na aviação comercial nas décadas de 1970 e 1980.

A imagem lhe causou impacto tão grande que Tapajós decidiu que aquele *design* arrojado seria o motivo para a criação de seu próximo caminhão falante.

Orlando levou a revista ao banheiro do avião, e ali, cuidadosamente, arrancou as páginas com as ditas fotos. Dobrou esses recortes e os escondeu entre os pés e o solado do sapato. Como podemos perceber, todo esse processo foi envolvido em curiosos segredos e mistérios, desde o início. Posteriormente, Orlando declarou: "Fiz o trio escondido, sem ninguém saber. Só faltava o nome".

O batismo do trio homenageou Caetano Veloso, que voltava ao Brasil após o período de exílio político na Europa. Em sua primeira apresentação pública, a Caetanave contou com a presença de Caetano, Gilberto Gil, Gal Costa e Maria Bethânia. No entanto, eles não cantaram, pois ainda não havia microfonação para voz no veículo.

O professor Paulo Miguez, vice-reitor da UFBA e pesquisador do Carnaval, tem uma boa definição para a contribuição de Orlando Tapajós: "Pai e mãe não é apenas quem fez, é quem cria. Se Dodô e Osmar fizeram essa coisa maravilhosa, [...] não tenho dúvida de que o crescimento do trio se deve, em larga medida, ao esforço maravilhoso feito por Orlando".

As orquestras de trios elétricos evoluíram para um formato relativamente padrão: dois músicos tocavam guitarra baiana, um tocava o violão elétrico ou guitarra elétrica e contrabaixo. O naipe de percussão era composto por doze ou quinze instrumentistas, tocando surdos, contrassurdos, caixas, taróis e pratos.

O sucesso dos blocos animados por trios elétricos acelerou o processo de extinção das escolas de samba convencionais, de modo que, no final da década de 1970, esse formato de agremiação já não participava das festividades mais importantes da cidade.

No dia 1º de novembro de 1974 nasceu, no bairro do Barro Preto, o primeiro bloco afro da Bahia: o Ilê Aiyê. Os termos que compõem esse nome provêm do idioma iorubá: *ilê*, "pátria"; *aiyê*, "para sempre".

Espelhando a cultura *soul* norte-americana, que se expandia pelo mundo, o Ilê foi criado com o objetivo de incentivar o negro a valorizar suas raízes africanas. Essa filosofia encorajava o negro a assumir seus cabelos crespos, a se orgulhar de suas tranças e contas.

É importante situar o Ilê nesse contexto, que é o da luta contra o racismo no Brasil. Para isso, precisamos encarar o fato de que o racismo sempre existiu na Bahia, assim como em todas as regiões do país. Aliás, como era de se esperar, a criação desse bloco, composto exclusivamente de negras e negros, gerou duras críticas da imprensa.

Na edição de 12 de fevereiro de 1975, o jornal A *Tarde* publicou uma matéria acusando o Ilê de ser um "bloco racista". Apesar dessas resistências manifestadas pela sociedade segregadora, o Ilê demonstrou força e provou para todos que veio para ficar.

Além da contribuição filosófica e comportamental que realizou, o Ilê introduziu mudanças significativas nos conceitos rítmicos da música baiana.

Revisitando as influências dos tambores de Angola, do semba, do samba de caboclo e do cabilê, o Ilê trouxe para o Carnaval a herança dos terreiros de candomblé, inventando uma clave rítmica única, malemolente, arrastada, que é dançada com movimentos muito semelhantes aos praticados na tradição dos orixás.

Nasceu assim o samba-reggae, que inicialmente foi batizado como "samba-afro".

No primeiro desfile do bloco, participaram cem integrantes, que, a princípio, seguiam um Fusca aparelhado com dois alto-falantes.

Não se sabe ao certo a razão, mas, em determinado ponto do circuito, o Fusca desapareceu. Apesar disso, os foliões continuaram dançando, batendo palmas e cantando uma canção que veio a se tornar um clássico do gênero, de autoria de Paulinho Camafeu, constituída pelos seguintes versos:

Que bloco é esse?
Eu quero saber!
É o mundo negro
que viemos mostrar pra você.

Em pouco tempo, a música do Ilê se espalhou pela periferia de Salvador, tornando-se referência para a formação de inúmeros blocos que viriam a surgir em breve.

Ainda no Carnaval de 1974, os três cantores negros que formavam o grupo Os Tincoãs – Mateus Aleluia, Heraldo e Dadinho – estouraram nas rádios com a batucada afro-brasileira "Deixa a Gira girar".

Esse foi um marco na evolução da música baiana, pois, a partir de então, o povo passou a cantar no Carnaval a temática dos orixás.

Como podemos perceber, já na década de 1970 um turbilhão de ritmos, uma mistura original de ingredientes passou a caracterizar a incrível diversidade da música baiana.

São batidas diferentes, mas sempre unificadas por uma identidade própria.

Um bom exemplo dessa dinâmica surge quando reconhecemos que o frevo tocado na Bahia tem um sotaque peculiar. Pois a musicalidade de qualquer lugar se relaciona com a forma de falar, andar e dançar ali usuais...

E, quando compomos um frevo, ritmo originariamente pernambucano, nós, baianos, adicionamos a ele um leve tempero sambeado.

O posicionamento rítmico dos tambores pernambucanos e baianos acentua em tempos diferentes. Nós, baianos, sempre acentuamos depois do primeiro tempo de cada compasso, e essa pegada vem de Angola, do Senegal, do antigo Congo.

Não inventamos o frevo, mas posso garantir que ele é um dos principais gêneros de música cultivados na Bahia, há décadas.

Em 1976, o trio elétrico Dodô e Osmar ressurgiu com uma força arrebatadora, desta vez rebatizado como Armandinho, Dodô e Osmar.

Agora, o grupo era liderado pela guitarra baiana, tocada pelo virtuoso e autodidata Armandinho, filho de Osmar Macedo.

Nesse período surgiram instrumentistas virtuosíssimos.

Muitos vinham do interior da Bahia – Itabuna, Vitória da Conquista, Feira de Santana, Jequié – para trabalhar nos novos blocos de Salvador.

E, como na Bahia tudo se mistura, em 1979 o afoxé fundiu-se ao trio elétrico, com o surgimento da música "Assim pintou Moçambique", de Moraes Moreira e Antônio Risério. Surgiu assim o afoxé "eletrizado", presente de maneira marcante na música baiana até os tempos atuais.

Em 1979, o músico Neguinho do Samba saiu do Ilê Aiyê e ajudou a fundar o bloco afro Olodum. Já em 1980 o bloco saiu na avenida com mais de 2 mil integrantes.

Neguinho do Samba, o mestre, criou uma clave rítmica original, que revolucionou uma vez mais o mundo percussivo da música baiana e internacional. Foi ele quem batizou esse ritmo de merengue.

Esse nome faz sentido, pois, assim como no ritmo caribenho, é forte a presença de quatro semicolcheias graves no quarto tempo do compasso. Mas, na verdade, trata-se de mais uma célula percussiva mista, bastante próxima dos repiques originais do samba-rock de Jorge Ben Jor.

O Olodum gravou seu primeiro LP em 1987: *Egito Madagáscar*.

E estourou com a música "Faraó, divindade do Egito", do compositor Luciano Gomes dos Santos. A música foi gravada no mesmo ano por Djalma Oliveira e Margareth Menezes, mas tornou-se um sucesso nas versões da Banda Mel e do Olodum.

Nessa mesma linhagem, outros blocos afros de grande importância, contemporâneos ao Olodum, nasceram em Salvador: Malê Debalê, Muzenza, Ara Ketu e mais tarde o Didá (este formado só por mulheres).

Vale ressaltar que todo movimento popular, na Bahia, sempre veio dos guetos. Tudo o que subiu nos trios, tocou nas rádios e virou sucesso nacional e internacional nasceu nos guetos, onde a cultura negra tem sua hegemonia consolidada.

A partir dos guetos, o povão passava a cantar, ligar nas rádios, pedir as músicas. Os chamados "formadores de opinião" então passavam a frequentar esses redutos, sugavam o que acontecia e traziam para os salões de festas da elite. Afinal, não era de se esperar que esta frequentasse as "bocas quentes", pois de fato esses redutos eram perigosos, por causa da intensa criminalidade.

Com o tempo, os organizadores de eventos começaram a se preocupar com infraestrutura de segurança, banheiros, limpeza, bares etc., para transformar essa cultura periférica em entretenimento rentável.

Mas não ficou apenas nisso. A prefeitura também se viu obrigada a olhar para esses lugares. Os turistas começaram a frequentá-los. E um turista assaltado ou assassinado em noticiário internacional não seria nada bom para a imagem da cidade e do país.

Com o policiamento reforçado, o Pelourinho tornou-se uma atração, uma festa ininterrupta em que o sincretismo acontecia o tempo todo. Era possível assistir à missa católica na igreja de Nossa Senhora do Rosário dos Pretos, ao som de cânticos e tambores do candomblé, e, depois da missa, o Olodum fazia o chão tremer com seus tambores potentes e suas danças maravilhosas.

Em 1985, Luiz Caldas lançou a música "Fricote", incendiando a música baiana com a sua musicalidade nova e influências eruditas. Mais conhecida como "Nega do cabelo duro", a canção contém traços de um ritmo porto-riquenho chamado *plena*. Essa gravação virou febre nacional. A imprensa batizou o subsequente movimento de adesão ao novo ritmo de "fricote" ou "dança da galinha" (até hoje não entendi o porquê dessa segunda denominação).

Luiz Caldas sempre foi um batalhador. Invariavelmente descalço (mesmo em eventos sociais), o músico e multi-instrumentista emplacou um sucesso atrás do outro. Suas músicas integraram temas de novelas, como *Tieta*, e, daí em diante, Caldas tornou-se um fenômeno: shows com ingressos esgotados, músicas tocando em todas as rádios, assim como a presença exigida em todas as emissoras de televisão, elevaram esse artista à condição de maior representante da música baiana. Na verdade, ele se tornou o novo "pai" da música baiana.

Luiz encantava, pois tocava as músicas baianas carregadas de rítmicas percussivas com uma interpretação suave, e sabia dedilhar o violão com a maestria de um violonista de orquestra. Tocava, por exemplo, temas de Bach e Beethoven. Isso, até durante o Carnaval, levando para as ruas de Salvador outros sons, outras cores, outros valores – mostrando a todos ser possível fazer uma boa música e, ao mesmo tempo, ser popular.

Outras bandas seguiram seu exemplo: Ademar e Banda Furtacor, às 18h, em pleno Carnaval, sempre tocavam a *Ave Maria* de Bizet e, nos encontros de trios, Armandinho, do trio elétrico Armandinho, Dodô e Osmar, tocava o *Bolero* de Ravel para as multidões.

É importante ressaltar também que muitos blocos de trio elétrico nasceram por conta da explosão de gincanas em Salvador. Essas gincanas eram promovidas por duas rádios que tinham grande audiência na cidade – Rádio Aratu e Rádio Itapoan –, as quais, durante a primavera, mobilizavam bairros inteiros. Os grupos que competiam nesses concursos acabavam criando afinidades e, naturalmente, passavam a organizar festas. E dessas festas emergiam os blocos e suas respectivas bandas, que em breve mudariam o cenário musical brasileiro, vendendo milhões de cópias e agrupando milhões de seguidores.

No fim da década de 1980, essas bandas começaram a vislumbrar boas perspectivas de mercado, que indicavam a possibilidade de realizar shows em outras datas, além dos quatro dias de Carnaval. Isso viria a ser uma grande novidade, pois os blocos não tinham planos para sobreviver e ter uma carreira de shows durante os meses restantes do ano. Até porque os donos desses blocos eram médicos, advogados e profissionais de outras áreas, que tinham suas fontes de renda em outras profissões. Mas logo eles perceberam que os blocos, se bem administrados, poderiam ser verdadeiras minas de ouro.

O que no início era um *hobby* começou a se tornar uma atividade permanente e lucrativa. Muitos desses empresários venderam carros, refinanciaram seus imóveis e apostaram nos blocos e nos artistas ascendentes. Esses homens de negócio aprenderam rápido: entenderam como a rádio e a TV poderiam ajudá-los a conquistar o mercado popular. E os radialistas, por sua vez, viram uma oportunidade de engordar seus cofres. Descobriu-se, desse modo, um modelo de negócio complexo – mas muito eficiente –, capaz de alavancar as vendas e, ao mesmo tempo, "selecionar" o público adequado para frequentar seus blocos.

Nessa época, começou a funcionar assim: primeiramente, os candidatos a foliões iam às sedes dos blocos e preenchiam uma ficha de inscrição, à qual era anexada sua foto. Os candidatos eram selecionados por dois critérios: bairros onde moravam e aparência. Assim, os empresários tentavam criar um gargalo social e econômico. Vetavam a participação de associados de regiões populares e também dos candidatos cuja aparência julgassem que, esteticamente, não combinava com o perfil do bloco. Negros não eram aprovados, a não ser que comprovassem que estudavam nas escolas particulares da classe média e da classe alta.

Esses mesmos empresários formaram uma rede que abarcava estudantes de escolas e faculdades de alto padrão, associando-se a jovens aglutinadores, presidentes de grêmios acadêmicos e atléticas.

Esses agentes eram estudantes com trânsito na comunidade universitária, remunerados em 10% do valor das vendas de mortalhas e abadás dos blocos.

Cada diretor social coordenava uma equipe com dez comissários. Esse diretor social respondia a outro superior, que era o diretor comercial, um profissional remunerado diretamente pelo bloco. A quantidade de comissários e diretores variava proporcionalmente ao tamanho do bloco. Essa hierarquia gerava algo muito semelhante a uma pirâmide de vendas!

Para manter o público jovem motivado e reunido, eram realizados eventos na forma de ensaios dos blocos. Esses ensaios tornaram-se festas de verão para mil ou 2 mil pessoas, com infraestrutura muito bem organizada.

Assim, a *expertise* de eventos, em Salvador, evoluiu rapidamente. Essa garotada era levada à festa por seus pais, que deixavam os filhos na porta das quadras e ao final os buscavam em segurança.

Quando aconteciam os grandes eventos, os diretores dos blocos contratavam modelos masculinos e femininos para distribuir panfletos publicitários nas praias mais badaladas de Salvador. Espalhavam *outdoors*, faziam aviões de propaganda sobrevoarem as praias, promoviam chamadas nas rádios e na TV, com sorteios de convites. Era uma estrutura custosa, mas empresas de fora começaram a vincular suas marcas à imagem dos blocos. Era o perfil que as empresas buscavam: jovens da classe A – e futuros consumidores potenciais de seus produtos. Os patrocínios começaram a brotar aqui e ali, ajudando a custear essa complexa infraestrutura.

Até essa época, nós, músicos e artistas, ganhávamos nosso pão tocando na noite de Salvador. Os bares e casas noturnas eram bem frequentados, e a música ao vivo bem remunerada. O bairro de classe média na praia da Pituba era nosso maior reduto de atuação profissional. Bares como 33, Canteiros, Travessia, Adrianos, Lambar e Sabor da Terra estavam sempre cheios, oferecendo atrações com iniciantes que breve viriam a se tornar verdadeiras estrelas: Marcia Freire, Carla Visi, Netinho, Daniela Mercury, Jota Morbeck, Marcionílio. Todos esses locais abriam quase diariamente. Havia também outras casas, em outros bairros, que lotavam e ajudavam a pagar nossas contas. Eu mesmo tocava de segunda a sábado, cada dia com um artista ou banda diferente.

Ainda em 1987, uma cantora que havia passado pela banda Novos Bárbaros gravou um LP em carreira solo e tornou-se sucesso nacional com uma música chamada "A roda". Sarajane passou a ser queridinha do Chacrinha, tornando-se quase sócia do programa. Ela era talentosíssima, além de carismática, bonita e dona de uma ótima voz.

Esse movimento era chamado de "deboche" ou "dança da galinha". Esse estilo usa a clave do samba-reggae tocado por uma bateria eletrônica programada com som de palmas, o que o diferenciava do ritmo fricote. Sob essas palmas eletrônicas, uma conga tocava as figuras rítmicas do merengue da República Dominicana. As misturas começavam a tomar corpo. As coisas iam se transformando aos poucos.

Devo confessar que nessa época nós, músicos, desenvolvemos alguma resistência a esse novo protagonismo dos cantores, pois a música que fazíamos anteriormente valorizava muito os sons instrumentais.

Outro ponto de conflito era a relação dos artistas com os percussionistas. Nós ganhávamos menos que os outros músicos! No entendimento deles, éramos culturalmente e musicalmente inferiores, e por isso deveríamos ter uma remuneração menor... Mas nada como um dia após o outro, não é mesmo?

Apesar desse intervalo de não reconhecimento do nosso trabalho, a percussão logo retornou ao centro das atenções da música baiana.

Nessa época, os blocos afros não conseguiam fazer estourar as próprias músicas nas rádios, porque seus sons eram muito restritos aos seus nichos de origem. O repertório tinha uma conotação tribal, interpretado só com percussão e voz, sem instrumentos harmônicos, afastando essas canções de uma sonoridade radiofônica.

Outra questão que também surgiu nessa fase foi a queda de qualidade musical das composições que se tornaram sucesso. Várias delas passaram a ser compostas com poucos acordes, arranjos ruins, cantores desafinados.

Em busca de sucesso rápido, ainda que passageiro, essas canções empobreceram demais a cultura carnavalesca, e isso incomodava a nós, músicos. Aconteceu um modismo que parecia infindável, dominado por canções com letras de duplo sentido, cheias de "bundinha pra cá", "bundinha pra lá", "rala a bundinha aqui", essa coisa de descer na boca da garrafa...

Apesar, porém, de nossas críticas estéticas, o movimento não parava de crescer.

E as bandas que até então se formavam só para tocar no Carnaval agora passavam a se reunir quatro vezes por ano. Eram duas festas do bloco antes do Carnaval – uma em outubro e outra em janeiro – e, na sequência, apresentações no Carnaval de Salvador e na micareta da cidade de Feira de Santana.

O fenômeno da micareta foi muito importante, pois estimulou diversas cidades do interior do estado a mudar a data do Carnaval, uma vez que, nesse período do ano, chovia demais em várias delas. O nome dessas novas festas tem origem no idioma francês; provém do termo *mi-carême*, que indica que o evento acontece no meio da quaresma. As bandas viram nesse mercado promissor a oportunidade de se livrar da exclusividade a que estavam submetidas pelos donos de blocos, e começaram a formar seus próprios modelos de negócios.

O problema é que muitos músicos não tinham a experiência necessária para assumir funções administrativas, e por isso, infelizmente, quebraram a cara no meio do caminho.

Como é comum nas relações humanas que envolvem dinheiro, houve ganância e burrice; houve falta de equilíbrio na condução dos relacionamentos comerciais entre músicos, artistas e empresários.

Tenho minha opinião pessoal sobre essa questão, e convido você, leitor, a raciocinar comigo. Imaginemos que um empresário monte uma banda composta por músicos que ainda não têm carreira de sucesso. Esse investidor banca estúdio de ensaios, paga compositores, cuida da burocracia de liberação das músicas, custeia a gravação de um CD, banca a divulgação, fotos, registro de nome, jabá de rádio, assessoria de imprensa, *outdoor*, escritório, mão de obra... Então, diante de todos esses gastos, surge a questão: nesse caso, o empresário teria direito adquirido de ficar com a maior parte dos lucros?

Para termos uma visão global do conflito, agora vamos ver o outro lado: se essa mesma banda, promovida pelo empresário, passa a fazer sucesso, é natural que os músicos desejem tornar-se sócios, alegando que o público busca aqueles artistas específicos.

Como já estamos enxergando, é no seio desse mal-entendido que nasce um desagradável desgaste profissional.

O artista é o primeiro a se sentir injustiçado. Na visão dele, todo o sucesso se deve a seu talento, seu carisma e sua voz. O empresário reage, negando-se a reconhecer que, de fato, esse é o maior valor da empresa.

Vi isso acontecer numerosas vezes. Esse é o caso, por exemplo, da Banda Mel, que foi a primeira a fazer sucesso nesse modelo de negócio, e o primeiro grupo em que os cantores abandonaram a banda para fazer carreira solo.

Na minha opinião, ambos erraram, pois penso que, como em todo casamento, o divórcio é culpa dos dois. E, na Bahia, isso aconteceu muito.

Passei por muitas bandas. Toquei nos Novos Bárbaros, e com eles gravei o álbum *Guerrilheiros bárbaros*. No Carnaval de 1985, toquei com a banda de Netinho, que anos depois tornou-se um artista de grande sucesso no Brasil e no exterior. Mas nem tudo na minha carreira foi um mar de rosas.

No Carnaval de 1988, toquei com Missinho, cantor e ex-guitarrista da banda Chiclete com Banana. Infelizmente, esse foi um evento traumático. Nunca vi a cor do dinheiro. Nem eu, nem Missinho, nem ninguém. O bloco em que nos apresentamos faliu e não pagou ninguém.

Fiquei deprimido e parei de tocar. Estava com 18 anos e, para ajudar no orçamento da família, fui trabalhar com meus pais nas suas respectivas empresas. Os meses foram se passando. Em outubro daquele ano, já fazia sete meses que eu não subia em um palco.

Acreditem: minha saúde deteriorou-se. Sentia uma dor no peito cujo motivo não sabia explicar. Minha mãe me levou a um médico conhecido da família. Ele me examinou e então pediu para minha mãe sair da sala, pois precisava falar a sós comigo. Foi então que ele me disse:

– Orlando, você não tem nada clínico; sua pressão, batimentos etc. estão todos normais. O que está acontecendo, o que você gosta de fazer?

Respondi sem pestanejar:

– Eu gosto de tocar.

E ele então concluiu:

– Vá tocar, meu filho, vá tocar, senão você vai morrer.

Aceitei imediatamente a orientação do médico, com muita felicidade, e no dia seguinte já estava ensaiando com diversas bandas. Desde então, nunca mais desci do palco.

Passei o ano de 1989 como músico *freelancer* e também trabalhei montando bandas para diversos artistas. Era uma loucura! O telefone da minha casa no bairro de Rio Vermelho não parava; cheguei a montar banda para três artistas diferentes na mesma semana. Isso, com 19 anos de idade. Todos os artistas independentes de carreira mediana me ligavam.

Isso rendia algum dinheiro, mas me desgastava muito. Foi então que, no fim de 1989, decidi que deveria parar com essa correria e entrar como músico fixo em uma boa banda.

Num certo domingo, estava curtindo na praia quando, de repente, vindo do nada, apareceu um trio elétrico na orla. Era o Cheiro de Amor. Naquele momento, eles não estavam fazendo show; apenas aproveitavam a tarde de sol para testar a parte técnica do trio.

Fui lá trocar ideia com eles. Então o percussionista Zuca desceu do caminhão e me contou que Pavão, o percussionista que trabalhava normalmente com o grupo, havia deixado a banda. Para a minha surpresa, ele me convidou para entrar no Cheiro de Amor.

Resultado desse encontro: fiquei onze anos nessa banda, viajei o mundo e vendemos 5 milhões de discos.

Nesse mesmo ano de 1989, a banda Gera Samba gravou seu primeiro LP. Esse grupo sempre fez samba com claves rítmicas modernas e bem definidas. Misturavam sambão, festa de largo, ciranda e samba de roda.

Com essa alquimia, o Gera Samba deu origem a um novo estilo, que foi batizado de samba duro. Era o que faltava para completar o quadro. Agora, no Carnaval da Bahia, havia uma diversidade incrível de gêneros musicais: samba, samba-reggae, ijexá, frevo, merengue, plena, calipso, salsa...

Nesse primeiro LP, encontramos composições de festa e também canções românticas. Algo de Chiquinha Gonzaga se ouve ao fundo, e, com esse trabalho, o maxixe foi recolocado no samba baiano.

Mas foi em 1995 que o Gera Samba se tornou mundialmente famoso, ao lançar o LP *É o Tchan* e bater o recorde de 3,5 milhões de cópias vendidas. Suas dançarinas, Débora Brasil e Carla Perez, ao lado do dançarino Jacaré, ganharam popularidade, pois todas as músicas eram complementadas por coreografias sensuais. Carla Perez virou *sex symbol* nacional e posou para a revista *Playboy*. Junto com alguns integrantes originais, Débora Brasil deixou a banda e iniciou um conflito judicial que acabou obrigando os remanescentes a mudar o nome do grupo. Para resolver a questão, eles adotaram o nome da música de maior sucesso de seu repertório, tornando-se o grupo É o Tchan.

Com uma audaciosa estratégia de *marketing*, a banda É o Tchan associou-se ao programa *Domingão do Faustão*, da Rede Globo. Essa parceria promoveu um concurso que mobilizou todo o país durante dois meses: bailarinas de todo o Brasil poderiam se candidatar para assumir o cargo de nova dançarina do É o Tchan, e a escolha seria feita por meio do voto popular. Vale a pena lembrar que, àquela altura, o *Domingão do Faustão* tinha uma audiência dominical de 60 milhões de telespectadores! Sucesso total! Não havia criança ou mãe de família, no Brasil, que não soubesse dançar as coreografias da banda. Essa superexposição, no entanto, não se mostrou isenta de danos: muitos críticos passaram a questionar a sexualização precoce de crianças causada pelas letras e pelas coreografias de É o Tchan.

Mas as emissoras de TV e rádio não se incomodaram com isso. A audiência não parava de crescer.

Logo em seguida, surgiu uma banda de samba chamada Terra Samba. Em 1995, o grupo, liderado pelo cantor e mestre de capoeira Reinaldo, lançou, pela gravadora RGE, o CD *Terra Samba faz bem*.

Também em 1995, o cantor Xanddy entrou para a banda Harmonia do Samba, que até então era desconhecida do grande público. Os rapazes que a integravam começaram a realizar seus ensaios no bairro Pelourinho de Nazaré, um local bastante popular, obtendo sucesso com gravações caseiras que eles mesmos produziam e distribuíam.

Lembro-me de que, na primeira vez em que ouvi o Harmonia do Samba, estava treinando na academia de ginástica. Alguém colocou um de seus CDs, gravado ao vivo, no som da sala. A música começava com um arpejo de cavaquinho... mas o cavaco estava totalmente desafinado! Tive vontade de quebrar esse CD, pois o som da banda era muito ruim!

Para mim, era uma tortura. Como aquilo podia fazer sucesso? Eu não entendia! Durante tantos anos, nós, músicos baianos, vínhamos nos esforçando para evitar que a mediocridade dominasse o cenário... Mas quem éramos nós para querer definir o gosto do povo? Tanto eu quanto diversos colegas e músicos nos recusávamos a tocar aquelas composições de mau gosto.

Da minha parte, garanto que não era inveja, pois na época a nossa banda, Cheiro de Amor, estava estourada. O que me fazia rejeitar aquele CD do Harmonia do Samba era senso crítico mesmo... Mas, evidentemente, eu guardava essa indignação só para mim, pois, acima de tudo, somos colegas buscando sobreviver e levar a música adiante, cada um com seus recursos.

Por ironia do destino, o grupo Harmonia do Samba passou a ser agenciado pelo mesmo escritório que vendia o Cheiro de Amor.

Só depois de conviver com os membros da banda e de ouvi-los de perto é que me dei conta de que minha avaliação fora um tanto precipitada. Até então, só conhecia as gravações caseiras da banda, estratégia que impulsionou a carreira deles.

Harmonia do Samba e Cheiro de Amor passaram a tocar nos mesmos festivais; pude, então, verificar e reconhecer como a banda evoluíra. Os caras dedicaram-se a estudar música, corrigiram seus defeitos e possibilitaram que Xanddy brilhasse, demonstrando a todos que era um gigante no palco. Na verdade, o palco se encolhia com sua presença. Testemunhei, certa vez, 50 mil pessoas cantarem todas as músicas do grupo, do começo ao fim. E, desse dia em diante, confesso que passei a ser fã número um do Harmonia do Samba.

Antes de contar a próxima história, preciso explicar para vocês o que é uma festa de largo ou a lavagem de uma igreja, pois são cerimônias peculiares que acontecem frequentemente na Bahia.

A mistura das religiões se verifica em todo o Brasil. Podemos afirmar que, com a proibição histórica do culto das entidades do candomblé, os negros escravizados as substituíram por santidades católicas, fundindo-as a elas.

Em Salvador, não foi diferente. Na Bahia, Nosso Senhor do Bonfim corresponde ao Oxalá do candomblé. E, na segunda quinta-feira de janeiro, as baianas realizam a cerimônia da lavagem da escadaria da igreja do Bonfim. Mas, como não poderia deixar de ser, junto com essa comemoração religiosa cristã acontece a celebração profana.

É uma típica festa de largo, em que centenas de barracas de bebidas e comidas são montadas, e vários grupos musicais se apresentam. Um cortejo religioso sai do Mercado Modelo, percorrendo 8 quilômetros até a escadaria da igreja de Nosso Senhor do Bonfim. Os grupos musicais realizam o mesmo percurso, tocando enquanto caminham. Por vezes utilizavam trio elétrico, mas em 1998 a participação do veículo nessa festa foi proibida.

Em janeiro de 1989, recebi uma ligação de Ubajara Carvalho, percussionista do Asa de Águia. Era um convite para marcar uma reunião de percussionistas profissionais das grandes bandas de Salvador e fazermos uma "timbalada", um som improvisado na lavagem do Bonfim. Nesse encontro estiveram Ubajara Carvalho e Chocolate (Asa de Águia), Gabi Guedes e Giba Conceição (banda de Margareth Menezes), Ivan Huol (grupo Garagem), Bastola (Orquestra Sinfônica da Bahia), Tony Mola (Braga Boys), Orlando Costa e Dito (Banda Mel), Waltinho Cruz e Denny (Chiclete com Banana), Carlinhos Brown e um monte de percussionistas que tocavam em outras bandas. Ao nosso lado, estavam os cantores Bell Marques, Márcia Freire e Margareth Menezes. Todos curtindo a festa informalmente. Batucamos, improvisamos e cantamos, sem imaginar a repercussão que esse encontro teria nos diversos veículos da mídia baiana.

À noite estávamos nos noticiários, com a seguinte manchete: "Percussionistas renomados da Bahia se reúnem em um encontro único na Lavagem do Bonfim". O nome "timbalada" não foi mencionado, pois a palavra ainda não remetia a um grupo, nem a uma instituição.

Em 1991, recebi um convite para sair novamente nessa timbalada. Dessa vez, Waltinho Cruz e Ubajara tinham conseguido patrocínio para camisetas e um apoio para bancar uma bateria. Os ensaios começaram no bairro do Candeal. Na favela. Não havia calçamento, rede de esgoto, infraestrutura de som ou de segurança. Carlinhos Brown começou a influenciar a bateria criando e propondo células rítmicas lindíssimas. Naquela época, Carlinhos Brown ainda não era famoso como viria a ser, mas já se destacava como instrumentista e compositor. Ele já tocava há alguns anos com Caetano Veloso, que gravou a composição "Meia-lua inteira", de Brown, com muito sucesso. "Meia-lua inteira" também foi gravada pelo Chiclete com Banana, e o povo todo passou a conhecer essa canção. Na gravação de Caetano, Brown utilizou um instrumento que todo percussionista baiano usa em suas apresentações: o timbal. O timbal é um instrumento de origem 100% brasileira. Com corpo cônico e reto, originalmente usando pele de couro animal, a timba (primo direto do timbal da Bahia) era utilizada, na região Sudeste, por João Parahyba, um dos criadores do samba-rock. Na Bahia, a timba virou timbal, instrumento aparentado porém distinto.

Mas João Parahyba o percutia de forma diferente de nós, baianos. João tocava sentado, acomodando a timba sob as pernas, instalada em um suporte adequado. Ele tocava no casco do instrumento com uma vassourinha de alumínio, e com a outra mão batia na pele, criando assim uma variação entre sons graves de duração maior e toques agudos "secos".

Em Salvador, o timbal era utilizado na vertical, com pele sintética de *nylon* bem esticada, e fazia parte dos instrumentos dos sambas de praia e das festas de largo.

A partir desses encontros na igreja do Bonfim, o grupo que conhecemos hoje como Timbalada começou a se organizar espontaneamente, agora com uma personalidade musical forte e definida.

A instrumentação desse grupo passou a utilizar surdo fundo um, surdo fundo dois e surdo três (dobra), todos de madeira. Havia também a bacurinha de alumínio (que é uma espécie de repique bem agudo e de diâmetro bem menor, de cerca de 20 centímetros) e o timbal, medindo 35,5 centímetros de diâmetro e 90 centímetros de comprimento.

Mesclando claves rítmicas da música cubana e as batidas dos tambores do candomblé, surgiu um som característico da Timbalada.

A Timbalada não era um grupo estável; após as festas do Bonfim, cada percussionista voltava a trabalhar com sua respectiva banda. Mas Carlinhos Brown resolveu assumir a linha de frente desse grupo e registrou o nome Timbalada.

Hoje, o instrumento timbal é conhecido no mundo inteiro. Para entender a dimensão que esse instrumento conquistou na música internacional, basta lembrar que até uma banda de música típica da Escócia adotou o timbal como parte integrante de seu naipe de percussão.

Na década de 1990, a Timbalada passou a emplacar muitos hits no Carnaval de Salvador. Com os cantores Ninha, Patrícia e Xexéu na linha de frente (todos negros e oriundos dos guetos), a identificação com o povo baiano foi imediata.

É importante esclarecer que, diferentemente dos blocos afros, a Timbalada não nasceu de um movimento de gueto, mas de uma reunião de percussionistas de alto nível, todos virtuosos.

Apostando nessa ideia, Carlinhos Brown inaugurou a casa da Timbalada no meio da favela, no Candeal. Batizou o espaço com o nome Cardela Gueto Square: uma casa de shows com palco de arena, banheiros, segurança, camarotes e bares estrategicamente montados. Com o sucesso desse projeto, a elite de Salvador passou a conhecer e a frequentar a favela, o que obrigou a prefeitura a "melhorar a paisagem". As ruas foram asfaltadas, e o saneamento básico chegou à região.

Mas Brown não parou por aí. Com dinheiro de ONGs internacionais, ele criou projetos como o Tá Rebocado, que reformou as casas dos moradores mais carentes. Também montou o Pracatum, uma escola de música, arte e tecnologia. Isso mudou o perfil da região, que deixou de ser vista como favela para se tornar um bairro popular de Salvador.

Como podemos verificar, era grande a efervescência no cenário musical de Salvador no fim dos anos 1980. Havia muita coisa acontecendo ao mesmo tempo!

Até o final daquela década, o Carnaval de Salvador era voltado para o povo da Bahia. Não existia pretensão de conquistar o Brasil, tampouco se pensava em exportar a sua música para o mundo.

Só a partir da década de 1990, na administração do governador Antônio Carlos Magalhães (ACM), a profissionalização começou a ser efetiva. Foi um período de investimento maciço, tanto no turismo quanto em outras áreas de negócios, como a pecuária (bovina, caprina), a agricultura e outras.

ACM conseguiu atrair investidores internacionais. Expandiu a malha hoteleira e aumentou a estrutura aeroportuária, trazendo voos diretos do exterior para Salvador. O porto foi reformado, passando a receber navios de cruzeiro, e o Centro de Convenções da Bahia começou a atrair grandes conferências e eventos internacionais. O governo do estado criou o complexo hoteleiro do Porto de Sauípe, reestruturou a cidade de Porto Seguro e o aeroporto, e abriu cursos, em associação com o Sesc e o Senac, para especialização de mão de obra de turismo em geral.

Com essas iniciativas, o Carnaval de Salvador passou por uma grande reestruturação. Foram criados os três circuitos do Carnaval da cidade, que permanecem até hoje:

- No Pelourinho, o Circuito Batatinha (em homenagem ao sambista baiano homônimo), voltado para crianças e pessoas da terceira idade, com atrações infantis e bandas de marchinhas de Carnaval, lembrando as folias das décadas de 1940 e 1950.
- Em Campo Grande, o Circuito Osmar, em homenagem a Osmar Macedo. De lá saem os blocos tradicionais com os grandes artistas e bandas da Bahia, como Ivete Sangalo, Bell Marques, Chiclete com Banana, Asa de Água, Cheiro de Amor e muitos outros.
- Na região da Barra, no bairro de Ondina, o Circuito Dodô, em homenagem a Dodô, parceiro de Osmar na criação do trio elétrico. Ali passaram a desfilar os blocos que eram considerados "alternativos". Esse novo circuito desafogou o centro da cidade, que estava superlotado, trazendo o Carnaval para a orla marítima, tornando-o mais tropical e agradável para o folião e para o turista.

Foi por meio dessa ampliação que a festa se democratizou, pois pessoas de todas as idades e de todas as classes sociais passaram a poder se divertir com as atrações de sua preferência.

ACM era um político poderoso, proprietário da TV Bahia, emissora de televisão afiliada à TV Globo. Com essa influência, conseguiu produzir programas como o *Globo de Ouro*, apresentando exclusivamente artistas baianos. Em consequência do sucesso alcançado, programas de outras emissoras passaram a fazer gravações em Salvador durante o verão. Serginho Groisman, do *Programa Livre*, do SBT, e Luciano Huck, do programa *H*, da TV Bandeirantes, aderiram a essa moda. Até Hebe Camargo gravou em Salvador.

ACM captou e centralizou o *marketing* direto do Carnaval de Salvador, atraindo investimentos de grandes empresas nacionais e internacionais. Criou um edital para a reciclagem de latinhas de bebidas descartadas pelos foliões e coletadas por catadores registrados. Cadastrou os ambulantes e fidelizou a venda dos produtos à marca patrocinadora do evento.

Pela primeira vez na história de Salvador, a limpeza das ruas passou a ser rápida e eficiente. Nas manhãs de Carnaval, quando a população acordava, as ruas já estavam limpas.

Em suma, ACM reinventou o Carnaval de Salvador, fazendo que a folia fosse transmitida ao vivo para mais de sessenta países, e que a cidade recebesse mais de 1 milhão de turistas. Esse é um número muito significativo, levando-se em conta que Salvador era uma cidade cuja população somava 2,5 milhões de habitantes.

A explosão do Carnaval baiano gerou milhares de empregos diretos e indiretos; por consequência, Salvador já era, no ano de 1997, uma das cidades mais visitadas do mundo durante o período momesco.

Caravanas de jovens se formavam e se deslocavam para Salvador, oriundas de Rio de Janeiro, São Paulo, Minas Gerais, Ceará, Pernambuco, Rio Grande do Norte, Sergipe, Alagoas... De todos os estados.

Artistas consagrados da TV e do cinema eram filmados em cima dos trios elétricos, em completa alegria.

Nesse período, os blocos passaram a desfilar com uma média de 4 mil participantes, e esse crescimento atraiu patrocínios. Grandes empresas queriam vincular suas marcas a artistas baianos, pois era uma maneira eficiente de agregar alegria, festa e vitalidade à imagem de diferentes produtos. Não demorou para que a música do Carnaval baiano se tornasse o carro-chefe da venda de discos e CDs produzidos pelas grandes gravadoras.

Um momento importante dessa expansão ocorreu quando, em 1990, o Olodum participou da gravação de "The Obvious Child", canção do álbum *The Rhythm of the Saints*, do pop star internacional Paul Simon. Na sequência, Simon e o Olodum tocaram no Central Park, no coração de Manhattan, para um público de 1 milhão de pessoas. Os tambores do Olodum fizeram a terra do Tio Sam tremer, e o mundo inteiro se rendeu ao som pulsante e percussivo da música baiana.

No meio dessa confusão boa, uma artista que cantava nos bailes e casas noturnas de Salvador alavancou uma carreira que iria mudar o curso e a história de todo o movimento musical da cidade. O nome dela era Daniela Mercury, e sua figura ganhou contornos de realeza.

Em 1992, Daniela fez uma apresentação despretensiosa no vão livre do Museu de Arte de São Paulo, em plena avenida Paulista. No entanto, a repercussão do evento foi tão grande que, na mesma noite, virou notícia no *Jornal Nacional*, da TV Globo.

No domingo que se seguiu, no programa *Fantástico* (a maior audiência da TV brasileira), ela foi coroada pela mídia e pelo povo como a rainha de um gênero musical que ainda não tinha nome. Esse batismo logo viria a acontecer: o jornalista e escritor baiano Hagamenon Brito lançou o termo "axé music", um termo um tanto pejorativo, mas que acabou sendo adotado por todos, numa boa.

Na minha opinião, o nome não poderia ser melhor. No primeiro momento, a imprensa *cult* do eixo Rio-São Paulo parecia rejeitar e desqualificar o ritmo. Talvez fosse algum tipo de bairrismo, pois, assim como nos anos 1960 criticaram destrutivamente a tropicália, agora, na década de 1990, dedicavam-se a tentar desmerecer a música baiana.

A cantora Daniela, que também era formada em dança pela UFBA, mostrou a todos ser muito mais que mera celebridade instantânea. Passou a integrar o primeiro time da MPB e, logo em seguida, protagonizou dois especiais na Rede Globo, com participações de Tom Jobim, Chico Buarque, Caetano Veloso e Gilberto Gil, entre outros.

A Bahia ficou pequena para a rainha Daniela. Foi então que Daniela juntou-se aos tambores ancestrais do Ilê Aiyê. A personalidade forte, a voz, o carisma e a dança de Daniela Mercury passaram a reverberar toda a energia dos orixás. Com essa união, finalmente os blocos afros de Salvador conquistaram o que lhes faltava: o grande reconhecimento e a ampla representação comercial. Nada podia ser melhor para Salvador e para a cultura da Bahia.

Outra banda muito importante, que segue em atividade até os dias de hoje, relacionada ao ritmo axé, é a Araketu, originária de um bloco afro do bairro Periperi, no subúrbio de Salvador. Musicalmente, uma banda genial. Misturou influências de pop funk – de bandas como Earth, Wind and Fire – com os tambores afro da Bahia, criando uma sonoridade tão forte e potente que é até difícil de explicar... Só escutando ao vivo para entender a intensidade da música.

A Banda Eva tem uma história peculiar. No princípio, era um bloco carnavalesco que não parecia ter grande pretensão de atuar além do período da folia. Por sua formação passaram vários cantores, dentre os quais Ivete Sangalo, que, com o decorrer do tempo, tornou-se a figura central do movimento axé music.

Em 1996, Michael Jackson resolveu gravar uma música com tambores africanos. Para isso, pediu ao diretor de cinema Spike Lee que pesquisasse sobre música latina, africana etc. Ocorre que Spike Lee era fã do Olodum, o que permitiu colocar o cantor em conexão com o grupo.

A canção "They don't Care about Us" foi gravada em Salvador, no Pelourinho, com os tambores do Olodum – e o mundo parou para ver o rei do pop vestido com as cores do bloco, dançando à frente de sua bateria.

Mas o que poucos sabem é que o Olodum era muito mais do que uma banda. Um dos braços do Olodum era o Bando de Teatro, de onde vieram atores como Wagner Moura, Lazáro Ramos, Jorge Washington e muitos outros. Além disso, o grupo desde sempre manteve um trabalho social importantíssimo em Salvador, com escolas e cursos de inclusão digital.

Os blocos afros em Salvador, a exemplo de Ilê Aiyê e Olodum, devolvem ao povo o amor que a eles é dedicado. Eles são muito maiores que seus desfiles e farras de Carnaval. Levam educação, cidadania, cultura e consciência social ao povo carente. Em um país onde prevalece a ausência do poder público, surgem iniciativas amplas como essas, em que as pessoas se esforçam por dias melhores, engajando-se na luta pelos que são menos favorecidos.

A música da Bahia, ou axé music, tirou várias pessoas da miséria. Músicos sem esperança de um futuro digno encontraram nela uma fonte de renda. Entretanto, ao lado dessa conquista é importante lembrar também que a arte, em suas diferentes manifestações, tem o poder de mudar a percepção de vida das pessoas. Na Bahia, isso se deu por meio de música, dança, pintura, artes plásticas, desenho e fotografia.

Nossa viagem no tempo agora está chegando ao novo milênio, e é necessário assumir que, por volta do ano de 2002, a música baiana começou a perder mercado.

A imprensa e alguns formadores de opinião, naquela altura, começaram a considerar os blocos de Carnaval da Bahia como instituições racistas e elitistas. E sou obrigado a concordar que, em alguns aspectos, essa crítica faz sentido.

Programas de TV sensacionalistas, com apresentadores que elevavam a audiência explorando esse conflito (mas que adoravam os abadás que recebiam das agremiações carnavalescas), noticiavam com escândalo a ideia de que o *apartheid* prevalecia nos blocos.

Entraram com ação no Ministério Público, pedindo para que qualquer pessoa que pagasse para sair no bloco fosse aceita, sem passar por um processo de seleção. O movimento negro, por exemplo, alegava que a participação dos negros era vetada na folia; que, por causa da discriminação, só lhes cabia o trabalho braçal de segurar as cordas do bloco. Veio então a ordem da justiça garantindo a toda pessoa o direito de comprar o abadá de qualquer bloco carnavalesco. O efeito comercial dessa medida democrática, no entanto, foi um tiro que saiu pela culatra: por incrível que pareça, o público dos blocos passou a evitar a avenida, buscando credenciais para curtir o Carnaval dentro dos camarotes.

Esses camarotes são clubes ainda mais seletivos. Com salão de beleza, massagem, restaurantes com *buffet* completo, *open bar* e shows de artistas nacionais, convidados e presença de VIPs, os camarotes passaram a ser o objeto de desejo do público classe A de Salvador e dos turistas foliões que apreciam o colunismo social.

Por causa disso, as elites deixaram de querer pular atrás dos trios elétricos.

Nos dias atuais, os camarotes passaram a ser o novo modelo de negócio de alta rentabilidade. É um retorno da festa fechada, em detrimento da festa de rua, exatamente como acontecia na década de 1970.

Os blocos encontraram dificuldade para se adaptar a essa nova realidade. Desde então, vêm perdendo força a cada ano.

Nos tempos áureos dos anos 1990 e na primeira década do novo milênio, os 83 blocos desfilavam nos seis dias de Carnaval. Se considerarmos que cada bloco tinha 3 mil foliões em média, concluiremos que eles eram responsáveis pela movimentação de, aproximadamente, 300 mil pessoas.

Já em 2018, apenas cinco blocos desfilaram no circuito Campo Grande. É um decréscimo radical e difícil de recuperar.

Na minha opinião, avalio que, infelizmente, o poder público abandonou tudo o que foi criado e construído anteriormente, no que se refere à promoção da cidade. O aeroporto de Salvador chegou a passar dois anos sem ar climatizado, por exemplo. Imagine um serviço como esse, em uma cidade em que a temperatura média é 30°C, funcionar sem ar-condicionado!

O centro de convenções, por sua vez, fechou as portas. Depois de uma reforma que consumiu 30 milhões de reais, em setembro de 2016 sua estrutura metálica se rompeu por excesso de oxidação e falta de manutenção adequada, fazendo desabar parte da fachada do prédio. Após o acidente, o laudo da perícia concluiu que a edificação teria de ser demolida, determinação que começou a ser cumprida imediatamente. Em setembro de 2018, porém, iniciaram-se as obras de construção de um novo centro de convenções – orçado em R$ 105 milhões –, cuja entrega aconteceu em janeiro de 2020, ao custo total de R$ 130 milhões.

As barracas de praia comerciais foram proibidas em 2010. O convívio que elas proporcionavam, característico da cultura e da diversão do povo baiano e dos turistas, desapareceu da noite para o dia. A criminalidade retornou com níveis alarmantes, enquanto a implantação de novos quiosques, sob regime de administração por concessionárias, avança lenta e precariamente.

Em consequência disso, o turismo se esvaiu, as bandas foram se desfazendo, e hoje o Carnaval de Salvador se resume à participação de três ou quatro artistas de fama nacional. Diante de todas essas dificuldades, que acarretam o sucateamento da cidade, o baiano vem, inclusive, perdendo progressivamente sua autoestima.

Apesar disso, os artistas baianos nunca deixaram – nem deixarão – de ser altamente criativos.

Novas bandas despontam, e uma das que mais admiro é o BaianaSystem. Adoro essa banda desde seu surgimento, em 2009. Ela teve a audácia de resgatar a guitarra baiana e misturá-la aos grooves maravilhosos da percussão baiana. Aliando a inventividade do genial Buguinha Dub a suas habilidosas programações, o BaianaSystem faz uma música com cor. A combinação de letra e melodia é perfeita. Os arranjos e timbres se entrelaçam de forma incrível. Os tambores e ritmos se encaixam de forma harmoniosa, causando uma experiência sensorial. Com seu discurso de protesto, sem fazer qualquer concessão, o BaianaSystem arrasta multidões em suas apresentações, apesar de não ter suas canções tocadas nas rádios comerciais.

Outro trabalho formidável que surgiu na Bahia nos últimos tempos é a criação musical do saxofonista Letieres Leite, que tocava na banda de Ivete Sangalo. Músico renomadíssimo, Letieres morou em oito países, tendo estudado no Conservatório de Viena, na Áustria. Em 2006, ele criou a Orkestra Rumpilezz, interpretando um repertório autoral orquestral, composto para sopros e percussão, que mistura as influências do jazz aos tambores do candomblé.

A Orkestra Rumpilezz é um divisor de águas. Se a Bahia precisava de uma renovação musical, dessa vez ela veio do conservatório.

Sob a clave do tambor rum (o mais grave dos três tambores do candomblé), Letieres cria as linhas dos trombones baixo, tuba e barítono.

Sob essa estrutura polirrítmica, inventa as melodias explorando todo o seu conhecimento harmônico e melódico. Como complemento performático de suas apresentações, Letieres veste todos os integrantes do naipe de sopro com camiseta regata ou bata branca, bermuda também branca e chinelo de dedo – ou seja, os músicos que tocam instrumentos de banda de jazz vestem-se de maneira popular e simples. Fazendo uma contraposição a essa singeleza, os percussionistas trajam *smokings* brancos! Tudo para reverenciar o que antes era desprezado. Letieres mostra ao mundo, assim, o verdadeiro astro da música baiana: seus nobres e eternos tambores. De discriminada a protagonista, a percussão ganha seu lugar. Hoje, maestros do mundo inteiro reconhecem o talento do maestro Letieres, do percussionista Gabi Guedes e da Orkestra Rumpilezz. A Orkestra já gravou ou se apresentou ao lado de Stanley Jordan, Gilberto Gil, Ed Motta, Lenine, Joshua Redman,

Arturo O'Farrill, Steve Bernstein, Toninho Horta e muitos outros. Eu fui às lágrimas quando a ouvi pela primeira vez. Liguei para Letieres e agradeci.

A situação não está fácil, mas a música não para jamais!

No 28º Prêmio da Música Brasileira, em 2017, a Orkestra conquistou três prêmios; o BaianaSystem, dois; e Ivete Sangalo, um. Portanto, mesmo com toda a crise na música baiana, para a Bahia foram concedidos seis troféus.

Precisamos dizer que, nos dias de hoje, já verificamos esforços para a remodelação e revitalização do Carnaval de Salvador. A prefeitura vem tentando reconstruí-lo por meio de um evento chamado Furdunço. Nesse evento, várias bandas e grupos se apresentam. Os estilos são variados. Alguns tocam maracatu, outros fazem salsa, outros ainda, reggae, e estreiam minitrios com guitarras baianas.

Com esse panorama complexo, nos últimos tempos os grandes artistas começaram a abandonar o Carnaval de Salvador, a fim de buscar melhor remuneração em outros mercados.

Naturalmente, o povo baiano está sentindo falta dessas atrações. Seu descontentamento é evidente, mas aos foliões não interessa saber o motivo pelo qual os grandes artistas não estão mais participando do Carnaval soteropolitano.

É possível argumentar que a fórmula de negócio, para o gerenciamento dessa festa, era imoral, pois a iniciativa privada fazia fortunas com o espaço público e ainda por cima, com a separação das cordas, impedia a participação de quem não tinha dinheiro para pagar para entrar no bloco.

Aliás, não podemos concluir nossa análise sem lembrar que, no Carnaval de Salvador, sempre tivemos um fenômeno chamado "pipoca".

Depois que o bloco passa, com seus associados brincando dentro das cordas, a multidão de não pagantes – a pipoca – segue o cortejo, divertindo-se livremente.

Nesses desfiles com cordas, o povo não ficava muito próximo de seus artistas, mas de qualquer forma, mesmo a distância, na pipoca, participava ativamente da festa. E, agora, mesmo a pipoca parece estar se extinguindo...

No atual panorama, convivemos com uma contradição bem louca: os organismos públicos gastam dinheiro público para trazer de volta o que eles próprios recentemente deixaram de incentivar.

Será que existe uma maneira de superar essa incoerência?

Na minha opinião, a curto prazo, esse é um paradoxo insolúvel. Mas não sejamos pessimistas ou apocalípticos! Sabemos que a cultura baiana sempre foi recheada de grandes gênios.

E prosseguirá sendo assim. Artistas de toda ordem continuam brotando aqui e ali. Em breve novos segmentos musicais surgirão, e os tambores voltarão a ser ouvidos.

Enquanto esse tempo não chega, temos a certeza de que tudo o que aconteceu até hoje foi expressão de uma força, de uma beleza e de um encanto difíceis até de transcrever nessas poucas linhas.

Eu não seria quem sou se não tivesse podido contar com tudo o que a Bahia me deu... sem ter tido a sorte de me formar como um percussionista de uma banda de axé, sem ter sido artista da banda Cheiro de Amor.

A Bahia me deu régua, compasso e criatividade para superar os momentos difíceis que a vida nos traz.

Por isso, acredito que não há mal que perdure, pois, no final, o bem sempre vence. Basta apenas que você acredite que não há melhor lugar para você estar do que esse em que você se encontra neste exato instante.

Seja dono de si e aproveite as oportunidades com leveza de sentimentos, equilíbrio, disciplina e boas vibrações!

Axé.

Música pernambucana

EDER "O" ROCHA

Não é só na feira de Caruaru que tem tudo o que há no mundo. O estado de Pernambuco inteiro é muito rico – matéria-prima é o que não falta. A música espelha sua história e formação, desde os tempos da Colônia até os dias de hoje, e reflete ideologias das mais diversas gerações.

Seus poetas repentistas, emboladores de coco, mestres de maracatu de baque solto; suas orquestras de frevo e sinfônica, suas bandas militares e municipais, suas big bands; seus grandes blocos carnavalescos de frevo de bloco, frevo de rua; suas tribos de caboclinhos, seus grandes cortejos dos maracatus nação (ou de baque virado) – cada um desses e de outros grupos toca durante todo o ano ou em períodos intitulados como festas. Embora muitas delas sejam profanas, todas se misturam com o lado religioso ou têm seu princípio no ritual, algumas assumindo a religião, outras utilizando o lado profano da festa para apresentar o divertimento religioso para o povo.

Os cultos e os ritos que caracterizam uma cultura e uma religião são o tronco mestre de uma civilização. Os portugueses que vieram para o Brasil trouxeram a religião católica, hoje aceita pela maioria da população. Com eles também vieram africanos negros e o candomblé. Aqui já existiam os povos indígenas, com suas crenças. Os portugueses tentaram exterminar o candomblé, misturando os negros de nações variadas e tentando convencê-los de que sua alma permaneceria na África. Com os indígenas não foi diferente; procurou-se anular uma cultura de existência milenar. A resistência de uns e a imposição de outros permitiu que Pernambuco se tornasse ponto convergente dessas três influências, que resultaram, entre outros produtos, no sincretismo religioso característico do país todo.

A música pernambucana reflete esse aspecto da espiritualidade brasileira de forma muito positiva, na sonoridade oriunda de várias casas de candomblé, dos terreiros de umbanda e das igrejas católicas.

Nas igrejas católicas, os cristãos portugueses executavam a música sacra de corais, que se mantém em grupos de música antiga. Podemos ouvir o coral da igreja do Carmo e a Camerata Cantione Antiqua. Ao contrário de grande parte da música produzida em Pernambuco, a música sacra é acadêmica, tendo sido introduzida no estado pela ordem jesuíta. Hoje, é ensinada nas universidades e nos conservatórios.

Como estratégia de dominação, os portugueses juntaram negros das mais diversas nações africanas, impedindo, além de outros fatores, a homogenia linguística e dificultando articulações entre eles. Talvez por essa razão o candomblé no Brasil seja um pouco diferente do africano. Na África, as nações cultuam apenas um orixá protetor de sua nação, enquanto no Brasil as casas de candomblé celebram vários orixás. Aqui, há um calendário anual de festas, baseado no sincretismo da religião católica com o candomblé, em que festas de orixá coincidem com festas de santo católico, como Nossa Senhora da Conceição (padroeira não oficial da cidade do Recife), que é identificada com Iemanjá e celebrada em 8 de dezembro.

A música do candomblé pode ser classificada pelas nações que existem em Pernambuco: nagô, queto e jeje. As três têm toques e cantos distintos. Há ainda nações mistas, como jeje-queto, nagô-queto e jeje-nagô.

Na nação nagô a música é executada com três tambores chamados ilu, tocados com as mãos e afinados distintamente, sendo um grave (ian), um médio (melê-oncó) e um agudo (melê). Há também um ferro (gonguê) e três abês, também conhecidos como xequerês. Os instrumentos de percussão acompanham voz solo e coro. As músicas, ou toadas, são tocadas para os orixás, e cada orixá tem sua toada com ritmo próprio.

Na nação queto existem também os três tambores. Porém, o agudo (lé) é tocado com duas baquetas finas chamadas de agdavi, o tambor médio (pi ou rumpi) é tocado com uma agdavi e com a mão, e o grave (rum) é tocado só com as mãos. Há também os três abês e o ferro; todos acompanham uma voz solo e coro. Também são cantadas toadas específicas para cada orixá, com seus respectivos ritmos.

Na nação jeje, são três os tambores, conhecidos como atabaques, tocados com a mão, juntamente com três ou mais abês, um ou mais agogôs, acompanhando voz solo e coro. Um exemplo de nação jeje é o afoxé. Situados principalmente em Recife e Olinda, os afoxés abrem as festividades do Carnaval com um canto muito forte e alegre, marcado por abês, atabaques e agogôs. Seus principais representantes são o Oxum Pandá, o Ylê de Egbá e o Alafin Oyó.

O candomblé de Pernambuco possui algumas casas famosas, como a de Pai Adão (nagô), a de Ivo (nação xambá), Raminho de Oxóssi (queto) e outras.

A umbanda é religião de origem brasileira, com influências indígenas, africanas, portuguesas e outras, cujas festas são feitas para jurema e para mestres. As músicas da umbanda são toadas cantadas para os mestres ou para as Pombajiras. Algumas casas fazem essa música com dois ilus, maracas, voz solo e coro. Outras a fazem sem os ilus, e ainda há aquelas que celebram apenas com as palmas, voz solo e coro. Há casas de umbanda traçadas com o candomblé, que tocam tanto para mestres como para orixás. Existem muitas casas de umbanda famosas em Pernambuco, como a de dona Gersina e a de dona Sebastiana.

Outra grande festa religiosa afro-brasileira é a saída dos maracatus de baque virado, fortemente atrelada ao candomblé, proveniente das festas de coroação dos reis do Congo. Existente apenas em Pernambuco, é um imenso cortejo com rei, rainha, damas de passo, calungas, catirinas, baianas e outros personagens da corte real portuguesa, representados pelos negros. Fazia parte dessa festa, até o começo do século XX, uma cerimônia de coroação de rei ou rainha que acontecia na igreja de Nossa Senhora do Rosário dos Pretos, no Recife. Dessa cerimônia de coroação restou apenas a famosa Noite dos Tambores Silenciosos, em que todos os maracatus se encontram para prestar homenagem aos seus ancestrais. A música que se ouve nessas cerimônias é de volume muito alto, feita exclusivamente para a rua, com alfaias, gonguês, abês, ganzás, caixas, taróis (todos instrumentos de percussão), coral e uma voz solista. Entre os maracatus mais tradicionais estão: Estrela Brilhante do Recife, Elefante, Leão Coroado, Estrela Brilhante de Igarassu, Porto Rico e Encanto do Pina.

Ao chegarem à América, os portugueses logo se interessaram pelas terras do atual Nordeste. Encontraram, especialmente em Pernambuco – nome de origem indígena que significa "mar furado" –, diversas tribos; fulniôs, xucurus e pancararus são algumas das que resistiram, mantendo sua música, seus ritos e festas. O ritual religioso do Toré, presente nessas tribos, e sua música cíclica utilizam apenas alguns maracás, o trupe forte no chão e os maravilhosos cantos, além de, em alguns casos, gaita (flauta). A música faz evocações aos seus deuses e espíritos, além de celebrar o poder da natureza.

Os indígenas estão presentes na umbanda, personalizados nas entidades dos caboclos, que também aparecem no maracatu de baque virado e no maracatu de baque solto.

O calendário musical em Pernambuco tem ligação direta com a religião católica e se divide em três épocas: carnavalesca (festa da carne), junina (festa dos santos) e natalina (festa do nascimento de Jesus). O Carnaval é a única festa marcadamente profana, embora manifestações de cunho religioso como o afoxé e o maracatu de baque virado tenham seu êxtase nesse período – ambos começaram a sair no Carnaval como uma fuga da repressão, perseguidos que eram por sua ligação com o candomblé. O mesmo ocorre nas outras festas: embora predominantemente religiosas, nelas o profano também aparece.

A primeira festividade do ano é o Carnaval. Os grupos cuja manifestação tem seu ápice nessa época começam os preparativos de ensaios ainda em setembro ou outubro. O Carnaval começa a tomar forma a partir da queima da lapinha, no dia 6 de janeiro. Existe a semana pré-carnavalesca, o Sábado de Zé Pereira e, finalmente, o Carnaval, que acontece exatamente três dias antes da Quaresma, de domingo a terça-feira, encerrando com a Quarta-Feira de Cinzas. Diversos grupos, tradicionais ou não, se apresentam nas ruas, em clubes, em palanques ou em coretos. Esses grupos são muitos, como a orquestra de frevo, o boi de Carnaval, o maracatu de baque solto, os ursos, os caboclinhos, o frevo de bloco e as escolas de samba.

Discriminado, o frevo era uma música feita para a classe baixa. As bandas saíam às ruas com seus instrumentos de sopro e percussão, tocando para o povo se divertir. Depois de um bom tempo, o frevo conquistou outras classes sociais e foi incorporado aos grandes bailes de Carnaval, como o Baile da Saudade e o Baile dos Artistas. A música divide-se em vários gêneros: frevo de bloco, frevo de rua e frevo-canção.

O frevo de bloco usa instrumentos de cordas como violão, violão de sete cordas, bandolim, violino; de sopro, como clarinete, trompete, saxofone e flauta; e de percussão, como pandeiro e surdo. Acompanha um grande coro que desfila pelas ruas, cantando suas lindas canções com velocidade andante, uma marcha mais lenta.

Já o frevo de rua tem sua marcha acelerada, com grandes e possantes instrumentos de sopro – sousafone ou sisafone (tuba), trombone, trompete, saxofone – e de percussão – caixa, surdo e pandeiro (alguns usam prato a dois). E o frevo-canção é o frevo de rua cantado por um solista.

As orquestras de frevo dividem-se em orquestra de rua, fanfarras que acompanham os blocos e troças carnavalescas, e orquestras dos clubes e palanques. Essas últimas não ficaram só no frevo e dobrado (marchinhas); passaram a tocar jazz, e muitas viraram verdadeiras big bands. Afora a influência norte-americana do jazz, observam-se também pitadas da música caribenha. Todas essas orquestras tiveram o seu auge na Era do Rádio, quando eram transmitidas músicas ao vivo, ao contrário da prática da maioria das radiodifusoras atuais, que regrediram em relação ao serviço prestado no passado, trabalhando mediante o pagamento de jabaculê e com música de qualidade duvidosa. As bandas, por causa da mudança de orientação das emissoras, se restringiram a tocar apenas em bailes.

Dessas bandas e orquestras, podemos citar as mais conhecidas: Banda da Cidade do Recife; Banda da Polícia Militar; bandas da Aeronáutica, do Exército e da Marinha; Orquestra do Maestro Duda; Orquestra do Maestro

Ademir Araújo; Orquestra de Guedes Peixoto, entre outras. Entre os compositores, destacam-se Levino Ferreira, Capiba, Nelson Ferreira, Duda e Ademir Araújo, entre outros.

O boi de Carnaval é uma brincadeira de rua em que o boi é a figura principal. Sua música depende da região de que provém. Os bois de origem na Zona da Mata Norte de Pernambuco, como o Boi do Cupim e o Boizinho Alinhado, são formados pelo terno (grupo) de maracatu de baque solto com os instrumentos de percussão tarol, poica (cuíca pequena), mineiro (ganzá), gonguê (agogô grande) e bombo (tambor pequeno); instrumentos de sopro como trombone e trompete; os apitos do mestre e do contramestre, que puxam os versos; e o coro das baianas, que responde às marchas e sambas de maracatu. No maracatu de baque solto, só é acrescentado o surrão dos caboclos de lanças.

Já os bois da zona urbana têm a formação bombo, ganzá, voz solo e coro – caso do Boi Teimoso.

O urso é uma brincadeira de rua na qual os personagens principais são o urso e o caçador. Este passa todo o Carnaval caçando aquele. A música é feita com instrumentos utilizados nas festas de forró: sanfona, triângulo e zabumba, pandeiro, violão e vozes como as de frevo de bloco. Um exemplo de grupo é o Urso Teimoso.

O caboclinho, outra manifestação carnavalesca, é a representação direta dos primórdios da civilização brasileira. Trata-se de uma brincadeira de origem indígena. São tribos como os tupãs, carijós e sete-flechas, que saem às ruas dançando e tocando uma música feita com gaita (flauta), caracaxás (chocalhos grandes) e um bombo. Apresentam-se três ritmos, conhecidos como toque de guerra (mais corrido), baião (andante) e perré (lento).

Pernambuco também tem tradição em escolas de samba, embora não tanto como Rio de Janeiro e São Paulo. Há Galeria do Ritmo, Gigantes do Samba, Internacionais do Ritmo e outras.

As crianças têm vez no Carnaval. Formam verdadeiras batucadas com latas e pedaços de pau, e saem tocando nas ruas, com grande humor, a face coberta por uma máscara feita de papel de pão, pedindo dinheiro nas casas de pessoas mais velhas e cantando uma única música: "A la ursa quer dinheiro, quem não der é pirangueiro". Essa brincadeira chama-se "la ursa".

No fim do Carnaval, já se anunciam as festas juninas com o "acorda povo", em que as pessoas saem na madrugada da Quarta-feira de Cinzas tocando a música do coco.

As festas juninas celebram os santos católicos, trazidos pelos portugueses e adotados pelos brasileiros. Os mais celebrados são Santo Antônio, São João e São Pedro. Os preparativos para as festas juninas começam já em abril e maio. Em junho, as cidades se enchem de "arraiás" (arraiais), com muita música própria da época.

Das danças dos salões reais, dos casamentos e das festas camponesas, surgiram as quadrilhas típicas do período junino, em que a música se parece com um galope de cavalo (marcial) e há uma dança de roda formada por vários casais – uma verdadeira caricatura dos casamentos nobres. A marchinha, como é chamada a música da quadrilha, também teve um dedo francês, com palavras como "alevantu", "anarriê" e outras. Os instrumentos, como acordeom, triângulo e zabumba, são trazidos de Portugal (com os nomes de concertina, ferrinhos e bombo). O trio de instrumentistas, por tocar em festas chamadas de forró, passou a ser chamado de trio de forró. Nos forrós são tocados vários tipos de música, como a já citada marchinha, o coco, o baião, o xote e o xaxado.

O ritmo do baião, muito antigo, é tocado pelos violeiros repentistas, nos sambas de cavalo-marinho, nos caboclinhos e em vários outros gêneros musicais. Já o baião, enquanto música, surgiu quando a batida dos dedos do violeiro nos bordões da viola foi transposta para o zabumba que acompanhava a sanfona do criador do gênero musical, o rei do baião Luiz Gonzaga.

O xote é um gênero que se originou das valsas e polcas, também trazidas pelos portugueses, sofrendo transformações no Brasil e sendo executadas pelos trios de forró nos arraiás das festas juninas.

Ainda no período junino, a cidade de Caruaru – a "capital do forró" – é palco das bandas de pífanos. Claramente influenciadas pelas bandas militares trazidas pelos portugueses, são assim chamadas por sua formação instrumental: dois pífanos, prato a dois, tarol, bombo, zabumba e voz. Além dos tipos de música citados acima, as bandinhas de pífanos também tocam valsas e marchas de procissão (músicas religiosas cristãs), acompanhando procissões e tocando os hinos da Igreja Católica nos dias de festa de santo. As bandas de pífanos mais conhecidas são a Banda de Pífanos dos Irmãos Biano e a Banda de Pífanos Dois Irmãos.

Após as festas juninas, iniciam-se as festas natalinas, com seus preparativos e ensaios a partir de setembro. Começam de fato em dezembro e terminam em 6 de janeiro (Dia de Reis), quando se queima a lapinha. É a época dos pastoris, dos reisados, do cavalo-marinho e de outras brincadeiras.

O pastoril se divide entre o religioso e o profano. A parte religiosa é de origem portuguesa. Um grupo de crianças canta valsinhas e marchinhas de frevo, dividido em dois cordões, o azul e o encarnado, ao lado de uma pequena banda de fanfarra ou de coreto. São músicas que falam do nascimento do menino Jesus. O pastoril profano é caracterizado pelas sátiras de um velho que canta músicas com palavras de duplo sentido e suas pastorinhas, mulheres que se vestem com roupas provocantes. Apesar da diferença gritante entre um e outro, a instrumentação é praticamente a mesma. Existem grandes mestres do pastoril profano, como o Velho Faceta, o Velho Xaveco, o Veio Mangaba e outros.

O reisado conta a história do nascimento de Jesus Cristo, centrada nos três reis magos. Sua música é executada com violas, rabecas, pandeiro, reco-reco e vozes.

O cavalo-marinho é uma variante do bumba meu boi, manifestação representada por meio do teatro popular de rua, um auto que conta o nascimento, a morte e a ressurreição do boi. Essa brincadeira tem origem portuguesa, porém foi adaptada pelos negros no Brasil. A música do boi é executada com voz, pandeiro, ganzá, bombo e a bexiga de boi.

Encenado durante oito horas consecutivas, virando uma noite sem parar, o cavalo-marinho traz muita música profana e poesia. Os instrumentos que fazem essa música vigorosa se entrelaçam, apresentando elementos musicais indígenas, portugueses e africanos. Há um ritmo dentro do auto que mostra claramente essa miscigenação – o baião. Os instrumentos são a rabeca, o pandeiro, a bage (reco-reco), o mineiro (ganzá) e a bexiga de boi. Entre os cavalos-marinhos, há os de mestre Batista, mestre Inácio, mestre Biu Alexandre, mestre Grimário, mestre Salustiano e outros; no bumba meu boi, temos o inesquecível capitão Antônio Pereira.

Os diversos elementos que formaram a música pernambucana não se esgotam aí. Vieram também, com os europeus, as bandas militares, que moldaram o frevo e as bandinhas de pífanos. Obviamente, no princípio esses conjuntos eram mais rústicos, e, com o decorrer dos anos, foram se aperfeiçoando, sempre com a função de tocar os dobrados. Surgiram as bandas municipais, cujos concertos eram realizados no coreto das praças. Esses grupos começaram a ganhar as ruas, as fanfarras, e tocavam, além dos dobrados, músicas diversas: maxixe, valsas, polcas e outros ritmos.

É importante citar também a influência dos mouros, que legaram sua herança aos nossos ancestrais portugueses; afinal, Portugal e Espanha estiveram, durante mais de oito séculos, em mãos árabes.

O aboiador, pessoa que conduz o gado nos grandes acampados, utiliza a música para cumprir o seu trabalho. O aboio é de origem mourisca e pode ser executado por um cantador ou em dupla, sem acompanhamento, com versos improvisados nos modos litúrgicos.

Também há mão dos mouros na presença do repente, em Pernambuco como no resto do país. Os repentistas, com suas violas, cantam grandes versos. A princípio, as violas eram de doze ou dez cordas; atualmente, são de sete. Os cantadores geralmente aparecem em duplas. Ocorrem os desafios, ou seja, os repentistas competem pelo melhor improviso, seguindo apenas regras de combinação de rimas, como, por exemplo, uma quadra que atualmente tem sido muito usada em qualquer tipo de música:

> Hoje peguei a flor de Mar*ia*
> Linda como uma noite de lu*ar*
> Matutei até amanhecer o d*ia*
> Bebendo a doce brisa do m*ar*

Algumas dessas obras estão registradas como literatura de cordel, e outras como fonogramas – no formato de fita cassete, *long-play* (LP) e em *compact-disc* (CD) –, em nome de grandes cantadores, como Lourival Batista, Oliveira de Panelas, Mocinha de Passira e outros.

Consequência da mistura dos índios, portugueses e negros africanos, podem-se escutar mães, avós, mães de leite cantando para seus filhos e netos uma canção de origem africana ("Samba Lelê 'tá doente...") ou indígena ("Onça-pintada, quem foi que te pintou?..."), ou ainda portuguesa ("Atirei o pau no gato-tô..."). Em Pernambuco, existe um tipo de música que é demonstração clara dessa salada: o coco.

O coco, como música de trabalho, possui uma ligação direta com os negros, que um dia foram escravos. Porém, a música do coco também abrange a poesia herdada dos mouros, além de revelar o elo com os índios escravos. Hoje temos o coco de ganzá, que remete aos maracás indígenas, com melodias muito semelhantes às do período medieval europeu: com apenas o ganzá e uma voz solo ou duo, uma ou duas pessoas passam horas cantando improvisos. No coco de embolada, há a presença de pandeiros. Os cantadores improvisam em dupla sobre temas que falam de tudo e de todos; essa formação do coco caracteriza claramente a influência dos mouros. No coco de bombo, prevalece a influência dos negros africanos; seu nome deriva do uso do bombo.

A música do coco não tem uma formação instrumental padrão; assim, podemos encontrar grupos de coco tocando instrumentos como ganzá, pandeiro, bombo, zabumba, atabaques e caixa, tocados em solo ou em grupos com diversas combinações. O que une todas essas variações é o trupe da dança. Alguns cantadores e grupos de coco: Pinto, Beija-Flor, Treme-Terra, Bem-Te-Vi (coco de embolada), Zé Neguinho, Duda, Selma, Aurinha, Coco Raízes de Arcoverde (coco de roda).

Algumas brincadeiras acontecem em qualquer período do ano, independentemente do calendário de festas, bastando que haja um motivo para comemorar – como ocorre com o coco e com o pastoril profano. Há outras manifestações que não estão condicionadas a nenhuma data desse calendário, mas ao mesmo tempo se encaixam em qualquer uma delas. Esse é o caso da ciranda, do samba de roda, da capoeira e do maculelê.

Há dois tipos de ciranda: a da Zona da Mata e a praieira. As duas são brincadeiras ou danças de roda, por isso o nome de ciranda. É também herança dos camponeses portugueses que habitavam os engenhos de cana-de-açúcar da zona rural de Pernambuco. As cirandas da Zona da Mata Norte de Pernambuco se distinguem da ciranda praieira pelos tipos de instrumentos musicais e pelo ritmo da percussão, embora, quanto ao ritmo, essa diferença se torne quase imperceptível.

Na ciranda da Zona da Mata, os instrumentos são quase os mesmos utilizados no maracatu de baque solto (tarol, mineiro e bombo como percussão; e clarinete, trompete ou saxofone como sopro), com vozes solo e coro.

Na ciranda praieira ou do litoral, os instrumentos são mais próximos do coco de roda: as vozes solo e o coro são acompanhados por bombo ou surdo, ganzá e caixa, como percussão; os sopros podem ser trompete, saxofone ou clarineta.

Com certeza, os portugueses não esperavam por tanta resistência negro-africana em manter a sua cultura, e tampouco imaginavam o legado cultural que nos deixariam. Os negros conseguiram superar imensas dificuldades no decorrer dos tempos, cantando, enquanto trabalhavam carregando pianos, seus lamentos de senzalas e os lunduns de suas festas casamenteiras. Prova disso é o samba de roda, música que traduz a alegria dos negros africanos. Da mistura das nações africanas no Brasil surgiu uma música afro-brasileira tocada com os mesmos instrumentos utilizados no candomblé – os atabaques –, voz e muitas palmas. Porém, o samba de roda, por ser uma música de festa, com o tempo foi agregando instrumentos como pandeiro, ganzá, cavaquinho, violão etc.

A música da capoeira é também herança dos africanos. É feita para uma dança que não deixa de ser uma luta. Os instrumentos que fazem essa música são os atabaques, o pandeiro e o berimbau, que acompanham as vozes em coro. A capoeira e, consequentemente, sua música podem ser divididas na tradicional, angola, e na mais recente, regional. Existem vários toques (ritmos) e ladainhas (cantos): toque angola, são bento grande, são bento pequeno, cavalaria, samba de roda etc. Assim como no resto do Brasil, a capoeira é muito forte em Pernambuco.

No maculelê, luta de origem africana como a capoeira, faz-se uso de facões. Empregados para cortar a cana-de-açúcar, esses utensílios são integrados à dança. Na música, são utilizados atabaques e voz solo, com coro.

Fugindo um pouco da vertente tradicional popular, temos a música erudita pernambucana. Como tantos outros tipos de música de que tratamos, esta aportou no Brasil com os portugueses. Assim, as composições renascentistas, barrocas e clássicas também tiveram seu espaço em Pernambuco. O violino, trazido pelos jesuítas em suas cruzadas, foi um dos instrumentos utilizados para reeducar os índios, ministrando-lhes os ensinamentos cristãos.

Porém, esse instrumento pôde ser adaptado para a linguagem musical, não só pernambucana como, de maneira mais abrangente, brasileira, na forma da rabeca – "a tia do violino", como diz Siba, do grupo Mestre Ambrósio. A rabeca, de influência andaluza, faz muita música nas festas da Zona da Mata Norte de Pernambuco, nos forrós de chão batido. Da mesma maneira que no Agreste e no Alto Sertão há o forró com oito baixos (pé-de-bode) ou sanfona, na Zona da Mata Norte há o forró com rabeca. Esse instrumento tem grande função não só nos forrós, mas também nos já comentados cavalo-marinho e reisado pernambucanos.

A música erudita nunca deixou de ser cultivada em Pernambuco, desde que chegou com os portugueses.

A cidade do Recife abriga a mais antiga orquestra sinfônica do Brasil, fundada pela Sociedade de Concertos Populares (SCP). Essa sociedade era constituída por músicos e compositores que atuavam na época do cinema mudo. Com a chegada do cinema falado, formou-se a SCP, que depois se tornou Orquestra Sinfônica da Sociedade de Concertos Populares. A liderança era do maestro Vicente Fittipaldi. Na história da música erudita pernambucana, também se destaca o surgimento do primeiro doutor em trompete do Brasil, o músico pernambucano Naílson Simões.

Tornando erudita a música popular e reforçando a história da música de Pernambuco, surgiu o movimento armorial, encabeçado por Ariano Suassuna, então secretário de Cultura do estado. Desse movimento brotaram grupos como a Orquestra Armorial, com o maestro Cussy de Almeida, o Quinteto Armorial e o Trio Romançal. Mais tarde, apareceram novos discípulos desse movimento: Antúlio Madureira, Antônio Madureira, Antônio Carlos Nóbrega, grupo SaGRAMA e outros.

Paralelamente ao movimento armorial, nascem o Quinteto Violado, a Banda de Pau e Corda e outros grupos que pesquisavam a música tradicional. Os armoriais usavam instrumentos eruditos e os outros, instrumentos mais populares, que não se encaixavam exatamente entre os de linhagem clássica.

Após a ditadura militar, houve ações que pouco reconhecimento obtiveram por parte do povo e dos meios de comunicação, mas que foram muito válidas para o ensino acadêmico musical de pessoas de baixa renda. Criado a partir de ideias comunistas de Geraldo Menucci, ex-preso político, o Projeto Espiral formou músicos de linguagem erudita e popular. A Orquestra Sinfônica de Olinda, o Centro Profissionalizante de Criatividade Musical de Recife e o Centro de Criatividade Musical Profissionalizante de Olinda são concretizações desse projeto.

A música estrangeira, para além da portuguesa/europeia, teve também fundamental importância no produto musical pernambucano que conhecemos hoje. O jazz ajudou a moldar o frevo, por exemplo. Na "terra do frevo e do maracatu", a introdução de escolas de música como o Conservatório Pernambucano e a Universidade Federal de Pernambuco contribuiu para a disseminação da música erudita e do jazz. O rádio, que possuía uma linguagem bastante brasileira, com as orquestras tocando marchinhas de Carnaval e maxixe, começou a transmitir músicas estrangeiras; a princípio, música caribenha e latino-americana, vinda de Colômbia, Venezuela, Paraguai, Uruguai, Argentina, México e de outros países abaixo da linha do Equador; mais tarde, música cantada em inglês.

As rádios tiveram participação fundamental na história da música pernambucana; uma das que se destacam, nesse aspecto, é a Rádio Jornal do Comércio.

O rádio, a TV, o jornal impresso e o advento de outras tecnologias exerceram um papel crucial na formação e na carreira dos artistas. As rádios, *a priori*, foram as que mais auxiliaram no crescimento da música orquestral, na medida em que mantinham orquestras exclusivas em seu quadro de funcionários. Com o surgimento da televisão, as radiodifusoras começaram a buscar outros caminhos, prejudicando as orquestras, que tiveram que investir mais nos bailes.

Com o advento da indústria fonográfica, as orquestras, conjuntos e cantores passaram a registrar suas músicas, de modo que o público podia acompanhar sua produção sem mais depender das radiodifusoras. Mesmo assim, o rádio, de certa forma, incentivou jovens a partir para a carreira artística musical. Reginaldo Rossi, o rei da jovem guarda pernambucana e, posteriormente, o rei do romantismo pernambucano, é um desses casos.

Os artistas pernambucanos se desdobravam em esforços para alcançar o sucesso; tocavam em qualquer orquestra, fosse qual fosse seu estilo, fazendo os famosos bailes. Quando não havia outra solução, migravam para o Sudeste, e no Rio de Janeiro ou em São Paulo tentavam uma carreira mais digna. Um dos primeiros grandes músicos pernambucanos a fazer essa migração foi Luiz Gonzaga. Depois dele, os artistas passaram a deixar o estado com mais constância, não só indo para o Sudeste como também para o exterior – fazendo sucesso lá fora para poderem ser reconhecidos em Pernambuco. Nesse sentido, lembremos Naná Vasconcelos, que foi considerado por cinco vezes consecutivas o melhor percussionista do mundo. Naná passou 25 anos longe, até retornar à sua terra de origem. E não só ele: Alceu Valença, Paulo Rafael, Geraldo Azevedo, Lenine, Lula Queiroga e muitos outros também migraram para fora do estado.

Na década de 1960, as emissoras de rádio e TV já transmitiam canções e imagens de artistas estrangeiros, como os Beatles e Elvis Presley. Começava a influência maior da música inglesa e norte-americana, que fez pipocarem muitos grupos tocando esse tipo de música, ou a ele semelhante, na década seguinte. Foi o caso, por exemplo, de Robertinho do Recife, Paulo Rafael, Alceu Valença, Ave Sangria e Lula Côrtes.

Alguns desses artistas chegaram a gravar por um selo pernambucano chamado Mocambo, da gravadora Rozenblit, que foi a principal responsável pelo intercâmbio entre os artistas, empresários e produtores pernambucanos e os do Rio de Janeiro e São Paulo. A Rozenblit também foi responsável por ampliar o comércio fonográfico, proporcionando aos pernambucanos que escutassem outro tipo de música, como a de Bienvenido Granda com o conjunto La Sonora Matancera. O frevo igualmente passou pela Rozenblit, e foi com ela que as sombrinhas puderam concorrer com o mercado internacional, consagrando grandes compositores, como Capiba e Nelson Ferreira.

Por intermédio dos artistas que migraram para o Sudeste carregando sua bandeira, Pernambuco pôde crescer ainda mais no conceito da música mundial. Teve, sim, o seu posterior declínio, decorrente da massificação da música norte-americana nas rádios nacionais – mas não morreu. Nesse momento surgiram muitos grupos de rock de todos os estilos, como o já citado Ave Sangria, além de Cães Mortos, Creme Mágyco, Arame Farpado, Cristal, Cromo e tantos outros que fizeram a cena rock pernambucana.

Paralelamente a esses grupos, nasceram outros, tocando funk, soul, reggae e a famosa MPB, em que se destacou Alceu Valença. A MPB se manteve com bons músicos, como Valdir Afonjá, Fábio Lima, Jorge de Altinho, Nando Cordel, Walter dos Afogados e outros. Desses, os que conseguiam migrar para o Sudeste sofriam, mas gozavam do prazer de ter pelo menos um disco gravado, mesmo não fazendo sucesso. Os que ficaram em Pernambuco, no Recife, puderam testemunhar toda a decadência do mercado fonográfico, que culminou com a falência da gravadora Rozenblit, afogada em dívidas causadas pelas enchentes na cidade do Recife.

Talvez por tanto sofrer, os músicos se alimentaram da própria desgraça e transformaram tudo em música e poesia, criando belas canções que concorriam e se destacavam nos principais festivais do país, como fizeram Bubuska Valença, Amelinha, Teca Calazans, Cátia de França e outros que, se não chegaram a participar de festivais, foram igualmente muito importantes para Pernambuco no seu momento de crise: Zé Rocha, Geraldo Maia, Silvério Pessoa e outros.

Com a volta da música brasileira às rádios, ainda tímida e sem muita qualidade poética, impulsionada pela percussão brasileira, cresce o movimento do samba-reggae originário da Bahia. Aparecem novos grupos com esse estilo, como o grupo Lamento Negro, um dos precursores do movimento manguebeat. Daí em diante, os artistas começaram a se conscientizar de que não havia outro caminho a não ser o da música brasileira, e por que não, o da música pernambucana, a música tradicional que sempre existiu, superando toda e qualquer crise.

Alguns grupos começaram a se formar, com a intenção de fazer uma música pernambucana com base na música tradicional; outros adotaram um discurso mais político, focado nas condições ambientais, sociais e educacionais precárias de uma cidade dita a quarta pior do mundo. Fred Zero Quatro, Chico Science e Renato L. elaboraram um manifesto, dando início ao movimento mangue, que colaborou com diversos artistas de várias categorias na criação e transformação de toda miséria, caos e hipocrisia em arte.

Na música, duas bandas encabeçaram o movimento: Mundo Livre S/A e Chico Science & Nação Zumbi. Depois vieram muitas outras, e continuam nascendo novos grupos – Jorge Cabeleira, Faces do Subúrbio, Eddie. Outras bandas sugiram junto com o movimento, mas não ligadas diretamente a ele, caso de Mestre Ambrósio, Alma em Água, AngaAtāNàMú, Cascabulho.

O interessante desse movimento é que tudo e todos os que são pernambucanos fazem parte dele, gostando ou não, porque o movimento prega o equilíbrio por meio da arte, baseado na teoria do caos e na filosofia da vida nos manguezais. Mostra que Pernambuco nasce a cada momento e que "o que era velho no norte se torna novo no sul"[1].

A variedade musical em Pernambuco é fora do comum. Além da música tradicional, há grupos de música erudita, MPB, funk, rap, hardcore, rock progressivo, jazz – grupos que conseguem uma linguagem própria utilizando vários elementos musicais, diversos estilos, mas sempre com o sotaque pernambucano.

A música de Pernambuco é muito eclética, tendo a força da conquista de um povo e a alegria soberana das festas ricas de conhecimento do passado, do presente e do futuro. Tem a alma aberta para aceitar qualquer influência sem deixar de ser música pernambucana, forte e ampla. Possui em seus vários aspectos referências que remetem à história de uma formação cultural.

---

[1] Mundo Livre S/A, "Destruindo a camada de ozônio", *Guentando a ôia*, Excelente Discos, Polygram, 1996.

Manguebeat

JUNIO BARRETO

A lama dos mangues do Recife, fervilhando de caranguejos e povoada de seres humanos feitos de carne de caranguejo, pensando e sentindo como caranguejos. Seres anfíbios – habitantes da terra e da água, meio homens e meio bichos. Alimentados na infância com caldo de caranguejo: este leite de lama. Seres humanos que se faziam assim irmãos de leite dos caranguejos, que aprendiam a engatinhar e a andar com os caranguejos da lama e que depois de terem bebido na infância este leite de lama, de se terem enlambuzado com caldo grosso da lama dos mangues, de se terem impregnado do seu cheiro de terra podre e de maresia, nunca mais se podiam libertar desta crosta de lama que os tornava tão parecidos com os caranguejos, seus irmãos.

Josué de Castro

Recife dos rios, das pontes, do mar; cidade aquática das ilhas e dos mangues, da poesia primitiva dos negros e mestiços fazendo xangô e cantando samba; das antigas igrejas, palácios, sobrados, das casas-grandes e mocambos; do frevo e do maracatu; cidade antiga, nova, portuguesa, holandesa, afro-brasileira, da diversidade de várias expressões culturais: Veneza americana de muitas cores, sons e cheiros.

A planície onde Recife foi fundada era um imenso manguezal, cortado por seis rios. Com o crescimento da cidade, os mangues passaram a ser desordenadamente aterrados, causando enorme impacto em todo o seu ecossistema, o que afetou diretamente a população mais pobre, que tem com o mangue uma relação estreita – é ele sua principal fonte de alimentação. O primeiro e um dos mais importantes estudiosos dessa relação de dependência foi o médico humanista Josué de Castro (1908-73). Josué escreveu trinta livros, entre os quais *Geografia da fome*, *O livro negro da fome* e *Homens e caranguejos*, traduzidos para 25 línguas. Embaixador na ONU, indicado ao Prêmio Nobel da Paz, ocupou as tribunas do mundo para denunciar a fome – até então compreendida como uma catástrofe natural – como criação do homem. Falou da fome como a maior doença da civilização; nomeou e mapeou a subnutrição, devolvendo à sociedade a responsabilidade pelo silencioso massacre.

Muito pouca gente entendeu quando Chico Science cantou a fome de Josué e o paralelo entre a riqueza do mangue e a diversidade cultural do povo que dele vive. Chico Science, Jorge Du Peixe, Fred Zero Quatro, Mabuse, Xico Sá e outras pessoas não menos importantes haviam detectado o lamentável estado em que se encontravam as veias e artérias do Recife. Decidiram então livrar-se do pobre tradicionalismo canavieiro e escravocrata que enchia de preconceitos a cidade e que imperava, cobrindo de energia negativa o ambiente fértil do mangue, infartando sua diversidade.

Nessa época chegou ao conhecimento de um grupo de amigos, entre os quais se encontravam os músicos Francisco de Assis França (Chico Science) e Fred Montenegro (Fred Zero Quatro), uma pesquisa de um instituto de estudos populacionais de Washington que classificava o Recife como a quarta pior cidade do mundo para se viver no ano de 1991. Nesse mesmo ano, segundo os levantamentos mensais do Departamento Intersindical de Estatística e Estudos Socioeconômicos (Dieese), o Recife tinha conseguido manter a impressionante e isolada posição de campeã nacional do desemprego por nada menos que dez anos seguidos; de acordo com o Censo 2000, metade da população da cidade – 1,3 milhões de pessoas – vivia em favelas e mocambos. Era muito para a alma de uma comunidade com mais de 450 anos de história. Algo precisava urgentemente ser feito!

Sobre isso, Fred Zero Quatro deu o seguinte depoimento:

> Imaginem o efeito devastador que uma situação como essa pode provocar na alma de uma comunidade com mais de 400 anos de história e que só neste século havia gerado nomes da dimensão de Manuel Bandeira, Gilberto Freyre, Josué de Castro e João Cabral de Melo Neto. Para nós, que mal havíamos saído da adolescência, só restavam duas saídas: tentar uma bolsa na Europa ou ganhar as ruas[1].

Chico Science relata, numa entrevista de 1996, que

> o mangue foi um modo de escapar de todo o marasmo existente em Recife. Foi um jeito de dar uma partida para uma coisa nova, uma nova atitude, e fundar com os amigos um tipo de movimento por meio da diversão. [...] As pessoas que moram em Recife estavam sentindo uma necessidade muito grande de renovar

---

[1] Fred Zero Quatro e Renato L., "Manifesto Mangue 2: quanto vale uma vida", *Manguenius: Revista de Música Pernambucana*, Recife: 1999. Disponível em: <www.terra.com.br/manguenius/ctudo-manifesto-2.html>. Acesso em: 15 abr. 2019.

a cultura da cidade. Quando surgiu o manguebeat, elas abraçaram a nossa causa. A gente ganhou amigos. Os produtores de vídeo e o pessoal da fotografia, das artes plásticas e do teatro foram aceitando a ideia, trabalhando conosco. Isso [...] permitiu que o movimento estourasse fora da cidade[2].

O manguebeat veio do lamento sonoro da planície aluvial, das ilhas, penínsulas, morros e manguezais, da praia, da ciranda de Lia, dos maracatus de Salu, do coco de Selma, veio da mistura universal dos sons do Carnaval, dos tambores do Daruê Malungo, no centro luminoso de Chão de Estrelas, Recife, Peixinhos, Olinda, Candeias, do caos, das guitarras do punk, da arte eletrônica, de black music americana, das ruas, das cidades, do sangue, da lama que pulsa, que corre e oxigena os sonhos.

José Teles, no seu livro *Do frevo ao manguebeat*, relata:

O "movimento" manguebeat reuniu pessoas de três estratos sociais que nunca antes se haviam mesclado no Recife: jovens universitários de classe média (Fred Zero Quatro, Mabuse, Renato L, Xico Sá, Carlos Freitas, Lúcio Maia), a classe média baixa da periferia (Chico Science, Dengue, Jorge Du Peixe, Gilmar Bola 8) e a turma dos mocambos, das bocadas, os tais excluídos (o pessoal do Chão de Estrela, do Daruê Malungo, do Lamento Negro). Essa democracia socioeconômica foi uma das características mais originais do manguebeat. A parabólica enfiada na lama é o símbolo perfeito do que propunha o movimento[3].

No final da década de 1980, um apartamento localizado no bairro das Graças, de Recife, onde morava Goretti França (irmã de Chico), serviu durante certo tempo como ponto de encontro, troca de informações e descontração diária para muitos dos futuros *mangueboys* e *manguegirls* que habitavam a cidade, de acordo com Xico Sá e Renato L:

Funcionava como uma espécie de quartel-general para vários dos futuros mangueboys que trabalhavam ou vagabundeavam pela cidade. Era ali que se dava um tempo antes de ir pra casa ou sair pra uma balada. Por meio de amigos comuns, Chico conheceu Fred Zero Quatro, do Mundo Livre S/A, e mais um monte de gente de procedência diversa e com gostos distintos. Formava-se um tipo de ambiente que se imagina aparecer em quase todos os movimentos musicais antes de sua explosão para a mídia. Uma incubadora cultural ou algo assim.

---

2   Adriana Ferreira, "Aos mangue girls e boys", *Folha de S.Paulo*, São Paulo: 10 fev. 1997, *Folhateen*. Entrevista com Chico Science. Disponível em: <www1.folha.uol.com.br/fsp/folhatee/fm100205.htm>. Acesso em: 15 abr. 2019.
3   José Teles, *Do frevo ao manguebeat*, São Paulo: Editora 34, 2012, pp. 10-1.

Foi nessa casa que o mangue começou a ser construído, tanto em termos conceituais como na própria música: ouviam-se ao mesmo tempo Captain Beefheart e Public Enemy, Fellini e 808 State, Jorge Ben Jor e Specials. Artistas plásticos, cineastas frustrados, desempregados, jornalistas e funcionários públicos conviviam lado a lado. Boa parte do som da Nação Zumbi vem daí, desses discos misturados e escutados com atenção entre um baseado e uma cerveja.[4]

Segundo José Teles, "os mangueboys foram movidos por uma curiosidade natural. Queriam aprender com rabequeiros, coquistas, cirandeiros o que não lhes foi ensinado nas escolas nem entrava nas programações pasteurizadas das FMs"[5].

Chico Sciense foi quem batizou o som que eles estavam fazendo de "mangue"; depois, o "beat" veio de Fred Zero Quatro.

Como conta Renato L em entrevista ao portal *Manguenius*:

Estávamos reunidos no bar Cantinho das Graças, quando Chico chegou dizendo: "Fiz uma jam session com o Lamento Negro, aquele grupo de samba-reggae, peguei um ritmo de hip-hop e joguei no tambor de maracatu... Vou chamar essa mistura de mangue". Aí todo mundo sugeriu: "Não, cara! Não vamos chamar de mangue só uma batida ou limitar ao som de uma banda. Empresta esse rótulo pra todo mundo, porque todos estão a fim de fazer alguma coisa..." Então foram surgindo ideias de todos os lados. Foi realmente uma viagem coletiva. [...]

No começo, chamávamos a história apenas de mangue, não tinha essa de bit ou beat. Depois, Fred Zero Quatro fez a música "Mangue bit" [do disco *Samba esquema noise*] e parte da imprensa começou a se referir ao lance com o acréscimo do bit, e daí também era fácil confundir com o beat, de batida. E a coisa fugiu ao nosso controle. Jamais a gente queria chamar aquilo de movimento, achávamos o termo muito pretensioso. Ainda hoje há uma grande preocupação minha e dos outros (Fred, a galera do Nação Zumbi etc.) de preservar, dentro desse rótulo, o sentido da diversidade. Mostrar que se você identificar o mangue como a *vibe* [vibração, sentimento] do Recife, dentro desse sentido cabe o hardcore dos Devotos: ele é tão legitimamente pernambucano quanto o coco, acredito. [...]

Desde o começo, naquela mesa de bar, a gente se preocupou em definir o mangue como um ecossistema cultural tão rico, tão diversificado quanto os manguezais. Mangue não é fusão de coisas eletrônicas com ritmos locais, por exemplo. O Mundo Livre, que é a banda parceira do Nação Zumbi nessa história, quase não trabalha com sons regionais; a parada deles é música pop com

---

4 Xico Sá e Renato L., "O Brasil de Chico", *Trip*, São Paulo: fev. 2001, nº 86.
5 José Teles, *Do frevo ao manguebeat, op. cit.*, p. 276.

samba. Hoje em dia, acho que não é mais mangue o chapéu de palha e os óculos escuros, a batida do maracatu com uma guitarra pesada à Lúcio Maia – aliás, isso nunca foi. O som da Nação sempre foi muito rico, não se resumindo a esse clichê. Mangue, hoje em dia, continua sendo a diversidade, o senso de cooperação entre as bandas que vem se espalhando por outras áreas[6].

Do caos à lama

Chico Science tinha uma banda, a Loustal, com os amigos Lúcio Maia, Dengue e Vinicius Sette. A base do grupo era o rock dos anos 1960, incorporando elementos da soul music americana, do funk e do hip-hop. Nessa época, no início de 1991, Chico trabalhava com Gilmar Bola 8 (um dos fudadores da Nação Zumbi) na Emprel (empresa de processamento de dados da prefeitura de Recife). Certo dia Gilmar contou-lhe sobre Lamento Negro, um grupo do qual fazia parte e que tocava um misto de maracatu, afoxé e samba-reggae. Formado no Centro de Educação e Cultura Daruê Malungo, grupo que atua nas comunidades de Chão de Estrelas, bairro da periferia de Recife, e Peixinhos (Olinda), utilizando a cultura afro como instrumento de educação e emancipação de crianças e adolescentes (escola de dança, música, teatro...), liderado pelo mestre Meia-Noite. Chico Science aceitou o convite do amigo e foi. Viu ali no contexto do Daruê Malungo e no som do Lamento Negro o que seria a base para a batida perfeita.

Gilmar foi mágico ao chamar Chico. Há ocasiões que são únicas na vida, em que os deuses conspiram para que algo dê certo – e aquela, sem sombra de dúvida, tinha sido uma. Chico Science saiu da apresentação maravilhado, certo de que havia encontrado a batida perfeita, o som dos seus sonhos.

Muitos dos percussionistas do manguebeat vieram do Lamento Negro. Gilmar Bola Oito, Toca Ogam, Gira, Canhoto e Marcos Axé, Pácua, Maureliano, enfim, uma verdadeira fábrica de bons músicos.

O som que Chico procurava estava na batida do Lamento Negro; por isso, integrou-se ao grupo. Ele se dividia entre o Lamento e a Loustal, banda em que também tocavam Lúcio Maia, Jorge Du Peixe e Dengue.

Da união de Loustal, banda de rock pós-punk, com o bloco de samba-reggae Lamento Negro, Chico cria a Nação Zumbi, uma das mais influentes bandas brasileiras de todos os tempos.

Francisco de Assis França nasceu no Recife em 13 de março de 1966, caçula de quatro irmãos, filho de dona Rita de Assis e de seu Francisco, bravo líder comunitário, ex-vereador de Olinda e enfermeiro de profissão.

---

[6] Renato L., "'Mangue não é fusão'", *Manguenius: Música, Cultura e Diversão*, Recife: 1999. Entrevista. Disponível em: <www.terra.com.br/manguenius/artigos/ctudo-entrevista-renatol.htm>. Acesso em: 18 abr. 2019.

Na segunda metade dos anos 1970, seus pais foram morar nos arredores de Rio Doce, um bairro periférico de Olinda, construído, como quase tudo na Região Metropolitana do Recife, à beira dos manguezais. É dessa adolescência passada no meio da fauna e da flora dos mangues que vem o imaginário de boa parte de suas futuras letras. É daqui também que vêm os primeiros tambores do maracatu, do coco e da ciranda, escutados em plena rua durante os carnavais e São João.

Na infância, Chico escutou a música da rua, a melodia dos vendedores ambulantes. Nas festas populares dançou ciranda, e entreviu os maracatus no Carnaval. Em entrevista a Luís Cláudio Garrido, do jornal *A Tarde*, de Salvador, em 1994, Science fala desse tempo:

> Quando eu era bem mais novo, lá pelos 12 anos, dançava ciranda. A ciranda veio do interior, da Zona da Mata para o litoral. Meus pais tinham uma ciranda. [...] Já dancei ciranda na praia, no bairro, e vi os maracatus também. Assisti na minha infância aos maracatus fazendo o "acorda-povo", que acontece na época do São João, sempre lá pela meia-noite. As pessoas saem cantando: "Acorda, povo/ Acorda, povo/ Que o galo cantou/ São João te acordou". Então eu vi todas essas coisas que nos ensinaram como folclore, como uma manifestação já passada, mas [...] não é bem dessa maneira que você tem que ver. Existem ritmos ali que [...] você pode aprender a tocar porque são da sua terra; é algo do Brasil, uma coisa que você entende – é a tua língua. Nesse tempo a gente consumia a música estrangeira também, nos bailes da periferia[7].

Os discos só chegaram anos depois, junto com sua paixão pela black music americana. Em meados da década de 1980, o hip-hop associa-se ao funk na restrita galeria dos seus cultos musicais. Com seu amigo Jorge Du Peixe (que era doido por aquários e peixes, daí o codinome), como ele adepto da cultura hip-hop, participou da primeira "nação", o coletivo Hip Hop, grupo pioneiro no gênero, em Pernambuco. Nele exercitavam a arte do grafite, do contorcionismo em forma de breakdance e da poesia cantada com rimas fortes. Curtiam Afrika Bambaataa, negro do Bronx que misturou o funk de James Brown com a eletrônica do Kraftwerk no mesmo groove – tornando-se assim um dos responsáveis, no início dos anos 1980, por forjar um som que viria a ser chamado depois de hip-hop.

No final dos anos 1980, Chico foi à rádio Universitária de Recife, onde Fred Zero Quatro fazia o programa *Décadas*. Havia ido para falar dos seus projetos, da sua banda, dos amigos (em especial Jorge Du Peixe, que na época trabalhava na companhia aérea Vasp) e do futuro. Nesse dia, conheceu

---

7   Idem, "Arqueologia do mangue", *Manguetronic*, 1998.

Mabuse. Segundo Cynthia Campos, "a importância desse programa reside na existência de um espaço potencial para a execução de músicas não absorvidas pelas rádios comerciais e pela indústria fonográfica. Sobretudo porque Recife se encontrava estagnada"[8].

Tempos depois, Chico engrena um novo projeto, dessa vez com Mabuse e Jorge Du Peixe: a banda Bom Tom Rádio. A banda foi um verdadeiro laboratório para experiências sonoras refinadas, depois, pela Nação Zumbi. Os embriões de músicas como "Maracatu de tiro certeiro", "O encontro de Isaac Asimov com Santos Dumont no céu" e "A cidade" foram feitos nesse tempo.

H. D. Mabuse afirma que foi em um ensaio para um show da Bom Tom Rádio que Chico falou pela primeira vez sobre o seu projeto: um ritmo criado junto com o pessoal do Lamento Negro[9].

Na época com 24 anos, Chico ainda não era Science; o pessoal o tratava ou por seu nome verdadeiro, Francisco França, ou por Chico Vulgo. Chico, que era dono de um parque de diversão na cabeça, só virou Science depois de começada sua alquimia sonora. "Um amigo meu, Renato Lins, me chamou de Science porque eu sempre gostei de mexer com a alquimia dos sons. Me acostumei e é legal, porque fica mais universal", disse Chico em entrevista a Luís Antônio Giron[10].

Enquanto isso, na "Ilha Grande" (apelido dado por Fred Zero Quatro ao bairro de Candeias, em Jaboatão dos Guararapes, na Região Metropolitana do Recife), Fred Zero Quatro, um dos personagens-chave do que viria a ser chamado de Movimento Mangue, cria em 1984 com seu irmão Fábio Montenegro e os amigos Neguinho e Avron a banda Mundo Livre S/A. "Mundo livre" é uma expressão da Guerra Fria, utilizada pelos políticos e pela mídia ocidental em oposição à "cortina de ferro", o bloco formado pelos antigos países socialistas.

Fred Rodrigues Montenegro nasceu em 11 de julho de 1965, na cidade de Jaboatão dos Guararapes, município integrante da Região Metropolitana do Grande Recife. Filho de família de classe média, estudou durante a infância e a adolescência em colégio militar. Foi também na adolescência que descobriu a música e sua grande influência: Jorge Ben (desde as primeiras audições, Fred ficou fascinado com seu som, que misturava samba, rhythm and blues, baião e funk numa alquimia muito original). Ingressou no curso de comunicação social (jornalismo) da Universidade Federal de Pernambuco (UFPE), na mesma época em que começava a se interessar

---

8 Cynthia Campos, *Manguebeat*, Pesquisa Escolar Online, Fundação Joaquim Nabuco, Recife.
9 *Ibidem*.
10 Luís Antônio Giron, "Chico Science 'envenena' o maracatu", *Folha de S.Paulo*, São Paulo: 31 mar. 1994, *Ilustrada*. Disponível em: <www1.folha.uol.com.br/fsp/1994/3/31/ilustrada/10.html>. Acesso em: 18 abr. 2019.

pelo punk, movimento surgido na Inglaterra na década de 1970, conforme relata o amigo e jornalista Renato Lins:

> Foi então, num dia qualquer do início dos 1980, que tudo mudou, os cabelos, a roupa, o modo de tocar guitarra e o próprio nome: Fred Montenegro descobriu o punk, ganhou um codinome (o "Rato") e formou sua primeira banda de verdade, a Trapaça. Gritando toda a sua paranoia em letras inspiradas no *1984* de George Orwell, ele desfilava alfinetes, coturnos, uma pasta 007 e camisas pretas com *slogans* do tipo "Abaixo a poesia" por uma Recife ao mesmo tempo fascinada (uma minoria) e indiferente (o resto) àquele tipo[11].

Rios, pontes e *overdrives*

Era início da década de 1990, e Fred, depois de uma temporada na cidade de São Paulo, encontra novamente o amigo de praia e de faculdade Renato L., com quem passa a andar com frequência. Por meio de Herr Doktor Mabuse, um amigo em comum, reencontra Chico Science em um apartamento no bairro das Graças (bairro de Recife), e conhece Jorge Du Peixe e Helder, o DJ Dolores. Foi a partir do convívio com essa turma que Fred Zero Quatro e Renato L. ajudaram na construção do movimento musical mais importante do Brasil nos últimos tempos. Esse também seria o núcleo base da Cooperativa Cultural Mangue – grupo que se reunia para discutir e buscar soluções para tirar a cidade do marasmo cultural em que se encontrava. Nessa época Fred Zero Quatro reagrupa o Mundo Livre S/A, com os irmãos Tony e Fabio e os amigos Dj Dolores – manipulando tapes pré-gravados – e Mabuse – nos scratches.

Quando se começou a pensar na cena mangue, no Recife, surgiu a ideia de criar uma metáfora entre o manguezal, um dos ecossistemas mais ricos em biodiversidade do mundo, a diversa produção cultural existente na cidade e sua imensa variedade de ritmos musicais e manifestações tradicionais, como a ciranda, o coco, a embolada, o frevo e o maracatu. Nesse sentido, mangue não era um ritmo ou um estilo musical.

Em entrevista para o jornal *O Globo* em 1994, Chico Science afirmou:

> Não é uma questão de surto. Não pretendemos que o Brasil adoeça com a febre do manguebeat. A gente não veio do nada, estamos trabalhando nisso há pelo menos quatro anos. [...] Não seremos a nova onda, mas o fortalecimento do nosso trabalho poderá melhorar a música do Brasil em geral[12].

---

11 Renato Lins, "Subcomandante Zero Quatro: uma biografia", *Manguetronic*.
12 Entrevista a Antônio Carlos Miguel, *O Globo*, Rio de Janeiro: 31 mar. 1994, *apud* José Teles, *Do frevo ao manguebeat*, op. cit., p. 332.

Manifesto Mangue

Fred Zero Quatro estava trabalhando como *freelancer* na TV Viva e, por coincidência, em um vídeo sobre os manguezais, quando Chico propôs o nome mangue para a batida a que chegara. Fred tinha muitas informações sobre o assunto, e resolveu fazer um *release* em que comentasse sobre o mangue, relacionando-o à condição socioeconômica e cultural da cidade. Quando esse texto chegou à imprensa, em 1992, passou a ser chamado de manifesto.

Caranguejos com cérebro

Mangue – O conceito

Estuário. Parte terminal de um rio ou lagoa. Porção de rio com água salobra. Em suas margens se encontram os manguezais, comunidades de plantas tropicais ou subtropicais inundadas pelos movimentos dos mares. Pela troca de matéria orgânica entre a água doce e a água salgada, os mangues estão entre os ecossistemas mais produtivos do mundo.

Estima-se que 2 mil espécies de microrganismos e animais vertebrados e invertebrados estejam associados à vegetação do mangue. Os estuários fornecem áreas de desova e criação para dois terços da produção anual de pescados do mundo inteiro. Pelo menos oitenta espécies comercialmente importantes dependem dos alagadiços costeiros.

Não é por acaso que os mangues são considerados um elo básico da cadeia alimentar marinha. Apesar das muriçocas, dos mosquitos e mutucas, inimigos das donas de casa, para os cientistas os mangues são tidos como símbolos de fertilidade, diversidade e riqueza.

Manguetown – A cidade

A planície costeira onde a cidade do Recife foi fundada é cortada por seis rios. Após a expulsão dos holandeses, no século XVII, a (ex)cidade "maurícia" passou a crescer desordenadamente à custa do aterramento indiscriminado e da destruição dos seus manguezais.

Em contrapartida, o desvario irresistível de uma cínica noção de "progresso", que elevou a cidade ao posto de "metrópole" do Nordeste, não tardou a revelar sua fragilidade.

Bastaram pequenas mudanças nos "ventos" da história para que os primeiros sinais de esclerose econômica se manifestassem, no início dos anos 1960. Nos últimos trinta anos a síndrome da estagnação, aliada à permanência do mito da "metrópole", só tem levado ao agravamento acelerado do quadro de miséria e caos urbano.

> O Recife detém hoje o maior índice de desemprego do país. Mais da metade dos seus habitantes moram em favelas e alagados. Segundo um instituto de estudos populacionais de Washington, é hoje a quarta pior cidade do mundo para se viver.
>
> ### Mangue – A cena
> Emergência! Um choque rápido, ou o Recife morre de infarto! Não é preciso ser médico pra saber que a maneira mais simples de parar o coração de um sujeito é obstruir as suas veias. O modo mais rápido também de enfartar e esvaziar a alma de uma cidade como o Recife é matar os seus rios e aterrar os seus estuários. O que fazer para não afundar na depressão crônica que paralisa os cidadãos? Como devolver o ânimo, deslobotomizar e recarregar as baterias da cidade? Simples! Basta injetar um pouco da energia na lama e estimular o que ainda resta de fertilidade nas veias do Recife.
>
> Em meados de 1991 começou a ser gerado e articulado em vários pontos da cidade um núcleo de pesquisa e produção de ideias pop. O objetivo é engendrar um "circuito energético" capaz de conectar as boas vibrações dos mangues com a rede mundial de circulação de conceitos pop. Imagem símbolo, uma antena parabólica enfiada na lama.
>
> Os mangueboys e manguegirls são indivíduos interessados em: quadrinhos, tv interativa, antipsiquiatria, Bezerra da Silva, hip-hop, midiotia, artismo, música de rua, John Coltrane, acaso, sexo não virtual, conflitos étnicos e todos os avanços da química aplicada no terreno da alteração e expansão da consciência.[13]

Fred Zero Quatro – segundo o Manguetronic, primeira rádio virtual da internet brasileira[14] – estava com Renato L. quando viram pela primeira vez Chico Science juntando a Loustal com o Lamento Negro (o embrião do que seria a Nação Zumbi, ainda no início de 1991). Comentaram, arrepiados: "Não importa que estejamos no fim do mundo e sem dinheiro no bolso; não tem errada, não há nada no mundo que possa deter esse som!"[15]. E Fred Zero Quatro, líder do Mundo Livre S/A, prossegue:

> Na nossa ficha constava a produção de vários programas de rock em rádios da cidade, em que nos esforçávamos para mostrar sons novos e interessantes de todos os cantos do mundo. E não havia dúvida de que naquele momento estávamos

---

13 Fred Zero Quatro, "Manifesto mangue 1". Em *Manguebeat* – Fórum. Disponível em: <http://manguebeat.forumeiros.com/t2-manifesto-mangue-1-caranguejos-com-cerebro>. Acesso em: 19 jun. 2016.
14 No ano desta edição, o site estava fora do ar.
15 Fred Zero Quatro, "Quanto vale uma vida". Disponível em: <www.recife.pe.gov.br/chicoscience/textos_manifesto2.html>. Acesso em: 19 jun. 2016.

diante de algo absurdamente novo e irresistível. Começamos imediatamente a viajar num conceito capaz de colocar o Recife no mapa[16].

A cidade começava a acordar do descompasso em que estivera mergulhada. Em 1º de junho de 1991, Chico foi à redação do *Jornal do Commercio*, em Recife, para divulgar a festa Fear of a Black Planet, que estava produzindo no espaço Oásis, localizado em Casa Caiada, bairro de Olinda. Essa festa teria a participação dos DJs Mabuse e Renato L., além da Lamento Negro, banda em que Chico havia começado a trabalhar e com a qual iria apresentar um novo ritmo chamado mangue.

Segundo o escritor e jornalista José Teles, em seu livro *Do frevo ao manguebeat*, essa foi a primeira vez em que a palavra "mangue" apareceu na imprensa para designar um estilo musical.

> O ritmo chama-se mangue. É uma mistura de samba-reggae, rap, raggamuffin e embolada. O nome é dado em homenagem ao Daruê Malungo (que em iorubá significa companheiro de luta). Um núcleo de apoio à criança e a comunidade carente de Chão de Estrelas.[17]

Depois de vários shows apresentando-se juntos, Chico, Loustal e Lamento Negro fundem-se, e nasce a Nação Zumbi (o nome faz uma óbvia referência ao grupo de Afrika Bambaataa, a Zulu Nation). No início, o som foi meio confuso e demandou alguns ajustes.

Teles cita ainda Lúcio Maia, em entrevista:

> Um dos tradutores da alquimia sonora de Chico foi Maureliano, que era do Lamento Negro. Na música "A cidade", por exemplo, ele simplesmente transpôs, para os tambores e caixas de riffs, os naipes de metais utilizados nos arranjos de soul ou funk, e misturou isso com maracatu. A propósito, nessa época ninguém sabia bem, na verdade, quem fazia parte da Nação Zumbi – houve um show, inclusive, em que nada menos de dezesseis pessoas estavam no palco. Toca Ogan, por exemplo, deixou de comparecer aos ensaios sem avisar, e foi reaparecer três meses depois, exatamente no dia em que a banda se apresentou no primeiro Abril Pro Rock.[18]

"Computadores fazem arte, artistas fazem dinheiro"

Entra em cena Paulo André Pires, que era dono de uma loja de discos, a Rock Xpress, e futuro empresário de Chico Science e da Nação Zumbi.

---

16 *Ibidem.*
17 *Jornal do Commercio*, Recife: 1º jun. 1991. Entrevista.
18 José Teles, *Do frevo ao manguebeat, op. cit.*

Pires começou a organizar shows e percebeu um público cada vez maior nos seus eventos. Foi então que resolveu organizar um festival que pudesse reunir a nova música do Recife. Essa ideia foi concretizada com a realização do primeiro Abril Pro Rock, do qual participaram doze bandas, todas da região metropolitana do Recife.

Nos anos subsequentes, a festa acabou se tornando uma das mais importantes feiras da música brasileira. A primeira edição do Abril Pro Rock, em 25 de abril de 1993, coincidiu com os primeiros passos do mangue rumo ao sucesso no sul do país e a sua expansão junto a um público mais numeroso na terra natal. O Abril Pro Rock foi um sucesso, e acabou sendo responsável pela consolidação do movimento mangue.

> Em 1994, graças à competente divulgação da equipe de produção do Abril Pro Rock, os jornais e revistas do Sudeste deram uma farta cobertura ao evento. A MTV enviou uma equipe para cobrir os shows; a *Bizz* – depois *Showbizz* –, que na época era a principal revista de música do país, também enviou seus representantes... Em 1996, CSNZ registrou sua participação no Abril Pro Rock, que mais tarde foi lançada no terceiro disco da banda.[19]

A partir do Abril Pro Rock, surgiram o Rec Beat, Soul do Mangue e PE no Rock, entre outros festivais que começaram a fazer parte do calendário anual de shows na cidade.

As coisas foram acontecendo com grande rapidez. O público crescia a cada show, e surgiam mais bandas ligadas ao movimento. Foi o caso de Mestre Ambrósio, que em pouco tempo teria uma legião de fãs e seguidores em todo o país. O nome da banda vem de um personagem do cavalo-marinho. O som dos Ambrósios faz uma viagem sonora que parte das loas cantadas no maracatu de baque solto, do cavalo-marinho, passa pelo som das rabecas, vai aos batuques de candomblés das nações pernambucanas e chega ao forró das tradicionais bandinhas de pífano.

A cidade era uma grande festa, imersa nas sonoridades das mais diferentes bandas.

> [Um] legado do manguebeat foi a inserção de jovens pertencentes às classes menos privilegiadas na cena musical da cidade. Como aponta Carolina Carneiro Leão[20], se antes o espaço do lazer eram as salas de concerto, os teatros, as casas de show, a partir do manguebeat a rua passou a ser ocupada por jovens ávidos

---

19 *Ibidem.*
20 Carolina Carneiro Leão, *A maravilha mutante: batuque, sampler e pop no Recife dos anos 80*, 129 f., dissertação de mestrado em comunicação – Centro de Artes e Comunicação, Universidade Federal de Pernambuco, Recife: 2002.

por diversão, culminando, por exemplo, com a revitalização do bairro do Recife Antigo, antes reduto de vagabundagem e prostituição[21].

No cinema, Lírio Ferreira e Paulo Caldas lançam, no mesmo ano, seu premiado filme *Baile perfumado*, com trilha assinada por Chico Science & Nação Zumbi, Fred Zero Quatro e Siba, da banda Mestre Ambrósio.

Na moda, Eduardo Ferreira, Beto Normal e Período Fértil lançam roupas e acessórios inspirados na estética do movimento mangue.

Devotos do Ódio, Via Sat, Querosene Jacaré, Eddie, Dona Margarida Pereira, Chão e Chinelo, Comadre Florzinha, Faces do Subúrbio e o Cascabulho, entre outras, lançam seus discos. Recife passa a ser considerada a meca da música e da diversidade cultural. Palcos são improvisados em todos os cantos da cidade.

> A partir de então, o manguebeat, representado principalmente pelas bandas Chico Science e Nação Zumbi e Mundo Livre S/A, ao mesmo tempo em que atribuiu novos significados a gêneros da world music como o soul, o funk e a música eletrônica, também revitalizou os ritmos folclóricos pernambucanos, como o maracatu, o caboclinho e a ciranda. A partir de então, esses ritmos passaram a ser incorporados no cotidiano das classes médias recifenses, trazendo novas perspectivas às necessidades da cidade do Recife e tirando a cultura popular da marginalização.[22]

Daí em diante, verifica-se o renascimento de toda a cultura pernambucana. Fotografia, moda, *design*, produção gráfica, videoclipes – uma verdadeira cooperativa multimídia autônoma e explosiva, que não parava de crescer e de mobilizar a cidade. O manguebeat foi responsável por uma grande revolução cultural, tirando o Recife do marasmo em que vivia até pouco tempo antes. Segundo o escultor e fotográfo Augusto Ferrer,

> o movimento manguebeat não ficou restrito à música; ganhou força e foi influenciando diversos segmentos das artes. Ele reavaliou o significado universal da cultura popular pernambucana e lançou uma semente para o novo na arte contemporânea, transmitindo ao espectador possibilidades de emoções e sensações híbridas através da combinação das linguagens das obras.[23]

---

21 Cynthia Campos, *Manguebeat*, Pesquisa Escolar Online, Fundação Joaquim Nabuco, Recife.
22 Philipe Andrew Galinsky, *Maracatu atômico: tradition, modernity and postmodernity in the Mangue Movement and "New Music Scene" of Recife, Pernambuco, Brazil*, 2 v., tese de doutorado em música – Departamento de Música da Wesleyan University, Middletown: 1999.
23 Gilson Oliveira, "Augusto Ferrer: o mangue em esculturas que não são de lama", *Manguenius: Música, Cultura e Diversão*, Recife: 2001. Disponível em: < https://www.terra.com.br/manguenius/artigos/frme-chamada-escultor.htm>. Acesso em: 18 abr. 2019.

Viver morrer, viver morrer..

1º de fevereiro de 1997.

Em uma festa com amigos, num sábado, o Chico DJ havia incendiado a pista, tocando jungle e drum'n'bass. Mostrou as novidades que tinha acabado de trazer da Europa, onde havia realizado uma nova turnê com a Nação Zumbi. Nesse dia, reencontrou velhos amigos, dançou, sorriu, brincou. Na semana que entraria, já na segunda-feira pré-carnavalesca, Chico Science e a Nação Zumbi iriam tocar em um trio elétrico na avenida Beira-Mar de Boa Viagem, onde o Carnaval se eletrificava.

No domingo, após a alegre noitada, Chico passou o dia na casa da irmã Goretti França. Escutou muita música, ligou para alguns amigos e saiu. Era o dia 2 de fevereiro. Chico estava indo ao Mercado da Ribeira, em Olinda, onde haveria uma apresentação de maracatu. O Carnaval já fervia nas ladeiras da cidade havia mais de uma semana. Com o trânsito congestionado ficaria difícil estacionar o Ford Landau 1979 que Chico havia comprado; por isso, ele pediu emprestado o Fiat Uno de Goretti. Por volta das 19h, o carro chocou-se contra um poste, na divisa de Recife com Olinda. Precocemente, aos 31 anos de idade, o malungo bom, que havia desentupido as veias da Amsterdã das Américas com um levante praieiro, partiu.

À medida que a notícia corria as ruas do Recife e as ladeiras de Olinda, os tambores dos maracatus e as orquestras de frevo iam silenciando. No dia seguinte, Antônio Carlos Nóbrega e a Nação Zumbi desfilaram na avenida Boa Viagem, tambores e multidão num comovente silêncio.

Dias depois, Fred Zero Quatro redigiu um documento no qual falava do processo desencadeado por todo o movimento mangue e das transformações ocorridas na cidade do Recife. Foi uma espécie de resumo de cinco anos de manguebeat; entre outras coisas, Fred destacava o compromisso e a necessidade coletiva de continuar toda aquela história, cada vez mais, por um mundo melhor.

Fazia três meses que a Nação Zumbi não dava nenhuma entrevista; ninguém sabia se a voltaria a tocar. Tal como os integrantes da banda, a cidade permanecia de luto. Mas a vida continuava.

Chegou por fim a data em que seria realizada mais uma edição do Abril Pro Rock, e o festival recebeu um dos seus maiores públicos. Foram três dias de muitos shows e de homenagens a Chico Science. Mangueboys e manguegirls vestiam o chapéu de palha e camisas com o rosto do ídolo estampado. Durante a apresentação de Max Cavalera, em memória de Chico Science, ele pede um minuto de silêncio, seguido com rigor pelo público. Depois, fica difícil conter a emoção. Em um grande coro, a plateia, por um bom tempo, grita o nome da Nação Zumbi. Naquele momento, os componentes da Nação Zumbi de surpresa entram no palco e têm a certeza de que, por mais destroçados que estivessem, o dever era continuar a ação. As pessoas enlouqueceram de alegria. Então os músicos executam uma versão hardcore de "Da lama ao caos", na voz de Jorge Du Peixe e Max Cavalera, enquanto, sob os gritos entusiasmados do púbico, vão se juntando, no palco, Planet Hemp, Otto, O Rappa, Devotos, Mundo Livre etc. Chico Science vira mito. O público cantava, aplaudia e chorava, num misto de emoções. Naquele instante, todos ali sentiram que estavam fazendo a própria história do manguebeat, de uma grande história da música brasileira – e dela eram personagens. Ao regressarem a suas casas, carregavam consigo a certeza de que o mangue estava mais vivo do que nunca, e que continuaria produzindo, com toda a sua riqueza e diversidade, a música para o mundo.

Referências bibliográficas

ABRAMO, Bia. Os sustos do Mangue. Seção *Verbum*. *Manguetronic*, nº 157.
BRUM, Eliane. "Vozes do mangue". *Época*, São Paulo, 2001, nº 168.
CASTRO, Josué de. *Documentário do Nordeste*. São Paulo: Brasiliense, 1965.
_____. *Homens e caranguejos*. São Paulo: Civilização Brasileira, 2001.
GALINSKY, Philipe Andrew. *Maracatu atômico: tradition, modernity and postmodernity in the Mangue Movement and "New Music Scene" of Recife, Pernambuco, Brazil*. 2 v. Tese de doutorado em música – Departamento de Música da Wesleyan University, Middletown: 1999.
H. D. MABUSE. "Um lance de dados". *Trip*. São Paulo: fev. 2001, nº 86.
LEÃO, Carolina Carneiro. *A maravilha mutante: batuque, sampler e pop no Recife dos anos 80*. 129 f. Dissertação de mestrado em comunicação – Centro de Artes e Comunicação, Universidade Federal de Pernambuco, Recife: 2002.
MANGUENIUS: Música, Cultura e Diversão. Instituto de Pesquisas e Estudos Musicais de Pernambuco. Disponível em: <www.terra.com.br/manguenius>. Acesso em: 18 abr. 2019.
MEMORIAL CHICO SCIENCE. Fundação de Cultura Cidade do Recife, Prefeitura do Recife. Disponível em: <https://memorialchicoscience.wordpress.com>. Acesso em: 18 abr. 2019.
RIBEIRO, Getúlio. "Caranguejos com cérebro: música, tradição e lazer na 'cena mangue' de Recife". Em: Simpósio Nacional de História, 23, 2005, Londrina. *Anais do XXIII Simpósio Nacional de História – História: guerra e paz*. Londrina: Anpuh, 2005.
SÁ, Xico; L., Renato. "O Brasil de Chico". *Trip*. São Paulo: fev. 2001, nº 86.
TELES, José. *Do frevo ao manguebeat*. São Paulo: Editora 34, 2000.

Música eletrônica: *bleeps, blops, plims*

KASSIN

O que você pensa que seja a música eletrônica?
Coisa moderna?
Pois saiba: essa ideia é velha, talvez mais velha do que o rock e a MPB.

Os dínamos

A designação "música eletrônica" surgiu de uma necessidade: a de denominar um novo tipo de música surgida dos primeiros instrumentos eletrônicos. Vamos falar um pouco desses inventos antes de chegar à música brasileira e aos novos dispositivos.

O instrumento primordial da era da eletricidade foi o dinamofone, também conhecido como telarmônio, cuja invenção se deu em 1897, e a apresentação ao público pela primeira vez, dez anos depois. A engenhoca pesava mais de 200 toneladas e ocupava o espaço de uma casa de máquinas num navio. Ele é considerado o primeiro instrumento "elétrico". A ideia era bem moderna e arrojada, para a época.

O dinamofone era polifônico (tocava mais de uma nota ao mesmo tempo) e tinha teclas sensitivas. Por ser muito grande, o seu mercado-alvo eram restaurantes e lugares públicos, onde, em vez de se contratarem músicos, contratavam-se os "serviços" do dinamofone, a serem transmitidos por linha telefônica. O repertório era de música "respeitável" – Beethoven, Bach e afins. Sua filosofia, levar "música elétrica" até as pessoas.

Talvez o primeiro instrumento eletrônico de fato popular tenha sido o theremin, projetado pelo inventor russo Léon Theremin (1896-1993). Para tocá-lo, o músico deve controlar a distância das mãos em relação a duas antenas, de modo a "reger" as notas e a intensidade. Seu som sinistro chamava a atenção das plateias em filmes de terror nos anos 1960. Léon Theremin também cuidou de treinar uma jovem e promissora concertista lituana chamada Clara Rockmore na prática do instrumento, a fim de divulgá-lo seriamente.

Com ela, conseguiria romper a cortina de ferro e apresentar seu instrumento pelos Estados Unidos afora.

Junto com esses instrumentos, apareceram os primeiros compositores de música eletrônica e de música eletroacústica. E surgiram outros inventores – como Raymond Scott (1908-94), que fabricava seus sintetizadores e compunha música para propagandas futuristas. Scott com frequência recebia visitas ilustres em seu estúdio, como a do então garoto Bob Moog.

Filho de um construtor de theremins, Bob Moog (1934-2005) inventou o sintetizador mais famoso de todos os tempos, que herdou seu nome. O MiniMoog logo se tornou um instrumento popular.

Com o MiniMoog, começou a era do sintetizador na música pop – não só a era do Moog, como a de outros sintetizadores. Um pouco depois chegavam as baterias eletrônicas, os samplers. Toda nova invenção musical passa a ser incorporada pela música atual.

Music non stop

Talvez o motivo da grande popularização da eletrônica na produção musical atual seja o fato de hoje em dia ser mais barato gravar razoavelmente por meios eletrônicos do que partir de uma produção inteiramente acústica. A eletrônica facilitou a vida de muita gente que, do contrário, jamais conseguiria produzir um disco. É caro pagar um estúdio, técnicos e músicos quando se quer realizar uma ideia.

Isso nos devolve ao sintetizador Moog. Quando foi desenvolvido, nos anos 1960, o Moog custava uma exorbitância para qualquer músico. Talvez por isso caiba aqui perguntar: você se lembra de alguém que tenha feito uso do instrumento na música brasileira? Falando assim, de bate-pronto, lembro-me em primeiro lugar do Azymuth, naquela gravação inesquecível de "Linha do horizonte". Depois, recordo-me da Rita Lee, naquela capa do disco do Tutti Frutti, quase uma *pin-up* Moog. Fora essas lembranças, a presença da eletrônica na música popular brasileira soa um pouco esparsa nos anos 1970. Mas não é. A eletrônica viria pouco a pouco a se tornar uma constante.

Antes de relembrar a eletrônica na MPB, gostaria de falar um pouco dos pioneiros, daqueles que não gostam de ser rotulados como músicos eletrônicos, mas que sem dúvida estiveram na vanguarda mundial da experiência eletroacústica.

O Brasil tem seu registro eletroacústico pioneiro em 1956, com "Sibemol", peça de Reginaldo Carvalho, um interessante experimentalismo com pianos e efeitos de captação.

É importante lembrar a importância de compositores eletroacústicos de *background* erudito por aqui, como Jocy de Oliveira, Jorge Antunes, Rodolfo Caesar e muitos outros nessa jornada a uma nova forma de música.

Voltemos aos anos 1970 e ao Moog na MPB. Algumas gravações merecem ser citadas, como a do disco *Previsão do tempo*, de Marcos Valle, em que José Roberto Bertrami – o mesmo do Azymuth – passeia com desenvoltura por timbres incríveis, incluindo um solo em "Não tem nada não", com direito a reprise e tudo mais.

Taiguara aparece tocando sintetizadores e Mellotron, uma espécie de pai do sampler.

Um Moog, dois Moogs

Agora eu talvez pareça um pouco hermético. Tenho um disco em minha coleção, chamado *Banda elétrica*, que para mim sempre foi um marco da música eletrônica no Brasil. Esse disco se tornou peça de colecionador e ganhou algumas cópias piratas nas ruas da cidade. São versões como a de "Tico-tico no fubá", executadas por sintetizador. Sempre me perguntei quem fizera isso. Não há nenhum crédito no disco.

Um dia, numa festa, conversando com Lulu Santos, perguntei a ele se sabia quem tinha feito aquele disco. Ele não só sabia, como sabia muito bem: Luiz Paulo Simas, o primeiro a ter um sintetizador no Rio. Simas foi companheiro de Lulu no mitológico grupo Vímana, e mais tarde, para ganhar algum dinheiro, fez discos como *Banda elétrica* e *Moog Plays the Beatles*.

Falei com Simas por *e-mail* (ele estava morando em Nova York), e várias boas histórias surgiram.

Entre elas, a de seu primeiro sintetizador, o primeiro a chegar ao Rio de Janeiro. A primeira vez que ouviu o som de sintetizador foi numa gravação do Blood, Sweat & Tears; pesquisou nos créditos e viu que era um synth da EMS. Escreveu para a fábrica para se informar e, um ano depois, comprou um Synthi A, uma espécie de sintetizador modular em forma de maleta. Pois bem: Simas havia juntado dinheiro durante um ano para realizar essa proeza. Como o *kit* todo era muito caro, a maleta adquirida não incluía o teclado, e ele teve de se limitar a fazer "ruídos". Levaria algum tempo até conseguir o teclado.

É dele, por exemplo, o famoso *plim-plim* da Globo, feito num EMS Synthi A e escolhido entre mais de cem versões.

Luiz Paulo também se lembra de ter tocado num desses festivais da canção dos anos 1960 com o grupo Agora-4, acompanhando Beth Carvalho e Eduardo Conde, e com Jorge Antunes no theremin.

Outra boa história dele: seu grupo na época era o Módulo 1000, uma banda de rock progressivo que chegou a gravar disco. O Módulo 1000 estava

Música eletrônica

indo para um festival em Pedra Azul (MG), uma espécie de Woodstock brasuca. Chegando lá, deram com vários policiais à paisana, esperando a chance de levar os *hippies* em cana (tempos de ditadura). O Módulo 1000 começa a tocar, alguém começa a distribuir balas (guloseimas), a polícia suspeita de que possam ser ácidos lisérgicos e interrompe o show da banda. Simas programa o sintetizador e sai do palco. O sintetizador fica tocando, mas a polícia não sabia de onde vinha o som e fica andando de um lado pro outro no palco, sem saber o que fazer, com todo mundo rindo.

Com a turma do soul brasileiro, apareceram Lincoln Olivetti e Robson Jorge. No ano de 1977, Robson lança seu disco solo, com a participação de Olivetti num ARP String (um sintetizador que emula cordas). Ele viria a se tornar um dos produtores e arranjadores de maior renome no Brasil, empregando muito baterias eletrônicas, baixos synth e teclados em geral – além de ser grande arranjador. Fazia história juntando dois Moogs e coisas do gênero.

O tecnopop

Com a era da disco music, efeitos eletrônicos passam a ser considerados "jovens" – talvez por isso o excesso de sirenes e *póins* e *bleeps*. As rádios ganham velocidade e efeitos sonoros. As músicas também.

Com os anos 1980, as inovações dos instrumentos popularizam mais e mais o som eletrônico. Chegam baterias eletrônicas e novos sintetizadores; começa a era digital. Isso tudo, com certeza, se reflete no Brasil. Surgem bandas eletrônicas como Saara Saara, de Niterói, formada por Servio Tulio e Raul Rachyd. Vale mencionar Akira S & As Garotas que Erraram, bandas como Símbolo, Harry, Agentss e Azul 29 em São Paulo e o *one-man--show* Loop B.

Fellini, grupo de Cadão Volpato e Thomas Pappon, de quem Chico Science era fã declarado, utilizava teclados e baterias eletrônicas com maestria.

O DeFalla, de Edu K e Flávio Santos (mais tarde, Flávio viria a ser o Flu), é considerado um pioneiro em diversos pontos, como o uso de samplers e de programações com rock.

O disco de Ritchie é altamente influenciado pelo tecnopop.

Thaíde & DJ Hum, em São Paulo, começam a se valer das vitrolas como instrumento.

Mae East (ex-Gang 90 e as Absurdettes) lança discos bem interessantes, antecipando os conceitos de "batucada digital" de Fernanda Abreu.

Os Mulheres Negras, de André Abujamra e Maurício Pereira, fazem seu primeiro disco, inteiramente com bases programadas, guitarras e saxofone, numa vestimenta pouco convencional para canções ótimas.

Começam os anos 1990. A house music chove nas FMs. O tecno domina o mundo. Uma enxurrada de Technotronic e C&C Music Factory toma o rádio. O novo pop mundial é eletrônico.

Fenomenais

Em São Paulo e no Rio, MCs e DJs começam a aparecer. Em São Paulo, o hip-hop domina; no Rio, o miami bass. Os dois movimentos, que tomariam importância nacional, começam a se desenvolver nas periferias e favelas, arrastando multidões de jovens aos bailes, numa diversão associada a protestos cada vez mais cortantes. A nova trilha sonora das capitais une batidas e discurso direto e agressivo.

No Rio, DJ Marlboro se torna produtor e criador de um império. Uma sucessão de hits funk toma a cidade. Claudinho e Buchecha saem dos bailes e dominam as rádios FM de todo o Brasil com "Conquista". O fenômeno do funk carioca toma corpo. Lulu Santos "caminha com a humanidade" e com o DJ Meme.

Em São Paulo, o hip-hop se desenvolve com o grupo Racionais MCs. A banda ficaria famosa com o disco *Sobrevivendo no inferno*, lançado em 1997, que atingiu vendagem gigantesca (1,5 milhão de cópias) para uma produção independente, com faixas longas e letras ultrarrealistas. Um disco antipop que, ironicamente, mudou a cara da música brasileira. Com ele cresce o hip-hop, não só em São Paulo como em todo o Brasil – MV Bill, Faces do Subúrbio, Rappin' Hood, Camorra, Xis e Marcelo D2 "À procura da batida perfeita".

Passeando no tempo e mudando de assunto:

No Rio, Fernanda Abreu mistura o r&b e samples no seu *Da lata*, lançado em 1995.

O grupo Chelpa Ferro traz as experimentações dos artistas plásticos Barrão, Luiz Zerbini e Sérgio Meckler e do produtor Chico Neves, que comandou os computadores no disco de Lenine *O dia em que faremos contato*, álbum de 1997.

Aparecem em São Paulo o pernambucano Otto e o sérvio Suba, ambos bastante importantes para o cenário eletrônico que viria a vigorar. Otto, produzido por Apollo 9, fez *Samba pra burro*, lançado em 1998.

Suba trabalhou, como produtor, com diversos artistas, e ficou conhecido como "o homem do som eletrônico". Como artista solo, gravou o autoral *São Paulo Confessions*, de 1999, um interessante trabalho de música brasileira que, infelizmente, não teve tanto reconhecimento no Brasil quanto fora dele.

Suba também produziu o primeiro disco de Bebel Gilberto, *Tanto tempo*, misturando bossa e eletrônica discreta, e fez um álbum de sucesso mundial.

Fora do Brasil, um brasileiro alcança sucesso em Londres com discos bastante marcados pelo samba: Amon Tobin faz samba eletrônico.

O ex-DeFalla Flávio Santos se lança com o projeto instrumental Flu, uma mistura divertida, brasileira, bem tropicalista, cujo primeiro resultado é o CD *... e a alegria continua*, lançado em 1999.

De São Paulo, DJ Patife e DJ Marky começam a fazer sucesso nas pistas de drum'n'bass com batidas brasileiras.

E agora?

No Pará aparece o tecnobrega, um novo gênero, berço de Gaby Amarantos cantando "Ex mai love".

O funk do Rio migrou para SP, começando um novo tipo de funk, mais minimalista.

No Rio virou pop, com Anitta e Ludmilla.

No meio sertanejo, sucessos nacionais têm programações, como "Suite 14", de Henrique e Diego.

A discussão do que é música eletrônica hoje perdeu completamente o sentido, pois quase tudo o que ouvimos é feito com sintetizadores, programações e samplers.

Glossário

Os gêneros e movimentos musicais brasileiros

Black music brasileira

Desde o início da década de 1960, as rádios brasileiras tocavam a soul music e o funk norte-americano (Aretha Franklin, James Brown etc.), entre outros estilos. A partir dessas influências, músicos e bailarinos das comunidades negras das grandes cidades brasileiras adicionaram o sotaque brasileiro a essas expressões originalmente internacionais e criaram a black music brasileira. Nesse estilo, estão presentes as harmonias e os melismas vocais do blues e do spiritual norte-americano. A obra do compositor Tim Maia é a maior representante dessa fusão.

Bossa nova

Na década de 1950, a classe média tornou-se a fonte principal da produção cultural brasileira e a responsável pela criação da bossa nova. Esse jeito inovador de tocar o samba incorporava o jazz norte-americano. Os temas das canções eram leves, e o canto, discreto, baixinho. Oficialmente, o marco inicial da bossa nova foi o ano de 1958, quando o compositor João Gilberto apresentou sua nova "batida" ao violão nas músicas "Chega de saudade" (de Tom Jobim e Vinicius de Moraes) e "Bim bom" (do próprio João Gilberto), gravadas num disco do selo Odeon. Mas, dois anos antes, a futura cantora Nara Leão já sediava, em seu apartamento de Copacabana, na cidade do Rio de Janeiro, encontros de músicos como Carlos Lyra, Roberto Menescal e Ronaldo Bôscoli, entre outros, que protagonizaram a bossa nova carioca. Em São Paulo, além de Johnny Alf, Claudete Soares, Alaíde Costa, Maysa e Geraldo Vandré, despontaram grupos instrumentais como o Zimbo Trio, o Sambalanço, o Jongo e o Bossa Jazz. A partir de 1965, a unanimidade em torno do gênero foi substituída por três correntes: a nacionalista, liderada por Carlos Lyra, que contestava a influência exagerada do jazz; a popular, com Nara Leão gravando disco com composições de sambistas como Cartola,

Élton Medeiros e Nelson Cavaquinho; e a étnica, com Vinicius de Moraes e Baden Powell compondo seus "afro-sambas". Ironicamente, por essa época a bossa nova tornou-se popular no exterior por meio de músicos brasileiros lá residentes, como Oscar Castro Neves, Luis Bonfá e Eumir Deodato, a ponto de ser executada e gravada por renomados jazzistas, como Ella Fitzgerald, Miles Davis, Sarah Vaughan, Oscar Peterson, Gerry Mulligan, Chet Baker e também por Frank Sinatra. A partir dos anos 1980, a bossa nova foi suplantada pela explosão do rock brasileiro.

Caipira e sertanejo

A música sertaneja inclui manifestações do "Brasil Sertanejo", de Darcy Ribeiro, que se estende do agreste ao semiárido, abarca o cerrado e o Pantanal, onde surgiram o lundu, a embolada, o coco, a toada e o maracatu. Porção integrante do gênero sertanejo, a música caipira emergiu na "Paulistânia" e abrange São Paulo, parte de Minas Gerais, Goiás, Paraná, Mato Grosso. Origina-se na fusão dos cantos jesuíticos com as modas do colonizador português, somadas às influências indígenas e africanas, e compreende o cururu, a catira (ou cateretê), toadas, fandango, calango e moda de viola. A viola, proveniente de Portugal, é um de seus instrumentos típicos. A moda de viola é composta por solos de viola e versos extensos sobre fatos marcantes da comunidade. No fim dos anos 20, Cornélio Pires gravou a primeira moda de viola. Alvarenga e Ranchinho tiveram grande sucesso na década seguinte. O apogeu deu-se nos anos 50 com a conquista de gravadoras e emissoras de rádio e o despontar da dupla Cascatinha e Inhana. Entre 1960 e 70, destacaram-se Renato Teixeira e Tião Carreiro. Pena Branca e Xavantinho adaptaram sucessos da música popular à moda de viola, já o violeiro Almir Sater ganhou notoriedade como ator, difundindo canções e serestas, influenciadas pelo blues, nos anos 80. Na década seguinte, o sertanejo-romântico introduziu instrumentos elétricos e composições inspiradas no country norte-americano. Duplas como Chitãozinho e Xororó, Leandro & Leonardo, Zezé Di Camargo & Luciano atingiram sucesso estrondoso. Em paralelo, uma geração voltada à valorização e atualização dos estilos tradicionais apareceu: Roberto Corrêa e Ivan Vilela dedicando-se à exploração das sonoridades da viola, o violeiro Chico Lobo com um repertório de serestas e modas.

Choro

No século XIX, a classe média brasileira divertia-se com danças de salão europeias, executadas ao piano, como a polca, a valsa e o schottisch. A classe social menos favorecida, por sua vez, uniu o lundu ao som de músicos que, com seus instrumentos peculiares – flauta, violão e cavaquinho –, "abrasileiravam" os ritmos importados, deixando suas melodias mais emotivas e "chorosas". O primeiro músico de destaque foi o flautista Antônio da Silva Calado, seguido, já no início do século XX, do clarinetista e compositor Anacleto de Medeiros. O compositor Ernesto Nazareth uniu o choro à música erudita. Nos anos 1920, o choro internacionalizou-se por meio do compositor e instrumentista Pixinguinha. A execução do choro exige dos músicos completo domínio de seu instrumento e uma percepção apurada do conjunto, pois incorpora improvisos e diálogos instrumentais tão sofisticados quanto os presentes na música negra norte-americana. Radamés Gnattali, Jacob do Bandolim e Garoto, nos anos 1930 e 1940, foram alguns dos músicos que fundiram com sucesso o choro e o jazz. Também as big bands foram citadas, no choro, pelo maestro e arranjador Severino Araújo, à frente da Orquestra Tabajara. Entre os anos 1950 e 1960, o choro ficou em ostracismo midiático. Mas, a partir da década seguinte, aconteceu a revitalização do gênero, destacando-se, nessa fase, o violonista Rafael Rabello. Hoje, o choro é brilhantemente representado por músicos de várias gerações, como o flautista Antonio Carlos Carrasqueira, os saxofonistas Nailor "Proveta" Azevedo e Paulo Moura, o violonista Yamandu Costa, o cavaquinista Hamilton de Hollanda e o pianista Leandro Braga, entre outros.

Clube da Esquina

No início da década de 1960, na cidade de Três Pontas, interior de Minas Gerais, o cantor e compositor Milton Nascimento integrava a banda W's Boys, junto com o pianista Wagner Tiso. Em 1963, Milton se transfere para a capital mineira, Belo Horizonte, e, na pensão onde passa a morar, trava amizade com a família Borges: com Marilton, o mais velho, integra o grupo Evolussamba; Márcio torna-se o letrista de suas primeiras composições; já Lô, o caçula, aluno de harmonia do guitarrista Toninho Horta, forma a banda The Beavers, junto com o cantor e compositor Beto Guedes. A partir de 1966, Milton participa de vários festivais de música, sempre se destacando entre os finalistas. O sucesso de suas músicas atrai a atenção de cantores influentes, como Elis Regina. No final dos anos 1960, a turma dos músicos mineiros já conta com outros nomes, como Flávio Venturini e Tavinho Moura. Chega então o momento de batizar o grupo; em homenagem à esquina da rua Divinópolis com a rua Paraisópolis, onde a turma se reunia, Márcio Borges escolhe o nome de Clube da Esquina. Por essa época, as composições de Milton Nascimento chegam ao mercado norte-americano. Em 1972, grava o disco *Clube da Esquina*, com participações de Lô Borges, do letrista Ronaldo Bastos e do grupo Som Imaginário: é o registro de uma sonoridade original, intensamente melódica e poética, cujos versos expõem temas sociais. No final dos anos 1970 e início dos anos 1980, com a diluição das propostas do Clube da Esquina, o rock passa a dominar a cena musical mineira, o que dá espaço para o surgimento de bandas como Sepultura, de heavy metal, Skank, Pato Fu e Jota Quest, de levada mais pop.

Festivais

No contexto do declínio da bossa nova, em meados da década de 1960, o produtor musical Solano Ribeiro realizou, com o auxílio de colaboradores como Rogério Duprat, Júlio Medaglia e César Camargo Mariano, vários festivais de música brasileira, transmitidos ao vivo por emissoras de TV (TV Excelsior e TV Record), os quais contaram com intensa participação do público. Além de revelarem novos compositores, cantores e instrumentistas, as canções, de cunho social e de protesto, se tornaram uma bandeira contra a censura da ditadura militar. Nascia assim a MPB. As principais revelações foram Elis Regina, Jair Rodrigues, Chico Buarque, Geraldo Vandré, Caetano Veloso, Edu Lobo, Nara Leão, Sergio Sampaio e Gilberto Gil. O enorme sucesso dos festivais chamou a atenção do governo militar; a pressão da parte deste, ao lado da invasão do *marketing* da indústria musical, provocaram o enfraquecimento dessa manifestação popular.

Forró e baião

No século XIX, o ritmo binário da sanfona já embalava uma dança nordestina: o baião, cujo nome se origina do termo "baiano". Estilizado pelo sanfoneiro pernambucano Luiz Gonzaga do Nascimento, nos anos 1940 o baião ganhou *status* de música popular urbana, desbancando a marchinha, o samba e o choro. Foi Gonzaga quem determinou os instrumentos básicos do gênero: a sanfona (ou o acordeão), o zabumba e o triângulo. Estabeleceu parcerias memoráveis com Humberto Cavalcanti Teixeira e José de Souza Dantas Filho (Zé Dantas). Outros parceiros de destaque foram Lauro Maia, João do Vale e Hervé Cordovil. A mídia elegeu o Rei do Baião, Gonzaga; a rainha, Carmélia Alves; a princesa, Claudete Soares; e o príncipe, Luiz Vieira. No início dos anos 1950, artistas consagrados renderam-se ao baião: Emilinha Borba, Carmen Miranda, Isaura Garcia, Ivon Curi, Marlene e Stelinha Egg. Em 1953, a música "Muié rendeira", adaptada para o filme "O cangaceiro", recebeu menção especial do Festival de Cannes. Na década de 1960, o baião entrou em declínio, com o advento da bossa nova e do rock and roll, mas continuou a ser cultivado por instrumentistas como Dominguinhos, Hermeto Pascoal, Egberto Gismonti e Guinga.

Os bailes nordestinos do tipo "arrasta-pé" – os forrobodós – deram origem ao gênero musical forró. A mistura de ritmos como o baião, o xaxado, o coco e a quadrilha era sempre embalada pela sanfona de oito baixos. Dos anos 1940 até o final da década de 1980, Luiz Gonzaga, em parceria com Zé Dantas e com João Silva, gravou uma dezena de forrós. Nos anos 1950, Jackson do Pandeiro foi eleito o Rei do Forró; e nos anos 1970, João do Vale era o mestre do forró no Rio de Janeiro. A partir da década de 1990, o gênero conquistou jovens de classe social mais abastada. Destacaram-se os músicos Dominguinhos, Sivuca, Oswaldinho do Acordeon, Fagner, Alceu Valença, Geraldo Azevedo, Elba Ramalho e os grupos Mastruz com Leite e Limão com Mel.

Hip-hop

A cultura hip-hop é composta por três elementos: o rap (*rhythm and poetry*, executado pelo disc jockey, o DJ, e pelo mestre de cerimônias, o MC), o break (a dança de rua) e o graffiti (em português "grafite", a arte plástica executada nas ruas pelo grafiteiro). A origem do rap se deu em Nova York, nos anos 1970, com Clive Campbell, jamaicano apelidado de Kool Herc, que introduziu a aparelhagem sonora (o sound system) e a técnica de manuseio dos discos; e com o DJ Afrika Bambaataa, criador da organização Zulu Nation, que pregava a cultura hip-hop como alternativa à violência e às drogas. A cultura hip-hop chegou ao Brasil nos anos 1980, e sua expressão inicial foi a dança break. O break ganhou fama mundial por meio do cantor de funk James Brown. Em 1991, na cidade paulista de Santos, o coreógrafo e bailarino Marcelo Cirino fundou o primeiro curso de dança break. Na época, os destaques do break brasileiro foram Nelsão Triunfo e seu grupo Funk & Cia.; no rap, cuja letra, na maioria das vezes, versa sobre a vida urbana e seus conflitos de classe, Thaíde, DJ Hum, Racionais MCs, Fábio Macari e Dinamic Duo, entre outros. O DJ é o responsável pela instrumentação, geralmente eletrônica; e o rapper, ou MC, é o compositor e cantor do rap. Desde o final dos anos 1980, Milton Salles faz um importante trabalho de divulgação da cultura hip-hop: criou a MH2O (Movimento Hip Hop Organizado) e a Companhia Paulista de Hip Hop; além disso, organiza oficinas e shows gratuitos para a população da periferia urbana.

Jovem guarda

A jovem guarda, ou iê-iê-iê, foi o gênero musical que aproximou pela primeira vez a música brasileira do rock internacional, especificamente do rock americano de Elvis Presley e Bill Haley e do rock inglês dos Beatles.

Os primórdios da jovem guarda remontam à segunda metade da década de 1950, quando seus ídolos – Celly e Tony Campelo, Ed Wilson, Ronnie Cord, Meire Pavão, os grupos The Jordans, The Jet Black's e The Clevers – cantavam versões brasileiras de baladas românticas internacionais. A jovem guarda toma seu impulso definitivo com o inesperado sucesso da gravação, no início dos anos 1960, da música "Rua Augusta", do compositor Hervé Cordovil, na voz do também compositor e cantor Ronnie Cord. A partir daí, a mídia vê com outros olhos o trabalho de dois jovens artistas: Erasmo Carlos e Roberto Carlos. Com versões e composições renovadas por uma guitarra provocativa, a dupla atingiu tamanho sucesso que, em 1965, um programa de TV com o nome *Jovem Guarda* estabeleceu uma nova estética, não só musical, mas principalmente de comportamento, da moda e da linguagem. Outros ídolos surgiram: Wanderléa, Jerry Adriani, Ronnie Von, Wanderley Cardoso, Eduardo Araújo, Vanusa, Agnaldo Rayol, Rosemary, Antônio Marcos; as duplas Leno e Lílian, Deny e Dino, Os Vips; e os grupos Renato e Seus Blue Caps, Golden Boys e muitos outros. O início de 1969 marcou o esvaziamento da jovem guarda, e seus artistas dispersaram-se em direções variadas – para a música romântica (Roberto Carlos, Ronnie Von), para o rock (Erasmo Carlos), o brega (Agnaldo Rayol, Reginaldo Rossi), o sertanejo (Sérgio Reis), o sertanejo pop (Eduardo Araújo), entre outras.

Marchinha carnavalesca

No século XIX, a marcha-rancho animava os blocos carnavalescos. Chiquinha Gonzaga foi autora da primeira marcha para o Carnaval, "Ó abre alas". Mas foi a partir de 1920 que essa música se popularizou, ao entrar para os salões da classe média. De compasso binário, sofreu influência do charleston norte-americano, da marcha portuguesa e da modinha brasileira, e suas letras espirituosas e satíricas foram sua principal característica. Destacaram-se os compositores Freire Júnior, Lamartine Babo, Nássara, Braguinha, Wilson Batista, Mário Lago e a dupla Irmãos Valença; e os intérpretes Carmen e Aurora Miranda, Dircinha e Linda Batista, Emilinha Borba, Francisco Alves e Orlando Silva. A partir da década de 1960, a marchinha entrou em declínio, em função do desaparecimento do Carnaval de rua, prática revitalizada nos anos 2000, o que resgatou esse gênero musical.

Modinha e lundu

O lundu é de origem africana – Angola e Congo – e chegou ao Brasil por meio dos escravos. Ainda em forma de dança (umbigadas) acompanhada de batuques, sua prática, no país, foi registrada em carta no ano de 1780. Nos últimos anos do século XVIII, o lundu já aparece como canção de ritmo alegre e versos maliciosos, destacando-se o compositor, cantor e violeiro Domingos Caldas Barbosa. No século XIX, o lundu-canção já é ouvido nos salões da sociedade colonial ao lado da modinha, sendo Xisto Bahia seu principal intérprete e compositor. No início do século XX, foi suplantado pela modinha.

A modinha nasceu no Brasil no século XVII e caracterizou-se pela fusão das cantigas coloniais com as árias portuguesas. O andamento suave e choroso dessas canções camerísticas era o acompanhamento ideal para versos de caráter romântico. No início do século XIX, os modinheiros de destaque foram o compositor e instrumentista Joaquim Manoel da Câmara; o também compositor Cândido José de Araújo Viana, marquês de Sapucaí; Tomás Antônio Gonzaga; e, principalmente, o compositor, cantor e violinista Cândido Inácio da Silva. No início do século XX, o compositor e cantor Xisto Bahia popularizou a modinha como música de serenata, enquanto Catulo da Paixão Cearense celebrizou-se como o maior letrista da época. Mas, com a chegada da era do rádio, a modinha cedeu lugar para a valsa romântica.

MPB

A sigla MPB é abreviação para o termo "música popular brasileira". O gênero surgiu na década de 1960 e cristalizou-se no repertório criado pelos jovens compositores e intérpretes que defenderam suas canções nos festivais de música brasileira (1965-72; ler mais no verbete "Festivais"). Nesse período, o Brasil vivia sob o jugo da ditadura militar, e as composições da MPB surgiram como manifestação de protesto e crítica social. Estruturalmente, o gênero ressignifica o nacionalismo musical, trazendo de volta ao cancioneiro popular gêneros rurais e urbanos, como o samba, o baião e a moda de viola, como contraposição às influências internacionais, então consideradas imposições culturais imperialistas.

Música baiana

Axé

Nos anos 1950, os músicos Dodô e Osmar tiveram a ideia de tocar o frevo pernambucano em guitarras elétricas (as recém-criadas guitarras baianas), ao ar livre e em cima de um carro Ford, dando origem, assim, ao trio elétrico. Na década de 1970, o cantor e compositor Moraes Moreira, do grupo Novos Baianos, colocou letras nessas músicas e deu início à axé music. O termo "axé" – uma saudação religiosa do candomblé e da umbanda, que significa "energia positiva" – serve de rótulo à fusão de ritmos nordestinos, africanos e caribenhos com o pop rock e, mais genericamente, a todas as músicas provenientes da Bahia, traduzindo seu espírito permanente de folia. Os anos 1980 trouxeram a proliferação dos blocos afros, como Filhos de Gandhy, Ilê Aiyê, Ara Ketu e Olodum. Eles executavam ritmos africanos, como o ijexá, e brasileiros, como o maracatu e o samba, além de caribenhos, como o merengue. A mistura das guitarras elétricas dos frevos com os tambores do ijexá resultou no estilo fricote, consagrando bandas como Chiclete com Banana e artistas como Sarajane e Cid Guerreiro. No início dos anos 1990, a música baiana fez carreira internacional com a cantora Margareth Menezes e com os grupos Olodum e Ara Ketu. O ano de 1992 foi o ano da consagração mercadológica nacional do axé, com as cantoras Daniela Mercury e Ivete Sangalo, além de Banda Eva, Banda Mel e Cheiro de Amor, entre outros. O grupo Timbalada, de Carlinhos Brown, resgatou o som percussivo dos timbais e teve reconhecimento internacional. No ano de 1995, surgiu a "bunda music", uma derivação do axé que enfatizava a dança – de coreografia libidinosa – em vez da música. O grupo de maior destaque nesse estilo foi o Gera Samba, posteriormente rebatizado de É o Tchan. Após essa superexposição, a axé music entra em declínio, a partir do final dos anos 1990.

Música de concerto

Consideramos música de concerto brasileira todas as criações nacionais estruturalmente ligadas à tradição europeia da música partiturada. Verificamos um paralelismo histórico entre os estilos barroco, clássico, romântico e moderno europeus e invenções de compositores orquestrais e camerísticos nacionais, invariavelmente com influências das sonoridades brasileiras, por vezes resultando em um repertório originalíssimo.

Música eletrônica

O embrião da música eletrônica foi a renovação vanguardista da música de concerto, ocorrida no início da década de 1920. Junto com o dodecafonismo e o atonalismo, equipamentos eletrônicos passaram a criar, armazenar e editar novos sons. Nos anos 1950, os primeiros desses equipamentos que migraram para a música popular foram o sintetizador Moog e o órgão elétrico Hammond. Na década de 1970, as experimentações eletrônicas foram decisivas na criação de uma música dançante que marcou a era da discoteca. Figura fundamental dessa época foi o disc jockey (DJ), que, com o auxílio dos equipamentos eletrônicos, mixava, estendia e combinava gravações preexistentes. Outra vertente musical aplicava a nova tecnologia ao rock, ao funk, ao hip-hop e ao rhytm'n'blues. Nas décadas de 1980 e 1990, novos equipamentos, como sequenciadores de sons e sofisticados *softwares* para computadores, permitiram a criação de música exclusivamente por meios eletrônicos, com batidas mais marcantes, repetitivas, hipnóticas, normalmente sem vocais, feita para dançar. A combinação de música eletrônica e raves (festas ao ar livre) é uma espécie de manifestação da contracultura do século XXI, um espelho do que foram os festivais de *rock* dos anos 1970 para os *hippies*. A música eletrônica divide-se em estilos, cada um com seus adeptos ou "tribos": house, trance, trip hop, drum'n'bass, entre outros. No Brasil, desde os anos 1970, destacaram-se vários compositores, instrumentistas e cantores no universo da música eletrônica, entre os quais: o grupo Azymuth, Rita Lee e Lincoln Olivetti; nos anos 1980, as bandas Fellini e Defalla; na década de 1990, os grupos Chelpa Ferro, Os Mulheres Negras, os artistas Fernanda Abreu e Rica Amabis e, nas pistas de dança, DJ Patife e DJ Marky.

Música instrumental

Na sua acepção literal, o termo "música instrumental brasileira" designa todas as criações musicais que abrem mão da utilização da voz humana, desde o século XVI até os dias de hoje. No entanto, para fins classificatórios desta *Árvore da música brasileira*, o conceito de música instrumental brasileira é mais restrito, e refere-se à criação instrumental brasileira posterior ao surgimento da bossa nova na década de 1950. Quando observamos a criação instrumental entre as décadas de 1870 e 1950, verificamos que há uma predominância do choro sobre os outros estilos. Depois do advento da bossa nova, a música instrumental brasileira passa a utilizar-se do samba, do baião e de outras matrizes tradicionais, fundindo-as às influências de harmonias e do espaço de improvisação provenientes do jazz norte-americano.

Música pernambucana

Frevo

No final do século XIX, a classe trabalhadora do Recife organizou-se em agremiações que, na época do Carnaval, desfilavam pelas ruas da cidade ao som de polcas marciais executadas por charangas (pequenas orquestras de metais). Importante para a afirmação desse gênero musical da época foi o capitão José Lourenço da Silva, o Zuzinha, regente da banda do 40º Batalhão de Infantaria do Recife. Com o passar dos anos, o ritmo binário da marcha foi se acelerando, transformando-se no frevo de rua. À frente do cortejo, abrindo o caminho, capoeiristas contratados exibiam seus golpes e rasteiras, o que daria origem à dança típica, cheia de gingados e malabarismos. Para permitir a participação do público familiar, criou-se o estilo frevo de bloco, de ritmo bastante lento, cantado por vozes femininas e acompanhado por instrumentos de pau e corda, como cavaquinho, flauta e pandeiro. De ritmo intermediário, e também cantado, o frevo-canção conquistou seu espaço inclusive na região Sudeste, concorrendo com as marchinhas e o samba nos carnavais dos anos 1930 e 1940. Os músicos de destaque da época foram o compositor Nelson Ferreira, Capiba e a dupla Irmãos Valença. Na década de 1950, cantores consagrados pelo rádio, como Almirante, Nelson Gonçalves, Linda e Dircinha Batista, Carmélia Alves, Carlos Galhardo e Antonio Maria, entre outros, também incorporaram os frevos a seu repertório. Já não mais restrito à época carnavalesca, o ritmo pode ser ouvido em gravações de bossa-novistas como Tom Jobim, Vinicius de Moraes e Edu Lobo; de tropicalistas como Gilberto Gil e Gal Costa; de sambistas e roqueiros como Alcione e Lulu Santos.

Manguebeat

No início da década de 1990, no Recife, músicos das bandas Chico Science & Nação Zumbi e Mundo Livre S/A fundiram a música pop internacional – rock, reggae, música eletrônica e rap – e os ritmos tradicionais de Pernambuco – maracatu, coco, ciranda e caboclinho. O resultado recebeu, inicialmente, o nome de "manguebeat", que designa não só o novo ritmo criado como o movimento de contracultura então originado. As canções produzidas por Chico Science e sua banda continham versos que denunciavam a desigualdade social brasileira e transformaram-se num manifesto artístico-cultural, destacando a imagem do mangue e seus habitantes. O grupo não demorou a atingir sucesso nacional e internacional. Mesmo com a morte prematura de um de seus fundadores, Chico Science, o manguebeat continua gerando músicos de talento, como Otto e Stela Campos, e as bandas Mestre Ambrósio, Cascabulho, Querosene Jacaré e Faces do Subúrbio.

Música tradicional

No ambiente acadêmico, o termo "música tradicional" substituiu a denominação "música folclórica". Historiadores, pesquisadores e cientistas sociais entenderam que a palavra "folclore" remetia a expressões emolduradas por formas rígidas e imutáveis. Já a expressão "música tradicional" traria em seu âmago uma alusão ao processo de transformação que caracteriza a música como fenômeno sócio-histórico dinâmico e permeável. A música tradicional abarca um repertório de música devocional e profana, desde as canções de brincadeiras infantis até os pregões de vendedores ambulantes, músicas de cortejos etc. Normalmente, a música tradicional não tem autores definidos, e sua forma e seu conteúdo são transmitidos durante a *performance*, sem necessidade de partituras.

Rock

Oficialmente, o rock chegou ao Brasil em 1955, quando a cantora de boleros e samba-canção Nora Ney gravou, em inglês e em ritmo de fox, a música "Rock around the Clock", de Max C. Freedman e Jimmy De Knight. Cauby Peixoto foi o primeiro intérprete a cantar rock em português, e Betinho & Seu Conjunto, os primeiros a usar guitarra elétrica. Em 1958, os irmãos Tony e Celly Campello fizeram a primeira gravação do gênero em disco de 78 rpm. Foi o início da incursão do rock aos programas de rádio e televisão. Na década de 1970, aconteceram grandes shows ao ar livre e em casas de espetáculo. Firmou-se a identidade do rock nacional, por meio de bandas como Made in Brazil, Som Nosso de Cada Dia, A Barca do Sol, O Terço, Som Imaginário, Sá, Rodrix & Guarabira, Secos & Molhados, Tutti Frutti e o talento individual de Raul Seixas. Nos anos 1980, os grupos Blitz, Barão Vermelho, Kid Abelha & os Abóboras Selvagens, Legião Urbana, RPM, Paralamas do Sucesso, Titãs, Camisa de Vênus, Ultraje a Rigor, Ira!, Engenheiros do Hawaii, Rádio Táxi e Roupa Nova dividiram a atenção do público e da mídia com bandas do movimento punk, em São Paulo, como Inocentes, Ratos de Porão, Cólera, Garotos Podres, As Mercenárias e Olho Seco. Os destaques individuais foram Cazuza, Marina Lima, Lulu Santos, Lobão, Ritchie e Eduardo Dusek, entre outros. Na década de 1990, alguns grupos passam a cantar em inglês e conquistam mercado internacional, como o mineiro Sepultura e o paulistano Viper. Acontece o fenômeno Mamonas Assassinas, um grupo formado por jovens da periferia paulistana que apostaram em composições com humor satírico. Fazem sucesso os grupos mineiros Skank, Jota Quest e Pato Fu; os paulistas Charlie Brown Jr. e Raimundos; e, em carreira solo, Fernanda Abreu, Arnaldo Antunes e Paulinho Moska.

Samba

O samba tem origem no lundu, música africana marcada por palmas e dança de umbigadas, e suas raízes datam da época da colonização. No século XIX, a Bahia é palco para o samba de roda, durante o qual, ao som de palmas, cantos, berimbau, viola, atabaque e pandeiro, dançarinos exibem-se no centro de uma roda. No ambiente urbano do início do século XX, sua maior expressividade encontra-se nas casas das tias baianas situadas no centro da cidade do Rio de Janeiro. Em 1917, foi gravado oficialmente o primeiro samba, "Pelo telefone", composição de Donga e Mauro de Almeida interpretada pelo cantor Baiano. Nos anos 1920 e 1930, o samba de Ismael Silva, Sinhô e Heitor dos Prazeres foi para as ruas, animando o Carnaval brasileiro. O samba-canção e o samba-exaltação formaram os ídolos do rádio, como Francisco Alves, Orlando Silva, Mário Reis, Carmen Miranda, Dalva de Oliveira e Aracy de Almeida, que interpretavam composições de Noel Rosa, Ary Barroso, Cartola, Dorival Caymmi e Adoniran Barbosa. Na década de 1940, o samba de gafieira tomou conta dos salões de dança, e Moreira da Silva expunha a malandragem carioca nos sambas de breque. Nos anos 1960, o sambalanço de Jorge Ben Jor, então Jorge Ben, convivia com os "afro-sambas", de Baden Powell e Vinicius de Moraes, e com os sambas de morro de Zé Kéti, Nelson Cavaquinho, Élton Medeiros e Monarco; o partido-alto de Martinho da Vila, Zeca Pagodinho, do grupo Fundo de Quintal e da dupla Arlindo Cruz e Sombrinha foi cantado por Beth Carvalho, Alcione e Clara Nunes. Na década de 1970, nasceu o pagode, que fez o sucesso de grupos como Os Originais do Samba, Negritude Júnior, Só pra Contrariar etc. Como um gênero básico da MPB, o samba será sempre revigorado por talentos como Aldir Blanc, Guinga, Moacyr Luz, Walter Alfaiate, Wilson das Neves e Nei Lopes, entre outros.

Samba-rock

O samba-rock é um estilo de música e de dança surgido nos bailes da periferia de São Paulo no começo dos anos 1960. A dança do samba-rock funde movimentos de cintura do samba aos movimentos acrobáticos do rock'n'roll dançado nos Estados Unidos no final da década de 1950. Musicalmente, as canções do samba-rock introduzem influências das harmonias da soul music e do rock'n'roll de Elvis Presley. O estilo também é definido pela concepção rítmica e percussiva do violão (ou guitarra) e por um acento forte no segundo e no quarto tempos na levada da bateria.

Tropicalismo

Em outubro de 1967, no terceiro Festival de Música Popular Brasileira, da TV Record, em São Paulo, Caetano Veloso, Gilberto Gil e o grupo Os Mutantes lançaram oficialmente o movimento tropicalista, com as canções "Alegria, alegria" e "Domingo no parque". Protestavam contra o elitismo e o nacionalismo da MPB com suas guitarras elétricas e canções cujos versos falavam de um Brasil alegórico, que unia o moderno ao brega. Além dos citados, tiveram participação ativa no tropicalismo, ao longo do ano de 1968, os músicos Tom Zé, Gal Costa, Rogério Duprat, Torquato Neto e Júlio Medaglia. O álbum coletivo *Tropicália ou Panis et Circensis*, lançado em agosto desse ano, foi um marco do movimento, que acabou quatro meses depois, com a prisão de Caetano e Gil pelo regime militar.

Agradecimentos

Uma árvore da música brasileira. O pôster e o livro começaram a ser trabalhados no ano de 1995 – e só agora, no ano de 2020, o trabalho está sendo editado. Foram muitas pessoas que colaboraram no projeto durante estes 25 anos! Queremos agradecer o empenho de Lúcia Rodrigues, Marcelo Manzatti, Gisela Moreau, Rodrigo Andrade, Maria Andrade, Ligia Fernandes, Lilian Aydar, Rosângela Matua, Jussara Salles, Vinicius "Nikima" Pacheco, Mônica Vendramini Reis, Celso Massola, Carla Casarim, Alexandre Pavan, Lu Rangel, Paulo Brown e Jefferson Barcellos.

Sobre os autores

Ari Colares é bacharel em música e mestre em educação musical pela ECA-USP. Músico e educador especializado em percussão e ritmos brasileiros, atua no Brasil e no exterior. Já lecionou e tocou com importantes nomes da música criativa, como Mônica Salmaso, André Mehmari, Ceumar, Naná Vasconcelos, Fabiana Cozza, Yamandu Costa, Virginia Rosa, Toninho Ferraguti, Zizi Possi, Ivan Vilela, Egberto Gismonti, Anelis Assumpção e André Abujamra, entre outros. Faz parte do grupo A Barca, que apresenta expressões da cultura popular brasileira. De 1993 a 2017, ensinou percussão popular na Escola de Música do Estado de São Paulo Tom Jobim (Emesp). Atualmente exerce o cargo de gerente artístico do Projeto Guri e ministra aulas regulares em seu estúdio, além de cursos e oficinas no Brasil e no exterior.
> *cultura popular e música tradicional*

Orlando **Bolão** é percussionista natural de Salvador. Tocou com a banda baiana Cheiro de Amor de 1989 a 2001, participou da Orquestra Heartbrakers, acompanhou Omara Portuondo, Alejandro Sanz e Olmir Stokler e atualmente toca com Eumir Deodato. Tem dois CDs solo gravados, já participou de trilhas para filmes e novelas e tocou com artistas internacionais, entre eles Gloria Estefan e o blues man Igor Prado.
> *música baiana*

Caetano Zamma (1935-2010) foi compositor e diretor musical paulistano. Além de contribuir para a música popular brasileira, dedicou sua carreira à produção de *jingles* publicitários. Foi produtor musical da TV Excelsior. No final dos anos 1950, a casa de sua família era um dos principais pontos de encontro de seus colegas músicos ligados à bossa nova. Participou como músico do icônico show da bossa nova em 1962 no Carnegie Hall, em Nova York, que marcou o lançamento do estilo para o cenário internacional.
> *bossa nova*

Francisco César Gonçalves, o **Chico César**, é cantor, compositor, escritor e jornalista paraibano de Catolé do Rocha. Já gravou nove discos e escreveu três livros. Teve músicas gravadas por artistas como Elba Ramalho, Daniela Mercury, Zizi Possi, Rita Ribeiro, Emílio Santiago, Ivan Lins, Sting, Maria Bethânia e Gal Costa. Ganhou vários prêmios, sendo o mais recente o Prêmio da Música Brasileira pelo álbum *Estado de poesia*.
> *música pelo Brasil*

Eder "O" Rocha é baterista e percussionista. Iniciou seus estudos em 1983 e realizou formação técnica pelo Centro Profissionalizante de Criatividade Musical do Recife (CPCMR) em 1993. Rocha trabalhou em big band, banda sinfônica, orquestras sinfônicas e com alguns grupos e músicos populares, como os pernambucanos Silvério Pessoa, Angaatãnàmú, Mestre Ambrósio e Velho Maza, os paulistas Instituto, DJ Dolores, Bambas Dois (de BiD) e DJ Marky, e o cearense Di Freitas. Apresentou-se e ministrou oficinas em vários países da Europa, América do Norte e Japão. Compôs trilhas sonoras para os espetáculos *AnimaAção* (Cia. Cênica Nau de Ícaros), *Artéria* (Cia. Nova Dança) e *Árvore do esquecimento* (Balé da Cidade de São Paulo). Foi produtor musical dos CDs *Nação ameaçada* (Afetos), *Zunido da mata* (Renata Rosa), *Com vida* (Elefante Groove), *O circo do Rocha* e *Zabumba moderno* (Eder "O" Rocha), *Vento das águas* (Estuário) e *Na zona* (Trinca Ferro Trio). Atualmente, além de seus projetos solo Eder Baque (maracatu), Live PE (*DJ drummer*) e "O" Trio, Rocha trabalha com os grupos e artistas Piquete Teimoso (Brasil, Colômbia), Ponto BR (MA, PE, AL, SP), Sebastião Bianô e seu Terno Esquenta Muié (SE, SP), os pernambucanos Terno Quente e Dounuoutro & Nunquerotroco, e os paulistas Beto Montag e Psycoletivo, Mutrib e Jorge Garcia Cia. de Dança (SP). Lançou o disco solo *O circo do Rocha* (2003). Em 2005, publicou o método de zabumba *Zabumba moderno* e montou sua escola Prego Batido, onde atua até hoje.
> *música pernambucana*

Edmundo Villani-Côrtes é maestro, compositor, arranjador e pianista. Mestre em composição pela UFRJ e doutor em música pela Unesp, foi professor de composição e contraponto no curso de música da Unesp. Compôs mais de setecentas obras para diversas formações, desde instrumentos solo até peças para concertos protagonizadas pelos diversos instrumentos da orquestra. Ganhador de diversos prêmios, como Guarani, Prêmio Carlos Gomes e APCA, entre outros.
> *música de concerto*

Fernando Faro (1927-2016) é unanimemente considerado um dos mais importantes produtores da história da música popular brasileira. Estreou na televisão no início da década de 1950, na TV Paulista, onde foi diretor, escreveu teleteatros e produziu shows e programas televisivos para artistas como Chico Buarque, Gilberto Gil, Caetano Veloso, Elis Regina e Gal Costa. Sua maior contribuição foi a criação, produção e apresentação do programa *Ensaio*, que estreou em 1969 na TV Tupi. Em 1990, a atração começou a ser exibida na TV Cultura, onde se consolidou, somando aproximadamente setecentos episódios, cada um dedicado à obra de um artista diferente. O programa encerrou-se com a morte de Fernando Faro, em 2016.
> *prólogo*: MPB

Fernando Guimarães é cientista social, gestor público, poeta, ator, produtor, formulador de políticas culturais e ativista dos direitos humanos.
> *rock*

Guga Stroeter é um músico, escritor e diretor musical paulistano. Estudou psicologia na PUC-SP, mas a partir da segunda metade da década de 1980 passou a dedicar-se à música. Guga é vibrafonista, criador integrante do quinteto Nouvelle Cuisine e da Orquestra HB – Heartbreakers, com aproximadamente vinte álbuns gravados. Como instrumentista, participou de shows de diversos artistas, como Rita Lee e Caetano Veloso. Desde meados dos anos 1990, Guga escreve livros de ficção, poesia, teatro e crítica musical.

Izaias Bueno de Almeida é líder do conjunto Izaias e Seus Chorões, o mais antigo grupo instrumental especializado em choro. Iniciou carreira como solista de bandolim, aos 16 anos, no programa *Grêmio Juvenil Tupy*, na extinta TV Tupi. Mais tarde, em 1956, formou um conjunto para se apresentar em *Noite dos Choristas*, programa da TV Record dirigido por Jacob do Bandolim. Tocou com o Conjunto Atlântico em quase todos os programas musicais da TV Cultura: *Os Sons que Vêm da Rua, Viola Minha Viola, Ensaio, O Choro das Sextas-feiras* e *Alegria do Choro*. Gravou os discos *Pé na cadeira* (independente, 1981), *O fino do bandolim* (Bandeirantes, 1981), *O regional brasileiro na música dos Beatles* (Bandeirantes, 1981), *Quem não chora não ama* (CPC-Umes, 1999), *O choro e sua história* (CPC-Umes, 2006), *Valsas e retratos: Radamés Gnatalli* (Izaias e Seus Chorões & Quintal Brasileiro, Selo Sesc SP, 2012) e *Chorando na garoa* (Pôr do Som, 2017). Participou ainda como acompanhador em diversos trabalhos de cantores e solistas. Apresentou-se com o conjunto Moderna Tradição, dirigido por Benjamim Taubkin, em festivais de MPB em Krenz (Áustria), Hannover

(Alemanha) e Navarra (Espanha). Recebeu o Prêmio Ibac de Música em 2011 e o Prêmio Profissionais de Música como o Melhor Conjunto de Choro (2018).
> *choro*

Jorge Vasconcelos (Jorge Lampa), professor, compositor, cantautor e violonista, é graduado em música popular, mestre em artes e doutor em música pela Unicamp. Foi ator e "músico em cena" nas companhias Teatro a Bordo e Mala e Baú, e professor substituto no curso de teatro da Universidade Federal de São João del-Rei (UFSJ). Atualmente é docente efetivo da Universidade Federal do Recôncavo da Bahia (UFRB). Participou de vários grupos musicais (e encabeçou vários deles) na Baixada Santista (Banda Lampa, Fuá do Moitará etc.), e atualmente apresenta seu trabalho solo, que estreou na Bahia sob direção de Paula Lice.
> *black music*

Júlio Medaglia, membro da Academia Paulista de Letras, é maestro, compositor e arranjador. É autor do arranjo original da música "Tropicália", de Caetano Veloso.
> *tropicália*

O cantor **Junio Barreto** nasceu em Caruaru (PE), mudou-se adolescente para o Recife e depois se mandou para São Paulo. Em sua cidade natal, famosa pelas festas juninas ao som de forró, absorveu seu primeiro gosto por música. Aboios, violeiros, baião, banda de pífanos, frevo, coco, xaxado – levou tudo consigo para o Recife, onde o manguebeat o infectou. Ouviu muito rock inglês e fez seu próprio rock, liderando a banda Uzzo. Compartilhou da gestação do manguebeat. Impregnado de agreste, sertão e litoral, aportou na *concrete jungle* paulistana suavemente, sem alarde. Aos 40 anos, lançou seu primeiro disco solo, o independente *Junio Barreto* (2004), seguido por *Setembro* (2011).
> *manguebeat*

Alexandre Kamal **Kassin** é produtor musical, cantor, compositor e multi-instrumentista. Integrou a banda Acabou la Tequila, notória no cenário independente carioca dos anos 1990. Na década seguinte, junto com Moreno Veloso e Domenico Lancelotti, formou o grupo +2, que lançou três discos e gravou a trilha sonora do espetáculo *Ímã*, do Grupo Corpo. É membro da Orquestra Imperial desde a sua fundação, em 2002. Além disso, realiza projetos experimentais como o Artificial, com o qual gravou o disco *Free U.S.A.* executando as músicas com um Game Boy. Em 2011

lançou seu primeiro disco solo, *Sonhando devagar*. É compositor da trilha sonora do animê *Michiko to Hatchin*, que foi transmitido na televisão japonesa em 2008-9.
> *música eletrônica*

Liliane Braga é doutora em história pela PUC-SP e, na mesma universidade, integra o Centro de Estudos Culturais Africanos e da Diáspora. Já foi jornalista cultural independente.
> *forró e baião*
> *Clube da Esquina*

Marcelo Drummond **Nova** é um cantor e compositor brasileiro. Foi vocalista da banda baiana Camisa de Vênus, desde o início dos anos 1980 até o primeiro encerramento das atividades, em 1987. No ano seguinte iniciou carreira solo. Gravou um LP ao lado de Raul Seixas, intitulado *A panela do diabo* (1989).
> *rock*

Marco Mattoli é músico e produtor musical. Em 1990, fundou a banda Mattoli e os Guanabaras, com a qual gravou um disco, buscando a fusão do samba com a música pop. Em 1996, lançou o trabalho solo *Balanço bom é coisa rara*. Com os mesmos músicos, três anos depois fundou o Clube do Balanço, como cantor e guitarrista. A banda capitaneou um movimento de retomada e reinvenção do samba-rock, apresentando o gênero para as gerações mais jovens. Até 2019, o Clube do Balanço já havia lançado cinco álbuns (o mais recente, *Balanço na quebrada*, celebra duas décadas de banda), apresentado mais de quatrocentos shows e realizado turnês na Europa, na Ásia e na Oceania. Desde 2004, Mattoli realiza um trabalho paralelo como compositor de samba paulista. Produziu ainda diversos eventos do Clube do Balanço e projetos ligados ao samba-rock, entre os quais se destaca a bem-sucedida proposta de registrar o estilo no Conpresp como patrimônio imaterial da cidade de São Paulo, em 2016.
> *samba-rock*

Nei Lopes é profissional da música desde 1972, com obras gravadas pelos principais nomes do samba. Integrou a ala de compositores da escola de samba Acadêmicos do Salgueiro e foi dirigente da Unidos de Vila Isabel. É também escritor e estudioso das culturas africanas, no continente de origem e na diáspora. Publicou dicionários e enciclopédias, como *Kitábu: o livro do saber e do espírito negro-africanos* (2005) e o *Dicionário da história social do*

samba (2015), com Luiz Antonio Simas, vencedor do Prêmio Jabuti em 2016 na categoria de teoria/crítica literária, dicionários e gramáticas.
> *samba*

Nelson Ayres é pianista, regente e compositor. Durante dez anos foi maestro da Orquestra Jazz Sinfônica do Estado de São Paulo. Tem regido frequentemente outras orquestras no Brasil e no exterior, incluindo a Orquestra Filarmônica de Israel. É bacharel em música e mestre em educação musical pela ECA-USP. Tocou e gravou com Benny Carter, Dizzy Gillespie, Toots Thielemans, Airto Moreira e Flora Purim, Ron Carter, Walter Booker, Vinicius de Moraes, Chico Buarque, Edu Lobo, Simone, Nana e Dori Caymmi, Milton Nascimento, Gal Costa e muitos outros grandes nomes do jazz e da MPB. Como pianista, pode ser encontrado liderando o Nelson Ayres Trio, dividindo o palco com Monica Salmaso ou tocando no quinteto instrumental Pau-Brasil, em atividade desde 1978. Com o CD *Villa-Lobos superstar*, o grupo conquistou os títulos de Melhor CD e Melhor Grupo Instrumental no Prêmio da Música Brasileira 2013.
> *música instrumental*

Luiz Franco Thomaz, mais conhecido como **Netinho**, nasceu em Itariri (SP) em 1946. É músico – baterista desde 1959 –, produtor musical, escritor e empresário. Integra as bandas Os Incríveis e Casa das Máquinas.
> *jovem guarda*

Paulo Castagna é musicólogo, professor e pesquisador do Instituto de Artes da Unesp, onde coordena o Núcleo de Musicologia Social (Nomos). Como bolsista de produtividade em pesquisa (PQ) do CNPq, tem produzido partituras, livros, artigos, cursos, conferências e programas de rádio e televisão na área de musicologia, além de coordenar a pesquisa musicológica para a gravação de CDs. Integra a equipe de pesquisa do Museu da Música de Mariana, onde coordena o projeto de digitalização da Coleção Dom Oscar de Oliveira. É membro do conselho consultivo da Fundação Centro de Referência Musicológica José Maria Neves (Cerem), da Universidade Federal de São João del-Rei (UFSJ). Participa de encontros de musicologia na América Latina, na Europa e nos Estados Unidos, tendo coordenado alguns deles no Brasil.
> *modinha e lundu*

Paulo Freire é violeiro, escritor e contador de histórias. É autor de trilhas sonoras, canções, romances, biografias, livros de causos, livros infantis e CDs de viola. Vem recebendo diversos prêmios em suas atividades ligadas

à cultura brasileira. Tem participação em trabalhos de diferentes artistas brasileiros e é considerado um dos mais importantes violeiros e contadores de causo da atualidade.
> *caipira e sertanejo*

Solano Ribeiro idealizou e realizou os grandes festivais da MPB. O primeiro, na TV Excelsior, revelou Elis Regina. A seguir vieram os concursos de Record, Globo e Tupi, que lançaram Alceu Valença, Caetano Veloso, Chico Buarque, Dori Caymmi, Gal Costa, Geraldo Vandré, Gilberto Gil, Itamar Assumpção, Jair Rodrigues, Maria Alcina, Martinho da Vila, Mutantes, Nara Leão, Originais do Samba, Paulinho da Viola, Raul Seixas, Tetê Espindola e Tom Zé, entre muitos outros artistas. Na década de 2000, participou novamente da realização de festivais de música brasileira, na Globo e na Cultura. Dirigiu bem-sucedidos programas musicais para a televisão brasileira, como o *Som Livre Exportação*, pela Globo (recorde de público para musicais em recinto fechado: 100 mil espectadores, no centro de eventos Anhembi), e alemã (*Novos Baianos F. C.* foi premiado pelo Festival Europeu de Televisão, na Áustria). Foi diretor de programação da Rede Tupi de televisão e fundou a emissora de rádio Antena 1. Dirigiu comerciais premiados e, como produtor independente, lançou discos de Marlui Miranda, Egberto Gismonti, Millôr Fernandes e Pat Escobar. É autor de *Prepare seu coração* (Geração, 2003), sobre sua carreira, e da ficção *O sétimo dia* (no prelo). Recebeu os prêmios APCA de melhor musical do rádio pelo programa *Solano Ribeiro e a Nova Música do Brasil*, em 2006, e de iniciativa cultural pelo Troféu Cata-Vento, em 2012 – ambos na Cultura FM.
> *festivais*

Suzana Salles é cantora e compositora. Tem diversos discos lançados, dentre eles *Suzana Salles, As sílabas, Concerto cabaré* e *Caipira*. Participou das bandas Sabor de Veneno e Isca de Polícia, com as quais gravou respectivamente *Clara Crocodilo*, de Arrigo Barnabé (1980), e *Às próprias custas S.A.*, de Itamar Assumpção (1982). Cidadã paulistana e luizense, ganhou o Prêmio Governador do Estado pela idealização e curadoria da Semana da Canção Brasileira, evento anual sediado em São Luiz do Paraitinga (SP) durante seis edições. Canta nos blocos carnavalescos Juca Teles, Maricota, Barbosa e Bico do Corvo, em São Luiz do Paraitinga, como também no Trupica, no Água Preta e no Todo Mundo, em São Paulo.
> *marchinha carnavalesca*

Xis é paulistano da zona leste da cidade de São Paulo, canta rap desde os 16 anos de idade e está na cultura hip-hop há mais de três décadas. Compositor

e intérprete premiado, o rapper já atuou como radialista e apresentador de TV. É autor de dois álbuns, atua como DJ e coleciona discos de vinil. Trabalhou como atendente de música e livros; na adolescência também foi securitário. Ativista, é um dos criadores do termo 4P (poder para o povo preto). Atualmente ocupa o cargo de assessor na Secretária Municipal de Cultura na gestão Bruno Covas. Foi o primeiro rapper brasileiro a se apresentar em Cuba e também o primeiro MC a cantar no Theatro Municipal.
> *hip-hop*

Sobre a linha do tempo e a árvore da música

Este livro apresenta dois conteúdos adicionais: a linha do tempo, no verso da capa, e o pôster com a árvore da música brasileira, segundo a perspectiva de Guga Stroeter e Elisa Mori, encartado a seguir.

Da ideia longínqua de desenhar a árvore nasceu o livro, como explica o texto de introdução. Trata-se de uma genealogia musical brasileira, em que as raízes são as nossas matrizes culturais, os galhos maiores são os gêneros musicais fundadores e os galhos menores são os gêneros derivados. A sequência dos galhos, de baixo para cima, está em ordem cronológica, mas a sucessão de artistas em cada galho não necessariamente está.

A linha do tempo apresenta a cronologia da nossa música do século XVI ao XXI, com a indicação dos mesmos estilos musicais da árvore. A cor das linhas corresponde à cor dos galhos.

Fonte Electra | *Papel* Pólen Natural 70 g/m²
Papel da capa Supremo Alta Alvura 250 g/m²
Impressão Type Brasil Qualidade em Gráfica e Editora Ltda
Data Março de 2023